2030년
알파Alpha, α'세대의
퀀텀Quantum AI과 우주Space X

2030년
알파Alpha, α′세대의
컨텀Quantum AI과 우주 Space X

초판 1쇄 발행 2025. 1. 30.

지은이 김흥진
펴낸이 김병호
펴낸곳 주식회사 바른북스

편집진행 김재영
디자인 이강선

등록 2019년 4월 3일 제2019-000040호
주소 서울시 성동구 연무장5길 9-16, 301호 (성수동2가, 블루스톤타워)
대표전화 070-7857-9719 | **경영지원** 02-3409-9719 | **팩스** 070-7610-9820

•바른북스는 여러분의 다양한 아이디어와 원고 투고를 설레는 마음으로 기다리고 있습니다.

이메일 barunbooks21@naver.com | **원고투고** barunbooks21@naver.com
홈페이지 www.barunbooks.com | **공식 블로그** blog.naver.com/barunbooks7
공식 포스트 post.naver.com/barunbooks21 | **페이스북** facebook.com/barunbooks7

ⓒ 김흥진, 2025
ISBN 979-11-7263-225-0 93320

•파본이나 잘못된 책은 구입하신 곳에서 교환해드립니다.
•이 책은 저작권법에 따라 보호를 받는 저작물이므로 무단전재 및 복제를 금지하며,
 이 책 내용의 전부 및 일부를 이용하려면 반드시 저작권자와 도서출판 바른북스의 서면동의를 받아야 합니다.

FOR KINGDOM FAMILY BUSINESS

2030년

저자 김흥진

알파 Alpha, α' 세대의
퀀텀 Quantum AI과 우주 Space X

★★★
Global
Kingdom
City
★★★

α
GENERATION
ALPHA
CHARACTERISTICS

$$-\frac{\hbar^2}{2m}\frac{d^2\psi}{dx^2} + U\psi = E\psi$$

가훔의킹덤패밀리에
함께탑승해요.^^

Quantum AI

SPACEX

SATOR
AREPO
TENET
OPERA
ROTAS

바른북스

저자 소개

저자는 호주(Australia, 'Aussie') 시드니(Sydney)에 자리 잡은 Lloyds College와 뉴사우스웨일즈 주립대학교(UNSW) 대학원에서 7년간의 학업과 직장생활(SMI Australia, O'Brian)을 했다. 사랑하는 아내 박성혜 (Joanna)와 첫째 김예찬(Josiah), 둘째 김예은(Rachel), 셋째 김예현(Matthew) 의 3명 자녀들과 함께 믿음의 킹덤 유학을 위해, 호주 시드니 힐송교 회(Hill Song Church, Australia)에서 아름다운 찬양의 은혜와 능력을 배웠다. 또한, 다년간 국책사업 BK21 프로젝트에서 연구교수로 활동했으며, 영남대학교, 계명대학교, 영동대학교, 강남대학교 컴퓨터공학과에서 5년간 초빙교수를 역임했다.

이후 국내 대기업 IT 계열사(POSCO DX)에 입사 후 학문적인 이론을 현장업무에 적용하고 있다. 최근에 저자는 주님의 인도하심으로 기쁨 의 교회(예장통합)에서 천국 하영인의 삶(새가족교육, 일대일, 제자반, 사역반, 리더십반, 남자들의 수다, 항존직교육, 예수다방(J-US Café) 등)을 배우며, 2025 년 현재는 글로벌 킹덤 시티연구(Global Kingdom City Research)를 통해서 킹덤 패밀리(Kingdom Family), 킹덤 퀀텀 비즈니스(Kingdom Quantum Business), 킹덤 알파 제너레이션(Alpha, α' Generation)의 씨앗을 일본(Japan)과 이스라엘 땅에 뿌리는 '2030 킹덤 비즈니스(K-Business)'를 디자인한다.

현재 한국 POSCO 포항제철소에서 엔데믹(Endemic) 이후에 글로벌 비즈니스 전망과 신기술(AI) 및 인문학의 적용에 관한 연구를 하고 있다. 앞으로, 지난 20여 년간의 해외근무지인 호주, 브라질에서 험준한 믿음의 여정들을 교훈 삼아서 세계 속의 새롭게 글로벌 K-브랜드 관련 새로운 프로젝트(Project)를 준비하고 있다. 이를 위해서 2023년 글로벌 뉴비즈니스(ESG)의 방향성과 신기술(AI) 분야를 연구하며, 젊은 세대들과 함께 새롭게 다가올 거대한 경제 물결에 잘 적응할 수 있는 마인드 셋업(Mind Set Up)을 담은 1인 3색(비즈니스 방향성, 신기술 전망, 글로벌 K-정신자세) 역량 강화를 위해서 실질적인 성공 스토리를 갖춘《RE100 Directivity》를 출간했다(2024년 12월, 문화체육관광부 산하 한국출판문화산업진흥원의 세종도서, 국방부 진중문고, 문화체육관광부 산하 한국문화예술위원회 문학나눔에 선정됨).

《RE100 Directivity》를 통해서, 앞으로 다가올 글로벌 K-브랜드를 성공적으로 준비하기 위해서는 귀한 육신의 하드웨어(뉴(新) 비즈니스와 AI 신기술)와 함께 정신적 소프트웨어(신(神) 문학)를 함께 갖추길 바라는 미래 첨단 융복합 비즈니스 전략이 숨어있다. 특별히, 이 책의 글로벌 비즈니스 전략 DX(Digital Xransformation)을 이해하며, '회사 사명' 공모에 제출이 되어 최종 선정이 되었다. 새로운 사명은 'POSCO DX'로 대상(1위, 상품은 첫째 아들 해외졸업식 참가 부부 여행권)으로 당첨이 되었다.

이로 인해, 회사는 새로운 디지털 비즈니스 전환(DX)의 시기를 맞이하였으며, 새로운 AI 신기술 도약에 들어섰다. 이후 회사주식은 정기주주총회 이후 기하급수적으로 증가하여, 2023년 12월에는 대한민국에서 유일하게 꿈의 10루타인 '텐베거'를 쳤다. 흔히, '텐베거(Ten Begger: 10루타)'라고 부르는 것은 수익률 1,000%로, 2023년 증시에 하나가 나왔다. 이는 2차 전지 관련주에 묶여있는 포스코 DX가 그 주인공이 되었다. 연중 일부 종목이 있을 수는 있지만, 연초부터 시작해서 연말까지 2023년 최종 마감까지 유지한 종목으로는 유일한 회사가 되었다.

최근 저자는 항공우주 분야의 전문 연구와 현장을 방문하게 되었다. 2024년 5월에, 미국 보스턴의 하버드 대학교(Harvard University)에 관련 연구진을 견학하며, 2034년에 NASA(미항공우주국)에서 진행하는 화성 탐사 프로젝트를 논의했다. 특별히 많은 연구 분야 중에서 우주인과 우주인의 선발에 관한 생물학적, 학문적인 상세 연구를 다국적 국가의 연구원들과 함께 공동으로 연구를 나누며, 앞으로의 우주탐험과 미래 우주기술을 논의했다.

마지막으로, 저자는 2030년도에 다가올 글로벌 뉴비즈니스(Quantum AI)와 우주탐험(Space X) 분야를 탐구하며, 젊은 세대들과 함께 새롭게 거대한 퀀텀(양자)경제 비즈니스 물결에 잘 적응할 수 있는 연구를 확장, 확대, 확산하고 있다. 나아가, 최근에 연구의 볼륨 업(Volume Up)을 담은 '퀀텀(Quantum AI)와 우주탐험(Space X)'을 탐구하고 있으며, 이는 미래 핵심 3가지('알파세대를 맞이하라.', '퀀텀 컴퓨터 비즈니스', '우주탐험') 역량강화로 뉴 노멀(The New Normal)의 성공 스토리를 맞이할 수 있다.

미래 알파세대(Generation Alpha, α')를 직원으로 맞이하는 경영인, 글로벌 킹팀 퀀텀 비즈니스(GKQB: Global Kingdom Quantum Business) 신기술을 연구하는 자(대학교수, 대학교 전공학생 및 저널리스트)에게 추천한다. 또한, 미래 항공 모빌리티(AAM: Advanced Air Mobility) 등 도시 이동성(City Mobility)의 미래에 대해 계획하는 국가기관이나, 공무원, 미래 우주탐험(Space Exploration)에서 우주의 암흑물질과 암흑에너지에 관심이 있는 우주 항해(천문학자, 우주비행사)를 꿈꾸는 자(Space Dreamer)들에게 권장한다.

저자 김홍진
(Joseph H. Kim)

머리글

　다가올 2030년에 지구촌의 주역이 될 알파세대(Alpha, α' Generation)에 관한 저술이다. 이들은 2010~2024년 태어난 미래 세대로, 인류 역사상 수적으로 가장 규모가 큰 세대이고 글로벌 환경에서 인류 최초의 가상(Virtual) 세대가 될 것이다. 이 책은 앞으로 다가오는 2030년대에 살아갈 알파(Alpha, α')세대의 환경과 사회활동에 대한 사고의 전환을 경험할 수 있을 것이다. 이를 위해서 물리적 나이와 사고의 고정관념을 넘어서야 한다.

　이 책은 1장은 인문학적 신세대인 '알파세대'에 대한 창의적 스마트 문화를 설명하며, 2장은 새로운 퀀텀(Quantum) 환경과 미래 우주(Space) 여행에 대한 킹덤 비즈니스(Kingdom Business)를 맞이할 수 있다. 마지막 3장은 알파(Alpha, α')세대의 맞춤형 웰빙 라이프(Wellness Life)를 통해서, 스마트 식용의 미래, 웰빙의 미래, 엔터테인먼트 및 미래 주택 등 가족 중심의 친환경 피지털(Phygital) 세계에 맞는 새로운 킹덤 패밀리(Kingdom Family)의 삶을 소개한다.

1장. Future: 알파(Alpha, α')세대의 사고
- 킹덤 제너레이션(Kingdom Generation)

　미래의 알파(Alpha, α')세대의 패턴과 마인드(Mind)를 접하면서 이들은 코비드(COVID) 19의 V-code(브이코드) 세대 이후에 새로운 알파(Alpha, α')세대의 비즈(Bz)환경을 만들어 가고 있다. 이들을 이해하기 위해서 우리는 알파(Alpha, α')세대의 창의적 패턴을 발견해야 한다. 나이가 들수록 패턴은 고정되지만, 알파(Alpha, α')세대의 창의성은 패턴을 파괴하는 것이 아니다. 이들은 새로운 차원으로 끌어올리는 9가지 방법을 통해서 자신들의 사고를 개발한다. 나아가서, 이 책에서는 알파(Alpha, α')세대의 위대한 아이디어(Great Idea)를 위한 시각적 창의 기법 9가지도 소개하고 있다.

　알파(Alpha, α')세대의 창조적 사고를 접하기 전에, 고전적 창의 사고(Traditional Creative Thinking)의 모습을 배운다. 먼저, 도교(Taoism)의 창조 이론으로 음양설과 오행론(五行論)을 접하며 나아가, 창의적 연금술(The Elements of Creation, Source of Alchemy) 4가지 요소를 통한 인류사의 창조적 사고(Thought)의 원천을 되돌아본다. 또한 우리나라 조선시대의 원소설(아이테르, 고대 그리스어: αἰθήρ) 전파 및 서양의 '사랑(LOVE), 건강&웰빙(Health&Wellness), 풍요(Richness)'의 창조적 근본사고의 3가지 동기부여 요소를 배운다.

　구체적으로 알파(Alpha, α')세대의 사칙연산(Four Basic Operations)적인 창

조 패션과 디지털 전환(D.Exchange)적인 융합 사고를 찾아볼 수 있다. 이를 통해서, 다가올 알파(Alpha, α')세대의 글로벌 메가 트렌드를 해결할 수 있다. 예를 들면, 백신의 기적과 경고 메시지, 기술의 양날의 검, 2030 반세계화, 가정불화의 심화, 신세계 질서 등이 있다. 또한, 미래는 바로 '지금'이다(The future is 'now')라는 생각으로 우리는 폴리노달이라는 생각을 할 수 있다(We are 'Poly-Nodal').

2030년도 다변화되는 글로벌 환경에서 알파(Alpha, α')세대의 창조적 전략 리더십은 유럽 전략 및 정책 ESPAS(The European Strategy and Policy Analysis System), 미국 바이든과 중국 시진핑의 관계, 양극화에 맞서는 중견국 균형 행위(A Middle Power Balancing Act Against a Polarized World), 신흥 아시아태평양 헤징 전략(Emerging Asia Pacific Hedging Strategies), 갈등의 국제화 증가(Increasing Internationalization of Conflicts), 2030년 기후 충격으로 변화된 글로벌(A Global Transformed by Climate Shocks) 위기의 당면 과제들을 맞이하게 될 것이다.

2장. Science: 2030년 퀀텀의 혁신(QX)
- 킹덤 비즈니스(Kingdom Business)

다가올 알파(Alpha, α')세대의 새로운 퀀텀 비즈니스의 근간을 소개한다. 먼저, 닐스 헨리크 다비드 보어(Niels Henrik David Bohr)와 금세기 최고의 물리학자, 알베르트 아인슈타인(Albert Einstein)의 아름다운 학문적인 논쟁과 발전의 모습을 소개한다. 이들은 고전물리학과 퀀텀 물리학의 새로운 전환(DX: Digital Transformation)의 시기에 원자 구조와 퀀텀 이론을 중심으로 새로운 미시세계를 이해하는 데 근본적인 공헌을 했다. 특히, 닐스 보어는 1922년 노벨 물리학상을 받으며, 2030년도에 펼쳐질 퀀텀(양자) 이론을 기반으로 한 퀀텀 컴퓨터 비즈니스(Quantum Computer Business) 잠재력을 제공했다.

퀀텀세대의 기술(Quantum Generation Technology)은 퀀텀 물리학의 5가지 창조적 사고가 적용되었으며, 이를 통해서, 미시세계의 퀀텀은 우리들의 미래를 상상하게 한다. 또한, 다가올 글로벌 선진국의 퀀텀 전략과 미래에서 미국 국가 퀀텀 이니셔티브(NQI: National Quantum Initiative, USA), 유럽 퀀텀 통신 인프라(EuroQCI), 한국 퀀텀 협회(Korea Quantum Association) 및 글로벌 퀀텀 비즈니스(Global Quantum Business)를 우리는 맞이할 수 있다. 즉, 미래는 퀀텀이다(The Future is Quantum).

특별히, 퀀텀 세상(Quantum World)은 여러 가지 퀀텀 신기술 분야(Quantum's Major Research Areas)들이 있다. 먼저, 퀀텀 통신 및 퀀텀 감지의 장기 레이스 형성, 퀀텀 통신(QComm: Quantum Communication), 퀀텀 인터넷(QIN: Quantum Internet), 퀀텀 센서(QS: Quantum Sensing), 퀀텀 클라우드(QCloud: Quantum Cloud), 퀀텀 배터리(Quantum Cell), 퀀텀 컴퓨팅(QC: Quantum Computing) 등 퀀텀 기술로 미래가 전환(DX)되어 갈 것이다.

퀀텀 비즈니스에서 초기 창업 및 벤처 퀀텀 컴퓨터(Funded&Venture Quantum Computing)의 얼리어답터들이 있다. 먼저, 캐나다 세계 최초의 퀀텀 컴퓨팅(Quantum Computing)을 하는 D-Wave Systems, 프랑스 스타트업 콴델라(Quandela), 벤처기업 파트너와 이온큐(IonQ), 영국 옥스포트 퀀텀 컴퓨터(OQC: Oxford Quantum Circuits), 미국 케라 퀀텀 컴퓨터(QuEra Quantum Computers: Aquila)를 소개한다. 나아가서, 대표적인 글로벌 퀀텀 컴퓨팅 메이커(Quantum Computing Maker)도 있다. 예를 들면, 리게티 퀀텀 컴퓨터(Rigetti Quantum Processors), 퀀텀 머신(QM: Quantum Machines), 합병된 퀀티넘(Quantinuum), 아마존(Amazon) 퀀텀 솔루션 연구소, 한국의 카이스트(KAIST) 큐노바(Qunova)가 있다.

앞으로, 퀀텀 컴퓨터의 비즈니스(Quantum Computer Business) 과제는 미래 퀀텀 컴퓨팅(Quantum Computing)의 성장 잠재력, 퀀텀 컴퓨팅 생태계 구성을 통한 신산업 적용사례를 학습할 수 있다. 또한, 호주 FMG의 그린수소 생산 FFI를 통한 지구를 구할 수 있는 퀀텀 컴퓨팅과 같은 미래를 전망한다. 결과적으로, 미시세계의 확률적 학문인 퀀텀(양자) 이론은 복잡한 분자를 모델링하는 퀀텀 시뮬레이션, 최적화(다변수 문제 해결), 제약, 자동차 등과 같은 다양한 분야에 응용되고 있다. 나아가, 오늘날 AI 학습을 변환할 수 있는 더 나은 알고리즘을 갖춘 퀀텀 인공지능(QAI: Quantum Artificial Intelligence)의 혁명까지 이끌고 있는 모습을 이 책은 제시하고 있다.

3장. Expectation: 우주탐험(Space Exploration) - 킹덤 패밀리(Kingdom Family)

2030년도 알파(Alpha, α')세대에 살아갈 가족들의 삶을 소개한다. 먼저, 이들은 꿈과 같이 하늘을 나는 킹덤 패밀리(Kingdom Family) 삶의 여정을 펼칠 수 있을 것으로 전망한다. 이를 위해, 글로벌 미래 항공 모빌리티(AAM: Advanced Air Mobility)의 활동을 살펴볼 수 있다. NASA 항공연구임무국(ARMD: About Aeronautics Research Mission Directorate)과 세계 8대 도시 항공 여행사는 2030년 하늘 나는 자율주행 비행 택시 등장으로 첨단 항공 모빌리티 비즈니스를 시작할 것이다.

또한, 이들의 우주 휴가의 미래를 통해서 세상 밖의 저궤도 휴가는 의문의 여지가 없다. 이를 위해서, 우주의 암흑물질과 암흑에너지에 대한 과학적 이해와 글로벌 국가들의 우주정책을 배운다. 먼저, 영국, 이탈리아, 벨기에 등 유럽 연합(EU: European Union) 우주정책을 살펴보고, 미국(USA)의 미항공우주국(NASA) 우주비행 계획과 우주여행 비즈니스는 어디까지 준비되는지 8대 우주여행 컴퍼니들의 활동을 살펴본다. 특별히, 알파(Alpha, α')세대의 우주 항해 여행(Space Voyage Travel)과 달나라 여행을 위한 경제(CE: Cislunar Economy, 시스루나 이코노믹)를 제시한다.

알파(Alpha, α')세대의 킹덤 패밀리(Kindom Family)는 새로운 맞춤형 웰빙 라이프(Wellness Life)을 통한 다양한 스마트 식용의 미래(The Future of

Smart Edibles)와 재사용(RE100) 가능한 상자, 병, 가방을 '스마트(Smart)'하고 지속 가능하게 할 것이다. 또한, AI(Artificial Intelligence)를 활용한 식품 세계를 통해 3대 미래 식품 비즈니스 기술을 접할 수 있을 것이다. 식용 포장은 폐기물 제로 포장 재료(Zero Waste Packaging Materials)로 활용되며, 웰빙의 미래는 다양한 연결된 장치로 건강과 웰빙을 추적한다. 연결 및 맞춤화(Connect and Personalize) 식품과 함께 음식의 웰빙으로 대체 단백질과 고기에 대한 4대 대체 단백질을 맞이할 것이다.

마지막으로, 2030년 라스트 마일 패키지 배송의 미래에는 기술 혁신으로 인공지능(AI) 드론, 로봇공학, 자율주행차 등 지속 가능한 배송 솔루션(Sustainable Shipping Solutions)이 전개될 것이다. 또한, 엔터테인먼트의 미래에는 영화와 비디오와 상호 작용 하고 몰입감과 게임화 다양성을 경험할 수 있을 것이다. 고급화된 비디오 엔터테인먼트의 기술 변화인 '햅틱(Haptics)기술'을 누릴 수 있다. 나아가, 친환경 ESG를 통한 지속 가능한 방식으로 산소 에코 타워 및 모듈라 주택 등 미래의 생활 환경을 상상할 수 있다. 마지막으로, 킹덤 패밀리(Kingdom Family)는 옴니채널 쇼핑의 미래를 경험하며, 매장 내 쇼핑 경험은 고도로 개인화된다. '피지털(Phygital)' 쇼핑 경험과 함께 공유 모빌리티(Shared Mobility)의 자동차 세계를 접할 수 있는 것을 알려준다.

결론적으로, 이들 3가지 요소를 통해서, 미래의 창의적인 알파(Alpha, α')세대의 사고에 맞는 창의력과 새로운 기술 분야인 퀀텀(Quantum) 기술을 만나고, 우리가 꿈꾸는 우주여행을 경험할 수 있다. 미래의 나아갈 방향을 알면, 성공적인 글로벌 비지니스 전략자산을 온전히 온 열방에서도 풍성히 준비할 수 있다. 또한, 이 책에서 알파(Alpha, α')세대들은 새로운 킹덤 패밀리(Kingdom Family) 삶과 킹덤 제너레이션(Kingdom Generation)으로 준비가 되어야 하며, 글로벌 환경에서 왕 같은 제사장 리더십과 권세를 갖추어야 한다.

다가올 2030년대, 알파(Alpha, α')세대는 도시에 산다(We live in Cities). 즉, 이들 세대들이 이루게 될, 글로벌 킹덤 시티(Global Kingdom City)는 지속 가능한 도시와 농촌을 이어주는 도농복합브리지(Sustainable Urban Rural Composite Bridge) 역할로 열방을 돕는 인재들과 자원들이 집결하게 될 것이고, 이곳에서 킹덤 퀀텀 비즈니스(Kingdom Quantum Business)를 갖추게 될 것을 소개한다. 이를 통해서, 준비된 미래의 알파(Alpha, α')세대는 애굽(Egypt) 땅의 요셉과 기름 부음을 받은 자들처럼 새로운 퀀텀(양자) 이론을 기반으로 미시세계의 퀀텀 도약(Quantum Leap)과 얽힘(Entanglement)과 같은 초자연적인 지혜와 총명, 모략, 명철이 임할 수 있다. 결과적으로, 세상의 도시에서 구별된 고센 땅(Kingdom City)의 보호하심을 받으며, 다가올 미래의 험준한 거시세계에서도 애굽왕 바로의 국고성 비돔(Pithom)과 라암셋(Rameses)에 있는 세상의 전략자산(물질, 명예, 권세 등)들도 풍성히 누릴 수 있다고 소개한다.

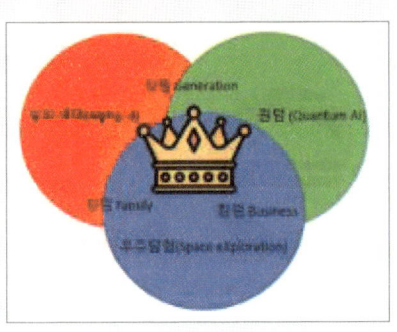

저자 김홍진
(Joseph H. Kim)

목차

저자 소개
머리글

1장
Future: 알파(Alpha, α')세대의 사고 – 킹덤 제너레이션(Kingdom Generation)

Subject 1.
미래 알파(Alpha, α')세대의 패턴과 마인드(Mind)

1. 2030년도 알파(Alpha, α')세대의 전환 ········· 029
   A. 코비드(COVID) 19의 V-code(브이코드) 세대 ········· 030
   B. 2030년 알파(Alpha, 'α')세대가 다가온다 ········· 033
   C. 알파(Alpha, α')세대의 비즈(Bz) ········· 036
      ⋮ Core Vision ········· 037

2. 당신이 알파(Alpha, α')세대가 되고 싶다면 창의적 패턴을 발견해야 한다 ········· 038
   A. 나이가 들수록 패턴은 고정될 수 있다 ········· 038
   B. 창의성은 패턴을 파괴하는 것이 아니다 ········· 039
   C. 창의성을 새로운 차원으로 끌어올리는 5가지 방법 ········· 042
   D. 알파(Alpha, α')세대의 위대한 아이디어(Great Idea)를 위한 시각적 창의 기법 9가지 ········· 054
      ⋮ Core Vision ········· 071

Subject 2.

알파(Alpha, α')세대의 창의적 사고

3. 고전적 창의 사고(Traditional Creative Thinking) ······ 073
    A. 음양설과 오행론(五行論)은 도교(Taoism)의 창조 이론 ······ 073
    B. 창의적 연금술
       (The Elements of Creation, Source of Alchemy) 4가지 요소 ······ 078
    C. 조선시대의 원소설(아이테르, 고대 그리스어: αἰθήρ) 전파 ······ 081
    D. 인류사의 창조적 사고(Thought)의 원천 ······ 082
    E. 창조적 사고의 3가지 동기부여: 사랑(Love),
       건강&웰빙(Health&Wellness), 풍요(Richness) ······ 084
    Core Vision ······ 086

4. 알파(Alpha, α')세대의
사칙연산(Four Basic Operations)적인 창조 패션 ······ 087
    A. 비상식적으로 늘려보라: 창조적 증식(Propagating) 패턴 ······ 088
    B. 기본요소를 줄여보라: 창조적 소실(Evanescence) 패턴 ······ 090
    C. 틈과 판을 바꾸라: 창조적 교환(Exchange) 패턴 ······ 092
    D. 마지막까지 나누어 보라: 창조적 분리(Separation) 패턴 ······ 093
    Core Vision ······ 095

5. 알파(Alpha, α')세대의
디지털 전환(Digital Exchange)적인 융합 사고 ······ 096
    A. 새로운 공간으로 이동하라: 융합적 이동(Movement) 사고 ······ 096
    B. 반대 상황을 생각하라: 융합적 역전(Reversing) 사고 ······ 098
    C. 의외의 물건과 조합하라: 융합적 조합(Convergence) 사고 ······ 099
    D. 원하는 상황을 모방하라: 융합적 의태(Mimesis) 사고 ······ 101
    E. 극단적인 양을 상상하라: 융합적 변량(Variation) 사고 ······ 102
    F. 창조론적 창의력의 원리(CPC: Creationist Principles of Creativity) ······ 103
    Core Vision ······ 105

Subject 3.

창조적 알파(Alpha, α')세대가 맞이해야 할 글로벌 메가 트렌드 과제들

6. 미래는 바로 '지금'이다(The future is 'now') ··· 107
  A. 우리는 폴리노달이다(We are Poly-nodal) ··· 107
  B. 유럽 전략 및 정책
     ESPAS(The European Strategy and Policy Analysis System) ··· 112
  C. 미국 바이든과 중국 시진핑의 '솔직한' 만남은 무엇을 성취했는가? ··· 116
  D. 미래의 글로컬 메가 트렌드(The Mega Trends) ··· 118
  ⋮ **Core Vision** ··· 121

7. 알파(Alpha, α')세대에 형성될 주요 5가지 메가 트렌드 ··· 122
  A. 백신의 기적과 경고 메시지(Vaccine Miracle and Warning Message) ··· 122
  B. 기술의 양날의 검(Technology is a double-edged sword) ··· 125
  C. 2030 반세계화가 온다(Anti-globalization is coming) ··· 128
  D. 가정불화의 심화(Intensification of Family Discord) ··· 129
  E. 신세계 질서 2.0(New World Order 2.0) ··· 131
  ⋮ **Core Vision** ··· 136

8. 2030년대 알파(Alpha, α')세대의 창조적 글로벌 전략 지혜 ··· 137
  A. 양극화에 맞서는 중견국 균형 행위
     (A middle power balancing act against a polarized world) ··· 137
  B. 유럽의 전략적 자율성 추구
     (ESA: Europe's pursuit of Strategic Autonomy) ··· 139
  C. 신흥 아시아태평양 헤징 전략
     (Emerging Asia Pacific Hedging Strategies) ··· 141
  D. 갈등의 국제화 증가
     (Increasing Internationalization of Conflicts) ··· 144
  E. 2030년 기후 충격으로 변화된 글로벌
     (A Global Transformed by Climate Shocks) ··· 146
  ⋮ **Core Vision** ··· 153

Subject 4.

알파(Alpha, α')세대
리더십의 품격(Yozma's Quality of Leadership)

9. 품격 있는 글로벌 리더가 갖출 수 있는 조직문화 ... 155
  A. 알파(Alpha, α')세대의 킹덤 리더십(Kingdom Leadership) ... 155
  B. 기업의 중요한 평가항목이 된 '킹덤 조직문화' ... 161
  C. 킹덤 리더 개인에 적용할 수 있는 8가지 ... 163
  D. 경영 성과를 높이는 조직문화 활용방안 ... 167
  : Core Vision ... 169

10. 킹덤(Kingdom) 협상에서 창의적 리더의 실전 응용전술 ... 170
  A. '보이는 허상'과 '보이지 않는 실상'에서
     '진실'은 무엇인가?: 원거리 전술 1 ... 170
  B. '다윗의 물맷돌 무기'와 '이순신 장군의 학익진 전법':
     원거리 전술 2, 3 ... 172
  C. 글로벌 비즈니스 리더의 협상 전술 적용 ... 176
  D. 7년 후 마지막 CSP 협상 전략: 학익진(鶴翼陣) ... 183
  E. 킹덤(Kingdom) 리더십 훈련 5가지 ... 187
  : Core Vision ... 192

11. 알파(Alpha, α')세대의 창의적 글로벌 헤지(Hedge) 이야기 ... 193
  A. 남미의 정글 여정에서 '수제 행복의 실용화' ... 193
  B. 글로벌 리더의 항해에서 '4가지 씨앗의 열매들' ... 200
  C. 알파(Alpha, α')세대가 만난
     '그분의 역사 이야기(History, His+Story)' ... 207
  D. 중국의 소금 장수에게서 배우는 '만리장성의 유혹' ... 215
  E. 7년 항해의 도착 여정에서 만난 '사랑의 격려' ... 223
  : Core Vision ... 231

2장
Science: 2030년 퀀텀의 혁신(QX) – 킹덤 비즈니스(Kingdom Business)

Subject 1.
퀀텀 세대의 기술
(Quantum Generation Technology)

1. 미시세계의 퀀텀 발견 235

   A. 아인슈타인과 닐스 보어(Einstein and Niels Bohr)의 만남 235

   B. 퀀텀 물리학의 5가지 창조적 사고 240

   C. 미시세계의 퀀텀이 우리들의 생각을 상상하게 한다 244

   D. 미래는 퀀텀이다(The Future is Quantum) 251

   ⋮ **Core Vision** 252

2. 글로벌 선진국의 퀀텀 전략과 미래 253

   A. 미국 국가 퀀텀 이니셔티브

      (NQI: National Quantum Initiative, USA) 253

   B. 유럽 퀀텀 통신 인프라(EuroQCI) 이니셔티브 261

   C. 한국 퀀텀 협회(Korea Quantum Association) 264

   D. 글로벌 퀀텀 비즈니스(Global Quantum Business) 271

   ⋮ **Core Vision** 276

Subject 2.

퀀텀 컴퓨터 세상
(Quantum Computer World)

3. 퀀텀 신기술 분야(Quantum's Major Research Areas) — 278
- A. 퀀텀 통신(QComm: Quantum Communication) — 282
- B. 퀀텀 인터넷(QIN: Quantum Internet)이란 무엇인가? — 291
- C. 퀀텀 센서(QS: Quantum Sensing) — 295
- D. 퀀텀 클라우드(QCloud: Quantum Cloud) — 306
- E. 퀀텀 배터리 혁명으로 미래로 나아간다 — 311
- F. 퀀텀 컴퓨팅(QC: Quantum Computing)이란 무엇인가? — 314
  - Core Vision — 324

4. 창업 및 벤처 퀀텀 컴퓨팅(Funded&Venture Quantum Computing) — 325
- A. 캐나다 세계 최초의 퀀텀 컴퓨팅: D-Wave Systems — 325
- B. 프랑스 스타트업 콴델라(Quandela) — 335
- C. 벤처기업 파트너와 이온 큐(IonQ) — 342
- D. 옥스퍼드 퀀텀 컴퓨터(OQC: Oxford Quantum Circuits) — 349
- E. 미국 케라 퀀텀 컴퓨터(QuEra Quantum Computers: Aquila) — 354
  - Core Vision — 358

5. 글로벌 퀀텀 컴퓨팅 메이커(Quantum Computing Maker) — 359
- A. 리게티 퀀텀 컴퓨터(Rigetti Quantum Processors) — 359
- B. 퀀텀 머신(QM: Quantum Machines) – OPX1000 — 366
- C. 합병된 퀀티넘(Quantinuum) — 370
- D. 아마존 퀀텀 솔루션 연구소(Amazon Quantum Solutions Lab) — 376
- E. 카이스트(KAIST) 큐노바(QUNOVA) — 380
  - Core Vision — 383

Subject 3.

퀀텀 컴퓨터의 비즈니스
(Quantum Computer Business)

6. 미래 퀀텀 컴퓨팅(Quantum Computing)의 성장 잠재력 ··········· 385
- A. 퀀텀 컴퓨터가 고전 컴퓨터와 차별화되는 4가지 기능 ··········· 385
- B. 퀀텀 컴퓨팅(Quantum Computing) 생태계 구성 ··········· 391
- C. 퀀텀 컴퓨팅(Quantum Computing)의
  신산업 적용사례 등장: 한일 제7광구 자원을 탐사하라 ··········· 394
- D. 지구를 구할 수 있는 퀀텀 컴퓨팅:
  호주 FMG의 그린수소 생산 FFI ··········· 403
- E. 앞으로의 퀀텀 컴퓨팅의 궤적 ··········· 412
- : Core Vision ··········· 419

7. 너무 늦기 전에 퀀텀의 인재 격차 해소에 대한 AI의 4가지 교훈 ··········· 420
- A. 명확한 퀀텀 비즈니스 정의 ··········· 420
- B. 퀀텀 분석가에 조기 투자를 준비하라 ··········· 422
- C. 퀀텀 인재를 위한 기술 리터러시(Literacy)를 구축하라 –
  퀀텀 얽힘 분야의 노벨 물리학상 ··········· 423
- D. 중소기업은 퀀텀 컴퓨팅 시대를 어떻게 준비할 수 있나? ··········· 426
- : Core Vision ··········· 430

3장
Expectation: 우주탐험(Space Exploration) – 킹덤 패밀리(Kingdom Family)

Subject 1.
알파(Alpha, α') 세대의
우주 항해 여행(Space Voyage Travel)

1. 우주 휴가의 미래: 세상 밖의 휴가는 의문의 여지가 없다 ········ 435
  A. 우주의 암흑물질과 암흑에너지 ········ 435
  B. 유럽 연합(EU: European Union) 우주정책:
     영국, 이탈리아, 벨기에 ········ 445
  C. 미국(USA)의 미항공우주국(NASA) 우주비행 ········ 450
  D. 2030년 알파(Alpha, α')세대의 우주탐험 휴가 ········ 453
  E. 우주여행 비즈니스는 어디까지 준비되었는가?
     – 8대 우주여행 기업 ········ 457
  F. 달나라 여행을 위한 경제(Cislunar Economy: 시스루나 이코노믹) ········ 466
  ⋮ **Core Vision** ········ 470

2. 미래 항공 모빌리티(AAM: Advanced Air Mobility) ········ 471
  A. NASA 항공 연구임무국
     (ARMD: About Aeronautics Research Mission Directorate) ········ 472
  B. 미래 글로벌 모빌리티 비즈니스 전망: 7대 도시 항공 ········ 474
  C. 2030년 하늘을 나는 자율주행 비행 택시 등장 ········ 484
  D. 첨단 항공 모빌리티 시장은 얼마나 커질까? ········ 488
  ⋮ **Core Vision** ········ 490

Subject 2.

알파(Alpha, α') 세대의
맞춤형 웰빙라이프(Wellbeing Life)

3. 스마트 식용의 미래(The Future of Smart Edibles) ······ 492
   A. 재사용할(RE100) 수 있는 상자, 병, 가방은
      '스마트'하고 지속할 수 있다 ······ 492
   B. AI(Artificial Intelligence)를 활용한 식품 세계 ······ 495
   C. 미래 식품 비즈니스는 기술에 달려있다 –
      3대 미래 식품 비즈니스 ······ 497
   D. 식용 포장은 폐기물 제로 포장 재료
      (Zero Waste Packaging Materials)로 활용 ······ 502
   ⋮ **Core Vision** ······ 510

4. 웰빙의 미래: 연결된 장치는 건강과 웰빙을 추적한다 ······ 511
   A. 2030년 웰빙의 세계 ······ 511
   B. 웰빙의 6가지 카테고리 ······ 512
   C. 웰빙의 미래: 연결 및 맞춤화(Connect and Personalize) ······ 515
   D. 음식의 웰빙: 대체 단백질과 고기는 없는가? ······ 517
   ⋮ **Core Vision** ······ 526

5. 라스트 마일 패키지 배송의 미래: 드론이 패키지를 배달한다 ······ 527
   A. 2030년 라스트 마일 패키지 배송 ······ 527
   B. 라스트 마일 배송의 기술 혁신:
      인공지능(AI) 드론, 로봇공학, 자율주행차 ······ 530
   C. 지속 가능한 배송 솔루션(Sustainable Shipping Solutions) ······ 534
   D. 라스트 마일 배송(Last Mile Delivery)의 미래 동향 ······ 541
   ⋮ **Core Vision** ······ 544

Subject 3.

알파(Alpha, α') 세대의 피지털(Phygital) 세계

6. 엔터테인먼트의 미래: 영화는 상호 작용 하고 몰입할 것이다 — 546
- A. 비디오 엔터테인먼트의 미래: 몰입감, 게임화, 다양성 — 547
- B. 고급화된 비디오 엔터테인먼트의 기술변화: 햅틱(Haptics)기술 — 548
- C. 2030년 엔터테인먼트에 대한 10가지 예측 (10 Predictions for Entertainment in 2030) — 556
- D. 엔터테인먼트 마케팅의 미래를 준비하는 Meta의 오마르 자야트(Omar Zayat) — 562
- : **Core Vision** — 566

7. 건물의 미래: 미래의 고층 건물은 복합 용도 건물이 될 것이다 — 567
- A. 우리는 도시에 산다(We Live In Cities) — 567
- B. 모듈러주택과 고층 건물의 미래 생활환경을 상상한다 — 569
- C. 2030년 초고층의 미래: 사람 중심의 공간 만들기 — 572
- D. 친환경 아키텍처를 통한 지속 가능한 접근방식: 산소 에코 타워 — 574
- : **Core Vision** — 579

8. 옴니채널 쇼핑의 미래: 매장 내 쇼핑 경험은 고도로 개인화된다 — 580
- A. 2030년의 옴니채널 쇼핑 — 580
- B. '피지털(Phygital)' 쇼핑 경험 — 581
- C. 쇼핑의 미래: 어디에나 있는 기술 — 583
- D. 렌트 자동차의 쇼핑 미래 — 585
- : **Core Vision** — 588

FOR
KINGDOM
FAMILY
BUSINESS

1장

Future:
알파(Alpha, α')세대의 사고 -
킹덤 제너레이션(Kingdom Generation)

Subject 1.

미래 알파(Alpha, α') 세대의 패턴과 마인드(Mind)

FOR KINGDOM FAMILY BUSINESS

01
2030년도
알파(Alpha, α')세대의 전환

2024년 10월, 스웨덴 왕립과학원 노벨 위원회의 노벨 화학상은 역사상 최초로 사실상 인공지능(AI)이 받았다. '컴퓨터 단백질 설계'의 미국 워싱턴대학교 데이비드 베이커(David Baker) 교수와 '단백질 구조 예측'의 영국 구글 딥마인드의 데미스 허사비스(Demis Hassabis) 박사 및 존 M. 점퍼(John M. Jumper) 박사 등이 공동으로 함께 받게 되었다. 구글의 딥마인드 대표 데미스 허사비스와 존 점퍼는 화학자가 아님에도, 그 두 사람은 딥마인드가 개발한 AI 알파폴드(Alphafold)로 노벨 화학상을 받았다. 화학자가 아닌 사람이 화학상을 받은 최초의 '사건'이었다.

이와 같이, 앞으로의 세계는 우리가 상상하는 그 이상의 세상이 다가올 수 있다. 특별히, 2030년에는 모든 분야에 인공지능(AI)과 함께 역사상 가장 물질적으로 부유한 세대가 온다. 그때의 젊은 세대는 가장 기술에 정통한 세대이며, 이전 세대보다 더 긴 수명을 누릴 것이다. 거의 알려지지 않은 세대가 성장하고 있다. 앞으로 몇 년 안에 그들은 베이비붐 세대보다 많아질 것이고, 그들 중 많은 사람들이 22세기까지 살 것이다. 우리는 이들을 알파(Generation Alpha, α')세대라고 부른다.

그들은 더 오랜 시간 교육(고등교육)받고, 수년 더 지난 후에 수입활동을 시작하고, 심지어 그들의 전임자인 Z세대와 Y세대보다 더 늦은 나이까지 부모와 함께 집에 머물 수 있다. 따라서 부모의 역할은 더 긴 연령대에 걸쳐있을 것이며, 이러한 알파세대 중 많은 수가 20대 후반까지 집에서 살 가능성이 높다. 알파세대는 기술에 정통하지만 빠르게 변화하는 경제와 기후 변화 등 독특한 과제에 직면하게 될 것으로 예상된다. 이제 우리도 현재의 MZ세대 이후에, 다가올 미래 알파세대(Alpha, α')의 특성과 그들의 비즈니스와 삶 의 환경을 이해할 수 있어야 한다.

A. 코비드(COVID) 19의 V-code(브이코드) 세대

현재의 2030의 MZ세대는 1990년대생이다. 그들은 코비드(COVID) 19를 겪으며, 전 세계적으로 많은 변화가 있던 시대에 성장하며 자연스럽게 다양한 가치와 문화를 체득했다. 이런 2030세대를 공통으로 관통하는 현상이 있다. 'Value(가치), Visible(시각적인), Verbal(이야기의), Various(다양한), Vision(비전), Visit(찾아가다)' 등 V-Code(브이코드)가 그것이다. **2030세대를 '브이코드 세대'라 부르며,** 이들은 몇 가지 사고의 특징이 있다.

첫째, 가치(Value)에 있다. 그들은 가치 소비를 한다. 환경보호와 기부, 착한 기업, 유기 동물 보호 등 다양한(Various) 가치가 존재하고 그것을 '소비'라는 방법에 접목하여 적극적으로 표현한다. 자연스럽게 시장은 이들의 가치에 주목해 제품을 생산하고 과거 대량 생산과 소비와는 다른 형태의 상품이 늘어나고 있다. 브이코드 세대의 가치는 정치와 사회 영역에서도 호불호가 뚜렷하기 때문에 그들을 설득하기 위해선 그들이 가진 '도덕적 가치'에 부합해야 한다. 과거의 바람선거, 일시적 여론몰이가 더 이상 통하지 않는 이유기도 하다.

둘째, 보이고(Visible) 말하는 것(Verbal)이다. 브이코드 세대는 '보이기'를 원하고, '말'하기를 좋아한다. 기성세대가 말과 행동에 따르는 타인의 평가를 중요시했다면, 브이코드 세대는 마치 예술인처럼 스스로를 표현하고 표현의 자유를 중시한다. 과거 텍스트를 통한 교감이 아닌 '영상'을 통한 시대적 교감이다. 따라서 브이코드 세대에게 막말, 기행 등 반사회적·반가치적 행위는 절대 신뢰받을 수 없다. 과거에는 권위나 권한, 유명세를 통해 유지되던 것들이 대중의 힘에 부정당하고 사회에서 버림받는다.

셋째, 다양한 비전(Various Vision)이 있다. 공부 잘해서 대기업에 입사하면 성공하고 그게 행복인 줄 알았던 시대는 저물었다. 성공의 기회가 단순히 시험 점수나 명문 대학 입학에 한정되지 않는다. 다양한 기회가 열리고, 다양한 성공이 인정받는 세대다. 아이돌이 된다고 '딴따라'란 말을 듣던 시대는 저물었다. 유튜브 세상에선 표현하는 것이 돈이 되고, 개성이 소비 대상이 됐다. 다양성을 넘어 다름을 인정하고, 각자의 색 모두 아름답다고 인정하는 게 브이코드 세대의 특성이다.

마지막은 찾아가는 것(Visit)이다. 즉 경험이다. 과거 단순히 여행을 좋아하거나 식도락을 즐기던 것과는 다르다. 중심 상권이나 프랜차이즈 매장들이 주된 소비 대상이던 때와 달리 새로운 곳을 찾아낸다. 자신만의 감성으로 그곳에 특별한 의미를 부여하고, 그 공간의 문화를 오롯하게 느끼려는 행위, 그러한 감성을 가진 세대다.

문화·기술적으로 가장 탁월한 브이코드 세대가 등장했다. 그들이 품고자 하는 특별한 감성, 그들이 꿈꾸는 삶과 그 안에서 찾고자 하는 가치를 파악해야 한다. 브이코드 세대가 서로 긴밀하게 소통하며 바꾸는 이 시대의 문화와 가치는 결코 환원될 수 없을 것이다. 2030세대가 변화시키는 지금의 시간이 누적될 때 정치 지형과 우리 사회의 미래 모든 게 바뀔 것이다. 그런 브이코드 세대에게도 여전히 통하지 않는 낡은 논리를 내세우며 소통과 교류를 바라는 새로운 시대가 오지는 않을까?[1]

---

1   Almighty Media, 2020, https://www.chosun.com

많은 회사와 산업에서 COVID-19 팬데믹은 엄청난 변화의 시기를 촉발했다. 그들은 가능하다고 생각했던 것보다 더 빨리 움직일 수 있다는 것을 깨달았다. 그리고, 그들은 몇 년이 아니라 며칠 만에 사회는 디지털화(Digitalization)가 되었고, 디지털 전환(DX: Digital Transformation)사회가 되었다. 그들은 거의 하룻밤 사이에 새로운 서비스를 제공했다. 기업이 이 새로운 속도와 민첩성을 유지한다면 현대 역사상 지난 10년보다 향후 10년 동안 더 많은 혁신이 일어날 것이라고 상상할 수 있다. 앞으로 다가올 5년 후 2030년대의 삶은 오늘날의 브이코드 세대보다 더 크게 다를 알파세대(Alpha, α')가 다가올 것으로 전망한다.

B. 2030년 알파(Alpha, 'α')세대가 다가온다

'MZ세대 이해하기'가 오늘날 시대적 과제지만, **2030년으로 접어들면 지구촌의 주역은 알파세대(Generation Alpha, 'α')로 교체된다.** 2010~2024년 태어난 알파세대는 인류 역사상 수적으로 가장 규모가 큰 세대이고 가장 글로벌한 세대이자 인류 최초의 가상(Virtual) 세대이다. 밀레니엄 부모와 닮은 듯 다른 생활방식과 가치관을 추구한다.

'알파세대'라는 용어를 처음 만든 곳은 호주의 리서치 기업 맥크린들 연구소였다. 오랜 기간 세대 연구 분야에 주력해 온 이 연구소는 10여 년 전 전례 없는 세대의 등장을 감지하고 이 신인류에 그리스 문자의

세대 구분			
명칭	밀레니얼(M) 세대(Y세대)	Z세대	알파(α)세대
출생연도	1980~1994년	1995~2009년	2010년 이후
만연령	28~42세	13~27세	12세 이하
미디어 이용	인터넷(디지털 유목민)	모바일(디지털 네이티브)	모바일, AI 스피커(디지털 온리)
커뮤니케이션	싸이월드, 페이스북, 인스타그램	인스타그램, 틱톡	틱톡, 제페토
성향	세계화, 경험주의	현실주의, 윤리 중시	직관적 만족 추구

최지혜 서울대학교 소비트렌드분석센터 연구위원, 2022년의 MZ 그리고 알파세대' 자료

첫 글자인 '알파(α)'를 선사했다. 한국은 초저출생에 시름하고 있지만 지구촌 전체로 보면 알파세대는 빠른 속도로 세를 불리고 있다. 전 세계적으로 매주 280만 명씩 태어나고 있는 이들이 모두 출생신고를 마친 **2025년이 되면 알파세대는 22억 명에 이를 것으로 전망된다.** 이들의 조부모인 베이비붐 세대를 추월한 숫자이며, 인류 역사상 가장 규모가 큰 세대가 완성되는 시즌이 다가온다.[2]

이들의 바로 위 세대가 Z세대니까 다시 알파벳의 처음으로 돌아가자는 취지였다. 하지만 알파세대는 구성원 모두가 21세기에 태어난 첫 번째 세대로, 기존 세대들과 명확히 구별되는 완전히 새로운 집단이다.

다시 알파벳 첫 글자로 돌아가는 건 합당해 보이지 않았다. 방법을 찾던 중 허리케인에 명칭을 붙이는 작명법에서 아이디어를 얻었다. 허리케인 이름을 지을 때 알파벳을 다 사용한 다음 2005년

---

2 Shaw Brown, Genevieve(2020), ABC, 〈Z세대에 이어 알파세대를 만나다〉

부터 그리스 문자를 붙이기 시작했다. 그래서 허리케인과 마찬가지로 X, Y, Z 다음에 알파(α), 베타(β), 감마(Γ)로 가자고 제안했다. 그리스 문자로의 이동은 과거로의 회귀라기보다는 새로운 시작을 의미한다. 또 '베이비붐' 같은 서술적 이름보다는 X, Y, Z 같은 일반적 이름이 더 오래갈 수 있다고 봤다. 아무것도 그려지지 않은 깨끗한 캔버스와 같아서, 각 세대가 자신의 정체성을 스스로 창조할 수 있는 여지를 주었다.[3]

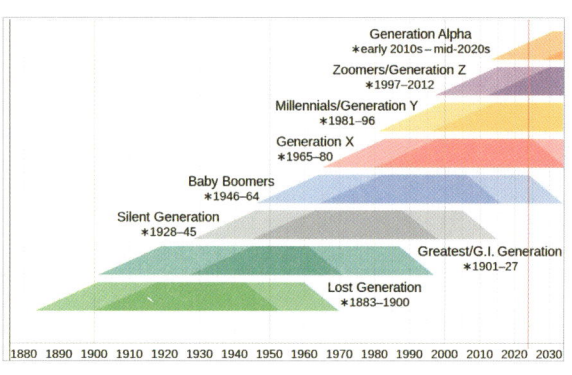

과학자들과 대중 매체에서는 2010년대 초반을 출생 시작 연도로 사용하고, 2020년대 초중반을 출생 종료 연도로 사용한다. 그리스 알파벳의 첫 글자인 알파(Alpha)의 이름을 따서 명명된 알파세대는 21세기 및 제3천 년에 처음으로 완전히 탄생한 세대가 된다. 알파세대의 구성원은 대부분 밀레니엄 세대의 자녀였다. 알파세대(Alpha, α')는 전 세계적으로 출산율이 하락하는 시기에 태어났으며, 어린 시절 코로나19 대유행의 영향을 경험했다.

---

3 Remembr, 2022, https://app.rmbr.in/WaHD5iin6Cb

C. 알파(Alpha, α')세대의 비즈(Bz)

어린이 엔터테인먼트는 전자 기술, 소셜 네트워크 및 스트리밍 서비스에 의해 점점 더 지배되고 있으며 동시에 기존 TV에 대한 관심도 감소하고 있다. 교실과 삶의 다른 측면에서 기술 사용의 변화는 이전 세대에 비해 알파(Alpha, α')세대가 조기 학습을 경험하는 방식에 중요한 영향을 미쳤다. 그러나, 화면 시청 시간, 알레르기, 비만과 관련된 건강 문제가 2010년대 후반에 점점 더 만연해졌다.

2015년 기준으로 전 세계적으로 매주 약 250만 명이 태어났다. 알파세대는 2025년까지 거의 20억 명에 이를 것으로 예상된다. UN은 인구가 1950년 25억 명에서 2020년 약 78억 명으로 증가한 것으로 추산했다. 2020년의 아프리카와 아시아, 실제로 대부분의 인구 증가는 이 두 대륙에서 발생했다. 유럽과 아메리카 국가는 대체할 자녀가 너무 적은 경향이 있기 때문이었다.[4]

글로벌 비즈니스 리더들과 전문가들은 2030년대의 모습을 The Next Normal이라고 불렀다. 전문가들은 몇 년 안에 일반화될 수 있지만 오늘날에는 최첨단이거나 심지어 존재하지 않는 것, 즉 **실험실에서 기른 고기, 디지털 옷장, 로봇 외과 의사** 등을 언급했다. '넥스트 노

---

[4] 스트레이츠 타임즈, 2021, AFP, 〈개발도상국 출산율 상승, 글로벌 베이비붐 촉진〉

넥스(Next Normal)'은 팬데믹 이후의 현실과 동의어가 되었다. 세계 지도자들은 가까운 미래에 해당 산업들이 다음 10년에 다가올 것으로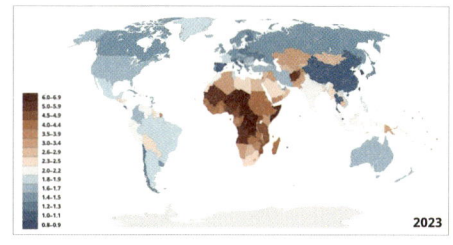
전망한다. 2035년이나 그 무렵에는 많은 부분이 실제로 현실이 될 가능성이 있을 것이다.[5]

Core Vision

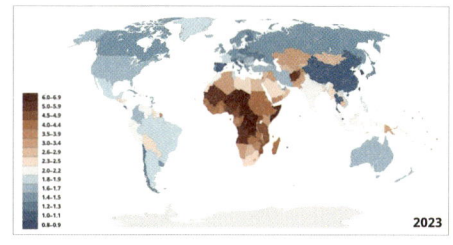

---

5   맥킨지, https://www.mckinsey.com

02
당신이 알파(Alpha, α')세대가 되고 싶다면 창의적 패턴을 발견해야 한다

이 장에서는 앞으로 다가오는 2030년대에 살아갈 알파(Alpha, α')세대의 환경과 사회활동에 대한 사고의 전환을 경험할 수 있을 것이다. 이를 위해서 우리는 물리적 나이와 사고의 고정관념을 넘어서야 한다.

A. 나이가 들수록 패턴은 고정될 수 있다

어린 아기가 어른으로 성장하면서 마음속에 패턴이 고정된다. 그들은 성장, 교육, 친구에 따라 모든 것을 적절한 패턴에 맞추는 방법을 배운다. 예를 들면, 한 아기가 벨기에(Belgium)인에 대해 편견이 있는 가정에서 자라다가 어느 날 성인이 되어 벨기에인을 만난다면, 성인이 된 그녀는 아마도 그 벨기에인을 좋게 보지 않을 것이다. 그녀는 자신이 만난 사람이 자신이 반벨기에인 부모에게서 배운 벨기에인의 패턴과 일치한다고 가정한다. 그러한 패턴에는 자명한 사실이 포함될 수 있지만 창의성을 저해할 수도 있다는 것은 분명하다.

B. 창의성은 패턴을 파괴하는 것이 아니다

창의성은 패턴을 깨는 것이라고 생각할 수도 있다. 그러나, 이것은 부분적으로만 사실이다. **창의성은 실제로 기존의 패턴을 넘어서, 새로운 패턴을 인식하는 것일 수 있다.** 예를 들어, 일반적인 사람은 카메라를 조정 가능한 렌즈와 셔터를 사용하여 프로세서에 이미지를 저장하는 전자 장치로 인식한다. 창의적인 사람은 이러한 패턴을 볼 수 있지만 그 이상을 살펴보면 카메라가 미래의 즐거움을 위해 저장되고 이메일, 소셜 미디어 및 점점 늘어나는 새로운 공유를 통해 다른 사람들과 공유될 시각적 추억을 캡처하는 장치이기도 함을 인식할 수 있다. 기술·창의적인 사람은 오늘날 카메라가 대부분의 기존 카메라보다 시각적 기억 공유를 더 용이하게 하므로 스마트폰으로 사용할 가능성이 가장 크다는 점을 인식할 것이다. 평범한 사람과 창의적인 사람 모두 카메라에 대한 해석이 정확하게 일치한다. 그러나 창의적인 사람은 표준적인 카메라 패턴을 넘어서 새로운 패턴을 발견한다. 이는 창의적인 사고를 크게 촉진한 결과였다.

　대부분의 사람은 자신이 구매하는 많은 제품에 대해 가장 낮은 가격을 추구하는 고객 행동 패턴을 사고 속에 갖고 있을 수 있다. 따라서 사람들에게 특정 제품의 가장 저렴한 물건을 어디에서 구입할 수 있는지 알려주는 가격 비교 웹사이트가 인기를 얻고 있다. 창의적인 사람은 이 패턴 너머를 보고 단순한 돈 이상의 것을 포함하는 더 복잡한 경제 패턴을 인식한다. 중간 소득 이상의 사람들에게는 시간의 가치가 점점 더 커지고 있으며 10유로(Euro)를 절약하기 위해 30분을 추가로 소비하는 것은 그만한 가치가 없다고 여긴다.

　창의적인 사람들이 인식하는 새로운 패턴은 그들이 새로운 아이디어를 찾는 것을 더 쉽게 만든다. 이러한 아이디어는 창의적인 사상가를 당황하게 만드는 번쩍이는 광채가 아니라 그들의 패턴에 딱 들어맞는 명백한 부분인 경우가 많다. 예를 들어, 시각적 기억을 포착하고 미래를 위해 저장하고 다른 사람들과 공유할 수 있는 장치에 대한 새로운 아이디어를 생각해 내는 것과 카메라에 대한 새로운 아이디어를 생각해 내는 도전을 비교해 볼 때, 두 번째 과제는 단순히 카메라에 대한 새로운 사고 패턴을 제공하기 때문에 창의적인 아이디어를 떠올리는 것을 훨씬 쉽게 만든다.

가. 패턴 너머에 있는 창의성

기존 패턴으로 작업하도록 철저히 훈련받았기 때문에 대부분 사람이 이러한 패턴 너머를 보기는 어렵다. 하지만 당신은 대부분 사람보다 낫게 할 수 있다. 1848년에 한 탐사자가 캘리포니아의 새크라멘토 밸리(Sacramento Valley)에서 금괴를 발견했다. 소식은 빠르게 퍼졌고 곧 수많은 탐사자가 캘리포니아로 출발했다. 이것은 기회주의자들의 마음속에 단순한 패턴을 만들어 냈다. '새크라멘토 밸리에는 금이 있다. 그곳에 가서 탐사 장비를 구매하고 소유권을 주장하면 그 금을 찾아서 부자가 될 수 있다.'라고 생각했다.

반면에 창의적인 기회주의자들은 명백하지 않은 또 다른 패턴을 보았다. '곧 많은 기회주의자가 금을 캐기 위해 캘리포니아로 향할 것이다. 그들은 탐사 장비뿐만 아니라 캠핑 장비, 음식 및 음료도 필요할 것이다.' 따라서 골드 러시(Gold Rush) 때, 창의적인 사람들은 이러한 상품과 서비스를 탐사자에게 제공하는 사업을 시작한다. 소수의 탐사자는 부자가 되었지만, 대부분은 거의 또는 전혀 벌지 못했다. 반면, 수많은 금광 탐사자들에게 상품을 판매하기 위해 상점을 차린 창의적인 기회주의자들은 전체적으로 소수이며, 이들은 아주 창의적인 비즈니스(Creative Business)를 잘해냈다.[6]

---

6   Jeffrey Baumgartner, https://www.creativejeffrey.com

C. 창의성을 새로운 차원으로 끌어올리는 5가지 방법

창의성을 수학이나 다른 프로세스 중심 과목처럼 가르칠 수 있는 것으로 간주하기보다는 창의성을 조건부로 고려한다. 즉 창의적인 아이디어의 표현은 개인의 태도와 환경적 조건에 따라 달라진다. 좋은 토양, 물, 햇빛이 없으면 자라지 않는 식물처럼 창의적 사고에도 올바른 유기적 환경이 필요할 수 있다. 그것이 없으면 창의적이고 혁신적인 아이디어는 싹트지 못한다.

우리가 늘 그래왔던 것처럼 생각하는 것은 쉽다. 다르게 생각하는 것은 어렵다. 뇌는 인체에서 가장 배고픈 기관이며 우리가 항상 해왔던 방식과 반대로 생각하려면 노력과 정신적 에너지가 필요할 수 있다. 이는 상황을 예측할 수 있을 때 이점이 될 수 있지만, 변화가 발생하면 대체 솔루션으로 접근해야 한다. 여기서 우리의 두뇌는 창조자의 자유의지(自由意志, Free Will)와 효율성(Efficiency)을 위해 설계되었다. **따라서 오래된 아이디어가 더 이상 작동하지 않고 창의적인 사고와 새로운 솔루션이 필요한 상황에서는 다르게 생각할 수 있는 사람이 필요할 수 있다. 우리가 할 수 없거나 하지 않으려면 그룹, 조직, 심지어 종족도 멸종하게 될 수 있다.**

창의적 사고는 삶에 대한 태도와 새롭고 놀랍게 설득력 있는 문제 해결 방안을 생각할 기회를 모색하는 다양한 창의적 교수 행동 결과이다(Creative Teaching Behavior, Kaufman&Sternberg, 2019). 미국의 에리히 젤리히만 프롬(Erich Seligmann Fromm)은 세계적으로 유명한 유  대인이자 독일계 미국인으로 사회심리학자이면서 정신분석학자, 인문주의 철학자이다. 그는 창의성을 강화하는 기술은 많이 있지만, 에리히 프롬(Erich Fromm)은 태도 변화를 바꾸는 것이 중요한 요소라고 알려준다. **인간의 삶은 그 종의 패턴(Pattern of Species: 인간의 생물학적 분야와 성격)을 반복함으로써 살아갈 수밖에 없다. 그래서, 이를 해결하기 위해서 새로운 창의적인 것에 도전해야 한다.**[7]

창의적 사고(Creative Thinking)는 최선의 성과를 내는 데 핵심이 될 수 있다. 이것은 사실상 거의 자동적으로, 의심 없이 스스로 생각해야 한다. 당신은 예리하고 충동적이어야 하며, 특히 중요한 날의 운동장이나 생명을 손에 쥐고 있는 수술실의 외과 의사와 같이 빠르게 변화하는 환경에 처해 있는 경우에는 더욱 그럴 수 있다. 이런 창의적 사고력을 강화할 수 있는 5가지 방법을 살펴볼 수 있다.

---

7   Larry G. Maguire, 2020, https://humanperformance.ie

가. 창의성에는 확실성(Distinctiveness)을 버릴 수 있는 용기가 필요하다

■ 문제를 재정의하라(Redefine the problem)

어떤 사회와 공동체의 관점은 제한적일 수 있다. 그리고 많은 사람들은 우리가 드물게 살았던 사회나 가족에서 삶을 바라보는 특별한 방식을 정할 수 있다. 그것은 마치 우리가 외부 세계를 볼 수 있는 구멍이 있는 상자 안에 갇혀있는 것과 같다. 문제는 종종 풀리지 않는 것처럼 보일 수 있다. **이러한 문제를 재정의하는 것은 본질적으로 틀에서 벗어나는 것이며, 에드워드 드 보노(Edward De Bono)는 이것을 '측면적 사고'라고 불렀다.**

사례로, 오늘 아침 지각을 한 나에게 아들 Josiah가 나를 태워주려고 Blue Mountain에 등산 계획을 취소했다. 그때 나에게는 Sydney 시내 회사까지 출근 시간이 45분 남았다. 정시에 출근하기 위해 사용할 수 있는 다른 수단은 무엇인가? 갑자기, Josiah는 그의 친구에게 연락을 했고, 얼마 후에 M4 도시 고속도로 진입로 앞에서 신호대기 중인 Hillsong Church 아들 친구를 만났다. 순간 Josiah는 나를 그의 친구 BMW K 1600 GTL 모터사이클에 태워주었으며, 무사히 출근을 하게 되었다. 사소한 예처럼 보일 수도 있지만, 우리의 창의적 사고를 실천하는 것은 바로 사소한 일이다. 항상 해결책이 있다.

■ **당신의 가정(假定, Postulate)에 도전하라**

창의적인 사람들은 항상 가정(假定, Postulate)에 도전하고 어려운 질문을 할 준비가 되어있다. 이는 '사실이 아니거나 또는 사실인지 아닌지 분명하지 않은 것을 임시로 인정함'을 뜻하지만, 창의적 사고의 필수적인 측면이며 의학, 과학, 기술, 그리고 아마도 더 중요하게는 우리가 서로를 대하는 방식의 가장 중요한 발전을 담당할 수 있다.

1800년대에는 산업혁명이 본격화되어 인간의 노동을 통해 이익을 얻기 위해 모든 수단을 동원했다. 아이들은 주요 노동력이었고 비참한 환경에서 견딜 수 없을 만큼 고통을 겪었다. 토머스 애그뉴(Thomas Agnew)와 같은 사람들은 다르게 생

각하고 아동 권리에 관한 가정에 도전했다. 1883년에 그는 리버풀 아동 학대 방지 협회(LSPCC)를 설립했고, 다른 도시들도 이를 따르기 시작했다. 이후 1884년 7월 11일 런던 아동 학대 방지협회(런던 SPCC)가 결성되었다.

또 다른 사례로, 확립된 가정(Postulate)과 상식이 항상 생명과 복지를 위협하는 것은 아니지만, 개인 수준과 조직 모두에서 아동 학대의 진전을 멈출 수 있었다. 예를 들어, 많은 학교 시스템에서의 질문에는 단 하나의 옳고 그른 답이 필요하다. 그러나 이는 삶의 경우에는 해당되지 않는다. **그러므로 기본 답변을 받아들이기보다는 의심할 여지가 없**

다고 생각하는 것들에 대한 가정에 도전한다. 그룹 환경에서도 이를 장려하고 단순히 질문을 하기보다는 탐구적인 질문을 연습하면 좋다.

나. 아이디어를 판매하는 방법을 배우라

■ 창의적인 사람들의 열정

당신의 가정(假定, Postulate)을 통해 행동으로 전환되는 활력이나 생명력, 에너지가 있으며, 모든 시간에 당신 한 분이 계시기 때문에 이 표현은 독특할 수 있다. 그리고 만약 당신의 행동이 차단되면 다른 어떤 매체를 통해서도 절대 존재하지 않으며 유실될 수 있다.

― 마사 그레이엄(Martha Graham)

많은 창의적인 사람, 예술가, 과학자, 열정적인 사업가들이 빠지는 함정이 있다. 그들은 자신의 환상적인 아이디어에 너무 푹 빠져서 그것이 저절로 팔릴 것이라고 생각할 수 있다. 문제의 진실은 새롭고 혁신적인 아이디어가 두 팔을 벌리고 주머니를 열어 환영하기보다는 의심과 회의주의로 취급된다는 것이다. **다른 아이디어와 이를 제안하는 사람들은 종종 문제를 일으키는 사람으로 간주될 수 있다.**

극단적인 예로, 석유 기반 생산제품들과 관련된 의존도, 모멘텀(Momentum) 및 기득권의 비중을 고려할 때, 석유와 그 생산국에는 막대한 달러(매출, 자산 등)로 묶여있다. 그렇다면 재생 가능 에너지에 대한 화석연료를 거부하는 것이 지구에 미치는 이점이 있음에도 불구하고 채택이 늦어질 수 있다.

가끔, 우리는 반대에 직면하여 우리의 아이디어를 옹호하고 지지하는 연습을 해야 한다. 실질적인 장점과 기술적 우월성, 경제적 이점을 모두 말할 수 있어야 한다. 왜냐하면, 다른 사람들은 우리의 새로운 아이디어를 받아들일 필요가 없다. 그들은 이미 가지고 있는 것이 그 일을 잘하고 있다고 믿기 때문에, 그러니 더욱 좋은 창의적인 아이디어를 만들어 판매하는 연습을 배워야 한다.

■ **장애물과 거절**(Obstacles and Rejection)**의 극복**

당신은 저항과 거절에도 불구하고 인내할 용기가 있는가? 창의적인 사고를 하는 사람이라면 장애물에 부딪히는 것은 사실상 불가피할 수 있다. 비판과 심리적 처벌은 게임의 일부이며, 견디지 않으려면 꽤 빨리 무명으로 물러날 수 있다. 단기적인 비용이라고 말할 수 있지만, 그 단기적인 비용은 당신의 아이디어가 받아들여지기까지 수년이 걸릴 수도 있다.

1999~2000년쯤에 쌍둥이였던, David와 Joseph는 실용적인 문제

에서 나온 제품 아이디어를 떠올렸다. 그는 이 문제에 대해 직장 동료 몇 명과 이야기를 나눴고 그들은 모두 그들의 솔루션이 더 나을 것이라는 데 동의했다. Joseph는 몇 장의 스케치를 그려 창의 아이디어를 지역 기업 단체에 제출하고 인내심을 갖고 답변을 기다렸다.

답변을 받았는데 그가 기대했던 답변은 아니었다. 간단히 말해서, "감사하지만 감사하지 않습니다."였다. 그들은 Joseph의 창의성을 칭찬했지만 기본적으로는 그가 시간을 낭비하고 있다고 말했다. 20년이 지난 후, 놀랍게도 Joseph의 제품 아이디어와 매우 유사한 제품이 시장에 출시되었고 Joseph가 도우려고 했던 상인들이 널리 사용했다. 어쩌면 거절을 이겨내고 인내했다면 그 '자율주행 로봇청소기' 제품이 빛을 발했을지도 모르겠다.

다. 위험을 측정해라

■ 위험한 아이디어의 진정한 가치를 알라

창의적인 사상가가 사물의 추진력을 맡을 때는 위험도 감수해야 한다. 위에서 언급했듯이 조롱, 비판 및 노골적인 거부가 있을 수 있다. 특히 아이디어가 현재 수행되는 방식에 엄청난 변화를 요구할 때 실패의 위험이 클 수 있다. 따라서 우리는 초기 반복이 실패할 것에 대비해야 한다. 아이디어가 예술로 표현되는 경우 획기적인 무언가를 만드는 데 10년, 15년, 심지어 20년이 필요할 수도 있다. 그러므로 우리는 스스로 기회를 잡을 준비가 되어있어야 한다. **"위험하지 않은 아이디어는 전혀 아이디어라고 부를 가치가 없다(오스카 와일드, Oscar Wilde)."**

이를 위해서, 먼저 자신의 직장에서는 아이디어의 기회를 잡고, 계획을 세우고, 사전학습을 하며, 뭔가 다른 아이디어 일을 도전하며 성장을 꿈꾸어야 한다. 마지막으로, 젊어서 도전하면서, 미리 실수할 준비를 하면 더 좋다. 둘째, 사업에서는 작은 규모라도 한꺼번에 투자하기보다는 3년에 걸쳐 소액으로 투자하면 좋다. 상대적으로 안전한 환경에서 위험을 덜 감수하면 잠재적인 손실을 낮게 유지하면서 자신감을 구축할 수 있다.

■ **모호함**(Ambiguity)**을 용인하는 법을 배우라**

우리의 두뇌는 효율성을 위해 만들어졌으며 다르게 생각하려면 정신적 에너지가 필요하다. 결과적으로 사람들은 세상을 흑백, 좋건 나쁘건의 관점으로 보는 것을 좋아한다. 그들의 두뇌는 쉽다. 그러나 가치 있는 훌륭한 예술가라면 누구나 알고 있듯이 현실은 흑백과는 거리가 멀게 생각한다. **사람과 상황은 알 수 없는 것으로 가득 차 있는 경우가 많으며, '모른다'는 사실에 익숙해지는 것은 창의적인 작업에 있어서 필수적인 요소가 될 수 있다.**

iPhone, 소설, 미술품, 과학 이론과 같은 창의적인 아이디어는 결실을 맺는 데 수년, 어쩌면 수십 년이 걸리는 경우가 많다. 임시는 알 수 없다. **예술가 조지아 오키프(Georgia O'Keeffe)는 이렇게**  **말했다. "성공 여부는 중요하지 않습니다. 세상에 당신의 창조적 아이디어와 같은 일은 없습니다. 당신의 미지의 것을 알리는 것이 중요한 것이며, 미지의 것을 항상 당신 너머에 두는 것이 중요합니다."** 우리가 작업 자체를 위해, 탐험의 고유한 즐거움을 위해 참을성이 없고 작업에 깊이 들어가고 싶지 않을 때, 우리는 작업을 죽일 위험이 있다. 우리는 모호함을 참아야 하며, 최종 결과물인 답에는 오랜 시간에 걸친 몰입과 헌신이 필요하다는 사실을 깨달아야 한다.

라. 호기심(Curiosity)을 불러일으키는 일을 먼저 하라

■ 틀릴 준비를 하라

영국의 켄 로빈슨 경은 2006년 TED Talk "학교가 창의력을 죽인다."에 이어, 풍자(Innuendo)와 유머(Humor)가 넘치는 2010년 후속편을 통해, 획일적 학교교육으로부터 학생 개별 학습교

켄 로빈슨 경, Sir Ken Robinson

육으로의 혁명적인 변화를 끌어내고 있다. 그는 "이 변화는 아이들 각각이 지닌 고유의 재능을 발휘하고 개발할 환경을 만들게 될 것이다." 라고 말했다. 켄 로빈슨 경의 말과 같이, 나는 Seven hill School에 다니는 우리 아이들(Josiah, Rachel, Matthew)의 호기심을 듣게 되었다. 그럼, 지금 당신 자녀들의 호기심(Curiosity)이 그려진 곳으로 가봐라. 그러나, 아이들의 호기심은 **틀릴 준비가 되어있지 않으면 결코 독창성을 생각해 낼 수 없다.**

호기심(Curiosity)은 흥분되고 활력을 느끼게 해주지만, 이전에 한 번도 경험해 본 적이 없는 도전에 직면하게 될 것이다. 가끔 우리가 즐기지 않는 분야에서 최선을 다하는 것은 어렵다. 언젠가는 많은 것들이 당신의 호기심을 자극하고 그것들을 결합하는 방법을 찾으려고 노력할 것이다. 이때, 창의적으로 생각하라! 공평하게 말하면, 당신은 그것이 무엇인지 모를 수도 있지만 괜찮다. 그러니 뭔가를 하라. 잠시 동안 다른 길을 가는 것에는 가치가 있기 때문에 그것은 좋은 경험의 항해가 될 것이다.

■ 천천히 자기 효능감(Self-efficacy)을 키워라

캐나다의 심리학자 앨버트 밴듀라(Albert Bandura)가 제시한 개념 '자기 효능감 이론(自己 效能感, Self-efficacy)'에서는 '결과 기대'를 우리의 행동이 특정 결과로 이어질 것이라는 기대로 설명한다. '효능감'은 어떤 일을 성공적으로 수행하고 원하는 결과를 얻을 수 있다는 확신으로 정의

한다. 즉, 자신에게 작업을 완료할 수 있는 능력이 있다고 믿으면 시작하게 될 가능성이 높다. 시작하고 그것을 달성할 수 있다고 믿지 않는다면 포기하거나 실패할 가능성이 높다. 작업을 시작할 때 갖고 있는 효율성 수준은 성공 능력에 큰 영향을 미친다.

창의적 비즈니스에서 성공을 거두려면 우리는 자기 믿음에 있어서 자신의 결함을 기꺼이 식별할 수 있어야 한다. 우리의 생각과 행동을 살펴보면 때때로 이러한 결함이 어디에 있는지 확인할 수 있다. 안전한 장소에서 목표를 향해 나아가는 작은 단계가 핵심이 된다. 왜냐하면 시간이 지나면 이러한 작은 성공이 올바른 방향으로 추진력을 쌓기 때문이다.

마. 개인능력에 대한 믿음은 중요한 창작물을 생산한다

■ 만족을 늦추어라

보상과 박수는 오면 좋지만, 그것에 의존하면 수준 이하의 창작물을 생산할 위험이 있다. **그것들은 결코 지속되지 않으며, 깊이 있고 몰입적인 작업을 통해 얻을 수 있는 만족감을 거의 가져오지 않는다.** 그러므로 우리는 내일의 창의적인 성공을 위해 오늘의 세심함을 기꺼이 포기해야 한다. 우리의 작업을 관찰하는 다른 사람들은 시간을 낭비했다고 생각하는 것에 대해 재빨리 비판을 가할 수 있다.

그들은 창의적인 비전가(Visionary)가 보는 것을 볼 수 없으므로 가치도 보지 못할 수 있다. 따라서 우리는 일할 공간을 찾아야 하며, 감독자나 교사라면 학생들에게 작업에 필요한 공간을 기꺼이 제공해야 한다. 이는 특히 사회·제도적 제약을 고려할 때 어려울 수 있다. 하지만 우리는 방법을 찾아야 한다.

그렇지 않으면 우리는 단기적인 사고와 즉각적인 만족 추구를 위해 우리 자신과 다른 사람들을 훈련시킬 수 있다. 창의성(Creativity)은 창의적 과정의 긍정적인 측면과 부정적인 측면을 모두 활용하는 개방적인 환경의 사람들에게서 꽃을 피운다. 이는 완벽해지기 위해 연습해야 하는 균형잡기 행위가 된다. 아마도 역설적이게도 창의성에는 자극과 지원이 필요하며, 이 2가지를 주고받는 방법을 배우는 것이 문제에 대한 해결책을 찾는 비결이 된다.

또한, 창의성을 위한 다양한 분야의 노력을 샘플링하면 더욱 광범위한 창의적 결과물을 얻을 수 있다. 그러니 많은 경험적인 일을 하면 좋다. 산을 오르고, 경주하고, 그림을 그리고, 수학을 배우고, 도자기 수업을 듣고, 천문학을 공부하면 좋다. 마음은 우리가 상상조차 할 수 없는 방식으로 작동하고, 창의적인 아이디어는 우리가 전혀 기대하지 않는 순간에 나올 수 있다. **개인능력에 대한 그 사람의 믿음은 그러한 능력에 큰 영향을 준다.**

그러니 시간을 갖고 한동안 폭넓게 활동하면서 다양한 것을 배우면 좋다. 때가 되면 당신은 좁고 깊게 가는 법을 알게 될 것이며, 당신이 배운 모든 것이 당신에게 창의적 아이디어로 설 것이다. 종종 우리가 경험했던 것들이 융합적으로 표현될 수 있다.

D. 알파(Alpha, α')세대의 위대한 아이디어(Great Idea)를 위한 시각적 창의 기법 9가지

훌륭한 아이디어는 그냥 떠오르는 것이 아니다. **새롭고 멋진 아이디어를 생각해 내기 위해서는 올바른 지식과 경험, 그리고 이상적인 환경이 필요할 수 있다.** 하지만 창의적 사고 능력을 향상하는 데 사용될 기술이 있으며, 이것은 창의적 프로세스를 가속화하는 데 도움이 되는 알파(Alpa, α')세대의 창조적 기법이다.

가. 창의적 사고란 무엇인가?

창의적 사고의 정의부터 시작해 보면, 많은 사람들이 창의적이라는 것을 그림을 그리거나, 노래하거나, 글을 쓰는 능력과 연관시키지만, 이러한 것 중 어느 하나에도 능숙하지 않은 사람이라도 여전히 창의적인 사상가(思想家, Thinker[theorist])일 수 있다.

왜냐하면, 창의적인 사고는 새로운 것을 생각해 내는 과정이기 때문이다. **문제를 새로운 시각으로 바라보고 혁신적인 해결책이나 이전에 생각하지 못했던 해결책을 찾는 것이다.** 즉, 고정관념에서 벗어나 생각하는 것일 수 있다. 선천적으로 어떤 사람들은 다른 사람들보다 더 창의적이지만, 후천적으로 창의적 사고는 연습을 통해 발전할 수도 있다.

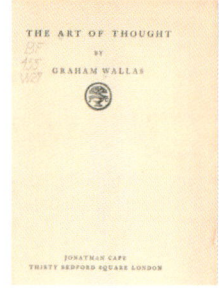

창작 과정에서 창의적인 아이디어는 머릿속에서만 떠오르는 것이 아니다. 혁신적인 아이디어를 생각해 내야 한다면 그것이 일어날 수 있는 환경을 설정하거나 두뇌에 적합한 자료를 제공해야 한다. 창의적인 사고가 어떻게 작동하는지 이해하라. 영국의 그레이엄 월러스(Graham Wallas)의 《The Art of Thought》라는 책에 따르면 창의적 사고에는 4가지 단계가 있다.[8]

① 준비(Preparation): 해결하려는 문제나 필요성을 정의하는 시간으로, 그런 다음 해당 주제에 대해 가능한 많은 지식을 수집하기 시작한다.
② 인큐베이션(Incubation): 이 단계에서는 수집한 정보를 처리하게 된다. 의식적으로 문제를 해결하려고 노력하는 대신, 마음이 저절로 방황하면서 주제를 헤쳐나가게 된다. 이는 더 많은 창의성으로 이어질 수 있다. 기본적으로 당신의 무의식적인 마음과 생각이 여기서 작용할 수 있다.

---

[8] Graham Wallas, 'The Art of Thought', https://www.archive.org

③ 조명(Illumination): 이것은 창의적인 해결책을 적극적으로 생각하지 않을 때 실제로 발생하는 '유레카(Eureka)' 순간이다. 말 그대로 샤워를 하고 있을 때 갑자기 찾고 있던 답을 찾았을 수도 있다.

④ 검증(Verification): 이제 여러분의 아이디어가 실제로 성공할 수 있을지 확인해 볼 차례다. 창의적 사고 과정의 마지막 단계에서는 아이디어를 테스트해야 한다. 비판적 사고 능력을 활용하여 아이디어를 세부적으로 조정하고 청중에게 다가갈 수 있도록 준비한다.

나. 알파(Alpha, α')세대의 창의적 사고 기법 9가지는?

창의적인 아이디어를 더 빨리 생각해 내는 데 사용할 수 있는 몇 가지 창의적 사고 기법이 있다.

- **친화도 다이어그램**(Affinity Diagram)

회의 또는 연구 후에는 정리하고 분류해야 할 정보가 너무 많아지게 된다. 이것이 하나의 친화력 다이어그램이 나오는 곳이 될 수 있다. 선호도 다이어그램은 테마에 따라 데이터를 그룹화하는 데 도움이 된다. 이를 통해 수집한 정보 간의 패턴과 연결을 더 쉽게 감지할 수 있으므로 새로운 아이디어나 솔루션을 생각해 낼 수 있다.

디자인 프로세스 또는 UX기획은 소비자, 시장 및 경쟁에 대한 많은 양의 정보를 수집하는 데 달려있다. 연구 단계에서 수집된 많은 양의 데이터로 인해 설계 팀이 데이터 조각과 자신의 아이디어를 연결하기가 어렵다. **연구 또는 브레인스토밍의 데이터 결과를 시각적으로 나타내기 위해 마인드맵 및 친화도 다이어그램과 같은 많은 방법이 도입되었다.** 이러한 각 방법은 연결을 더 쉽게 추적하고 구성할 수 있도록 특정 방식으로 아이디어를 구성할 수 있다.

1단계: 선호도 회의 계획(Affinity Meeting Planning)

참가자가 주제 및 프로세스와 관련하여 회의 중에 경험하게 될 내용을 이해하는 것이 중요할 수 있다. 이것은 그들이 아이디어와 정보를 준비하는 데 도움이 되며, 이 단계는 회의 중 준비 시간을 줄이는 데 도움이 된다.

2단계: 아이디어 생성(Idea Generation)

본 단계에는 아이디어를 생성하고 스티커 메모에 작성하는 작업이 포함된다. 참가자들은 생각이나 정보를 각각의 아이디어나 정보들과 함께 별도의 메모에 기록한다.

3단계: 아이디어 표시(Idea Display)

이 단계에서 모든 스티커 메모는 화이트보드나 테이블에 무작위로 배치된다. 이 시점에서 조직이 필요하지는 않지만, 아이디어가 개별 스티커 메모에 각 아이디어와 함께 무작위로 배치되는 방법을 보여준다.

4단계: 아이디어를 그룹으로 분류(Sort Ideas into Groups)

　다음 단계에서 아이디어는 서로 간의 관계에 의해 정의된 그룹으로 구성되어야 한다. 따라서 한 그룹이 만들어지면 팀은 관련된 아이디어의 다른 그룹을 만들기 시작하고 아이디어가 모두 그룹 중 하나로 구성될 때까지 프로세스가 계속된다. 일부 아이디어는 그룹에 맞지 않을 수 있으며, 이 경우 특수 기타 그룹에 추가되면 된다.

5단계: 헤더 추가(Add Header)

　그룹을 만든 후 팀은 각 그룹의 이름을 지정하고 각 그룹 이름으로 스티커 메모를 만들면 된다. 이들은 헤더 카드로 알려져 있다. 그룹 헤더와 동일한 규칙을 따르는 슈퍼 그룹 헤더 아래에 1~2개의 그룹이 구성될 수 있다. 모든 아이디어는 각 아이디어 그룹에 추가된 헤더 아래에 분류된다.

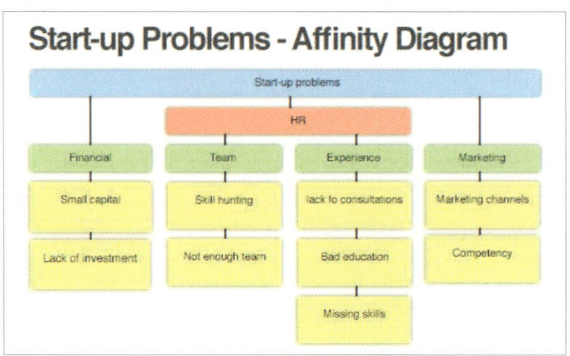

6단계: 친화도 다이어그램 그리기(Drawing an Affinity Diagram)

헤더, 슈퍼 헤더 및 그룹이 생성되면 게시판에 정리되고, 팀은 그룹 간의 관계를 검토하고 필요할 때 다이어그램을 수정하기 시작한다. 완료되면 친화도 다이어그램은 단일 문서화가 될 수 있고, 정성적 데이터들 사이의 규칙과 연관성을 발견하여, 해당 내용을 토대로 인사이트를 도출하는 방법론인 어피니티 다이어그램(Affinity Diagram)의 최종 모습을 확인할 수 있다.

■ 브레인스토밍(Brainstorming)

브레인스토밍은 **집단적 창의적 발상 기법으로 집단에 소속된 인원들이 자발적으로 자연스럽게 제시된 아이디어 목록을 통해서 특정한 문제에 대한 해답을 찾고자 노력하는 것을 말한다.** 브레인스토밍은 미국의 광고 경영자 알렉스 오스본(Alex Faickney Osborn)의 저서 《Applied Imagination》으로부터 대중화되었다. 거의 80년이 지난 지금도 브레인스토밍은 디자인 회사, 과학 실험실, 기술 회사 또는 영화 스튜디오에서 사용되는 비즈니스 세계에서 그룹 아이디어 생성을 위해 가장 널리 사용되는 기술로 남아있다.[9]

---

9   Buffalo State, 뉴욕주립대, https://creativity.buffalostate.edu

브레인스토밍은 아이디어 창출의 가장 인기 있는 방법 중 하나이며, 이는 개별적으로 또는 여러 사람과 함께 진행할 수 있다. 그룹 브레인스토밍에서는 다양한 기술과 경험  을 가진 사람들로부터 창의적인 아이디어를 많이 수집할 수 있다. 시중에는 다양한 브레인스토밍 기술이 있으며, 편리한 시각적 브레인스토밍 기술도 있다. **성공적인 브레인스토밍 세션을 단계별로 수행하는 방법인 브레인스토밍 4원칙(4S: Support, Silly, Speed, Synergy)을 활용한다.**

1) 비판금지(Support)

아이디어를 내놓는 동안 어떤 아이디어라도 절대로 비판하거나 평가하지 않는다. "현실적으로 불가능해!", "그건 아닌 것 같아. 다시 생각해 봐."라는 말을 할 경우 브레인스토밍의 분위기가 움츠러들게 되어 모험적이거나 새로운 아이디어 발상을 제한하게 만든다. 그러므로 다른 사람의 의견에 대하여 절대 비판하면 안 된다는 것이 첫 번째 원칙이 된다.

2) 자유분방(Silly)

자유분방한 분위기를 만들어 자유로운 발상으로 아이디어의 한계를 극복한다. 우스꽝스러운 발상과 기발한 발상 모두 대환영!! 아이디어가 비현실적이거나 터  무니없는 것일지라도 모두 받아들인다. 하나하나 이치를 따지지 말고

일단 머릿속에 있는 생각을 그대로 입 밖으로 꺼내는 것으로 시작한다.

3) 양산(Speed)

"양은 질을 낳는다."는 말이 있듯이 아이디어가 많을수록 그 속에 좋은 아이디어가 나타날 확률이 높다. 그래서 대단한 발상 1개보다 작은 발상 여러 개가 더 중요하다. 여러 가지의 발상이 모이면 정말 생각지도 못한 아이디어가 도출될 수도 있다.

4) 결합과 개선(Synergy)

브레인스토밍에서 나오는 모든 아이디어는 기록하고, 2개 이상의 아이디어를 결합해서 제3의 아이디어를 이끌어 낼 수 있도록 한다. 브레인스토밍 중에 나온 아이디어는 주인이 없으므로 상대방이 낸 의견을 잘 기억해서 자신의 아이디어와 결합시켜 그 아이디어를 더 좋은 아이디어로 개량하는 것이 중요하다. 비판 없이 자유로운 분위기에서 많은 아이디어를 내고, 그 아이디어끼리 결합하여 더 좋은 아이디어를 도출하는 브레인스토밍이 기본 4원칙을 잘 지킨 올바른 브레인스토밍이며, 이 원칙만 지켜도 반은 성공했다고 할 수 있다.

■ **콘셉트 맵**(Concept Map)

콘셉트 맵은 서로 의미 있는 관계를 가지고 있는 중요한 콘셉트(정보, 키워드)를 하나의 그림으로 표현하는 기법이다. 콘셉트 맵은 1970년대에 코넬 대학에서 학생들의 과학 지식을 체계적으로 표현하기 위해 조셉 노박(Joseph D. Novak) 교수에 의해 만들어졌다. 콘셉트 맵은 개념과 아이디어 사이의 연결을 시각화하는 데 도움이 되는 교수 및 학습 기법이다. 또한, 생각을 정리하고 새로운 관계, 아이디어, 개념을 발견하는 데 도움이 된다.[10]

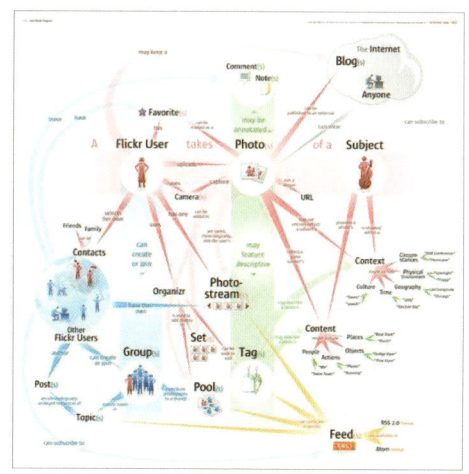

콘셉트 맵을 만드는 규칙은 다음과 같다.

① 콘셉트는 사각형으로 표현한다.
② 상위 개념의 콘셉트는 위쪽에, 하위 개념은 아래쪽에 위치한다.
③ 하나의 콘셉트는 한 곳에만 사용되어야 한다(단, 화살표를 이용해 관계를 정의한다).
④ 관계는 반드시 의미를 가지는 단어나 문장을 포함해야 한다.
⑤ 하나의 콘셉트는 여러 개의 관계를 가질 수 있다.

---

10 Creative Thinking 기법, 2023, https://www.creately.com

■ **마인드맵**(Mind Map)

마인드맵은 중앙에서 브레인스토밍하고 있는 핵심 개념으로 시작된다. 언뜻 보기에는 콘셉트 맵이 마인드맵과 유사하게 보이지만 가장 큰 차이점은 콘셉트 사이의 상관관계이다. **마인드맵은 주 가지와 세부 가지를 통해 아이디어 혹은 키워드를 확장해 나가는 것을 중요시하지만, 콘셉트 맵은 각 콘셉트 간의 관계를 중요시하며 반드시 의미 있는 단어나 문장을 지정해야만 한다.**

관련 아이디어는 중앙의 선으로 연결된다. 생각의 자유로운 흐름을 포착하고 나중에 가능한 해결책에 도달할 수 있는 새로운 연결을 발견할 수 있는 방식으로 캔버스에 정리하는 데 도움이 된다. 텍스트와 시각적 레이아웃을 모두 연결하기 때문에 보다 창의적인 사고 스타일을 가능하게 한다.

■ **무드 보드**(Mood Board)

콜라주(Collage)와 같은 무드 보드는 특정 테마나 스타일을 나타내는 이미지, 글꼴, 아이콘 색상 등의 기법이다. 무드 보드는 영감 보드라고도 알려져 있으며, 디자인 프로젝트에 일반적으로 사용된다. 이것은 영감을 주고 시각적으로 멋진 무드 보드를 단 몇 분 만에 만들 수 있는 직관적인 온라인 무드 보드 메이커이다. 또한, 무드 보드를 사용하는 방법은 창의적 콘셉트의 표시로 구성을 할 수 있다. 이는 모든 프로젝트를 시각화하고 디자인하기 위한 템플릿이며, 프로젝트를 확장하기 위한 창의적으로 직관적인 기능을 사용하여 체계적으로 정리하고 효율성을 높일 수 있다.

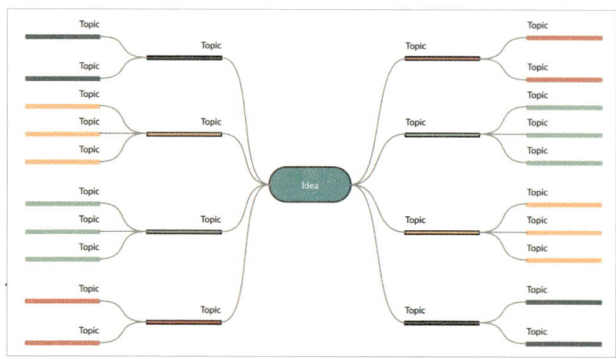

- **스캠퍼 기법**(Scamper Technique)

Scamper 기법은 미국의 광고회사 BBDO사의 최고경영자였던 오스본(Alex F. Osborn)이 1950년대에 개발한 체크리스트법을 보완하여 1971년에 발전시킨 것으로, **사고영역을 일정하게 제시함으로써 구체적인 안이 도출될 수 있도록 유도하는 아이디어 발상법이다.** Scamper는 브레인스토밍 중에 창의성을 촉발하는 데 사용되는데, 이것에는 7가지 사고방식이 있으며, 각 단계별로 의미를 갖고 있다.

1) Substitute(대체하기)

쌀을 과자로, 우유를 목욕용품으로, 치약을 얼룩 제거용 약품으로, 청바지를 가방으로, 휘발유를 LPG로 대체 사례가 된다.

2) Combine(결합하기)

핸드폰과 카메라를 결합, 청소기와 물걸레를 결합, 롤러스케이트와 신발을 결합, 린스와 샴푸의 결합, 에어컨과 공기청정기의 결합 등이 있다.

3) Adapt(응용하기)

주전자의 원리를 이용한 체온계, 태양에너지를 이용한 전열판, 햄버거 모양을 본떠 만든 전화기 등이 된다.

4) Modify-Magnify-Minify(수정-확대-축소하기)

엠보싱 화장지, 대형 TV, 대형세탁기, 대형냉장고, 바람개비 원리를 이용한 풍차, 미니 휴대폰, 미니컴퓨터, 미니카 등이 있다.

5) Put to other uses(용도 변경하기)

스타킹을 모내기할 때 착용, 폐타이어로 집짓기, 기차를 카페로 사용한다.

6) Eliminate(제거하기)

날개 없는 선풍기, 필름 없는 카메라(디지털카메라), 칼날 없는 칼(레이저 칼), 무선다리미, 씨 없는 수박, 내시경 3단 접이우산, 벽걸이형 얇은 TV, 초소형휴대폰, 오픈카, 노천극장이 있다.

7) Rearrange-Reverse(재배치하기-거꾸로 하기)

운전석을 왼쪽에서 오른쪽으로, 페달을 뒤로 밟아도 앞으로 가는 자전거, 병뚜껑이 아래에 있는 화장품 용기, 양말에서 벙어리장갑 착안, 장갑에서 발가락 양말 착안, 여름에 겨울 상품 세일하기, 옷감을 뒤집어서 만들기 등이 있다.[11]

■ **6개의 생각 모자**(6 Thinking Hats)

6가지 생각 모자 방법의 각 모자는 서로 다른 관점을 나타낸다. 회의나 브레인스토밍 세션 중에 팀원들이 다양한 관점이나 사고 방향에서 가능한 솔루션을 살펴볼 수 있도록 하기 위해 사용되었다. 각 모자는 서로 다른 사고 방식을 나타내며, 세션이 진행되는 동안 각 멤버는 차례로 모자를 쓰게 된다. 또한, 6색(Six Color Palette) 사고 모자 활동은 토의·토론, 협동 기술

---

11 http://www.newsnjob.com

훈련, 프로젝트 등에서 활용될 수 있다.

나아가, 여섯 색깔 모자의 사고 활동을 통해서 두뇌 활동을 분리시켜 다양하게 생각하는 훈련을 시킬 수 있다. 6가지 사고 행동의 기본 양식은 각기 다른 색의 모자로 주어진다. 즉, 한순간에 한 가지 색의 모자를 착용함으로써 의도적으로 한 가지 유형의 사고만 하도록 하는 것이다. 활동의 흐름은 다음과 같다.[12]

① **주제 정하기**
② **역할 분배**: 각기 다른 6가지 색깔의 모자를 쓴다.
③ **토의/토론**: 각자 다른 색깔의 모자에 해당하는 사고를 하여 발언한다.
④ **기술 습득**: 사고의 훈련과 토의 기술이 습득되면 6색 모자 없이 토의를 진행한다.

6색 사고(Six Color Palette) 모자 활동은 특정한 사고와 사고 의지를 불러일으킨다. 또한, 일상적인 사고의 틀과는 다른 각도에서 사고할 수 있도록 구체적인 틀을 제공한다. 결과적으로, 다양하게 생각하는 능력이 향상되면 감성이 시키는 대로 자신에게 좋고 싫은 것만 취하지 않고, 다른 사람의 생각이나 행동을 이성적인 차원에서 입장을 바꾸어서 생각할 수 있게 된다. 이런 활동을 통해 다각도의 측면에서 생각하고, 바라보는 눈을 갖는다면 창의적 인재를 양성할 수 있게 될 것이다.

---

12 교육부, https://if-blog.tistory.com

① **흰색 모자**(White): 사실과 정보

② **빨간 모자**(Red): 감정, 직관, 감정, 예감(직관, 감정, 추측)

③ **검정 모자**(Black): 판단, 합법성, 도덕성(부정적 사고, 단점, 주의 판단, 평가)

④ **노란 모자**(Yellow): 낙천주의, 혜택(긍정적 사고, 장점)

⑤ **녹색 모자**(Green): 새로운 아이디어, 기회(창의성, 다양한 사고, 새로운 사고, 제안)

⑥ **파란 모자**(Blue): 결론, 실행 계획, 다음 단계(지휘자)

6색 사고(Six Color Palette) 모자 활동을 해야 하는 이유는 활동 자체만으로도 많은 능력을 향상시킨다. **경직될 수 있는 개인 또는 집단적 사고를 극복하기 위해 나아가야 할 방향성에 대해 알려준다.** 또는 수직적 관계를 탈피하여 더 나은 사고를 하도록 유도한다. 그리고 토론·토의 및 회의에서 불필요한 감정 대립을 역할놀이로 완화시키는 '중재자'의 역할도 하므로 토론을 생산적으로 이끌어 간다는 장점이 있다. 소속된 집단 내에서 토론을 하다 보면 사소한 차이로도 의견 충돌이 생길 때가 종종 있다.

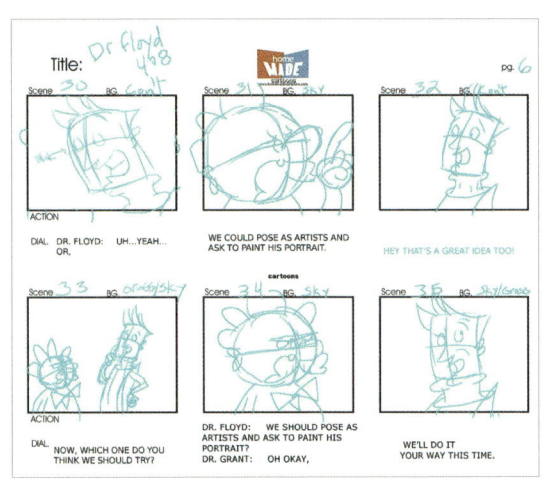

또는 자기주장이 강한 사람들의 의견을 따라가는 때도 있다. 이해관계가 얽혀있는 집단에서는 이 방법을 사용하는 것이 도움이 될 수 있을 것이다. 6색 사고 모자 활동은 집단이나 그룹 간 상호 이해관계를 확장시킬 수 있기 때문에 이 활동을 적극 권장한다. 어떠한 문제를 해결해야 하는데 '혼자' 있어서 의사 결정을 하기 쉽지 않을 때에도 이 방법을 사용하면 문제 해결을 하는 데 도움이 될 것이다. 문제의 본질을 되돌아보고, 냉정하고 깊이 있는 사고를 할 수 있다.

■ 스토리보드(Storyboard)

스토리보드는 아이디어를 시각적으로 정리하는 방법으로, 영상 기획에 흔히 사용되는 기법이다. TV 광고를 계획하고 있다고 가정해 보자. 스토리보드로 시작하여 머릿속 아이디어를 그래픽으로 정리할 수 있다. 스토리보드에 배치하면 아이디어가 머릿속에서 **빠르게 구체화**될 수 있다.

■ SWOT 분석

SWOT은 Strengths(강점), Weaknesses(약점), Opportunities(기회), Threats(위협)의 약자다.

조직의 성장을 적절하게 계획하기 위해선 이러한 요소를 각각 검증하

는 것이 중요하다. SWOT 분석은 비즈니스나 특정 프로젝트의 강점, 단점, 기회, 위협을 식별하기 위해 사용하는 기법이다. SWOT 분석은 소규모 비즈니스와 비영리 조직부터 대기업에 이르기까지 다양한 조직에서 널리 사용되고 있지만, 개인적 목적과 전문적 목적으로도 사용할 수 있다.

SWOT 분석은 간단하면서도 개선을 위해 경쟁 기회를 식별하는 데 도움이 되는 강력한 도구가 된다. SWOT 분석을 통해 시장 트렌드를 앞서가면서 팀과 비즈니스를 개선하는 데 주력할 수 있다. 예를 들면, 사업 계획에서 SWOT 분석은 다양한 상황에 적용된다. 경쟁사 분석, 상황 분석, 전략 기획, 개인 평가 등 효과적인 혁신 기회를 식별하고, 강점을 활용하여 위협을 완화하는 데 사용할 수 있다.

결론적으로, 창의성과 창조적 사고는 모든 비즈니스, 특히 기업가 정신에서 매우 중요한 측면이 된다. 이는 혁신의 기반이 된다. 창의성은 다양한 형태를 취할 수 있는데, 새로운 것을 창조하거나 혁신하는 능력, 무에서 새로운 것을 창조하는 능력이다. 이는 또한 새롭고 혁신적인 아이디어의 창출이거나 오래된 아이디어의 독특한 사고의 전환을 제공할 수 있다. 즉, 기존 아이디어를 적용, 결합, 적용하려면 창의성도 필요하다.

미국 워싱턴 D.C.에 거주하고, 미국의 멀티미디어 예술가이자 창조활동가이며 네오 컬러 분야의 추상 표현주의 그림으로 유명한 바바라 야누슈키에비츠(Barbara Januszkiewicz)는 "창의적인 사고는 아이디어에 영감을 주고, 이러한 아이디어는 변화를 불러일으킵니다."라고 했다.[13] 나아가, 2030년에 다가올 알파(Alpha, α')세대의 새로운 창의적 사고에 도전할 수 있다.

Core Vision

By 당신이 알파(Alpa, α')세대가 되고 싶다면 창의적 패턴을 발견해야 한다.

왕국 재세대이션(Kingdom Generation)

A. 나이가 들수록 패턴은 고정될 수 있다.
  - 어린 아기가 어른으로 성장하면서 마음속에 패턴이 고정된다.
B. 창의성은 패턴을 파괴하는 것이 아닙니다.
  - 창의성은 실제로 기존의 패턴을 넘어서, 새로운 패턴을 인식하는 것일 수 있다.
C. 창의성을 새로운 차원으로 끌어올리는 5가지 방법
  - 창의성에는 확실성(Distinctiveness)을 버릴 수 있는 용기가 필요합니다.
  - 아이디어를 판매하는 방법을 배우라.
  - 위험을 측정해 보세요
  - 호기심을 불러일으키는 일을 먼저 하세요.
  - 개인능력에 대한 사람의 믿음은 중요한 창작물을 생산한다.
D. 알파(Alpa, α')세대의 위대한 아이디어(Great Idea)를 위한 시각적 창의 기법 9가지
  - 창의적 사고에는 4가지 단계 : 준비, 인큐베이션, 조명, 검증
  - 알파(Alpa, α')세대의 창의적 사고 기법(9)
    . 친화도 다이어그램(Affinity Diagram), 브레인스토밍(Brainstorming), 컨셉 맵(Concept Map)
    . 마인드맵(Mind Map), 무드 보드(Mood Board), 스캠퍼 기법(Scamper Technique),
    . 여섯 개의 생각 모자, 스토리보드(Storyboard), SWOT 분석

1장 : FUTURE   2장 : SCIENCE   3장 : EXPECTATION   4장 : CREATIVITY

---

13   USA, Washington, D.C., https://www.barbaraj.info/

Subject 2.

알파(Alpha, α') 세대의 창의적 사고

FOR KINGDOM FAMILY BUSINESS

03
고전적 창의 사고
(Traditional Creative Thinking)

A. 음양설과 오행론(五行論)은 도교(Taoism)의 창조 이론

가. 오행설(Five Elements)

오행(五行, Five Elements)은 동양 철학에서 우주 만물의 변화양상을 5가지로 압축해서 설명하는 이론으로, 오행이라는 것은 인간 사회의 5개 원소로 생각된 화(火)·수(水)·목(木)·금(金)·토(土)의 운행변전(運行變轉)을 말한다. 행(行)이라는 것은 운행의 뜻이다.

오행이란 역학(易學)에서 우주 만물의 걸음걸이를 가리키는 것이다. 오행을 한 글자 한 글자를 분석해 보면 다섯 오(五) 자에 다닐 행(行) 자로 구성된 것을 알 수 있다. 다닐 행 자는 걸음걸이라는 뜻이다. **우주 만물의 5가지 걸음걸이, 그것이 바로 오행의 의미이다.** 여기에서 걸음걸이라는 말은 바로 만물이 지나가는 방향, 만물의 상태가 변화하는 양상을 가리키는 것이다. 사람은 배가 고파지기도 하고 졸리기도 하고 행복해지기도 한다. 이것을 배가 고픈 길을 걷고, 졸린 길을 걷고, 행복한 길을 걷는 것이라고 해석할 수 있는데, 이와 같이 우주 만물은 어떠한 변화의 길을 걷게 된다. 그 변화의 길에서 원칙을 찾아냈고, 그것을 오행이라고 이름 붙인 것이다.

또한, 고대에 따르면 세상은 금속, 나무, 물, 불, 흙이라는 5가지 기본요소로 구성되어 있다. 이 오행의 흥망성쇠는 세상에 순환적인 변화를 일으킨다고 믿었다. 이러한 변화는 인류를 포함하여 지구상의 모든 존재에 영향을 미친다고 전해졌다. 물질의 창조주기와 제어주기는 이러한 5가지 요소 간의 관계를 정의했다. **창조주기(Creation Cycle)**는 요소가 생성되는 순차적 주기를

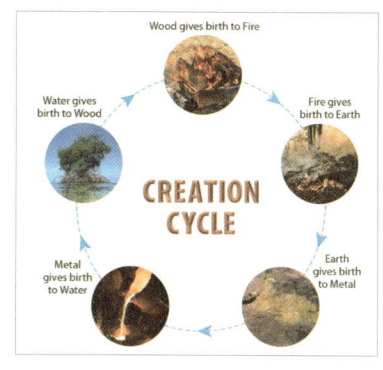

설명한다. 나무를 태우면 불이 생성된다. 불에서 나온 재가 지구를 만들었다. 이로 인해서, 지구의 광산에는 금속이 풍부해졌다. 고온의 금속은 액체(물)로 녹았다. 마지막 물은 나무에 영양을 공급한다. 그런 다음 주기가 갱신되어 다시 시작한다는 유물론적 창조 이론을 말했다.

제어 사이클(Control Cycle)은 5대 요소의 상호 제어 관계를 설명한다. 금속은 나무(목재)를 자르는 데 사용될 수 있고, 나무(목재)의 뿌리는 토양(토지) 침식을 방지할 수 있다. 흙(부담금, 댐, 모래주머니 등)은 홍수(물)를 예방할 수 있다. 물은 불을 끌 수 있고, 불은 금속을 녹일 수 있다.[14]

나. 음양(陰陽)설

영혼과 물질의 기원을 분명히 구별하는 단계에 이르렀을 때 중국 고대인들에게 두드러지게 생겨난 것이 음양설인데, 그것은 일종의 자연철학이며 세계관이었다. 음양이론은 이론적인 체계이기도 하면서 동시에 상상력의 체계이기도 하다. 따라서 이것은 과학적으로는 비판의 소지를 안고 있지만, 창조의 원리로서는 대단히 탁월한 역량을 함축하고 있다. 음양적 상상력은 대립과 생성으로서의 세계 존재를 해명하는 원리로서 정착되었다. 《주역》에서는 여기에 시간 개념을 개입시켜 변화와 역동성으로서의 동세(動勢)적 상상력(표현 대상의 활동적인 운동감을 뜻

---

14 Talk to an Herbalist, https://www.dragonherbs.com

함)을 제시하였다. 음양은 이질성의 상호 작용으로, 균형과 조화를 지향한다. 조화는 주기를 형성하고, 주기의 반복은 리듬을 형성한다.

음양적 상상력과 창조성(The imagination and Creativity of Yin Yang)은 동아시아 문화의 거의 모든 분야에 적용되었다.

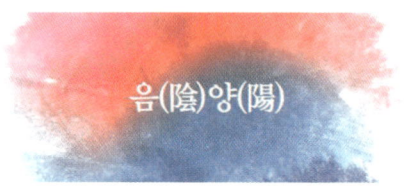

개인과 사회의 도덕적, 윤리적 지표가 되어 개인의 내면적 가치 형성에 관여하였다. 유교적 가치의 핵심이라고 할 수 있는 중용의 가치에도 관여하였으며, **인간에게 하늘과 땅의 원리를 통합하는 주체자로서의 책임을 부여하는 천지인(天地人) 사상 또한 음양적 상상력의 소산이었다.** 하지만, 남존여비(男尊女卑)로 상징되는 사회적 차등 의식 역시 이 음양적 사고로부터 배태된(Embedded) 것으로, 많은 차별과 고통의 원인이 되기도 하였다. 또한, 후천개벽 사상(後天開闢 思想)은 음양적 상상력이 역사적 상상력과 결합한 것으로, 역사적 격변기에 중대한 사회적 동인(Conterie)을 제공하였다.

음양이론은 실용분야에도 막대한 영향을 끼치어 의학이나 풍수지리의 중심 사상으로 자리 잡았다. 가장 극적인 성취는 언어학에서 일어났다. **한국 역사상 가장 창의적이며 획기적인 사건**

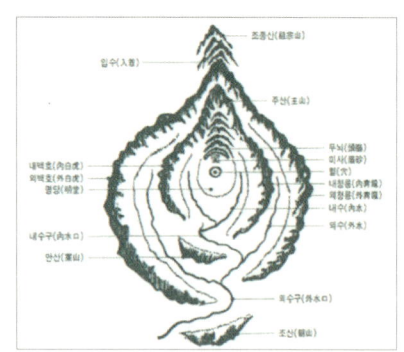

이라고 할 수 있는 한글의 창제가 바로 음양오행(陰陽五行)의 원리에 입각해서 이루어진 것이었다.

또한, 문학이나 음악, 미술, 무용 등 예술분야나, 건축이나 복식 같은 실용예술에 이르기까지 음양적 상상력은 깊이, 그리고 광범위하게 적용되었다. 특히 전통음악은 음양이론을 빼고는 아무것도 성립되지 않을 정도로 전체 체계가 음양이론에 의존해 있다. 다양한 예술에 적용된 음양적 상상력의 미학적 원리는 '양강의 미'와 '음유의 미'의 상보적 관계로 정리될 수 있다.

서구의 과학이 전해옴에 따라 청나라 말기와 조선 후기의 여러 지성인들은 음양이론의 비과학성을 신랄히 지적하기도 하였다. 하지만, 음양적 상상력은 현대에까지도 면면히 작용하고 있을 뿐만 아니라, 새로운 생태적 사유의 보고로까지 주목받고 있다. 또한, 문학과 음악, 미술, 무용, 건축 등 여러 분야에 걸쳐 음양적 상상력은 오히려 새로운 생명력을 인정받고 있다.

한국문학사와 세계문학사를 해명하는 이론으로 정립된 서울대 조동일 교수의 생극(生克)론은 음양론을 발달시킨 이론으로, 수입이론을 극복하는 자생적 이론 정립의 새로운 가능성을 제시했다. 음양적 상상력은 이론의 체계이기만 할 뿐만 아니라, 동시에 상상력의 체계로서, 무한히 새로운 창조의 원리로서 살려나갈 소중한 가치를 지니고 있다.[15]

---

15 Yin Yang, imagination, creativity, Saeng Kuk Theory, art, https://www.kci.go.kr

B. 창의적 연금술
(The Elements of Creation, Source of Alchemy) 4가지 요소

그 옛날, 많은 사람들은 자신이 원하는 것을 얻기 위해 물질을 재구성했다. 이런 연금술(아랍어: al-kīmiyā, 고대 그리스어: χυμεια, khumeía)은 고대 자연철학의 한 분야로 중국, 인도, 이슬람 세계 및 유럽에서 역사적으로 실행되었던 철학적, 원시과학 전통이었다. 서양식 연금술은 서기 첫 몇 세기 동안 이집트 그리스-로마에서 쓰여진 수많은 위경 문헌에서 처음으로 입증되었다.

특히, 고대 이스라엘의 욥(Job)이라는 사람은 "내가 가는 길을 그가 아시나니 그가 나를 단련하신 후에는 내가 정금 같이 되어 나오리라(욥기 23:10)." 사실 최고의 연금술사는 야훼(히브리어: יהוה, 영어: Yahweh)였다라고 고백했다. 그분은 진흙과 같은 욥를 단련하셔서, 정금과 같이 절대 바꾸지 않는, 변함 없는 사람으로 빚었다고 문헌은 전승했다.

연금술사는 특정 재료를 정화하고, 숙성하고, 완성시키려고 시도했다. 일반적인 목적은 '기본 금속(예: 납)'을 '귀금(특히 금)'으로 변환하는 크리소포이아(Chrysopoeia)였다. 불멸의 비약 창조, 모든 질병을 치료할 수 있는 만병통치약의 탄생 등 인간의 육체와 영혼의 완성은 연금술의 대작('Great Work')에서 비롯된 것으로 생각되었다.

이슬람과 유럽의 연금술사는 일련의 기본 실험실 기술, 이론 및 용어를 개발했으며 그중 일부는 오늘날 에도 여전히 사용되고 있다. 그들은 모든 것이 4가지 요소로 구성되어 있 다는 고대 그리스 철학적 사고를 버리 지 않았으며, 종종 암호와 비밀스러운
상징을 사용하여 자신의 작업을 비밀로 유지하는 경향이 있었다.

유럽에서는 12세기 중세 이슬람 과학 작품의 번역과 아리스토텔레스(Aristoteles) 철학의 재발견이 라틴 연금술의 전통을 번성하게 했다. 중세 후기의 연금술 전통은 초기 현대 과학(특히 화학과 의학)의 발전에 중요한 역할을 했다.

가. 원소설(元素說, 아이테르)

'아이테르(고대 그리스어: αἰθήρ, 영어: Quintessence, Fifth Element)' 는 고대 그리스에서의 빛나는 공기의 상층을 나타내는 것을
말한다. **원소설(元素說)은 고대 그리스의 엠페도클레스에 의해 나온 원소이론으로 만물은 흙(Terra, 테라), 불(Ignis, 이그니스), 물(Aqua, 아쿠아), 공기(Ventus, 벤투스)로 이루어져 있다는 주장이다.**

이 이론을 플라톤과 아리스토텔레스가 각각 지지하면서 보완하였다. 근대 화학이 등장하기 전까지 서양 과학의 주된 학설이 되었고 연금술의 대표적인 이론적 기반으로 알려져 있다. 보통 따뜻함, 차가움,

습함, 건조함의 4가지 성질과 묶여서 설명된다. **현대적으로 해석해서 이들 네 원소가 고체(흙), 액체(물), 기체(공기), 플라스마(불)에 대응된다고 보기도 한다.** 이는, '과학'의 출현과 그에 따른 자연-문화 분리 이전에는 고전과 중세의 자연 체계를 뒷받침하는 이론적 모델로 자리 잡혔다. 그래서, 물질세계는 보편적으로 다음 4가지 요소로 구성되어 있다고 이해되었다.

환경과 우리의 관계는 '기생적'에 가깝다(Wickham-Jones 2010). 많은 사람들은 인간과 '자연' 사이가 점점 더 멀어지는 것이 현재 위기의 핵심이라고 생각한다. 그렇다면 이러한 세계관은 어떻게 발전했을까? 처음부터 우리는 현재 '자연 세계(Natural World)'라고 명명할 수 있는 것이 고전이나 중세 학자들에게는 통용되지 않는다는 점을 분명히 해야 한다. 이 문구는 역사적 텍스트에서 결코 발견되지 않는다.

왜냐하면 물리적 실체로서나 정신적 구조로서 그 존재가 단순히 인정되지 않았기 때문이었다. 현대 서구사회는 그것을 우리와 자연과 문화를 분리하는 철학적 근거를 찾았기 때문에 이 사상에 아무런 문제가 없다. 그러나 이 구분은 거짓이든 아니든 상대적으로 짧은 역사적 유래를 갖고 있으며, 17세기 이전에는 거의 또는 전혀 가치를 누리지 못했다. 실제로 세계의 다른 미개발 지역에서는 그러한 분리가 아직 발생하지 않았다.[16]

---

16 Nottingham University, https://rdmc.nottingham.ac.uk

C. 조선시대의 원소설(아이테르, 고대 그리스어: αἰθήρ) 전파

원소설은 조선 유학자들의 비판과 수용의 과정을 거쳤다. 중국으로 유입된 서적이 17세기에 조선으로 들어옴에 따라 4원소설 역시 조선으로 들어오게 되었다. 이것은 중세 자연철학에 기반을 두고 있기 때문에 조선에 들어온 4원소설은 기독교 교리와 결합된 형태였다.

한편 당시 조선의 자연관이었던 오행설에 대한 불합리성이 몇몇 학자들에 의해 지적되었다. 박지원과 홍대용은 오행설에 대한 비판을 가하였지만, 이들의 시도는 4원소설의 본격적인 수용으로 이어지진 않았다. 삼행이나 사행과 같은 새로운 대안을 모색하는 것에 중점을 두었다. **그들이 4원소설을 받아들이는 데에는 어려움이 많았으나 이러한 인식의 변화는 조선 유학자들 중 몇몇이 4원소설을 받아들이게 된 기반이 될 수 있었다.**

18세기 말에 천주교에 대한 박해가 심해지면서, 천주교 교리와 밀접한 연관성을 갖고 있었던 4원소설을 주장하는 것은 천주교를 신봉하는 것으로 여겨짐에 따라 이단으로 취급되었다. 즉, 조선 지식인 사회에서 4원소설은 자연철학적 이론이 아니라 전통적인 유교의 가치를 부정하고 천주교를 신봉하는 하나의 종교적 신념으로 여겨졌다.[17] 이

---

17 https://www.namu.wiki

들은 홍정(紅晶, 붉은빛의 수정)하는 그러한 관점에서 4원소설에 대해 비판적인 인식을 갖고 있었던 지식인 사회를 대변하는 인물이라 할 수 있다.

D. 인류사의 창조적 사고(Thought)의 원천

인간이 부패하지 않는 힘을 얻기 위해서는 자신을 부패로부터 자유롭게 해야 한다. 그 부패(정체됨, 고정관념)는 우리 밖이 아니라 우리 안에 있다. 우리는 당신이 믿든 안 믿든 이러한 요소들로 구성되어 있으며, 그것이 진실로 남아있다는 사실은 변하지 않을 것이다.

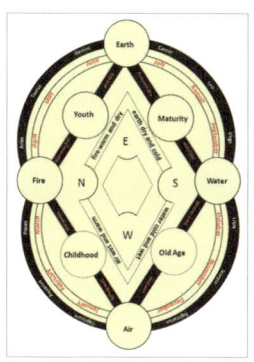

창조자의 선물은 '자유의지(自由意志, Free Will)'이며, 이것은 당신을 '생각'하게 만들기 위해 있다. 그러면 당신은 명확성과 깨달음을 바탕으로 **'행동'**해야 하는 이유를 알 수 있고, 더 나은 창조세상을 '만들기' 위해 방아쇠를 당기는 메커니즘을 만들 수 있다. **그래서 인간은 생각하고, 행동하고, 다시 상상하고 재창조할 수 있다. 이 4가지 요소는 창조자의 선물이며, 신성한 창조의 원천이다.**

인류의 첫 조상, 아담(Adam)은 에덴동산의 야훼(히브리어: יהוה, 영어: Yahweh)에 의해 창조된 최초의 사람이었고 바이블의 언급에 따르면

아담은 땅인 흙으로 만들어졌다. 이제, 인류사의 위대한 바이블이 명확하게 창조의 근본을 기록함으로써, 진정한 창조성을 배울 수 있다. 바이블 연구를 바탕으로 야훼(Yahweh)와 함께 창조의 근원 뒤에 숨은 메커니즘을 실제로 정의할 수 있다. 당신은 그의 자녀이고 그의 아름다운 창조물이다. 당신은 그의 작품을 말하는 그의 완전성이다. 왜냐하면 당신 안에는 신의 숨결이 있기 때문이다.

신은 과학의 거시세계(巨視規模)와 미시세계(微視世界)를 창조 패턴으로 말씀으로 선포하셨으며, 그 과학은 신의 창조물이다. 기하학에서는 우리가 보고 만지는 모든 것이 하나님의 완전하심을 반영한다. 책, 자동차, 의자 등은 어떻게 만들어졌는가? 모든 만물에는 **야훼(히브리어: יהוה, 영어: Yahweh)**의 창조 요소가 있다. 기하학은 안에서도 그러하고, 밖에서도 그러하며, 모든 것은 물리학이며 진동과 주파수의 법칙에 따라 작동한다.

우리는 개인별로 자유의지에 의한 '창조적 변환(CX: Creative Transformation)'을 할 수 있는 힘을 가지고 있다. 왜냐하면 그것이 변함없는 유일한 신의 선물이기 때문이다. 그러므로 당신을 창조하신 분이 당신이 자신을 돌보지 않을 때에도 당신에게 그토록 많은 관심을 갖고 계시다는 것을 알면, 당신이 가진 것이 작은 것이라도 행복해지지 않겠나? 그는 당신이 그에게 다시 돌아오기를 원하며, 과거에 당신이 한 일에 대해 당신에게 화를 내지 않는다는 것의 증거가 될 수 있다. **무엇이든 구하는 것이 우리의 타고난 권리이고 우리는 창조자의 창조적 사**

고와 결과물을 받게 될 것이기 때문이다. 그럼, 창조자의 창의적 패턴은 무엇일까?[18]

E. 창조적 사고의 3가지 동기부여:
사랑(Love), 건강&웰빙(Health&Wellness), 풍요(Richness)

창조의 3가지 원칙은 창조주(야훼)의 신성한 본성에 대한 묘사로, 이 원칙들은 진정한 창조의 원동력이 될 수 있다. 우리가 살아가는 이 땅에서도 창조의 킹덤(Kingdom) 세계로 들어가는 동기부여가 될 수 있다.

먼저, 사랑(Love)은 피조물('말라크(מלאך)', 헬라어로는 '앙겔로스(Ἄγγελος)')**의 가장 위대한 열망이다.** 피조물은 수용하고 허용하기를 추구했다. 우주, 다시 말해 피조물이 신이라고 부르게 된 '통합적 의식의 장'은 누구에게도 공정하고 평등하게 작용하며, 사랑이 충만한 장소이며, 우주의 법칙을 따른다. 사랑은 대상을 있는 그대로 완전히 전적으로 받아들이는 것이다. **사랑은 허용이다. 허용은 다른 사람들이 그들 자신이 되도록 허용하고, 당신이 당신 자신이 되도록 허용하는 것이다.** 피조물은 자유의지를 가진 존재이며, 그렇기 때문에 전적인 수용과 허용의 공간에 머물러 있는 것이다. 피조물은 진정으로 사랑받고 있는 존재이

---

18   바지 프란시스(Bazzy Francis), 2023, https://www.linkedin.com

다. 자신이 측량할 수 없을 만큼의 사랑과 인정을 받는 존재라는 사실을 알기 시작함으로써, **피조물은 비로소 피조물이 원하는 삶을 창조하기 위해 창조자의 우주의 법칙을 마스터할 수 있다.**

둘째, 건강과 웰빙(Health&Wellness)은 피조물의 자연스러운 상태이다. 질병과 질환은 대중적 믿음이나 개인의 믿음이 낳은 결과이며, 감정의 흐름을 막는 두려움이 낳은 결과이다. 피조물이 내면에 지니는 원초적 두려움은 바로 자신이 근원과 분리된 존재이며, 궁극적으로 혼자라는 두려움이다. 자신의 두려움이 단지 두려움일 뿐 진실이 아니라는 사실을 이해할 때, 당신은 질병과 질환이 생기는 근본원인으로부터 자유로워질 수 있다. **창조주(야훼)의 신성한 본성의 창조를 믿을 때, 왕같은 제사장의 삶의 확신적인 삶을 살아가면, 어두움의 자신의 존재를 회복하여, 창조적인 새로운 상태로 전환하는 힘이 있다.**

셋째, 풍요(Richness)는 당신의 인생 목적 중 하나인 결핍과 부족, 한계를 뛰어넘는 것이다. 결핍의 경험은 때에 따라 교훈을 얻을 수 있다는 점에서 소중할 수도 있지만, 그것이 배움의 도구로써 반드시 필요한 것은 아니다(에덴동산에서 세상광야로 쫓겨난 자들은 제외). 빈곤, 결핍, 부족은 당신이 근원과 분리되어 있다는 두려움에서 나온다. 당신은 에덴의 생수에 자신의 생각의 뿌리를 내릴 때, 창조적 풍요의 무형(행복, 기쁨, 감사 등), 유형(물질, 권세, 지위 등) 자산을 받을 수 있다. 부족 및 결핍과 관련된 자신의 믿음을 들여다봄으로써, 경제적 자유를 포함해 인생의

모든 영역에 창조적 사고의 동기부여를 시작할 수 있다.[19]

Core Vision

By 고전적 창의 사고(Traditional Creative Thinking)

킹덤 제너레이션 (Kingdom Generation)

A. 음양설과 오행론(五行論)은 도교(Taoism)의 창조 이론
  - [오행론] : 고대에 따르면 세상은 금속, 나무, 물, 불, 흙이라는 다섯 가지 기본 요소로 구성되어 있다
  - [음양설] : 인간에게 하늘과 땅의 원리를 통합하는 주체자로서의 책임을 부여하는 천지인 사상 또한 음양적 상상력의 소산이었다.

B. 창의적 연금술(The Elements Of Creation, Source Of Alchemy) 4가지 요소
  - [원소설(元素說)] : 고대 그리스의 엠페도클레스에 의해 나온 원소이론으로 만물은 흙(Terra,테라), 불(Ignis,이그니스로), 물(Aqua,아구아), 공기(Ventus,벤투스)로 이루어져 있다는 주장이다.
  - 현대적으로 네 원소는 고체(흙), 액체(물), 기체(공기), 플라즈마(불)에 대응된다

C. 인류사의 창조적 사고(thought)의 원천
  - 인간은 생각하고, 행동하고, 다시 상상하고 재창조 할 수 있다. 이 4가지 요소는 창조자의 선물이며, 신성한 창조의 원천입니다.
  - 신은 과학의 거시세계(巨視 規模)와 미시세계(微視世界)를 창조 패턴으로 말씀하셨으며, 그 과학은 신의 창조물입니다.

D. 조선시대의 원소설(아이테르, 고대 그리스어: αἰθήρ) 전파
  - 18세기 말에 천주교에 대한 박해가 심해지면서, 천주교 교리와 밀접한 연관성을 갖고 있었던 4원소설을 주장하는 것은 천주교를 신봉하는 것으로 여겨짐에 따라 이단시 취급되었다.

E. 창조적 사고의 세 가지 동기부여 : "사랑(LOVE), 건강&웰빙(health&wellness), 풍요(Richness)
  - 먼저, 사랑(LOVE)은 피조물("말라크"(מלאך), 헬라어로는 "앙겔로스"(αγγελος)의 가장 위대한 열망입니다.

1장 : FUTURE 2장 : SCIENCE 3장 : EXPECTATION 4장 : CREATIVITY

19　Australia, 2020, https://www.seed.org.au

04
알파(Alpha, α')세대의 사칙연산 (Four Basic Operations)적인 창조 패션

창조력(Creativity)은 모든 영혼, 모든 사람에게 핵심과 같다. 인류의 경험을 창조하게 도와준다. 또한 창조력은 더욱더 큰 전체를 위해 신(야훼)이 제공하는 달란트(히브리어 '키카르(kikar)')의 일부다. 신(야훼)은 창조할 때, 자기 창조물을 관찰함으로써 자신에 대해 좀 더 알기를 원했다. 창조하는 것은 영혼의 본성과 같지만 많은 사람은 그들을 표현하는 방법이 삶에서 가지는 특정한 직업, 역할, 기능에 국한되어 있다고 믿음으로써 그들의 창조력을 잊어버리고 말았다. 이 장에서는, 2030년대 다가오는 알파(Alpha, α')세대가 갖추어야 할 창조적 패션을 이해할 수 있다.

A. 비상식적으로 늘려보라: 창조적 증식(Propagating) 패턴

이것은 기본적으로 모든 내부 요소를 늘려 새로운 기능을 추가하거나 이들을 보관하기 위한 둥지를 만드는 방식이 될 수 있다. 예를 들면, 같은 형태의 건반을 그대로 같이 늘여가는 피아노, 키보드, 트랜지스터가 결합한 집적회로, 컨테이너선, 주차장, 쇼핑몰, 원소의 주기율표가 될 수 있다.

> "주께서 내 내장을 지으시며 나의 모태에서 나를 만드셨나이다 내가 주께 감사하옴은 나를 지으심이 심히 기묘하심이라 주께서 하시는 일이 기이함을 내 영혼이 잘 아나이다. For you created my inmost being; you knit me together in my mother's womb. I praise you because I am fearfully and wonderfully made; your works are" [Psalms 139:13~14]

사람의 내장이라는 것은 '마음, 신장'을 의미하는 '킬야'라는 단어인데, 이것은 '몸과 마음의 깊은 곳'을 의미한다. 또한 만드셨다는 단어는 '싸카크'라는 단어인데, 이 뜻은 '직조하다'라는 의미가 있다.

그러므로 다윗은 하나님께서 어머니 몸을 베틀(Loom) 삼아 자기 몸과 마음의 깊은 곳까지 직조하셨다고 고백했다. 많은 사람은 부모님이 자신을 만드셨다고 이야기한다. 그러나 무엇인가를 만드는 사람은 설계와 재료와 방법을 다 알고 진행하는 반면에 인간 창조는 아버지나 어머니도 자녀가 어떻게 만들어지는지, 어떤 외모를 가진 아이인지 모른 채 아이를 낳았다.  **이들은 어머니의 태반에서 태아(0.33cm)에서 장성한 어른(평균 175cm)까지 약 20년간 530배로 비상식적인 창조적 증식(Propagating)을 한다.** 이는 부모가 자녀의 창조자가 아니라 하나님께서 부모의 태반을 삼아 사람을 창조하셨음을 알려준다. 그래서 다윗(King of David)은 자신을 신비한 방법으로 창조하신 하나님께 그 영광을 돌리고 있다.

그의 고백은 "당신은 내가 태어나기도 전에 나를 보고 사랑하셨습니다." 주님께서 찬양하는 사람을 보시고 돌보셨던 특별한 '어두운 곳', 즉 그의 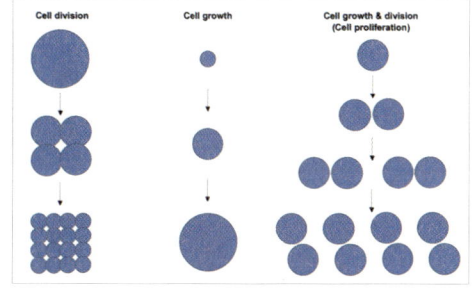 어머니의 태를 묘사함으로써, 신은 아직 형성되지 않은 물질(배아)이 성장하고 발달하면서 활동하게 하셨다. 참으로 창조자는 그의 내장을 지으시고 짜맞추신 분이다. 예배자는 그의 어머니가 자신이 임신했다는 사실을 알기도 전에 이미 주님께서 그를 돌보고 계셨다는 것을 깨닫는다. 피조물의 개인적인 삶은 모태에서 시작되었으며, 하나님은 이미 그 길을 정하셨다. 구약에서 신실한 부모의 자녀가 될 이 찬양의 노래를 부르는 신실한 사람은 신께서 그의 개인적인 삶의 초기 단계부터 같은 세포의 비상식적인 증식으로, 그에게 특별한 사랑의 창조를 베푸셨다는 것을 확증할 수 있다.

B. 기본요소를 줄여보라: 창조적 소실(Evanescence) 패턴

모든 기존 물건에서 특정 부분을 제거하는 방식이 될 수 있다. 예로 들면, 날개 없는 선풍기, 씨 없는 수박, 페이퍼리스, 무인배행기, 자동문, 사일런스 기타 등이 될 수 있다.

> "믿음으로 우리는 모든 세계가 하나님의 말씀으로 지어진 줄을 아나니 보이는 것은 나타난 것으로 말미암아 된 것이 아니니라. By faith we understand that the universe was created by the word of God, so that what is seen was not made out of things that are visible" [Hebrews 11:3]

노아(Noah)의 홍수가 일어난 이유를 뭐라고 설명하는지 아는가? 인간들이 창조주의 목적에 맞지 않게 사는 것은 물론이고, 아예 자신을 만든 창조자를 일부러 알려고 하지 않아서 내린 심판이라고 얘기한다. 창조자는 그분의 창조원리를 파괴하는 세상 환경을 회복하신다는 약속을 뒤로 미루시는 분이 아니다. 어떤 사람들은 더디다고 생각할지도 모르지만, 이것은 창조자께서 우리를 위해 오래 참으시기 때문이었다. **그분은 한 사람이라도 멸망치 않고 모두 회개하고 돌아오기를 바라고 계시고, 새로운 회복의 기적을 선물로 준비하고 계신다.**

창조자의 소실(Evanescence) 이후의 재창조의 축복 패턴은 우리들의 삶에서도 창조된 선풍기가 위험하면 날개를 없애고, 수박은 맛있지만, 씨앗은 불편할 수 있기에 없애는 새로운 소실의 창조기법을 배울 수 있다. 창조자는 우리  에게 그분의 진노를 피할 단 하나의 조건을 내거셨으며, 그것은 많은 것을 하는 것이 아니라, 새로운 창조적 소실패턴의 결실 효과 'Jesus Christ'를 인정하는 것이었다.

창조자의 우주 창조는 그의 말씀(레마, ῥῆμα)으로 이루어졌다. 그러므로 보이는 것은 보이는 것으로 말미암아 만들어지지 않았다는 것으로 무(無)로부터의 창조교리와 일치하지만, 그 자체가 이 현실에 대한 완전한 진술은 아니다. 그러나 그것은 영  원히 존재하는 물질에 대한 그리스-로마의 개념을 수정하는 것처럼 보인다. 창조자는 다른 보이지 않는 물질로 눈에 보이는 우주를 창조하셨다는 생각보다, 오히려 그분이 에덴동산의 모든 창조물을 주셨지만, 육신의 안목의 눈으로 보는 우주는 창조물의 세계를 줄여서 보는 제한적 부분이 있다. '유(有)에서 무(無)로' 받은 상황이 될 수 있다. 즉, 기본적인 창조의 축복을 줄여서 보는 삶의 표현으로, 그 속에도 또 다른 단일 창조물의 아름다움을 발견할 수 있다.

C. 틈과 판을 바꾸라: 창조적 교환(Exchange) 패턴

먼저, 비슷한 크기와 성질을 지닌 것으로 바꾸거나, 같은 목적을 추구하는 대상과 교환하는 방식이다. 예로, 건전지(병렬접속), 볼펜 심, 공기청정기 필터, 전구, 플로피디스코와 SSD, 화폐 등이 될 수 있다.

> "하늘에 있는 것과 땅에 있는 것, 보이는 것과 보이지 않는 것, 왕좌나 주권이나 통치자나 권위 등 만물이 그로 말미암아 창조되었으니, 만물이 그로 말미암고 그를 위하여 창조되었느니라. For by him all things were created, in heaven and on earth, visible and invisible, whether thrones or dominions or rulers or authorities—all things" [Colossians 1:16]

인간은 창조주로 말미암아 만물이 창조되었느니라. 그러나, 구세주는 인간의 동정녀 마리아에게서 태어나셨지만, 이전에 이미 존재하셨다. 창조주의 위치에서 '교환(Exchange)'으로 하늘과 땅의 권세 위치를 바꾸셨다. 구세주는 창조의 주체일 뿐
만 아니라 창조의 목표이기도 했다. 왜
냐하면 모든 것은 그분에 의해, 그분을
위해, 즉 그분의 명예와 찬양을 위해 창
조되었기 때문이었다. 이런 의미에서 구세주는 창조의 목적이시기 때
문에 그분은 완전한 창조주이셔야 했다. 창조자(삼위일체)의 자리에서
창조물의 자리로 교환(Exchange)하는 원리는 창조의 방식 중 하나가 될
수 있다.

D. 마지막까지 나누어 보라: 창조적 분리(Separation) 패턴

차폐막, 분리벽, 막 등을 이용해 특정 성분을 분리하거나 차단막의 '통로'를 생각해 내는 방식이 있다. 예로 들면, 통조림, 병뚜껑, 지퍼, 역침투막, 개찰구, 거름망이 될 수 있다.

> "태초에 말씀이 계시니라. 이 말씀이 하나님과 함께 계셨으니 이 말씀은 곧 하나님이시니라. 그가 태초에 하나님과 함께 계셨고 만물이 그로 말미암아 지은 바 되었으니 지은 것이 하나도 그가 없이는 된 것이 없느니라. In the beginning was the Word, and the Word was with God, and the Word was God. He was with God in the beginning. Through him

all things were made; without him nothing was made that has been made" [JOHN 1:1–3]

태초에 이 말씀은 창세기의 첫 구절인 "태초에 하나님이 천지를 창조하시느라."를 반영했었고, 요한은 곧 이 말씀을 예수로 식별했다(JOHN 1:14). 하나님이 말씀하시면 만물이 분리 및 생성되었고, 말씀을 통해 그분은 개인적으로 다음과 관계를 맺으셨다. 이 '말씀' 개념이 우주에 질서를 부여하는 이성의 비인격적 원리로서 '말씀(로고스)'이라는 그리스 철학적 개념보다 어떻게 우월한지를 보여준다. 그리고 말씀이 창주조와 함께 계셨다는 것은 하나님과 '함께' 대인 관계의 분리를 나타냈지만, 그때 말씀은 하나님이셨다.

창조의 말씀에서 분리해서 나온 만물의 모습은 또한, '태초에' 우주를 창조하신 동일한 하나님이심을 확증한다. 삼위일체 교리에 들어가는 것으로 설명할 수 있다. **유일하고 참된 하나님은 한 명 이상의 위격으로 구성되어 있으며, 그들은 서로 '분리(Separation)'와 관련되어 있으며 항상 존재해 왔다.** 교부 시대(아리우스, 서기 256~336년경)부터 현재(여호와의 증인)까지 일부 사람들은 "말씀은 하나님이셨다."는 말이 예수를 하나님으로 식별하기보다는 단지 예수를 신으로 식별할 뿐이라고 주장해 왔다. 만물은 우주 전체를 포함하며, 이는 (하나님을 제외하고) 존재하는 모든 것이 창조되었으며 (하나님을 제외하고) 아무것도 영원히 존재하지 않았음을 나타낸다. 그를 통하여 만드셨다는 것은 아버지 하나님이 아들의 활동을 통해 창조적인 일을 수행하셨다고 말하는 성경의 일관된 창조 패턴을 따른다.

Core Vision

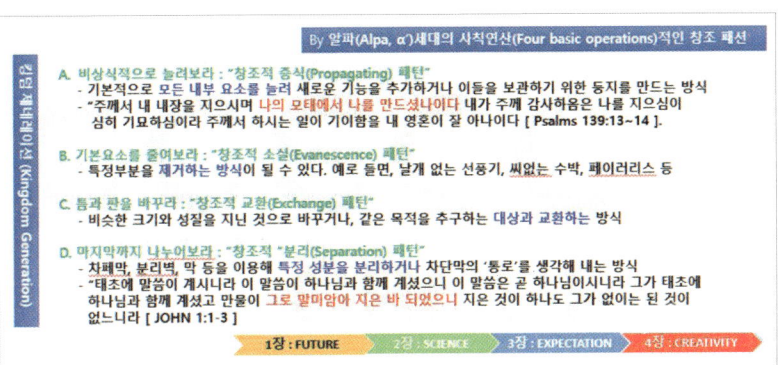

05

알파(Alpha, α')세대의 디지털 전환 (Digital Exchange)적인 융합 사고

A. 새로운 공간으로 이동하라: 융합적 이동(Movement) 사고

이것은 사람이나 물건을 지금까지와는 **전혀 다른 장소, 새로운 영역에 적용하는 방식이 될 수 있다.** 예를 들면, 입안에 넣는 브러쉬 '칫솔', 광케이블이 된 '유리섬유', 다리를 배 안으로 옮긴 '카페리'가 있다.

"태초에 하나님은 하늘과 땅을 창조하셨다. 땅이 혼돈하고 공허하며 흑암이 깊음 위에 있고, 그리고 하나님의 영은 수면 위에 운행하셨다. In the beginning God created the heavens and the earth. Now the earth was formless and empty, darkness was over the surface of the deep, and the Spirit of God was hovering over the waters" [Genesis 1:1-2]

창세기(Genesis)는 창조자께서 처음에 하늘과 땅을 어떻게 창조하셨는지, 그리고 땅이 그분의 거처가 되도록 어떻게 질서를 이루셨는지에 대한 설명으로 시작된다. 일곱 부분으로 구성되어 각 부분은 정해진 문구를 사용하여 표시되었으
며, 전체 에피소드는 자신의 장엄한 계획에 따라 뛰어난 기술로 모든 것을 제자리에 두시는 전능하고 초월적인 하나님의 그림을 전달한다. 강조점은 주로 하나님께서 모든 것을 어떻게 명령하시거나 구성하시는가에 있다.

고대 근동의 맥락에서 볼 때 창세기(Genesis) 1장에는 하나님이 모든 것을 창조하셨다고 말하지만, 또한 하나님이 어떻게 질서정연한 창조를 조직하셨는지에 대한 설명을 한다. 처음 3일 동안 독자들에게 낮, 밤, 하늘, 땅, 바다가 소개되었고, 이 모든 항목은 하나님께서 특별히 명명하신 것이다. 4~6일에는 3개의 독특한 영역이 채워지는데, 빛과 새가 있는 하늘, 물고기와 떼를 짓는 생물이 있는 바다, 땅에는 가축과 기는 것들이 창조된다.

하나님께서는 마침내 인간에게 부왕으로서 이 모든 생물을 다스리는 권세를 주셨는데, 창조권위의 계층구조를 확립했다. **인류는 하나님을 대신하여 다른 피조물을 다스리도록 신성한 사명을 받았는데, 궁극적인 목적은 온 땅이 하나님의 성전, 그분이 임재하시는 장소가 되어 그분의 융합적 이동(Movement) 사고로 거룩한 왕 같은 제사장이 되는 것이다.**

B. 반대 상황을 생각하라: 융합적 역전(Reversing) 사고

일상의 상식을 뒤집어 지금까지와는 정반대 관점에서 사물을 보는 방법이 있다. 예를 들면, 깨져도 다시 붙는 유리, 화이트보드, 잠수함, 쓰레기를 자원화하는 업사이클링이 될 수 있다.

> "여호와 하나님이 땅의 흙으로 사람을 지으시고 생기를 그 코에 불어 넣으시니 사람이 생령이 되니라. Then the Lord God formed the man ofdust from the ground andbreathed into hisnostrils the breath of life, andthe man became a living creature" [Genesis 2:7]

특히 창세기(Genesis) 1:26-31을 확대하여 하나님께서 인간 남성을 창조하신 것에 집중하고 있다. 여기서 주된 활동은 하나님이 사람을 '지으시는 것'이다. 또한, 창세기(Genesis) 2:5~6은 그 행동이 일어났을 때의 상황을 묘사했다. 땅(에레츠, Erets)은 온 땅, 마른 땅 또는 특정 지역을 의미할 수 있다. 이 땅의 위치는 이름이 알려지지 않은 곳인데, 마침 장마철이 시작되려고 하여 땅이 아직 건조하고 밭에 덤불이 하나도 없을 때였다.

이러한 조건은 인간이 창조되기 전에 만연했는데, 이는 성장의 부족이 땅에 물을 주는 사람의 부재(창조자)와 관련이 있음을 시사한다. **그 후에 여호와 하나님이 땅의 흙으로 사람을 지으셨느니라(창 2:7). 이것은 융합적 '역전(Reversing)'의 반대 상황을 생각할 수 있다.**

사람과 땅 사이의 긴밀한 관계는 그들을 가리키는 데 사용된 히브리어 단어 '아담(Adamah)'에 반영되어 있다. 그의 콧구멍에 생기를 불어넣으시니라. 여기에서 하나님께서는 자신의 형상을 지니도록 창조된 사람에게 육체적, 정신적, 영적 생명을 불어넣으셨다. 인간은 다른 생명체와 많은 공통점을 가지고 있지만, 하나님은 인간에게만 왕과 제사장의 지위를 주시고 그들을 '자기 형상대로 융합적 역전의 사고로, 생기(물, 생명)를 불어넣으시며, 생령(שׁפֿ, 쇠케드)'을 만드셨다.

C. 의외의 물건과 조합하라:
융합적 조합(Convergence) 사고

여러 대상을 더하는 것, 화음처럼 아름답게 융합해 조화를 이뤄내는 것들이 있다. 예를 들면 스마트폰, 수륙양용차, 사다리차, 휠체어, 합금, 맥가이버칼, 전기자전거 등 새로운 형태의 복합기능을 갖게 될 수 있다.

> "창세로부터 그의 보이지 아니하는 속성 곧 그의 영원하신 능력과 신성이 그 만드신 만물에 분명히 보여 알려졌느니라. 그러므로 그들은 변명의 여지가 없다. For since the creation of the world God's invisible qualities—his eternal power and divine nature—have been clearly seen, being understood from what has been made, so that people are without excuse" [Remans 1:20]

창조자의 진노가 표현된 데에는 합당한 이유가 있다. 왜냐하면 창조자의 능력과 신성이 그가 만드신 세상을 통해 분명히 나타나셨지만 모든 사람에게 배척받으셨기 때문이었다. 이 구절들에서 바울은 죄의 보편성을 강조하고 "하나님을 찾는 자가 없느니라."고 결론을 내리기 때문에 구원이 '일반 계시(자연계를 통해 하나님에 대해 알려진 것)'를 통해 오지 않는다는 것을 의미한다.

즉, 육신(자연, 물질)과 성령으로 조합적 사고인 '특별계시'로 창조자의 구원 은혜를 깨달을 수 있다. 나아가, 자연계 전체는 창조자의 '조합(Convergence)' 사고를 통해서, 그 아름다움, 복잡성, 디자인, 유용성을 다양한 '조합적인 물체'를 통해 창조자의 숨은 창조물을 발견할 수 있다.

D. 원하는 상황을 모방하라: 융합적 의태(Mimesis) 사고

다른 사물의 형태나 구조 등 특징을 파악해 재현하는 방식(흉내 내기)을 말할 수 있다. 예를 들면, 인간형 로봇, 노트형 컴퓨터, 우엉열매에서 착안한 '벨크로', 어스(Earth) 칼러의 아웃도어 제품들이 될 수 있다.

"'우리의 형상을 따라 우리의 모양대로 우리가 사람을 만들자.'고 말씀하셨다. 그리고 그들이 바다의 고기와 하늘의 새와 가축과 온 땅과 땅에 기는 모든 것을 다스리게 하라. Then God said, 'Let us make man[a] in our image', after our likeness. And let them have dominion over the fish of the sea and over the birds of the heavens and over the livestock and over all the earth and over every creeping thing that creeps on the earth" [Genesis 1:26]

우리의 형상대로 사람을 만들자. 즉, 창조주는 '의태(Mimesis)' 사고를 통해서 창조의 활동을 하셨다. '우리'의 신원을 명시하지 않았다. 이에 따라, 어떤 사람들은 하나님께서 구약의 다른 곳에서 '하나님의 아들들(욥 1:6)'이라고 부르고, 신약에서는 '천사들'이라고 부르는 그의 궁정 구성원들에게 말씀하실 것이라고 제안했다. 천사의 형상으로 되어있지만, 천사가 인간 창조에 참여했다는 증거도 없다. 많은 그리스도인과 일부 유대인들은 '우리'를 자신에게 말씀하시는 하나님으로 받아들였다. 왜냐하면, 창 1:27에서 창조는 하나님만이 하시기 때문이었다.

E. 극단적인 양을 상상하라: 융합적 변량(Variation) 사고

일반적인 사물의 양이 극단적으로 증가하는 형태를 말한다. 예를 들면, 거대한 풍차 '풍차발전기', 아이폰을 크게 만든 '아이패드', 라디오를 작게 만든 '워크맨', 초소형 '스파이캠', 가늘고 길어진 '위내시경'이 될 수 있다.

> "아, 주 하느님! 주는 큰 능력과 펴신 팔로 천지를 지으신 이시니이다. 당신에게 너무 어려운 일은 없다. Ah, Sovereign Lord, you have made the heavens and the earth by your great power and outstretched arm. Nothing is too hard for you" [Jeremiah 32:17]

예레미야의 기도는 하나님의 존재는 온 세상과 우주의 전능하신 창조주(하늘을 만드신 분)이시며 그분께서는 빛(낮)에서부터 어둠(밤), 궁창(하늘), 바다·땅·식물, 해·달·별, 새·물고기, 짐승·사람, 안식에 이르기까지 능치 못할 것이 없으시니라(Genesis 18:14)는 고백으로 시작된다.

이것은 야훼 하나님의 전능하심(초자연적 창조성: Supernatural Creativity)에 대한 창조의 변량(Variation) 사고를 뒷받침한다. 하나님은 무한한 능력을 갖고 계시며 자신이 하고자 하는 모든 일을 하실 수 있다. 그러나 이는 하나님이 무엇이든 하실 수 있다는 뜻이 아니다. 왜냐하면 하나님은 자신의 성품에 어긋나게 행동하실 수 없기 때문이다(딤후 2:13, 히 6:18).[20]

F. 창조론적 창의력의 원리
(CPC: Creationist Principles of Creativity)

공간, 시간, 물질 및 에너지로 구성된 물리적 우주는 항상 존재한 것이 아니라, 영원부터 홀로 존재하신 초월적인 인격 창조주에 의해 초자연적으로 창조되었다. 생물학적 생명 현상은 무생물 체계의 자연적 과정에 의해 발전한 것이 아니라 창조주께서 특별하고 초자연적으로 창조하신 것이었다. 식물과 동물의 주요 종류는 각각 처음부터 기능적으로 완전하게 창조되었으며, 다른 종류의 유기체에서 진화하지 않았다. **최초 생성 이후 기본 종류의 변화는 종류 내의 '수평적' 변화(변이) 또는 '하향적' 변화(예: 유해한 돌연변이, 멸종)로 제한된다.**

---

[20] 크로스웨이, 2022, https://www.crossway.org

최초의 인간은 동물의 조상에서 진화한 것이 아니라 처음부터 온전한 인간의 형태로 특별히 창조되었다. 더욱이 인간의 '영적'
본성(자기 이미지, 도덕적 의식, 추상적 추론, 언어, 의지, 종교적 본성 등)은 그 자체로 단순한 생물학적 생명과는 구별되는 초자연적으로 창조된 실체였다. 우주와 생명은 창조가 완료된 이후로 어떤 식으로든 손상되었다. **따라서 구조의 불완전성, 질병, 노화, 멸종 및 기타 현상은 원래 완벽했던 창조 질서에서 발생하는 특성과 과정의 '부정적인' 변화의 결과다.**

우주와 그 주요 구성 요소는 유능하고 의지가 있는 창조주에 의해 태초에 그 목적에 맞게 완벽하게 창조되었고, 창조주는 현재 쇠퇴해가는 이 창조물에서도 계속 활동하고 있으므로, 우주에는 궁극적인 목적과 의미가 존재한다. 창조의 우주 속에서 인간은 유한하고 기원에 관한 과학적 데이터는 항상 정황적이고 불완전하지만, **인간의 마음은 (창조의 가능성이 열려있다면) 창조주의 발현을 이성적이고 과학적으로 탐구하고 자신을 창조자의 관점에 관해 지적인 결정에 도달할 수 있다. 이런 창조원리를 이해할 때에 더 많은 창의적 사고가 돌출될 수 있을 것이다.**

Core Vision

By 알파(Alpa, α')세대의 디지털 전환(D.Exchange)적인 융합

킹덤 제네레이션 (Kingdom Generation)

A. 새로운 공간으로 이동하라 : "융합적 이동(Movement) 사고"
  - 사람이나 물건을 지금까지와는 전혀 다른장소, 새로운 영역에 적용하는 방식

B. 반대 상황을 생각하라 : "융합적 역전(Reversing) 사고"
  - 상식을 뒤집는 정반대관점에서 사물을 보는 방법

C. 의외의 물건과 조합하라 : "융합적 조합(Convergence) 사고"
  - 여러 대상을 더하는 것, 화음처럼 아름답게 융합해 조화를 이뤄내는 것

D. 원하는 상황을 모방하라 : "융합적 의태(Mimesis) 사고"
  - 특징을 파악해 재현하는 방식(흉내내기)

E. 극단적인 양을 상상하라 : "융합적 변량(Variation) 사고"
  - 사물의 양을 극단적으로 증가하는 방식

F. 창조론적 창의력의 원리(CPC :Creationist principles of creativity)
  - 최초 생성 이후 기본 종류의 변화는 "수평적" 변화(변이) 또는 "하향적" 변화(예: 유해한 돌연변이,멸종)으로 제한
  - 인간의 마음은 (창조의 가능성이 열려 있다면) 창조주의 발현을 이성적이고 과학적으로 탐구하고 자신을 창조자의 관점에 관해 지적인 결정에 도달할 수 있다.

Subject 3.

창조적 알파(Alpha, α')세대가 맞이해야 할 글로벌 메가 트렌드 과제들

FOR KINGDOM FAMILY BUSINESS

06
미래는 바로 '지금'이다(The future is 'now')

A. 우리는 폴리노달이다(We are Poly-nodal)

2030년대, 알파(Alpha, α')세대가 살아갈 국제정세는 폴리노달(Poly-nodal)의 다중노드를 갖는 것을 의미한다. 오늘날, 많은 분석가는 이미 다극성(Multipolarity)에 도래한 것을 선언했다. 사실 우리는 1990년 이후의 단극 시스템에서 이제 막 벗어나기 시작했다. 향후 지정학적 미래의 불확실성은 NATO(북대서양 기구, The North Atlantic Treaty Organization)가 더 이상 존재하지 않고, 민족주의 국가들이 불안정한 동맹을 형성하고, 중국은 세계를 지배하고, 전쟁이 뚜렷한 가능성이 되는 최악의 시나리오 사고를 일으키는 무서운 생각(대만침공 등)을 하고 있다. 실제로 포퓰리즘(Populism)이든 보호주의(Protectionism)든 오늘날 우리가 보고 있는 현상 중 일부는 이러한 불확실성의 직접적인 결과일 것이다.

그러나 불확실성과 함께 한 가지 더 중요한 질문을 던지는 것이 도움이 될 수 있다. **우리는 실제로 신현실주의적 의미에서 다극 질서를 향해 나아가고 있는가?** 결국, 세계가 '극(즉, 응집력 있는 권력 중심)'을 중심으로 구조화될지는 의심스럽다. 2030년은 권력 분배 측면뿐만 아니라 권력 자체의 성격 측면에서도 달라질 수 있다. 권력은 인구 규모, GDP, 군비 지출과 같은 고전적인 척도에 의해서만 결정되지 않을 것이며 국가뿐만 아니라 도시, 지역, 기업 및 초국적 운동에 의해서도 권력을 행사하게 될 것이다. 시스템의 연결성, 상호의존성 및 다원적 특성은 다음의 의미를 갖는다.

가. 글로벌 국가 정책의 주요 요인

국가의 권력은 글로벌 국가의 관계적 영향력에 따라 결정된다. 그런 의미에서 시스템의 빌딩 블록이 되는 것은 '극'이 아니라 '노드', 즉 경로가 서로 관련되는 지점이 된다. 미래에는 어떤 단일 국가도 주요 글로벌 과제를 단독으로 해결할 수 없기 때문이다. 결과적으로, 한 국가의 중요성은 단지 그 국가가 가진 원시적 능력보다는 다른 국가의 정책 결정에 영향을 미치기 위해 다양한 메커니즘을 배치하는 능력에 달려있을 것이다.

이를 결정하는 주요 요인은 퀀텀(Quantum)기술과 우주 비즈니스(XBz: Space Business)에 의한 다자간 관계의 수와 질이 될 수 있다. 영향력은 경제력보다는 무역과 원조 흐름에 의해, 군사비 지출보다는 무기와 신기술 비즈니스(New Technology Business)의 이전에 의해 결정될 것이다. 비슷한 맥락에서, 국제기구 및 동맹의 회원 자격은 특히 신기술 형태의 연결성과 마찬가지로 자본을 구성할 것이다. 소프트 파워(SP: Soft Power)와 다른 사람들에게 영감을 주는 능력 또한 중요성이 높아질 것이다. 이는 가치가 유행을 벗어나지 않고, 공유된 가치가 있는 상태가 계속해서 서로에게 끌리게 된다는 것을 의미한다.

나. 국제적 다원주의(International Pluralism)

일반 대중적인 믿음과는 달리, **국제적 다원주의(International Pluralism) 시스템은 양극 시스템보다 덜 안정적이다.** 고전적 현실주의 아버지인 한스 모겐소(Hans Morgenthau)는 단일 국가가 동맹에서 이탈해도 전체 시스템이 뒤바뀌지 않기 때문에 복수 시스템이 더 큰 안정성을 가져올 것이라고 확신했다. 이것은 양극 체제와 매우 유사하다. 국가는 안정을 유지하기 위해 동맹국에 의존해야 하므로 균형을 깨뜨리지 않기 위해 조심스럽게 행동할 것이다. 또한, 동맹을 통해 이득을 얻을 수 있어 대규모 전쟁을 피할 수 있다.

그렇긴 하지만, 이러한 구조가 알파(Alpha, α')세대에 등장한다면 이는 여러 지정학적 관계와 함께 AI 인터넷 정보의 미래 궤적에 의해 형성될 것이다. 가장 중요한 것은 미국과 중국 간의 관계뿐 아니라 베이징과 세계 나머지 국가 간 관계의 진화일 것이며, 《2050 패권의 미래, The World in 2050》에 대한 강력한 권력 야망에도 불구하고 중국은 세계 문제의 다원적 성격과도 싸워야 할 수 있다. 만약 중국이 현재의 신현실주의적 권력 경로를 계속 유지한다면 중국은 인접 국가들, 유럽 및 미국과의 긍정적인 관계를 구축하는 데 어려움을 당면할 수 있다.

또한, 유럽과 NATO는 회원국과 러시아 사이의 긴장 관계와 안보 문제가 있는 '동부 전선(동유럽 및 바르바로스 반도: Eastern Europe & Barbaros Peninsula)'이라고 부르는 곳에서 그 존재감을 증가시키고 있다. 미국 행정부의 향후 행보에 대한 우려에도 불구하고 NATO는 새로운 존재 이유를 찾고 있던 5년 전보다 오늘날 훨씬 더 강력하다. 그렇지만, NATO에 대한 미국의 참여는 러시아가 위협으로 인식되는 동안에만 유지될 수 있다.

'전략적 자율성(Strategic Autonomy)' 개념은 더 이상 유럽의 단순한 선택이 아니다. 여기에는 2가지 주요 이유가 있다. 첫째, 유럽이 미국과 긴밀한 동맹 관계를 유지하려면 아시아(및 기타 지역)에서 워싱턴의 권력 투사를 지원할 수 있어야 한다. 둘째, 비록 그곳에서 미국을 지원하지 않기로 하더라도, NATO 내외에서 자체 안보를 완전히 제공함으로써 미국이 아시아로 전환(Pivot)할 때 남게 될 안보 공백을 메워야 한다.

마지막으로, 시스템의 다원적 성격은 오늘날 이해되는 용어처럼 자연스러운 거버넌스(Governance)형태가 '다자간'이 될 것이라는 의미는 아니다. 즉, **현재의 다자간 기구가 새로운 다원적 권력 분배에 맞게 개혁되고 적응하면 상호 작용을 위한 가장 중요한 프레임워크로 남을 것이다.**

다. 글로벌 연관성(Global Correlation)

2030년 세계의 주요 특징은 지정학을 포함한 모든 것을 정의하는 글로벌 연결성(Global Correlation)에 있다. 또한 권력은 국가가 신기술 분야에서 얼마나 선도적인가에 따라 결정될 것이다. 이 분야에서는 미국과 중국이 선두에 있고 유럽은 뒤처져 있다. 우리가 새로운 기술을 관리하는 방법에 대해 사람들이 세계에서 국가의 역할에 대해 어떻게 느끼는가는 그들의 정체성에 반영된다. 실제로 포퓰리즘(Populism)과 인지된 세계적 중요성의 상실 사이에는 연관성이 있다.

다소 아이러니하게도, **세계가 글로벌화됨에 따라 정치는 더군다나 지역적이고 지역화(Localization)될 수 있다.** 이는 도시와 지역이 외교, 분쟁 해결, 특히 기후 변화 등 이전에 국가에 국한되었던 분야에서 역할을 하게 될 것임을 의미한다. **동맹(Alliance)은 우주탐험이나 기후 변화와 같은 단일 문제 목표를 달성하기 위해 매우 다양한 국가에 걸쳐 임시적(Temporarily)으로 형성될 수 있다.** 경제의 상호의존적 특성은 강력한 도구로서 제재의 중요성을 높이거나 낮출 수 있다. 왜냐하면 국가가 제재를 가함으로써 다른 사람에게 해를 끼칠 수 있더라도 자신도 해를 받을 수 있기 때문이다.[21]

B. 유럽 전략 및 정책 ESPAS
(The European Strategy and Policy Analysis System)

ESPAS(유럽 전략 및 정책 분석 시스템)은 예측 거버넌스를 촉진하는 기관 간 EU 프로세스이다. 이는 유럽이 직면한 과제와 기회에 대해 장기적으로 생각하고, 예측을 통해 정책 입안자가 올바른 정책 선택을 할 수 있도록 지원하는 데 전념하는 9개의 EU 기관이나 단체를 하나로 모았다. 우리는 빠르고 때로는 무서운 변화, 복잡성과 불확실성이 증가하는 알파(Alpha, α')세대 시대에 살고 있다.

안정, 번영, 민주주의는 더 이상 주어진 것이 아니며, 시민과 지역사회의 기대에 부응하기 위해서는 미래를 더 잘 준비해야 한다. 주요 위험을 완화하며 역량을 강화하는 데 도움이 되는 책임 있는 거버넌스(Governance)가 필요하며, 전략적 예측이 그 자체로 발휘되는 곳이어야 한다.

---

21 대서양 협의회, 2023, https://www.atlanticcouncil.org

가. 불확실성(Uncertainty)

점점 더 빠른 변화, 점점 더 복잡해지고 심각한 불확실성(Uncertainty)이 커지는 시대에 책임 있는 예측 거버넌스는 예상치 못한 상황에 대비하는 것은 필수적이다. 관련 미래 상황의 변화를 둘러싸고 높은 수준의 불확실성이 있을 때마다 전략적 예측(Strategic forecast)을 해야 할 수도 있다. 정책 결정 과정에서 예측 기법과 프로세스를 주류화함으로써 유럽은 미래와 시민의 삶, 복지에 대해 정보에 입각한 선택을 내릴 수 있다.

앤 메틀러(Ann Mettler)는 ESPAS 의장이며, 그녀는 앞으로 유럽의 미래와 세계에서 유럽의 역할을 정의하는 시기가 될 것으로 전망했다. **엄청난 글로벌 권력 이동, 자유 민주주의에 대한 압력, 글로벌 거버넌스에 대한 도전, 경제 모델과 사회 구조의 변화, 기술의 새로운 사용과 오용, 대조되는 인구통계학적 패턴, 그리고 인류의 증가하는 생태발자국 등으로 세계는 새로운 지정학적, 지경학적, 지질학적 질서를 향해 나아갈 것이다.** 빠르게 변화하는 세상에서 유럽은 어떤 역할을 하게 될까? 유럽 연합이 미국과 중국 사이에 끼어 있는 중견국이 되지 않도록 어떻게 보장할 수 있을까? 2030년 유럽이 자신의 운명을 스스로 장악하려면 무엇이 필요할까?

미래는 지금(The future is now)이며, 내일의 도전(및 기회)은 오늘의 선

택에 따라 결정될 것이다. 그러나 미래는 예전과 같지 않다. 세상은 이전보다 훨씬 더 복잡하고 경쟁이 치열하며 전례 없는 속도로 변화하고 있다. 국가, 유럽 및 글로벌 문제와 상호 연결 되고 상호의존적인 특성으로 인해 민첩한 정책 및 의사 결정, 탄력성, 전략적 예측 및 예측 거버넌스가 모두 그 어느 때보다 중요해졌다. 더욱 필요하고 시급한 일임에도 불구하고 '**대비 문화(Contrast Culture)**'를 개발하고 미래를 적극적으로 형성하는 것 또한 더욱 어려워지고 시험대에 오를 것이다.

ESPAS 2030년 글로벌 동향에서, 유럽의 도전과 선택 보고서는 2030년까지 전 세계를 탐색하는 정책 입안자와 의사 결정자를 지원하는 데 도움이 될 것이다. 그러나, 이들은 선형적이고 미리 결정된 순위를 제공하지 못할 수도 있다. 글로벌 알파(Alpha, α')세대 시대의 항해를 위한 출발항에서부터 그들이 할 수 있는 일은 현재의 글로벌 추세에서 통찰력을 추론하고, 유럽의 미래를 형성할 주요 불확실성을 탐구하는 것이다. 나아가, **2030년대 알파(Alpha, α')세대의 창조적 생각과 패턴을 통해서 앞으로 10년 동안 유럽과 세계가 직면하게 될 이슈에 대한 전략 및 정책을 잘 선택하고 결정을 더 잘 예측할 수 있다.**

유럽은 여러 분야에서 핵심적인 글로벌 플레이어이지만, 세계는 더 이상 유럽 중심적이지 않으며 앞으로도 그럴 것이다. 유럽인들은 더 적어지고, 나이가 들고, 상대적으로 더 가난해질 것이며, 나머지 세계 대부분의 사람은 성장할 것이다. 유럽 연합 회원국들이 더 많은 자원을 공동으로 활용하더라도 유럽은 안보와 국방에 계속해서 투자

할 것이다. 급속한 최첨단 산업기술 발전으로 글로벌 파워가 재정의(Redefinition)되면서 유럽인(EU)은 **인공지능(AI: Artificial Intelligence)에서 퀀텀 컴퓨팅(QC: Quantum Computing)**에 이르기까지 새로운 기술과 혁신에서 중국과 미국에 뒤처지고 있다.

나. 자유(Freedom), 글로벌 파워(Global Power), 연결성(Connectivity)

향후 10년 동안 세상이 얼마나 변할지 의심스러울 경우, 곧 다가올 엄청난 변화를 가리키는 세 가지 사실은 다음과 같다. **첫째, 세상은 덜 자유로워지고 있다.** 2005년까지 민주주의와 자유가 전 세계적으로 확대되었다면 오늘날에는 쇠퇴하고 있다. 이러한 추세는 지난 13년 동안 줄어들지 않았다.

둘째, 글로벌 파워가 변화하고 있다. 현재 세계 8대 경제 대국 중 4개가 유럽 국가(영국 포함)라면 2030년에는 그 숫자가 3개(영국 포함)로 줄어들고 2050년에는 독일만 차지하게 될 것이다. 세계 경제는 동방화(Oriental Culture)되고 있다. 2005년 유럽 경제 규모(현재 시장 가격 기준)가 중국보다 6배 이상 컸다면 오늘날 중국은 11조 4천억 유로 경제 규모로 거의 따라잡았다.

셋째, '연결성'은 새로운 지정학이다. 2005년에 전 세계 인터넷 사용자가 약 10억 명이었다면 오늘날 그 숫자는 거의 40억 명에 달하며 계속해서 증가하고 있다. 동시에, 빠르게 성장하는 사물인터넷(IoT)과 4차

산업혁명에 힘입어 연결된 장치의 수가 기하급수적으로 증가하고 있다. 실제로 '연결성'은 단순한 경제학을 훨씬 뛰어넘어 정치적 권력과 글로벌 야망의 강력한 표현이 되고 있다.[22]

C. 미국 바이든과 중국 시진핑의 '솔직한' 만남은 무엇을 성취했는가?

아시아태평양경제협력체(APEC) 정상회의가 열리는 샌프란시스코 외곽의 한 저택에서 조 바이든 미국 대통령과 시진핑 중국 국가주석이 만남을 가졌다. 바이든은 개회 연설에서 두 지도자가 종종 의견이 일치하지 않지만 시진핑과의 대화가 종종 '솔직하고, 직설적이며, 유용'하다는 점을 높이 평가했다고 말했다.

이스라엘-하마스 갈등, 러시아의 우크라이나 전쟁, 북한 핵무기, 인공지능(AI) 리스크, 무역분쟁 등 할 얘기가 분명 많았다. 그러나 구체적인 결과(적어도 공개적으로 공유된 결과)는 대부분 군 간 핫라인 재개와 중국의 펜타닐 밀매(Fentanyl Trafficking)를 억제하기 위한 새로운 조정으로 제한되었다.

또한, 이들은 "기후 변화 논의는 건설적이었지만 충분하지 않았다."

---

22   ESPAS Report, 2019, https://ec.europa.eu

라고 했다. 최근 미국과 중국의 최고 기후 관리들 간의 정상회담에서 나온 바이든-시진핑 주석 회담 하루 전 성명을 통해 발표된 기후 조항은 건설적이고 환영받았지  만 충분하지 않았다. 미국과 중국은 특히 위험한 온실가스인 메탄 감소를 위한 협력을 강화하기로 합의했으며, **각각 2030년까지 최소 5개의 대규모 협력 탄소 포집 및 지하 저장 프로젝트를 추진하기로 약속했다.**

그럼에도 불구하고 양측은 **"2030년까지 전 세계적으로 재생에너지 용량을 3배로 늘리기 위한 노력을 추진"하기로 합의했다.** 세계는 단지 용량뿐만 아니라 화석연료, 특히 석탄을 대체하기 위해 실제 재생 가능 전력 생산이 필요했다. 더욱이, 발전보다는 용량에 대한 잘못된 강조는 베이징이 환경적으로 비효율적인 재생에너지 배치에 대한 미묘한 양보의 형태였다.

단, 2024년 11월 미국 대선 이후, 미국 경제 정책에 큰 변화를 보게 될 가능성이 크다. 트럼프 2.0은 더 잘 준비된 듯하고, 이전 공화당 기득권이 부과한 제약에서 자유롭고, 의회에서 더 강력한 '마가(MAGA · 미국을 다시 위대하게)'를 지원받고 있다. 세금 감면, 규제 완화, 높은 국방비 지

출이라는 공화당의 통상적인 정책은 트럼프의 관세에 대한 애정과 섞일 것이다. 미국 기관은 시험을 받을 가능성이 크고, 연준은 최전선에 설 것으로 예상된다.[23]

D. 미래의 글로컬 메가 트렌드(The Mega Trends)

가. 미국과 영국 및 유럽의 경제 국정

우크라이나를 침공한 지 며칠 만에 러시아는 전례 없는 경제 조율 행위로 인해 세계 금융 시스템에서 차단되었다. 유럽 연합(EU), 영국, 미국은 7개국 (G7) 동맹국들과 협력하여 블라디미르  푸틴 대통령의 행동을 바꾸고 러시아의 전쟁 자금을 빼내기 위해 러시아에 대해 대규모 다자간 제재를 가했다. 이러한 **공통 기반 구축과 미국과 유럽의 경제 국정 제재**의 결과로 러시아의 자산은 고정되었다.

또한, 러시아의 전쟁 노력을 촉진하는 러시아 회사와 개인은 글로벌 금융 시스템에 대한 접근이 거부되었다. 이러한 광범위한 경제 조치는 서방 동맹국의 외교 정책 목표 일치, 국제 금융 시스템에서의 지배적 역

---

23 Rabobank, 필립 마리, 2024. 11. 22., https://www.rabobank.com

할, 세계 경제에서 자국 통화의 우위 없이는 불가능했을 것이다. 향후 우크라이나 전쟁은 양국의 이해관계에 따른 힘의 균형으로 10년 장기전쟁으로 이어질 수 있다.

또한 세계화의 행진과 제2차 세계 대전 이후 평화를 유지하기 위해 고안된 다자주의적 구조는 심각하게 큰 좌절을 겪고 있다. 그러나 세계를 다자주의에서 벗어나 다극화로 몰아가는 원심력이 가속화되고 있어도 미래는 정해져 있지 않다. 지난 **10년간 세계 최고의 전략적 예측 상점 중 하나였던 대서양 협의회(Atlantic Council)**의 매튜 버로우드(Mathew Burrows)와 안카 아가치(Anca Agachi)는 세상을 변화시키는 10가지 트렌드를 식별하고 이러한 트렌드가 2030년까지 어떤 세계를 만들 수 있는지에 대한 다양한 비전을 제시했다.

나. 미래의 글로컬 메가 트렌드

메가 트렌드는 측정 가능하고, 많은 사람에게 영향을 미치며, 장기간 지속되기 때문에 이전에 안개가 자욱했던 미래에 가시성을 높여준다. **이런 의미에서 메가 트렌드는 느리게 움직이는 빙하와 유사한 방식으로 우리의 미래를 형성하는 전략적 힘이 될 수 있다. 미래의 글로컬 메가 트렌드는 2030년에 세계의 미래가 설정될 배경이 될 수 있다.**

그러나 메가 트렌드는 높은 수준의 측정 가능성을 제공하지만, 여전히 해석의 여지가 있다. 앞으로, **기후 변화, 인구 통계, 도시화, 경제 성장, 에너지 소비, 연결성 및 지정학은 미래에 탐구되는 가장 널리 퍼진 메가 트렌드 요소들이다.**

특별히, 기후 변화에는 2가지 측면이 있다. 오늘날 이미 가시화되었고, 2030년으로 갈수록 증가할 과거 실수의 끔찍한 결과를 보게 될 것이다. 첫째, 기온 상승 및 관련 기상 현상의 파괴적인 영향을 마침내 느끼게 시작할 것이다(세계는 이미 1950년대보다 1도 더 따뜻해졌다). 둘째, 기후 변화를 통제할 수 없게 되는 전환점에 도달할 수 있다.

2030년까지 세계는 산업화 이전보다 1.5도 더 따뜻해질 수 있다. 이는 유럽 전역뿐만 아니라 미국, 남부 지역 및 아시아에서도 더운 여름이 일반적인 현상이 될 것임을 의미한다. 이에 따라 2018년 여름에 나타난 것처럼 가뭄과 산불 발생이 증가할 것이며, 이는 기록상 유럽에서 가장 더웠던 때에 특정 주요 작물의 30~50%가 손실된 여름이었다. 연구에 따르면 폭염이 발생할 때마다 의료 비용이 크게 증가하며, 미국에서 산불 진압 비용은 2017년에 20억 달러에 달했다. 2017년에 기상 기후 재해로 인한 비용은 총 2,900억 유로에 달했다.

결론적으로, 글로벌 정치, 경제, 문화, 외교, 기술 등의 **메가 트렌드(The Mega Trends)는** 기후 변화의 영향으로 인하여, 인구의 도시화, 경제의 다양한 성장, 에너지 소비의 전환, 국제 역학 구조 연결성으로 이어지면서, 다음 장(Page)과 같은 메가 트렌드로 전환할 수 있을 것이다.

Core Vision

By 미래는 바로 "지금" 이다. (The future is "now")

킹덤 제네레이션 (Kingdom Generation)

A. 우리는 폴리노달이다. (WE ARE POLY-NODAL)
- 2030년대, 알파(Alpa, α)세대가 살아갈 국제정세는 폴리노달(POLY-NODAL)의 다중노드들 갖는 것을 의미한다.
- 오늘날, 많은 분석가는 이미 다극성(Multipolarity)에 도래한 것을 선언했다.
- 동맹(Alliance)은 우주 탐험이나 기후 변화와 같은 단일 문제 목표를 달성하기 위해 매우 다양한 국가에 걸쳐 임시적으로 형성될 수 있다.

B. 유럽 전략 및 정책 ESPAS(The European Strategy and Policy Analysis System)
- ESPAS 2030년 글로벌 동향에서, 유럽의 도전과 선택 보고서는 2030년까지 전 세계를 탐색하는 정책 입안자와 의사 결정자를 지원하는 데 도움이 될 것이다.

C. 미국 바이든과 중국 시진핑의 '솔직한' 만남은 무엇을 성취했는가?
- "2030년까지 전 세계적으로 재생에너지 용량을 3배로 늘리기 위한 노력을 추진"하기로 합의했다.

D. 미래의 글로컬 메가 트렌드(THE MEGA-TRENDS)
- 미래의 글로컬 메가트렌드는 2030년에 세계의 미래가 설정될 배경이 될 수 있다.
- 앞으로, 기후 변화, 인구 통계, 도시화, 경제 성장, 에너지 소비, 연결성 및 지정학은 미래에 탐구되는 가장 널리 퍼진 메가 트렌드 요소들이다.

07
알파(Alpha, α')세대에 형성될 주요 5가지 메가 트렌드

A. 백신의 기적과 경고 메시지
(Vaccine Miracle and Warning Message)

2010년부터 2025년까지 태어난 알파(Alpha, α')세대는 코로나19에 대한 새로운 경험을 했다. 또한 이들은 놀라울 정도로 빠른 백신 개발을 체험했었다. 이로 인해서, 부유한 국가에서 바이러스에 가장 취약한 사람들은 전염병이 발생한 지 1년 이내에 백신을 접종받았다. 백신 개발과 배포가 더디었다면, 질병으로 인한 사망자 수는 이제 몇 배 더 높아졌을 것이다. 그러나 비극적이게도 가난한 나라에는 여전히 충분한 백신이 부족했다.

가. 글로벌 질병 대응의 부익부 빈익빈 현상

현재 세계 인구의 소수가 최소한 1회 접종을 받았음에도 불구하고 적용 범위는 여전히 매우 불균등하다. 예를 들어, 2022년 아프리카에서는 12월 현재 인구의 12% 미만이 최소 1회 접종을 받았다. 세계 인구의 상당 부분이 백신 접종을 받지 않은 상태로 오래 머무를수록 Delta 및 Omicron과 같은 전염성 변종이 더 많이 출현할 위험이 크다. 백신이 없었다면 훨씬 더 깊은 글로벌 불황도 뒤따랐을 것이었다. **이로 인해 백신에 대한 부익부 빈익빈(The phenomenon of the rich getting richer and The poor getting poorer) 현상이 일어났었다.** 서구 국가들은 의료 및 실업 비용을 충당하기 위해 더 많은 부채를 지고 위기에서 벗어나기 위해 더 큰 노력을 기울였을 것이다.

세계은행(世界銀行, World Bank)은 1946년 8월에 전 세계의 빈곤 퇴치 및 개발도상국의 경제 발전을 목표로 1945년 설립된 다자개발은행이다. 이들은 국제통화기금(IMF), 세계무역기구(WTO)와 함께 3대 국제경제 트로이카로 꼽히며, 영향력으로 봤을 때는 IMF와 함께 세계 경제의 양대 산맥을 형성하고 있다. 세계은행은 2021년 선진국의 경제 성장이 대침체 이후보다 거의 2배나 빨라질 것으로 예상하고 있다. 많은 서구 정책 입안자들이 글로벌 금융 위기에 대한 대응에 관여하거나 면

밀히 관찰했다는 사실은 장점이었다. 그들은 2008~2009년보다 더 높은 부양책을 추진했다.

나. 글로벌 질병 'X'(Global Disease 'X')

빌 게이츠(Bill Gates)는 코로나19로 인한 심각한 질병의 위험이 "적극적으로 감소했지만 또 다른 전염병이 거의 확실하다."고 말했다. 빌&멜린다 게이츠 재단(Bill&Melinda Gates Foundation)의 공동회장인 게이츠는 독일의 연례 뮌헨 안보 회의에서 잠재적인 새로운 전염병은 코로나바이러스 계열의 병원균과 다른 병원체에서 비롯될 가능성이 있다고 말했다. 그러나 그는 지금 투자를 한다면 의료 기술의 발전이 세계가 더 나은 대응을 할 수 있도록 도움이 될 것이라고 덧붙였다. "우리는 또 다른 전염병을 겪게 될 것입니다. 다음번에는 다른 병원체가 될 것입니다."라고 게이츠는 말했다.[24]

'질병 X' 관련해서, 2024년 WHO는 미래의 전염병이 코로나보다 20배 더 치명적일 수 있다고 경고했다. 테드로스 게브레이수스(DG Tedros Ghebreyesus)  WHO 사무총장은 '질병 X'라는 가상의 '자리 표시자' 바이러스로 인해

---

24 빌 게이츠(Bill Gates), 미국, CNBC, 2022, USA https://www.cnbc.com

발생할 수 있는 또 다른 전염병의 위협을 해결하기 위해 회원국들에 보건 기관의 전염병 조약에 서명하고 전염병 합의에 도달할 것을 요청했다. 테드로스 게브레이수스 세계보건기구(WHO) 사무총장은 전 세계가 '질병 X'에 대비할 수 있도록 세계보건기구(WHO)의 팬데믹 조약에 서명할 것을 각국에 촉구했다.[25]

B. 기술의 양날의 검
(Technology is a double-edged sword)

2030년대 알파(Alpha, α')세대에 기술은 양날의 검이다. 한편으로는 우리의 삶이 더 편해지고 편리해졌다. 반면에 그것은 우리를 점점 더 의존적이고 게으르게 만들었다. 기술이 우리 삶에 어떤 영향을 미쳤는지, 그리고 기술이 우리를 어떻게 게으르고 의존하게 만들었는지 여부를 살펴볼 수 있다.

기술이 우리 삶에 큰 영향을 미쳤다는 사실은 부인할 수 없다. 스마트폰에서 소셜 미디어, 온라인 쇼핑에 이르기까지 기술(Technology to Online Shopping)

---

25 세계보건기구, DG Tedros Ghebreyesus, 2024, https://www.indiatoday.in/world

은 여러 면에서 우리의 삶을 더 쉽고 편리하게 만들어 주었다. 이제 우리는 단 몇 번의 클릭만으로 전 세계 사람들과 연결하고, 집에서 편안하게 제품을 주문하고, 정보에 액세스할 수 있다.

이것은 우리가 일하는 방식에도 혁명을 일으켰다. 이제 많은 작업을 원격으로 수행할 수 있으며 기술 덕분에 동료와 협력하고 정보를 공유하는 것이 더 쉬워졌다. 이를 통해 많은 사람들이 더 나은 일과 삶의 균형을 이룰 수 있게 되었고, 직장 밖에서 자신의 열정을 추구하는 것이 더 쉬워졌다.

기술을 사용하면 많은 이점이 있지만 몇 가지 단점도 있다. 가장 큰 단점 중 하나는 기술이 우리를 점점

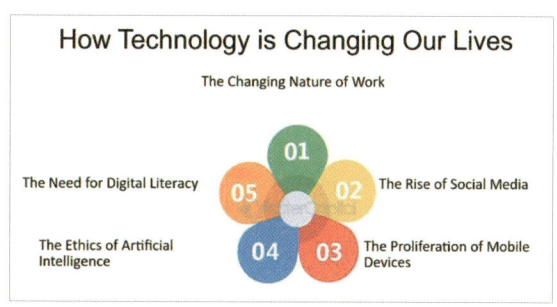

더 의존적이고 게으르게 만든다는 것이다. 우리는 손끝으로 모든 것을 처리하는 데 너무 익숙해져서 옛날 방식으로 일을 처리하는 방법을 잊어버렸다. 예를 들어, 이제 많은 사람들은 지도를 사용하거나 길을 묻는 대신 GPS, Google Map, KakaoMap 등을 사용하여 이동한다.

이로 인해 우리는 항상 기술에 의존하여 우리를 안내할 수 있다는 것을 알기 때문에 새로운 장소를 탐험하거나 위험을 감수할 가능성이 줄어든다. 게다가 기술은 우리가 미루고 시간을 낭비하는 것을 더 쉽

게 만들었다. 이제 우리는 집을 떠나지 않고도 소셜 미디어를 스크롤하고, 비디오를 보고, 게임을 하며 몇 시간을 보낼 수 있다. 이로 인해 집중력과 생산성을 유지하는 것이 더 어려워졌으며 불안과 우울장애(Depressive Disorder)와 같은 정신 건강 문제가 증가했다.

사회적 과제를 해결하는 데 있어 기술의 역할을 생각해 볼 수 있다. 기술은 우리 삶에 부정적인 영향을 미쳤지만, 오늘날 사회가 직면한 가장 시급한 과제를 해결하는 데 도움이 될 수도 있다. 예를 들어, 기술은 기후 변화, 빈곤, 불평등과 같은 문제를 해결하는 데 사용될 수 있다.

결론적으로, 기술은 긍정적이든 부정적이든 우리 삶에 큰 영향을 미쳤다. 다가올 2030년대, 알파(Alpha, α')세대의 업무 방식도 대면 및 원격 측면을 갖춘 하이브리드 방식(Hybrid Method)이 될 것이다. 이는 코로나19로 인한 사전 모의실험이 겪었던 것이었다. 과학이 대유행에서 승리했다면 기술은 근소한 차이로 2위였다. 컴퓨터와 연결이 없으면 봉쇄로 인해 대부분의 경제 활동이 중단될 수 있었을 것이다. 그러나 다른 측면에서는 자동화가 진행됨에 따른 장기적인 고용 불안(Long-term Job Insecurity)을 포함한 다른 과제들은 더 많은 테스트를 제공하지만 쉬운 솔루션은 거의 없다.[26]

---

[26] 시에드 무하마드 하산 나크비(Syed Muhammad Hassan Naqvi), 2023

C. 2030 반세계화가 온다
(Anti-globalization is coming)

　개발도상국(Developing Country)은 적어도 당분간은 세계화의 많은 이점을 상실했다. 한때 상승세를 보였던 세계 중산층의 상당 부분이 팬데믹과 그에 따른 경제적 여파로 인해 다시 빈곤 속으로 빠져들게 되었으며, 이는 최근 수십 년 동안 인류가 이룬 가장 큰 성취를 뒤집은 것이다. **표적화된 정책 개입(Targeted Policy Intervention)이 없다면 세계는 '가진 것'과 '못 가진 것'이라는 2가지 유형의 세계로 돌아가기 직전이다.** 개발도상국에서 전염병이 여전히 맹위를 떨치고 있는 가운데, 새로운 글로벌 중산층이 입은 피해의 전체 규모는 아직 알려지지 않았다. 일부 국가는 팬데믹 관련 문제를 극복하여 힘을 얻겠지만, 가장 약한 국가는 정치적 불안정이 커지고 심지어 국가 실패까지 겪게 될 것이다.

　많은 빈곤국의 경우, 탈세계화(Deglobalization)로 인한 혼란으로부터 회복하는 것은 다른 문제로 인해 더욱 복잡해졌다. 예를 들어, 풍토병으로 고통받는 국가들과 전염병 및 세계 경제 침체로 인한 부담이 가중되면서 식량 위기의 위협이 증가했다. 2020년에는 55개 국가 및 영토에서 최소 1억 5,500만 명이 심각한 식량 부족 또는 그보다 더 심각한 식량 부족 위험에 처해있는 것으로 추정했다. 이는 2019년보다 약 2,000만 명이 증가한 수치이며, 남수단, 콩고민주공화국, 아프가니스탄, 예멘, 부르키나파소와 같은 국가에서는 재앙적인 상황이 발생했다.

반세계화(Anti-globalization)의 결과를 극복하는 데 있어, 또 다른 과제는 기후 변화이다. 예를 들어, 아프리카 경제위원회(Economic Commission for Africa)에 따르면, 아프리카의 국내총생산(GDP)은 기후 관련 재해와 온난화된 세계에 적응하기 위한 노력으로 인해 2030년까지 15% 감소할 수 있다. 이러한 과제를 극복하려는 아프리카 지도자들은 무역과 경제 개혁 기회를 모색할 수 있다. 아프리카 대륙 자유 무역 지역(African Continental Free Trade Area)은 공식적으로 2021년 1월 1일에 거래를 시작했으며, 추정에 따르면 무역 자유화로 인해 2035년까지 아프리카의 실질 소득이 4,500억 달러 증가할 수 있다. 이러한 팬데믹 경제 회복의 발전은 코로나19로 인한 피해를 둔화하고 대륙의 위상을 높이는 데 도움이 될 수 있다.

D. 가정불화의 심화
(Intensification of Family Discord)

오늘날 선진국과 개발도상국 사이뿐만 아니라 이들 국가 내에서도 불평등이 더욱 심화되고 있다. 이것은 10

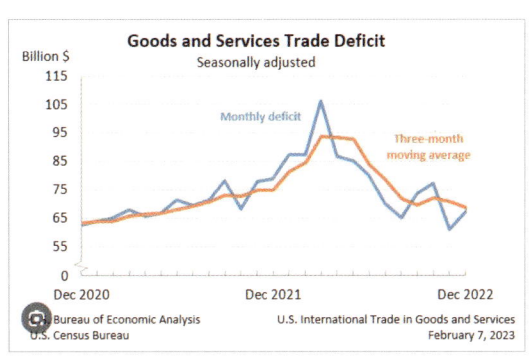

여 년 만에 발생한 두 번째 주요 글로벌 경제 위기로, 이미 경력 확립에 차질을 겪었거나 최근에야 2008년 금융 위기에서 회복한 사람들을 강타하고 있다. 예를 들어, 미국에서는 보육원이 문을 닫고 학교가 원격 학습으로 전환되면서 팬데믹 기간 동안 많은 여성들이 자녀를 돌보기 위해 직장을 떠났고, 소수 민족 및 인종은 노동 인구보다 계속해서 높은 실업률(Unemployment Rate)을 겪고 있다.

선진국에서 상대적으로 빠른 회복은 팬데믹으로 인해 경제적으로 타격을 입은 사람들에게 희망적인 신호이다. 그러나 일의 미래는 특히 비숙련자와 반숙련자(Unskilled and Semi-skilled)의 경우 여전히 격동적일 것으로 추정한다. 전염병으로 인해 일부 산업의 고용주는 근로자를 채용하고 교육하는 대신 로봇공학 및 자동화에 더 많은 투자를 하게 되었다. 실제로 코로나바이러스 위기 이전에도 자동화가 더욱 강화될 것이라는 수많은 예측이 있었다. 이제 그러한 관행이 가속화되어 불평등과 고용 불안이 더욱 커질 수 있다.

기술 기업들은 자신들의 비즈니스 모델에 어긋나는 이러한 문제를 해결하기 위한 정부 조치에 반대하는 반면, 정부 스스로는 그러한 조치가 혁신과 국가 경쟁력에 미치는 영

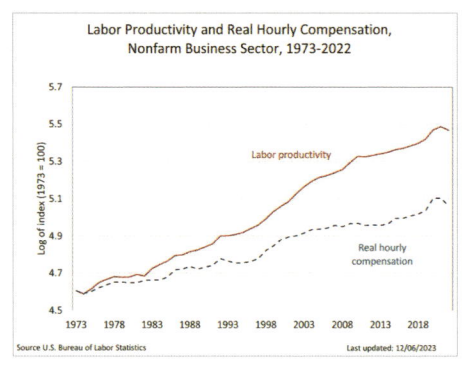

향을 우려하고 있다. **서방 국가에서는 어린이에 대한 피해를 방지하고 개인 정보를 더 효과적으로 보호하기 위한 규제가 점점 더 많아지고 있는 상황**에서, 가장 중요한 문제는 잠재적으로 기업과 정부의 상충(相衝)될 수 있는 이러한 목표의 균형을 어떻게 맞추는 지혜가 필요하다. 앞으로 2030년대 알파(Alpha, α')세대의 사회는 이런 경제 소외가정의 부모와 자녀의 가정불화에 대한 대안이 절실하다. 특별히, 부모와 자녀가 좀 더 친숙하고 함께하는 소통하는 주말과 연휴가 있는 킹덤 패밀리(Kingdom Family) 삶의 패턴을 적용할 필요가 있다.

E. 신세계 질서 2.0(New World Order 2.0)

갓 태어난 알파(Alpha, α')세대가 겪었던 팬데믹(Pandemic)은 글로벌 협력의 재탄생을 위한 촉매제가 될 수도 있었지만, 오히려 세계의 다자간 구조(Multilateral Structure)가 얼마나 허약한지 드러냈다. 국가들이 국경을 폐쇄하고, 봉쇄조치를 취하고, 자국의 이익을 돌보면서 이는 국가가 국민을 책임져야 할 시기로 판명되었다.

팬데믹으로 인해 중국과 서방 사이에 상호 불신이 얼마나 심했는지를 고려할 때, 현재 세계보건기구(WHO) 개혁에 대한 합의에 도달하기는 어려울 수 있다.

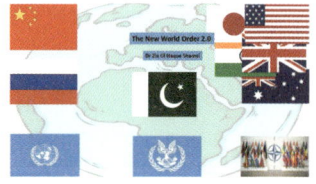

이와 같은 불신은 다른 국제기구에서도 명백히 드러났는데, 유엔 안전 보장 이사회(安全保障理事會, United Nations Security Council, UNSC)는 러시아와 중국이 거부권을 휘두르기 위해 협력하면서 마비되었다. 바이든 행정부는 미국에 파리 기후 협약을 다시 약속했지만 규칙 기반 무역 시스템 운영에 중요한 세계 무역 기구(WTO)를 개혁하기 위한 유럽 국가와의 노력은 아직 진전시키지 못했다. **이를 통해, 전 세계는 다자주의(Multilateralism)가 없는 다극화 체제(Multipolar World Economy)를 살고 있다.**

냉전이 끝난 뒤 조지 HW 부시(George Herbert Walker Bush) 행정부는 '신세계 질서'를 이야기했다. 이는 소련과 미국의 분열로 인해 형성되지 않았던 제2차 세

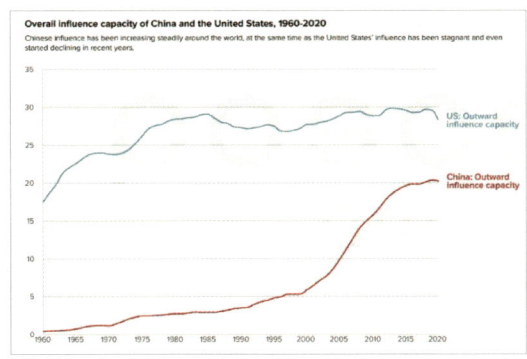

BRIEF: Fifteen takeaways from new report measuring US and Chinese global influence

계 대전 이후의 다자주의적 세계 질서에 대한 원래 개념으로의 복귀를 구상했다. 그러한 세상에서는 국가들이 공동의 문제를 해결하기 위해 협력하고 민주주의와 자유 시장과 같은 서구의 가치를 위해 노력한다는 당시의 생각이 그러했다.

가. 글로벌 리더십 전쟁(Global Leadership War)

30년 후에는, 국제사회는 반대 방향으로 움직였는데 예를 들면, 중미 긴장으로 인해 냉전(冷戰, Cold War) 종식 이후 처음으로 강대국 간 군사적 충돌이 다시 일어날 수 있게 됐다. **바이든 행정부는 트럼프 행정부의 특징이었던 중국에 대한 미국의 적대감이 커지는 것을 되돌리거나 완화하지 않기로 결정했다.** 한편, 중국은 강대국으로서의 자신들의 권리를 주장하기 위해 서두르고 있으며, 타의 추종을 불허하는 글로벌 리더십에 대한 미국의 주장에 의문을 제기하기로 결심했다.

미국의 불안 이면에는 중국이 미국을 밀어내고 정치, 경제의 지배자 역할을 하는 세계에 대한 두려움이 있다. 조 바이든 대통령은 중국이 "세계를 선도하는 국가, 세계에서 가장 부유한 국가, 세계에서 가장 강력한 국가가 되겠다는 총체적 목표를 갖고 있다."고 말했으며 그러나, "내 시계 안에는 그런 일이 일어나지 않을 것입니다."라 전했다. 최근 2024년 11월, 트럼프 2기(Trump's Second Term) 행정부 시작으로 여러 가지 정책에 탄력이 붙을 것으로 전망된다.
① 보편관세 도입, ② 〈트럼프 상호무역법〉 제정, ③ 대중국 관세 인상 및 대중국 견제를 심화하는 정책으로 예상된다.[27]

중국은 아마도 이번 10년 말이나 다음 10년 초에 미국을 추월하여

---

27 미국 연례 위협 평가 보고서, 2024, https://www.casstt.com

시장 가치로 측정했을 때 세계 최대의 경제 대국이 될 수 있다. **퓨 리 서치 센터(Pew Research Center)에 따르면 대부분의 유럽인들은 중국이 이미 지배적인 경제 주체라고 믿고 있다.** 그러나 미국 대중은 그러한 탁월한 입장을 인정할 준비가 되어있지 않았다. 미국과 중국은 특정 상호 이익을 위해 협력하기 위한 실용적인 틀을 찾을 수도 있다.

예를 들어 1975년 '유럽안보협력회의 최종 의정서(이하 '헬싱키 협정': The Final Act of the Conference on Security and Cooperation in Europe)'의 인권 의제와 군축 협정과 같은 중요한 진전은 냉전 기간 동안 워싱턴과 모스크바에 적합하게 이루어졌다. **그러나 알파(Alpha, α')세대가 다가올 기간 동안에는 미국과 중국 지도자들이 보다 다자주의적인 세계를 건설하기 위해 협력할 가능성은 적어도 향후 10년 동안은 희박할 수 있다.**

나. 2030년 기후 변화(Climate Change):
중미 경쟁이 실제로 좋을 수도 있는 분야

중국과 미국이 분명한 공통 이익을 가진 기후 변화 같은 문제에서도 협력과 경쟁이 동시에 일어날 가능성이 높다. 사실 그게 최선의 결과일 수도 있다. 조 바이든(Joe Biden)은 미국이 기

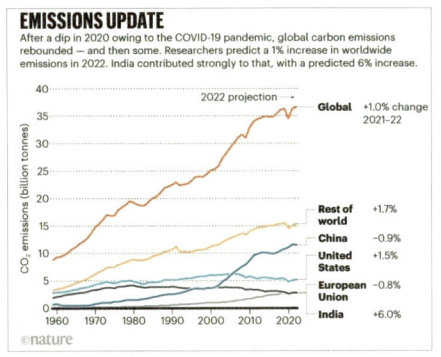

출처: OWID · Note, CO_2 emissions are measured on a production basis, meaning they do not adjust for emissions embedded in traded goods

후 변화에 맞서 싸우는 데 필요한 기술을 생산한다고 말했지만, 미국의 《파이낸셜 타임즈(F.T: Financial Times)》는 중국이 "전 세계 주요 청정 에너지 광물의 조달, 생산 및 처리를 지배"하고 청정 기술 분야의 글로벌 리더라고 지적했다. F.T에 따르면 중국은 리튬이온 배터리 금속의 약 70%와 첨단 무기 시스템 및 해상 풍력 터빈에 사용되는 희토류 원소의 90%를 처리하는 동시에 지구 태양광 패널의 4분의 3을 생산하고 있다고 했다.

미국이 중국 통신업체 화웨이에 맞서려고 했던 것과 유사한 방식으로 중국의 기후 관련 기술에 대해 관세나 제재를 가한다면 기후 변화에 맞서는 전 세계의 싸움은 어려움을 겪게 될 것이다. 동시에, 중국은 심각한 온실가스 배출국이며 석탄 사용을 중단하겠다는 약속에도 불구하고 석탄 사용을 줄이는 데 어려움을 겪고 있다. 중국과 인도를 포함한 모든 개발도상국에서는 값싸고 석탄 연료를 기반으로 한 성장과 보다 값비싼 녹색 에너지원 중 하나를 선택하는 것이 어려운 문제다. **세계가 탄소 배출 계획을 달성하고 가속화하려면 미국과 유럽 연합은 중립국(中立國, Neutral Country)의 중국, 기타 개발도상국, 심지어 호주와 같은 일부 동맹 선진국이 석탄 연료를 줄이도록 당근과 채찍을 사용해야 할 것이다.**

기후 변화는 중-미 경쟁으로 인해 위험에 처할 수 없을 정도로 전 세계적인 관심사이지만, 어느 쪽도 다른 쪽보다 우위를 점하기 위해 문제를 장악하지 않을 것이라고 생각하는 것은 순진한 것이다. 베이징과 워싱턴이 기후 목표를 달성하려면 필연적으로 일부 말 거래(To Make a Deal)가 이루어져야 할 것이다. 기후 변화 싸움에서 어느 나라가 세계적 리더인지를 두고 중국과 미국이 경쟁하는 것은 그 경쟁이 군사적 충돌로 비화되지 않는 한 좋은 일일 수도 있다.[28]

Core Vision

By 알파(Alpa, α')세대에 형성될 주요 5가지 메가 트렌드

A. 백신의 기적과 경고 메시지(Vaccine miracle and warning message)
- '질병 X' 관련해서, 2024년 WHO는 미래의 전염병이 코로나보다 20배 더 치명적일 수 있다고 경고했다.
- 테드로스 거브러여수스(DG Tedros Ghebreyesus) WHO 사무총장은 "질병 X"라는 가상의 "자리 표시자" 바이러스로 인해 발생할 수 있는 또 다른 전염병의 위협을 해결하기 위해 회원국들에게 보건 기관의 전염병 조약에 서명하고 전염병 합의에 도달할 것을 요청했다.

B. 기술의 양날의 검(Technology is a double-edged sword)
- 2030년대, 알파(Alpa, α')세대의 업무 방식은 대면 및 원격 측면을 갖춘 하이브리드 방식(Hybrid method)이 될 것입니다.

C. 2030 반세계화 온다.(Anti-globalization is coming)
- 반세계화(Anti-globalization)의 결과를 극복하는 데 있어, 또 다른 과제는 기후 변화입니다.
- 예를 들어, 아프리카 경제위원회(Economic Commission for Africa)에 따르면, 아프리카의 국내총생산(GDP)은 기후 관련 재해와 온난화 된 세계에 적용하기 위한 노력으로 인해 2030년까지 15% 감소할 수 있다.

D. 가정불화의 심화(Intensification of family discord)
- 신기술 플랫폼은 정보 거품과 양극화를 낳고, 잘못된 정보와 허위 정보의 효과를 높이고, 합의되지 않은 토론 문화를 조장할 수 있다.
- 서방 국가에서는 어린이에 대한 피해를 방지하고 개인정보를 더 효과적으로 보호하기

E. 신세계 질서 2.0(New World Order 2.0)
- 팬데믹으로 인해 중국과 서방 사이에 상호 불신이 얼마나 심했는지를 고려할 때, 세계보건기구(WHO) 개혁에 대한 합의에 도달하기는 어려울 수 있다.

---

28 https://www.scientificamerican.com

08

2030년대 알파(Alpha, α')세대의 창조적 글로벌 전략 지혜

A. 양극화에 맞서는 중견국 균형 행위
(A middle power balancing act against a polarized world)

중미 관계가 국제관계의 미래에 비해 그 어느 때보다 더 커지는 가운데, 그럼에도 불구하고 **중견국은 권력이 계속 분산되는 세계에서 중요한 역할을 수행할 수 있는 방법을 찾았다.** 그 도래에 대한 많은 예측에도 불구하고, 알파(Alpha, α')세대의 다음 시대는 양극성 세계가 아닐 수 있다. 중국에 대한 경제적 의존도가 높은 아시아 국가들도 미국과의 안보협력을 확대하는 등 위험을 회피하고 있다.

유럽 동맹국은 중국의 지적 재산권(IP: Intellectual Property) 절도, 강제 기술 이전, 민감한 기술을 보유한 전략 부문 기업 인수에 대한 미국의 우려를 공유하고 있다. 그러나 그

들은 단지 경쟁이 아니라 여전히 중국과 협력하기를 원하며 서방과 중국 간의 경제적 디커플링(Decoupling)에 반대하고 있다. 이들 아시아 및 유럽 파트너들은 글로벌 시스템을 파괴할 수 있는 미국과 중국 간의 군사적 갈등을 막으려고 노력하고 있다. **그들은 워싱턴과 베이징으로부터 독립적으로 정책 의제를 추구하고 있다.**[29]

미국의 경우 이러한 상황에는 장단점이 있다. 워싱턴은 동맹국과 파트너가 자동으로 의제에 동의할 것이라고 가정할 수 없지만, 미국이 다른 곳에 몰두할 때 동맹국과 파트너가 공동 목표를 주도할 수 있다. 예를 들어 유럽 연합(EU)과 일본은 트럼프 재임 기간 동안 미국이 자유 무역 노력에 참여하지 않았을 때 자유 무역의 불꽃을 계속 유지하려고 노력했다. 단 4년 만에 EU는 일본 및 한국과 주요 무역 협정을 체결하고 캐나다, 싱가포르, 베트남 및 중국과 추가 협정을 체결했다.

도널드 트럼프 대통령은 미국을 환태평양 경제 동반자 협정(CPTPP:

---

29 The Hague Centre for Strategic Studies, 네덜란드, https://hcss.nl/

Comprehensive and Progressive Agreement for Trans-Pacific Partnership)에서 탈퇴시키고, 이를 포괄적이고 진보적인 지역 포괄적 경제 동반자 협정(RCEP: Regional Comprehensive Economic Partnership)으로 재탄생시켰다. 그러나, 아베 신조 일본 전 총리는 환태평양 경제 동반자 협정(CPTPP)이 사라지도록 내버려두지 않았다. 단지, 트럼프 이후 미국의 새로운 정부가 재합류하기를 희망했다. 일본도 지역 포괄적 경제 동반자 협정(RCEP)에 가입했다. 호주, 뉴질랜드, 싱가포르를 포함한 다른 주요 아시아 국가들은 CPTPP와 RCEP에 모두 서명했다.

B. 유럽의 전략적 자율성 추구
(ESA: Europe's pursuit of Strategic Autonomy)

'전략적 자율성'은 오랫동안 많은 유럽인들의 목표였지만, 트럼프 대통령직과 전 행정부가 미국의 동맹국들에게 보여준 경멸은 미국뿐만 아니라 점차 커지는 유럽의 힘으로부터 독립하려는 유럽의 관심을 되살리는 데 영감을 주었다. 중국도 마찬가지다. 유럽에서 운영되는 외국 기술 기업에 대한 규제 표준을 시행하여 유럽 연합의 디지털 주권을 보호하는 것은 유럽이 전략적 자율성(Strategic Autonomy)을 강화할 수 있는 가장 유망한 방법 중 하나로 밝혀졌다.

미국과 중국에 필적할 만한 거대 기술 기업이 부족한 EU는 세계 최대 시장 중 하나로 그 힘을 활용하여 나머지 지역에 대한 규제 표준을 설정하는 것을 목표로 삼았다. **브뤼셀은 이미 캘리포니아와 중국이 제정한 개인 정보 보호 표준이나 법률에 영향을 준 인터넷용 데이터 개인 정보 보호 프로토콜(Data Privacy Protocol for the Internet)을 주도해 왔다.** 현재는 인공지능(AI) 표준을 확립하기 위해 노력하고 있으며, 무역 거래와 함께 이러한 노력은 EU의 경제적 비중을 높였다.[30]

군사 영역에서는 NATO와 함께 유럽의 국방 정체성을 개발하려는 새로운 노력이 있었다. 그러나 국방에 대한 대규모 신규 투자가 없다면 유럽 지도자들은 러시아를 억제하기 위해 여전히 미국에 의존할 것이다. 그러나 유럽인들은 불법 이주와 범죄 활동에

대해 유럽 외부 국경을 감시하는 것과 같은 다른 방어 업무에 대해 더 많은 책임을 질 수 있다. 아프가니스탄에서 철수한 미국과 마찬가지로 유럽 정부도 국가 건설에 더 많은 참여를 꺼리고 있다. 현재 EU 회원국들이 사하라 사막 남쪽에 위치한 건조한 스텝기후 지대인 사헬 지역(Sahel Region)에서 프랑스가 추진하고 있는 대테러 임무와 같은 중간 규모의 개입에 대해서도 정보와 공수 능력을 워싱턴에 의존하게 될 것으로 전망했다.

---

30   유럽 전략, https://ecfr.eu/special/independence

요약적으로, 유럽의 전략적 자율성(Strategic Autonomy)에 대한 논쟁은 여전히 유럽연합에 대한 미국의 비판에 지나치게 집중되어 있다. EU 회원국들은 전략적 자율성을 추구하기 위해 채택해야 할 야망의 지리적, 기능적 수준에 동의하지 않는다. 또한, 회원국들은 전략적 자율성에 대해 상충되는 접근방식을 가지고 있다. 심지어 이 개념을 완전히 지지하지 않는 회원국들도 EU가 더 많은 역량을 개발해야 한다고 주장한다. 이들은 브렉시트(Brexit)가 자신들의 전략적 자율성에 어떤 영향을 미칠지 확신하지 못하고 있으며, 진정한 잠재력을 발휘하려면 EU는 전략적 불협화음(Strategic Dissonance)을 끝내고 역량 구축에 집중해야 한다.

결과적으로 유럽의 전략적 자율성(ESA: Europe's pursuit of Strategic Autonomy)은 유럽 주권 및 전략적 주권과 마찬가지로 지정학적 경쟁이 심화되는 시기에 더욱 유능하고 독립적인 EU를 촉진하려는 많은 개념 중 하나가 될 수 있다.

C. 신흥 아시아태평양 헤징 전략
(Emerging Asia Pacific Hedging Strategies)

신흥 아시아태평양 지역의 경제 원동력으로서 중국에 대한 의존도가 높은 일부 아시아 태평양 국가는 미국을 중국에 대한 중요한 균형추로 보고 있다. **최근 몇 년간 중국의 공세는 호주, 인도, 일본, 미국이 참여하는 4자 안보 대화(Quad)의 초점을 부활시키고 확대했다.** 전문가들은 쿼드(Quad)가 아시아 NATO가 아니라고 강조하지만, 미국 관리들은 쿼드가 외교에서 중요한 해상 보안, 공급망 보안, 기술 설계 및 개발, 거버넌스 등 조정 역할을 할 수 있다고 믿고 있다.[31]

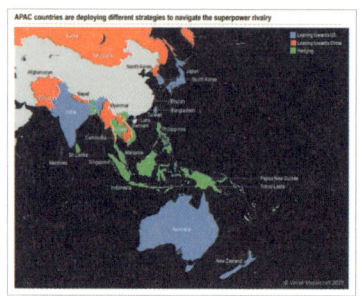

아직 어느 초강대국도 승리하지 못한 분위기에서는 지역의 중견국(Middle power)이 영향력을 더 잘 행사할 수 있다. 많은 아시아 강대국은 이제 공격적인 중국에 맞서기 위해 과거보다 더 많은 의도를 가진 것처럼 보이지만, 그들은 미국이 그 노력에 대해 지나치게 군사화된 접근방식을 취할 것이라고 우려한다. 이들 국가는 중국과의 경쟁이 격화되고 공개적인 갈등이 발생할 위험이 있는 경우 미국을 제지하는 경향이 있다.[32]

아시아 국가들이 헤징 전략(Hedging Strategies)을 채택하도록 잠재적으로 강화되는 여러 가지 인센티브가 있으며, 각 국가는 고유한 논리를 따른다. 기본적으로 이들 국가들은 중국과 미국 간의 잠재적인 권력 전환에 대해 불확실성을 갖고 있기에, 헤지(Hedge) 하게 될 수 있다. 다른 관점에서는 아시아 국가들이 다른 국가의 의도에 대해 불확실하며 더 이상 그들이 적응해야 할 대상은 미국과 중국에만 국한되지 않

---

31 The Trendline, https://www.maplecroft.com
32 Power, trust, and network complexity: three logics of hedging in Asian, Van Jackson, September 2014, p.p 331-356.

는다고 주장한다.

　현실적 의미에서 누구를 신뢰해야 할지 불확실하고, 한두 개의 강대국에 대한 불신이 우려되는 상황에서 국가는 헤징을 통해 대처한다. 지역을 전혀 다른 시각으로 보면, **아시아의 '복잡한 패치워크(Complex Patchwork)'는 다양한 강도와 다양한 목적을 지닌 관계의 그물망으로 구성되어 있다. 아시아의 '복잡한 패치워크'는 균형을 촉진하지도, 편승을 촉진하지도 않고, 헤징(Hedging)을 촉진한다.** 이는 권력, 불신, 그리고 가장 중요한 네트워크 복잡성(Network complexity) 측면에서 설명할 수 있는 통찰력(Insight)이다. 3가지 설명은 모두 현재 헤징이 발생하는 이유를 이해하는 데 도움이 될 수 있지만 이러한 설명 중 네트워크 복잡성만이 헤징에 대한 인센티브가 시간이 지남에 따라 지속될 것으로 예상된다.

　그러나 결국 '복잡한 패치워크'는 구조적 압력일 뿐 개인의 외교 정책 결정이나 구체적인 동의를 결정하지는 않는다. 여전히 전쟁이 일어날 수 있고, 균형이 유지될 수 있으며, 시간이 지나면서 단일 패권이 나타날 수도 있다. **아시아의 외교 정책 엘리트들은 계속해서 '그들이 좋아하는 어리석은 일'을 자유롭게 할 수 있지만, 구조적 인센티브는 동맹국에 대한 기존 약속을 유지하지만, 다른 국가에 대한 새로운 장기 약속을 피하는 헤징 전략(Hedging Strategy)을 유지하는 것을 계속 선호할 수 있다.**[33]

33　영국, 옥스퍼드, 2014, https://www.doi.org

D. 갈등의 국제화 증가
(Increasing Internationalization of Conflicts)

갈등의 위험은 중국과 미국의 긴장이 고조되는 것 이상으로 확대될 것을 추정한다. 오늘날의 다극(Multipolarity) 질서에서 정부들은 전쟁터에서 힘의 균형을 형성하고, 경제적 의제를 발전시키거나, 국가 안보 이익에 더 부합하는 분쟁 당사자를 지원할 수 있다. 예를 들어 터키, 러시아, 이란은 그러한 분쟁에서 영향력을 확대하기 위해 경쟁하고 있다. 부분적으로는 국가 내 갈등의 국제화로 인해 전투가 점점 더 장기화되고 격렬해지고 복잡해지면서 민간인에게 해를 끼치게 될 수 있다.

전장(Battlefield) 역시 덜 전통적인 방법으로 전개될 수 있다. 2005년 이후 34개 국가가 사이버 작전을 후원한 것으로 추정되며, 중국, 러시아, 이란, 북한이 의심되는 모든 노력의 77%를 선동한 것으로 추정된다. **국가는 사이버 공격을 재래식 군사 능력의 힘 불균형을 줄이기 위한 비대칭 도구(Asymmetric, 예: 북한, 핵무기, 화학무기, 생물무기 등 대량살상무기)와 전체 작전 및 영역(예: 중국)에 걸쳐 통합된 대칭 도구(Symmetric, 전차·군함·전투기·포·미사일·총)로 사용할 수 있다.** 이전에는 사이버 공격이 주로 특정 시스템을 방해하기 위한 고립된 사건이었던 반면, 사이버 공격은 점점 더 전략적인 도구가 되고 있다.

예를 들어, 미국은 공격적인 사이버 작전을 통해 전도, 모집, 공격 개시를 담당하는 아이시스(ISIS: Islamic State in Iraq and Syria, 이라크·시리아이슬람국) 군대를 공격했다.[34] 앞으로 전문가와 정책 입안자(Policymaker)는 AI, 생명공학, 5G와 같은 신기술이나 사물인터넷(IoT), 클라우드 컴퓨팅과 같은 새로운 시스템의 새로운 취약점을 공개하고 이에 대한 추가 도구를 제공함으로써 인터넷 불안을 더욱 악화시킬 것이라고 우려하고 있다.[35]

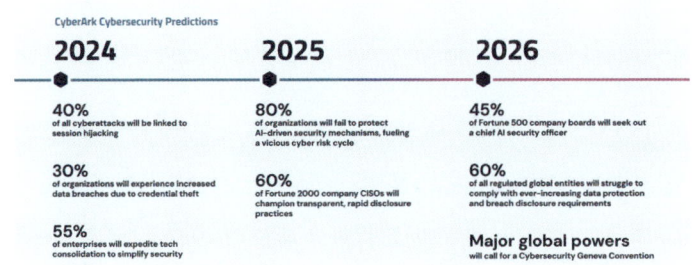

2026년까지 Fortune 500대 글로벌 기업 이사회 중 거의 절반이 최고 AI 보안 책임자(Best AI Security Officer)를 찾을 것이다. 사이버 보안은 IT 문제보다 비즈니스 탄력성과 이해관계자 신뢰가 핵심이다. 대부분의 Fortune 500대 기업은 높은 이해관계를 인식하고 기업 이사 수준에서 사이버 보안 적성을 강화하고 있다. 새로운 AI 위험으로 인해 긴박감이 더욱 커지고 있다. 최고 AI 보안 책임자는 기술 전문 지식과 비즈니스 통찰력을 모두 보유하여 AI 혁신을 발전시키고 그에 따른 위험을 관리하며 AI 기반 보안 모델을 보호하는 데 영향력 있는 역할을 수행하게 된다. 그들은 사이버 보안 전략에 깊이 뿌리내리고 보안 이

---

34 대서양 협의회, https://www.atlanticcouncil.org
35 사이버 보안 예측, https://www.cyberark.com

니셔티브(Initiative), 위험 평가 및 사고 대응 계획을 더 잘 측정하고 개선하기 위해 감독 및 보고 메커니즘을 확장할 수 있다.

E. 2030년 기후 충격으로 변화된 글로벌
(A Global Transformed by Climate Shocks)

경제적 국정, 즉 외교 정책과 국가 안보 목표를 달성하기 위해 경제력을 활용하는 것은 그리스-로마(Greco-Roman) 시대로부터 시작되었다. 금융 제재, 수출 통제, 긍정적 유인 등을 포함한 현대 경제 정치술과 관련 도구는 제1차 세계 대전에서 탄생했으며 제2차 세계 대전 중 연합군이 나치 점령 지역에 있는 자산을 보호하고 궁극적으로 전쟁 중에 황폐화된 유럽 경제를 강화했다. 그 이후로 **정부와 다자간 조직은 국가 안보를 보호하고, 외교 정책과 경제적 목표를 발전시키며, 파트너와 동맹국의 정부와 경제를 안정화하기 위해 경제적 국정 도구를 활용할 수 있는 권한과 역량을 확대해 왔다.**

전쟁에 의한 기후 및 자연 황폐화는 외교적 이슈 이상의 것으로 여겨지지만 군사적 개입이 어려울 수 있다. 그러나, 금융 및 경제 제재(Financial and Economic Sanctions)는 국가 안보 위협을 해결하고 적의 행동을 바꾸기 위해 서

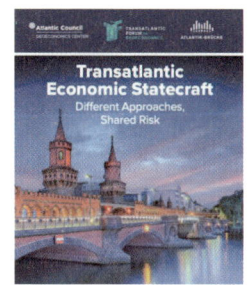

방이 가장 먼저 사용하는 도구가 되었다. **제재(Sanctions)는 테러 단체, 초국적 범죄 조직, 불법 밀매업자를 방해할 뿐만 아니라 정권의 국제 금융 시스템 접근을 거부하고 자금 이동 능력을 제한하는 데 사용된다.**

러시아의 우크라이나 침공에 대한 주요 7개국(G7)과 더 넓은 연합의 경제적 대응의 결과로 지난 1년 반 동안 경제적 국정운영이 상당한 주목을 받았다. G7과 연합 파트너들은 러시아 자산을 동결하고, 러시아에 대한 경제적 의존도를 줄이고, 전쟁을 수행하는 데 필요한 군용 부품을 수입하는 러시아의 능력을 저하시키기 위해 러시아에 대해 상당한 협력 제재와 수출 통제를 부과했다.

가. 기후 변화 재난적인 영향은 지정학적 특성을 상쇄한다

기본적인 개념은 주요 강대국들은 경제적 어려움을 초래할 것을 두려워하여 탄소 배출을 급속히 줄이는 조치를 미루고 있다. 개발도상국들은 배출량을 줄이기 위해 서구의 지원을 기다리고 있다. 과학자들이 한때 가정했던 것보다 더 빠른 기후 변화에 대한 증거가 많아지더라도 의사 결정자들은 아직 조치를 취할 시간이 있다고 생각한다. **그러나 세계의 기후는 급격히 악화되기 시작했고 북반구가 예상보다 더 큰 타격을 입고 있다.**

나. 기후 트리거(Climate Triggers)

북극 제트기류가 약해지면 기상 시스템의 순환이 중단될 수 있다. 고기압 및 저기압은 더 느리게 이동하여 기록적인 홍수를 일으키는 폭염과 폭풍이 길어지게 된다. 독일 북서부의 홍수와 미국 서부의 2021년 폭염이 포함되는데, 이로 인해 가뭄이 악화되고 전례 없는 고온이 발생했다. 2020년대 후반, 뉴욕시 지역에 폭우가 내리고 해수면이 상승하여 이 지역에서 100만 명이 넘는 사람들이 이주했다. 많은 거주지가 영구적으로 영향을 받았다. 로어 맨해튼(Lower Manhattan) 대부분은 사람이 살 수 없게 되어 지하철 침수와 유틸리티 파괴로 인해 기업이 3~4개월 동안 문을 닫았다. 런던과 파리도 곧 비슷한 사건을 겪게 될 수 있다. 이러한 사건이 발생하기 직전에 중국에서는 강력한 태풍이 주강 삼각주를 강타하여 4개월 동안 공장 활동을 중단했다. 비와 홍수가 쌓여 중국의 공학적 기량을 상징하는 양쯔강의 거대한 싼샤 댐(중국의 長江三峽大壩, Three Gorges Dam)이 위협받고 있다. 댐이 유지되는 동안 이번 위기는 중국 지도자들에게 극한 기후 현상에 대한 국가의 취약성을 상기시켰다.

다. 2030년 알파(Alpha, α')세대의 3가지 기후 이슈

첫째, 기후 혁신(Climate Innovation)은 미국에서 2000년대 초반 조지 W. 부시 대통령의 '테러와의 전쟁(War on Terror)'처럼 기후 변화가 긴박해짐에 따라, 미국 정부는 기후 혁신의 글로벌 중심지가 되는 것을 새로운 최우선 과제로 삼고 있다. 워싱턴은 기후 변화와 이에 대처하기 위해 필요한 기술에 관한 글로벌 정상회담을 개최한다. 워싱턴은 기후 변화에 맞서 싸울 목적으로 외국 제조업체와 공유할 선별된 미국 기술 글로벌 공공재를 선언했다. 미국은 지구공학(Geoengineering)을 탐구하는 반면, 중국과 러시아도 이 새로운 개척지에서 자체 실험을 수행할 것으로 의심되어 많은 과학자와 기타 정부 사이에서 인간이 만든 수단을 통해 기후를 변화시키려는 노력에 대해 우려를 불러일으켰다.

둘째, 기후와 에너지(Climate and Energy)는 미국, 유럽, 중국은 탄소 순배출량 제로 달성을 위한 일정을 가속화하기로 합의했다. 걸프만 국가들과 러시아는 이러한 움직임에 반대하며 '빅 3'에게 대규모 재정 지원을 요청하고 있다. 미국, 유럽 연합, 중국은 저소득 국가의 에너지 전환을 돕기 위해 글로벌 투자 기금을 설립했다. 그러나 그들은 너무 오랫동안 벽에 적힌 글을 무시해 온 거대 석유 생산자들에 대해서는 덜 관대하다고 주장한다. 2020년대 초반 배터리 저장 장치의 발전으로 선진국(중국 포함)은 모든 전기 자동차로 전환할 수 있는 더 나은 위치에 있다. 그럼에도 불구하고 공급 제약으로 인해 특히 개발도상국에서는 2040년대 초반까지 석유를 많이 소모하는 차량이 도로에 운행될 것이다.

셋째, 거버넌스(Governance) 측면에서 전시(Wartime)와 마찬가지로 서방 정부는 국민들에게 특별한 도전에는 특별한 조치가 필요하다고 말한다. 미국 조 바이든(2021년) 대통령은 친환경 에너지 기준을 충족하기 위해 순수 전기차부터 새로운 건축 법규, 기존 구조물의 의무적 재건까지 변화를 명령하기 시작했다. 특히 기상 이변(Extreme Weather)의 영향을 덜 받는 지역의 주 주지사는 연방 정부를 법정에 제소하지만 대법원은 새로운 비상 권한을 지지한다. 상당수의 미국 시민이 정부의 새로운 기후 명령에 항의하기 위해 일부가 시민 불복종 운동(Civil Disobedience Movement)에 참여하고 있다.

라. 알파(Alpha, α')세대의 대륙 전략(Continental Strategy)

먼저, 유럽(Europe)에서 중국과의 유럽 최대 무역국인 독일은 미국이 지원하는 중국과의 무역 체제 자유화(Liberalization of the Trade System)를 환영한다. 유럽인들은 미국이 마침내 기후 변화 운동에 동참했다고 믿고 있으며, 대서양을 횡단하는 관계는 냉전 이후 존재하지 않았던 친밀감을 되찾아 주었다. 유럽의 가장 큰 관심사는 실업률 급증과 임금 정체를 촉발하지 않고 비용이 많이 드는 에너지 전환을 달성하는 것이었다. EU 지도자들은 또한 기후 기술에 대한 워싱턴의 자원(대부분 국방부 예산에서 이동됨)으로 인해 유럽의 과학 및 기술 인재가 미국으로 유출되는 것을 우려하고 있다.

둘째, 북아메리카(North America) 미국 의사 결정자들은 에너지 전환이 중국 제조업뿐만 아니라 미국-멕시코-캐나다 협정의 무역 파트너에게도 이익이 될 것이라고 생각한다. 중국과 협력하고 무역 자유화를 지원하는 동시에 국내 제조업에 대한 인센티브(Incentive)를 새로운 에너지 전환 계획에 접목한다. 그것은 어려운 균형잡기 전략행위로 의회의 일부 의원들은 '값싼' 중국산 기후 수입품의 범람에 대비해 장벽을 세우기를 원한다. 포퓰리즘적(Populist) 반발과 팬데믹 시대의 정치 분열의 반복을 피하기 위해 미국 연방 정부는 녹색 에너지 시대에 대비한 인력 준비를 개선하기 위해 전문 재교육과 평생 학습에 막대한 투자를 하고 있다.

2024년 11월 트럼프 2.0은 멕시코의 엄청난 도전에 직면할 것으로 전망된다. 멕시코시티-멕시코가 도널드 트럼프 대통령 당선자가 집권 초기에 타깃으로 삼을 국가 중 하나라는 데는 의심의 여지가 거의 없다. 최근 리오 그란데강 남쪽에서 생산된 상품과 서비스에 25% 관세를 부과하겠다는 위협과 대규모 추방을 시작하고 범죄 카르텔을 해체하겠다는 공약은 변화의 시대를 예고한다.

셋째, 유라시아(Eurasia)는 중국, 미국, 유럽의 친환경 정책 가속화로 인해 에너지 산업의 전망이 어두워지면서 러시아 경제가 위축되기 시작한다. 중-미 긴장이 완화되면서 러시아는 중국과 긴밀한 관계를 유지하면서 서방에 국가를 개방하는 지도자로 교체될 수 있다.

넷째, 아시아 태평양(Asia-Pacific)은 중미 긴장 완화와 무역 자유화로 아시아 경제의 성장을 촉진한다. 중국과 미국은 모두 환태평양 경제 동반자 협정을 위한 포괄적이고 진보적인 협정(Progressive Agreement)에 가입했다. 중국 내에서는 더 많은 개인의 자유를 요구하는 압력이 커지고 있다. 시진핑은 처음에는 민족주의를 부추기려 했으나 결국 제한적인 정치 개혁(Limited Political Reforms)을 원하는 공산당 내 다른 사람들에게 굴복했다. 개혁이 충분할지 여부는 불분명하다. 시진핑 지지자들은 1980년대 소련의 글라스노스트 정책(Glasnost Policy)이 실패했음을 지적하며 중국이 위험한 길에 들어서 있다고 경고했다.

다섯째, 남아시아(South Asia)의 인도 정부는 중국에 맞서 미국과의 특권적인 지위를 잃은 것에 대해 씁쓸해하고 있다. 이는 값싼 석탄에서 벗어나기 위해 미국, 유럽 연합, 중국의 지원을 요구할 수 있다.

여섯 번째, 중동(Middle East)의 이란과 걸프만 국가들은 석유와 가스로 인한 수익 감소에 직면해 있다. 그들은 높은 가격을 유지하기 위해 낮은 생산 정책을 추구한다. 시간이 지나면서 석유 생산자들이 경제 다각화(Economic Diversification)에 자금을 조달하기 위해 이익을 극대화하려고 하기 때문에 그러한 할당량을 유지하는 것이 불가능하다는 것이 증명되었다.

일곱 번째, 아프리카(Africa) 정부는 가뭄과 같은 기후 관련 파괴가 자국에 증가하고 있음을 지적하고, 미국과 다른 국가들은 이 지역이 기후 변화의 결과에 적응하고 회복력을 갖도록 돕기 위해 글로벌 투자 기금을 마련함에 따라 지원을 늘릴 것을 촉구하고 있다. 식량 불안이 커지고 일부 국가에서는 기근이 발생한다. 아프리카 지도자들은 기후 변화를 일으키는 데 있어 아프리카의 역할이 제한적이라는 점을 고려하여 탄소 배출 제한(Carbon emissions limits)에서 면제를 모색하고 있다.

여덟 번째, 남미 및 중미(South and Central America), 라틴 아메리카는 미·중 긴장 완화와 미국 정부의 새로운 기술 공유 정책으로 인해 이익을 얻고 있다. 브라질은 국제사회에 아마존 열대우림 보존을 위해 막대한 자금을 지원해 줄 것을 촉구하고 있다.[36]

결론적으로, 2030년 기후 충격으로 변화된 글로벌(A Global Transformed by Climate Shocks) 환경에서 창조적 알파(Alpha, α')세대가 맞이해야 할 글로벌 메가 트렌드 과제들을 창조의 섭리와 원리를 회복하는 방향으로 현명하고 지혜롭게 헤쳐나가야 할 것이다.

Core Vision

By 2030년대 알파(Alpa, α')세대의 창조적 글로벌 전략 지혜 (킹덤 제네레이션, Kingdom Generation)

A. 양극화에 맞서는 중견국 균형 행위(A middle power balancing act against a polarized world)
 - 중견국은 권력이 계속 분산되는 세계에서 중요한 역할을 수행할 수 있는 방법을 찾았다.

B. 유럽의 전략적 자율성 추구(ESA : Europe's pursuit of strategic autonomy)
 - 군사 영역에서는 NATO와 함께 유럽의 국방 정체성을 개발하려는 새로운 노력이 있었다.

C. 신흥 아시아태평양 헤징 전략(Emerging Asia Pacific Hedging Strategies)
 - 아시아 국가들이 헤징 전략(Hedging Strategies)을 채택하도록 잠재적으로 강화되는 여러 가지 인센티브가 있으며, 각 국가는 고유한 논리를 따른다.
 - 아시아의 '복잡한 패치워크(Complex patchwork)'는 다양한 강도와 다양한 목적을 지닌 관계의 그물망으로 구성되어 있다.

D. 갈등의 국제화 증가(Increasing internationalization of conflicts)
 - 국가는 사이버 공격을 재래식 군사 능력의 힘 불균형을 줄이기 위한 비대칭 도구(예: 북한)와 전체 작전 및 영역(예: 중국)에 걸쳐 통합된 대칭 도구로 사용할 수 있다.
 - 2025년까지 보호되지 않은 AI 기반 보안 메커니즘은 악의적인 사이버 위험 순환을 촉진할 수 있다.

E. 2030년 기후 충격으로 변화된 글로벌(A Global Transformed by Climate Shocks)
 - 제재(Sanctions)는 테러 단체, 초국적 범죄 조직, 불법 밀매업자를 방해할 뿐만 아니라 정권의 국제 금융 시스템 접근을 거부하고 자금 이동 능력을 제한하는 데 사용된다.

---

36 미국 대서양 협의회(Atlantic Council), https://www.atlanticcouncil.org

Subject 4.

알파(Alpha, α')세대 리더십의 품격
(Yozma's Quality of Leadership)

FOR KINGDOM FAMILY BUSINESS

09
품격 있는 글로벌 리더가 갖출 수 있는 조직문화

A. 알파(Alpha, α')세대의
킹덤 리더십(Kingdom Leadership)

알파(Alpha, α')세대의 조직문화는 전략·의사 결정체계와 같이 표면적으로 드러난 구조와 절차를 기반으로 하지 않지만, 내·외부 이해관계자에게 지속적으로 영향을 미치므로 거버넌스(Governance)의 비공식적 메커니즘이라 할 수 있다. **형식이나 틀, 실체가 없고 비공식적이라는 특징 때문에 관리가 어렵다.**

가. 킹덤 비즈니스(Kingdom Business)의 조직문화

킹덤 리더십(Kingdom Leadership) 조직문화를 비즈니스 전략과 외부 환경 변화에 합치되는 방향으로 활용하려면, 문화양식들의 상충관계를 확인해 현실적으로 설계하고 이에 맞춰 소요자원을 안배해야 한다. 킹덤 리더십의 조직문화를 혁신하고 제대로 활용할 때, 조직은 눈부신 성과를 낼 수 있다.

빠르게 발전하는 킹덤 비즈니스 세계에서 향상된 비즈니스 성과를 위한 촉매제로서 강력한 조직문화의 중요성은 그 어느 때보다 분명해졌다. 혁신, 성장 및 경쟁 우위를 위해 노력하는 CEO, 기업주 및 고위 임원에게는 활기찬 업무 환경과 수익 사이의 직접적인 연관성을 이해하는 것이 중요할 수 있다.

더 나은 투명성, 포괄성, 협업을 옹호하는 문화는 직원의 사기를 높일 뿐만 아니라 수익 증가, 생산성 향상 등 실질적인 비즈니스 성과로 이어진다. 갤럽(Gallup)의 글로벌 직장 현황 보고서는 강력한 조직문화가 미치는 영향을 강조하며 문화 및 참여와 직접적으로 관련된 몇 가지 중요한 비즈니스 결과를 강조한다.

나. 킹덤 리더십(Kingdom Leadership) 핵심 5가지 전략

이를 염두에 두고 킹덤 비즈니스(Kingdom Business) 조직문화를 풍요롭게 하기 위해 고안된 5가지 핵심 전략을 소개한다. 이러한 전략은 이론적인 이상이 아니라 리더가 의미 있는 변화를 시작하기 위해 취할 수 있는 실질적인 조치가 될 수 있다. 이러한 접근방식을 수용함으로써 내부적으로 번영할 뿐만 아니라 외부 성공을 위한 발판을 마련하는 문화를 위한 기반을 마련하여 조직을 업계의 생산성과 수익성의 상징으로 만들 수 있다.

■ 1. 창의적이고, 개방적이고 효과적인 의사소통을 우선한다

강력한 킹덤 조직문화의 초석은 개방적이고 효과적인 의사소통이 될 수 있다. 다양한 마음을 연결하고 팀원 간의 소속감과 이해심을 키우는 다리 역할을 한다. **킹덤 비즈니스(Kingdom Business) 리더는 투명하고 정직한 대화를 촉진하는 명확한 의사소통 채널을 구축하는 것을 우선시해야 한다.**

리더와 직원의 동반자적인 수평 관계(Horizontal Relationship)를 정립하면서, 서로에게 개방적이고 효과적인 의사소통을 기반으로 한다. 이러한 킹덤 문화는 정보의 흐름을 지원할 뿐만 아니라 팀 내 신뢰도 강화한다는 점을 인식하는 것이 중요시된다. 직원들이 자신의 의견을 듣고 가치 있다고 느낄 때 그들의 헌신과 생산성은 치솟아 조직의 수익에 직접적인 영향을 미친다. 판단이나 영향에 대한 두려움 없이 알파(Alpha, α')세대의 창조적인 질문, 아이디어, 우려 사항을 자유롭게 표현할 수 있는 환경을 장려하는 것이 이러한 문화를 육성하는 데 핵심이 된다.

■ 2. 알파(Alpha, α')세대의 리더십 개발에 투자한다

알파(Alpha, α')세대 조직의 문화를 형성하는 데 있어 리더십의 역할은 아무리 강조해도 지나치지 않는다. 리더십은 조직문화의 모든 측면에 직접적인 영향을 미치며 효과적인 리더는 행동과 결정을

통해 전체 조직의 분위기를 설정하는 역할 모델로 행동한다. **킹덤(나라) 리더십 개발 프로그램(KLDP: Kingdom Leadership Development Program)에 투자하면 리더가 다양한 팀을 더욱 공감하고 적응하며 효과적으로 관리할 수 있도록 준비할 수 있다.** 역량 있는 킹덤(나라) 리더는 알파(Alpha, α')세대 조직의 생산성과 수익성을 높이는 긍정적인 업무 환경을 조성하는 촉매제가 된다.

킹덤(Kingdom) 리더는 팀에서 보고 싶은 가치와 행동을 구현함으로써 직장의 전반적인 분위기와 문화에 큰 영향을 미칠 수 있다. 또한, 영성

과 감성지능을 강조하는 킹덤 리더십 개발 프로그램은 리더의 대인 관계 능력을 향상시킬 뿐만 아니라 조직 전반에 걸쳐 이해와 존중의 문화를 조성한다. 글로벌 공감능력, 감성 지능, 영혼의 갈등 해결 및 전략적 의사 결정에 초점을 맞춘 프로그램은 오늘날의 업무 환경의 복잡성을 헤쳐나가는 데 필요한 기술을 리더에게 제공한다. 이는 결과적으로 직원 만족도 향상, 이직률 감소, 더욱 응집력 있고 생산적인 작업 환경으로 이어진다.

■ 3. 창의적 혁신 기술을 통해 변화를 수용하고 추진한다

창조적 혁신(Creative Innovation)은 단순히 새로운 제품이나 서비스를 도입하는 것이 아니라, 알파(Alpha, α')세대의 선호에
맞는 신기술을 활용하여 지속적인 개선 문화를 조성하는 것이 될 수 있다. 이는 제품 및 벤처의 영역을 넘어 회사 문화의 구조까지 확장된다. 새로운 창의적 기술을 통해 행동 과학과 퀀텀(Quantum) AI의 힘을 활용함으로써 기업은 변화를 수용할 뿐만 아니라 이를 통해 성장할 수 있는 환경을 조성하여 적응성을 기업 정체성의 핵심 구성 요소로 만들 수 있다. **이러한 사전 예방적 접근방식은 개선이 산발적이지 않고 우수성을 향한 지속적인 여정의 일부임을 보장한다.**[37]

---

37 https://happycompanies.com/

■ 4. 복지와 참여(Wellbeing and Participation)를 우선시한다

킹덤(Kingdom) 문화의 직원 복지는 본질적으로 조직 성과와 연관되어 있다. 직원의 복지를 중시하고 적극적으로 장려하는 킹덤(Kingdom) 문화는 참여도를 높이고 이직률을 낮추며 생산성을 향상시킨다. 웰니스 프로그램, 유연한 근무 방식, 전문적인 성장 기회를 구현하여 팀의 웰빙에 대한 지원을 한다.

직원의 복지와 조직의 전반적인 성공 사이에는 근본적인 연관성을 인식하는 것이 필수적이다. 직원들의 마음에 하나 된 가치가 있고 상호 지지 받고 있다고 느낄 때 회사에 대한 그들의 헌신은 깊어지고 기본적인 직무 책임을 뛰어넘는 충성심(Loyalty)과 추진력이 육성된다. 이러한 환경은 팀 구성원이 아이디어를 공유하고 위험을 감수하는 데 있어 안정감을 느끼기 때문에 혁신과 협업을 장려한다.

■ 5. 피드백(Feedback)을 기반으로 전략 측정 및 조정한다

킹덤 문화적 개선 전략의 영향을 진정으로 이해하는 유일한 방법은 그 효과를 명확하게 측정하는 것인데, 문화 이니셔티브(Cultural Initiatives)의 영향을 정확하게  평가하는 것이다. 문화 이니셔티브가 조직에 실질적인 가치를 제공하는지 확인하는 것이 핵심사항이 된다. 정기적인 점검에 적극적으로 참여함으로써 리더는 회사 문화의 핵심을 활용하여 정신의 생각, 감정, 의지가 포함된 영(Spirit), 혼(Soul), 육신(Body)의 강점과 개선 영역을 모두 식별할 수 있다.

킹덤 리더와 직원 간의 이러한 지속적인 대화는 문화적 진화 과정을 민주화할 뿐만 아니라 직원들에게 자신의 목소리가 경청되고 소중하다는 것을 보여줌으로써 신뢰를 구축한다. **결과적으로, 킹덤 조직은 피드백(Feedback)과 유연한 상호호환적 커뮤니케이션 전략(Communication Strategy)을 동적으로 조정하여 현재 요구 사항을 충족할 뿐만 아니라 미래의 과제에 적응할 준비가 되어있는 직장을 조성하여 직원 복지와 중요한 비즈니스 목표에** 장기적으로 부합하도록 보장할 수 있다.[38]

B. 기업의 중요한 평가항목이 된 '킹덤 조직문화'

2030년 알파(Alpha, α')세대의 킹덤 조직문화는 한 조직의 개방적인 질서와 균형을 형성할 수 있는데, 폭넓고 일관된 방식으로 구성원의 태도와 행동을 형성하고 기업의 성과에 영향을 미치는 중요한 요소가 될 수 있다.

미국의 자동차 왕이었던 헨리 포드(Henry Ford)가 아일랜드의 수도 더

---

[38] Boris Groysberg 외 3인, 〈리더를 위한 기업문화 안내서〉, 《HBR코리아 2018. 1~2월(합본호)》

블린에 있는 한 고아원을 방문했었다. 그는 고아원생들을 위한 강당을 짓기 위해 2,000파운드를 기증하기로
약속했다. 그런데 그다음 날 신문에 뜻밖에도 이러한 기사가 실렸다. "헨리 포드 회장이 고아원을 위해서 20,000파운드를 기증하기로 약속하다." 2,000파운드가 20,000파운드로 잘못 게재된 것이었다. "할 수 없지요. 다 하나님의 뜻이 아니겠습니까? 제가 18,000파운드를 더 내겠습니다. 그 대신 고아원의 강당이 완공이 되고 나면 그 입구에 '헨리 포드의 뜻이 아니고 신의 뜻에 따라 드려진 헌금으로 지어진 강당'이라고 글을 써달라."고 했다.[39]

그의 킹덤 조직경영전략을 이어받아서, 포드 자동차의 전 CEO 마크 필즈는 "좋은 전략도 나쁜 조직문화에서는 힘을 쓰지 못한다."라고 말했다. 한 조사에 따르면 고위임원 채용 실패 원인 중 약 70%가 조직문화 적응 실패에 있다고 한다. **킹덤 조직문화가 리더의 역량과 경험만큼이나 기업의 업무 분위기에 영향을 끼친다는 뜻으로 해석된다.**

한국 ESG 기준원(KCGS, 전 한국기업지배구조원)은 기업의 조직문화를 "사회책임경영의 비공식적 메커니즘"이라고 정의하고, 2021년 ESG 모범규준을 개정하면서 기업문화에 대한 평가항목을 신설했다. 하지만 **아직 조직문화는 비공식적이고 비정형화돼 있으며 가변적인 특성**

---

[39] http://www.iwithjesus.com

이 있어 관리하기 힘든 영역이다. 헨리 포드(Henry Ford)의 킹덤 조직문화의 작동 원리와 활용방안을 알아야 성공적인 조직문화에 올바르게 접근할 수 있다.

C. 킹덤 리더 개인에 적용할 수 있는 8가지

알파(Alpha, α')세대의 조직문화는 비공식적이고 비정형화돼 있으며 가변적인 특성이 있어 관리하기 힘든 영역이므로, 조직문화의 작동 원리와 활용방안을 알아야 조직문화에 올바르게 접근할 수 있다. 조직문화를 평가할 때 조직의 유형, 규모, 업계, 지리적 특성과 관계없이 공통적으로 적용하는 2가지 기준은 '구성원의 소통 방식'과 '변화 대응 방식'을 말할 수 있다.

먼저, 구성원 소통 · 협력 방식은 크게 독립성(Independence)과 상호의존성(Interdependent)에 따라 나눌 수 있다. 독립성(Independence)에   치우친 조직문화에서는 자율적이고 개인행동과 경쟁을 중시하며, 반면 서로에게 상호의존적(Interdependent)인 조직문화에서는 인간관계와 통합을 강조하고 성공을 집단의 관점에서 접근한다.

둘째, 구성원의 변화 대응 방식은 크게 안정성(Stability)과 융통성(Elasticity)을 기준으로 구분한다. 안정성(Stability)에 치우친 조직문화는 일관성 있고 예측 가능하며 현상 유지, 규칙, 위계질서, 국가 관공서, 공기업 비즈니스 등 효율을 추구한다. 반면 융통성(Elasticity)에 치우친 조직문화는 혁신적이고 개방적이며 사기업, 벤처, 창업 등에서 변화에 적응하는 다양성을 수용하고 장기적인 안목을 추구한다.

가. 킹덤 공동체(Kingdom Community)의 2가지 기둥

또 다른 사례로, 2030년 알파(Alpha, α')세대의 킹덤 공동체(Kingdom Community)에는 다양한 부류의 소규모 공동체들이 있다.[40] 이들은 각자의 성장배경과 학습환경에 따른 조직문화의 적응력이 달랐다. 구체적으로, 어린 시절의 부모님의 양육배경과 사회적 공동체 학습활동의 독립성에 치우진 그룹과 상호의존성에 치우친 문화들이 골고루 협력하여 조직문화를 이루어 간다.

결론적으로, 다가올 미래 환경에서 킹덤 공동체 리더(KCL: Kingdom

---

[40] http://www.joych.org/

Community Leadership)는 상호의존적(Interdependent)인 조직문화에서 믿음의 통합적인 부분과 함께 독립성(Independence)에 치우친 자율적이고 창의적 경쟁(Creative Competition)을 함께 구성원 소통 · 협력 방식을 겸비하는 2가지 기둥의 모습을 갖출 수 있다. 또한, 구성원의 변화 대응 방식에서도 초기 새 가족과 신규 분들을 위한 안정성(Stability)에서 나아가 생선의 삶을 위한 융통성(Elasticity)의 여정을 확대, 확장, 확산할 수 있다.

이로 인해서, 기존의 로컬 문화(Local Culture) 형태는 안정성에 치우친 문화의 예측 가능한 활동과 규칙과 일관성을 펼쳐나갔다. 또한 다른 형태는 파라 문화(Para Culture)는 새로운 담장을 넘는 활동으로 혁신과 이웃으로 확장, 확대, 확산을 펼쳐가는 변화를 준비한다. **2가지 조직문화에 대한 균형적인 성장의 새로운 조직문화를 형성하게 될 경우, '구성원의 소통 방식'과 '변화 대응 방식'을 더욱 건강하고 부흥하는 킹덤문화를 형성할 수 있다.**

나. 스펜서 스튜어트(Spencer Stuart)의 8가지 조직양식

좀 더 상세하게 조직문화의 소통과 특성에 관해서, HR컨설팅 전문업체 스펜서 스튜어트(Spencer Stuart)는 전 세계 230여 개 기업의 직원 2만 5,000여 명에게 적용해 보고 그 조직문화를 진단했다. 그 결과, 조직문화와 리더 개개인에 적용할 수 있는 조직문화양식을 도출했는데, 배려, 목표, 학습, 즐거움, 결과, 권위, 안전, 질서 총 8가지의 조직문화양식의

조직문화 양식 특성 분석

문화 양식		특징	장점	단점	기업 빈도
배려	가치	인간관계, 상호신뢰, 따뜻함, 진심	팀워크, 참여도, 소통, 신뢰, 소속감 강화	구성원 간 일치 강조로 대안을 모색할 기회와 경쟁이 제한되고 의사결정이 지연될 소지	63%
	구성원	구성원 간 의리와 신뢰 관계 강화			
	리더	진심, 팀워크, 긍정적인 관계 강조			
목표	가치	이상주의, 이타주의, 관용	다양성, 지속가능성, 사회적 책임에 대한 인식 강화	현실적인 문제와 눈앞의 과제 해결에 취약할 소지	9%
	구성원	지속가능성, 지구공동체에 주목			
	리더	공동의 이상과 대의 강조			
학습	가치	탐구, 사고 확장, 창의성, 개방성	혁신, 민첩성, 조직 학습 강화	탐색을 지나치게 강조할 경우, 조직이 집중력을 잃을 소지	7%
	구성원	새로운 아이디어와 대안 모색			
	리더	혁신, 지식, 모험심 강조			
즐거움	가치	재미, 활력, 직관성	직원의 사기, 참여, 창의성 강화	규율과 규정 준수, 거버넌스와 관련한 문제가 쉽게 일어날 소지	2%
	구성원	자신이 행복한 일을 추구, 명랑하고 의욕이 넘침			
	리더	자발성과 유머감각 강조			
결과	가치	성취, 승리	실행력, 역량 구축, 외부에 대한 관심, 목표 달성 강화	소통과 협동에 애로가 생기거나 스트레스·불안이 높아질 소지	89%
	구성원	최상의 성과를 열망, 능력·성공 추구			
	리더	목표달성을 강조			
권위	가치	힘, 결단성, 대담함	의사결정 속도, 위협·위기 대응 속도 강화	사내 정치와 갈등 유발, 심리적으로 불안한 근무환경이 조성될 소지	4%
	구성원	강력한 통제에 의한 단합			
	리더	자신감과 지배욕구를 강조			
안전	가치	계획, 조심성, 준비성	리스크 관리, 안정성, 사업 연속성 강화	관료주의 발생, 융통성 부족하고 비인간적인 근무환경이 조성될 소지	8%
	구성원	심사숙고, 안전함과 변화예측 추구			
	리더	현실 감각과 사전 계획을 강조			
질서	가치	규칙 준수, 체계, 공동규범	경영 효율성 강화, 갈등 경감	개성 약화, 창의성 저해, 조직의 민첩성이 제한될 소지	15%
	구성원	조직에 맞추려는 경향, 협력 중시			
	리더	공동의 절차와 오랜 전통을 강조			

※출처:HR컨설팅 전문업체 스팬서 스튜어트

특징과 장단점을 살펴보면서 팀에 맞는 조직문화양식을 찾을 수 있다.

또한, 나아가 어떤 조직문화의 형태를 공간적 관계를 가진 프레임워크로 구현할 수 있다. 프레임워크에서 서로 인접해 있는 문화양식이 서로 멀리 떨어져 있는 양식보다 한 조직 내에서 훨씬 쉽게 공존할 수 있다. 예를 들어, '안전-질서', '학습-즐거움'처럼 서로 인접해 있는 양식은 '권위-목표', '안전-학습'처럼 서로 멀리 떨어져 있는 양식보다 한 조직 내에 쉽게 공존할 수 있다.

다. 성과와 협동적인 부분에 상충적인 문화양식 간의 관계

문화양식(Cultural Style) 간의 관계는 근본적으로 상충관계일 수 있는 데. 각 양식이 지닌 이점과 제약사항이 달라 구성원에게 어떤 가치를 강조하고 어떤 행동을 유도할지 선택하기 쉽지는 않다. 스펜서 스튜어트가 250여 개 기업의 문화를 진단한 결과, 가장 지배적으로 두각을 나타낸 조직문화양식은 결과(89%)와 배려(63%)로 프레임워크상 상호 극단에 위치해 있었다.

이런 상황에서는 구성원 개인에게 목표를 최적화해 최상의 성과를 낼 것을 요구할지, 아니면 팀으로 협동해 공동 성취를 요구할지 명확한 메시지를 전달하기 어렵다. 이런 경우 구성원들은 조직문화로 인해 혼란을 겪을 수 있는데, 이때 문화 작동 원리에 대한 충분한 이해 없이 톱다운(Top-down)방식으로 문화 설정을 하면 구성원들이 조직문화를 잘 받아들이지 않을 가능성이 높다. **이는 상충관계인 문화양식을 정착하려면 조직이 보다 많은 에너지를 투입해야 한다는 사실을 보여준다.**[41]

D. 경영 성과를 높이는 조직문화 활용방안

가. 문화·전략과 외부 환경의 합치

2030년 알파(Alpha, α')세대의 글로벌 킹덤(나라) 비즈니스의 장기적 성과에 긍정적인 영향을 주는 조직문화는 어떻게 만들고 활용해야 할

---

41 Spencer Stuart, https://www.spencerstuart.com/

까? 기존의 문화와 전략·외부 환경 간의 관계를 평가해 문화양식이 비즈니스에 긍정적인 영향을 끼치는 방향으로 재조정할 수 있다. 좋은 문화적 목표란, '비즈니스 회사의 전략 방향과 일치하고 실행력이 있으며 외부 비즈니스 환경의 요구를 잘 반영해 미래 변화를 뒷받침할 수 있는 양식'을 의미한다.

예를 들어, **알파(Alpha, α')세대의 비즈니스의 상황이 급변하고 있는 상황에서 기존 문화양식이 '결과'와 '권위'라면, '결과'에 대한 집중력을 잃지 않으면서 문화를 '학습'이나 '즐거움' 쪽으로 바꾸는 것이 바람직할 수 있다.** 이때 조직문화를 바꾸면서 해결해야 할 문제와 리더십 연계, 조직 차원에서 나누는 논의, 조직 설계 등 필요한 조치가 무엇인지 찾아 최우선으로 실행해야 한다.

나. 글로벌 조직문화와 킹덤 리더 개인문화의 합치

글로벌 킹덤(Global Kingdom) 비즈니스의 현재 또는 가까운 미래의 주요 이슈를 해결하려면 어떤 문화를 보완해야 하는지 검토해서 킹덤 리더십 인재상에 반영할 수 있다. 예를 들어, 비즈니스 조직문화와 이사회 리더 문화 사이에 간극이 벌어져 문제를 겪었던 A사는 신임 이사를 물색하는 과정에서 두 문화의 특징을 진단해 인재상을 검토했다.

A사의 기업문화는 '결과'에 치우쳐 있고, '질서'를 중시하는 반면 이사회 문화는 '학습' 지향적이고 '즐거움'에 초점을 맞추고 있는 상황이

었다. 따라서 문화 간극(Cultural Gap)을 좁히려면 '결과' 지향적이고 호기심이 많은 이사가 필요하다고 판단했고 이에 맞는 융합적인 창의 인재를 발굴했다. 그 결과, 이사회와 경영진은 전략계획 활동의 효율성이

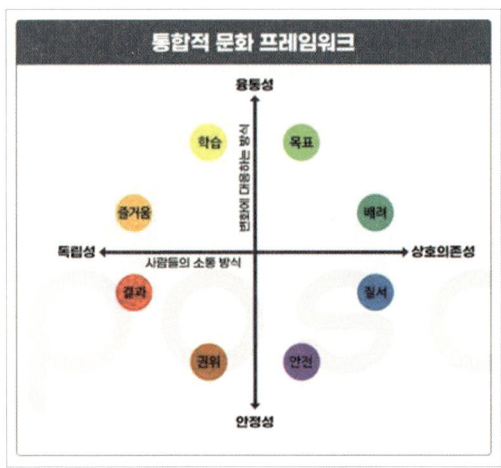

높아지고 기업 실적이 개선되는 효과를 얻었다.

Core Vision

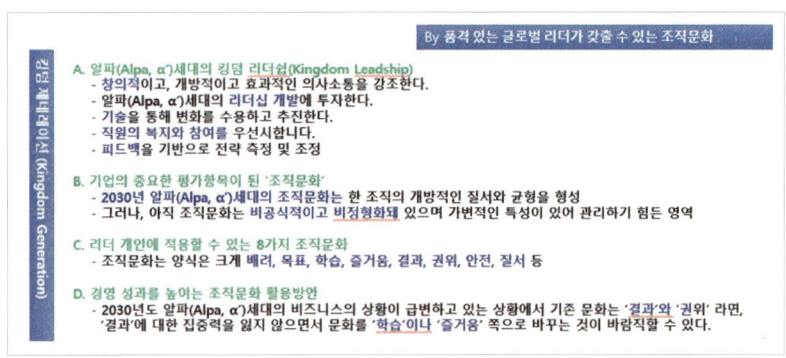

10

킹덤(Kingdom) 협상에서
창의적 리더의 실전 응용전술

A. '보이는 허상'과 '보이지 않는 실상'에서 '진실'은 무엇인가?: 원거리 전술 1

가. 어느 국군 할아버지와의 첫 만남: 6.25 후방 훈련지원

　삶의 대양(Oceans) 항해에서 '보이는 허상'과 '보이지 않는 실상'에서 '진실'은 무엇인가? 어제는 아버지 병원 문안인사를 다녀왔다. 아름다운 여름 날씨와 함께 화창한 숲속의 속삭임에 함께 쉼을 얻었다. 가족들과 함께 소박한 다과와 함께 풍성한 사랑의 바구니에 귀한 영혼의 식사를 준비했다. 작은 정자에 가족의 식탁을 위해서, 자리를 닦으며, 음식을 펼쳐서 나누는 시간에, 옆에서 처음 만나는 병원 환자 할아버지가 다가오셔서 함께 정자에서 자리를 함께하고 싶은 모습에 동석했다.

우리 가족들이 함께하는 시간과 정자에 함께 조용히 다가오셔서 자리를 하시기에 몇 가지 음식을 나누며, 물어본다. "언제 이 요양병원에 오셨는가요?", "저는 3년 전에 요양병원에 왔습니다.", "호호호, 저희 아버지보다 요양병원 선배이십니다. 잘 부탁드립니다.", "연세가 어떻게 되십니까?", "저는 96세입니다.", "호호호, 아버지보다 더 젊어 보이십니다." 어떻게 국군모자를 쓰셨는데, **젊었을 때(6.25 때), 후방에서 국군 군사 훈련생을 양육하는 훈련교과 군인으로 국가보훈청으로부터 매월 연금과 생활비를 받고 있다고 했다.**

눈앞에 다가오는 적군으로, 남한의 모든 땅을 잃어버린 상태였다. 할아버지는 젊은 시절, 제주도에서 6.25 후방 신병 훈련에 지원하시며 나라를 위해서 자신의 삶을 바친 분이셨다. 귀한 할아버지의 삶을 듣고, 진심의 마음으로 미안한 마음을 전해드린다. 사실 우리 가족의 시간에 옆에 오셔서, 함께 가족의 사랑을 갈망했던 할아버지의 마음도 모르고, 나름 외로운 할아버지를 잘못 생각했던 순간을 생각하며, 회개의 기도를 드렸다.

연약하고, 요양원에 갇혀있는 할아버지 노년의 외모와 목소리와 같이 '보이는 허상'에는 세상의 인위적인 진실들이 포함되어 있음을 배운다. 할아버지의 '보이지 않는 실상(자연적인 진실, 실제 진실의 마음)'에는, 아직도 식지 않았던 할아버지의 나라에 대한 마음과 진심이 있음을 배우며, 회개의 마음을 전하며, 내 삶의 리더십 항해에 영혼의 유연성(Flexibility of the Soul)이 부족함을 조용히 고백했다.

B. '다윗의 물맷돌 무기'와 '이순신 장군의 학익진 전법': 원거리 전술 2, 3

가. 이스라엘 전쟁의 명장: 후방 다윗의 물맷돌 무기

그 옛날, 동쪽 지중해 앞바다(레반트) 가자지구에 위치한 블레셋 땅에 골리앗이란 거인 군인이 있었다. 골리앗(Goliath)은 구약성경의 사무엘기(삼상 17:4)에 등장하는 블레셋의 거인 병사로서, 키는 6규빗(292.5cm)이었다. 그는 철기문화의 칼과 창과 단창으로 전쟁에서 맹활약했는데, 그때 이웃 나라인 이스라엘은 사울왕이 첫 왕정시대를 맞이하고 있었다.

많은 이스라엘 백성은 두려움에 빠져서, 앞에서도 겁을 먹고, 세상의 '보이는 허상'에 속아서, 전쟁을 할 엄두조차 낼 수 없었다. 그러나, 다윗은 목동이었던 청소년 시절, 이스라엘이 적국인 블레셋 나라와 대치하고 있던 전쟁 중에 이스라엘을 조롱하던 블레셋 군대의 거인 장수인 골리앗을 자신의 물맷돌로 이마를 정통으로 맞춰 쓰러뜨려 죽였고 결국 다윗의 공헌으로 이스라엘은 이 전투에서 승리를 거두었다. **들판의 목동인 다윗은 자신의 삶을 보이지 않았던 '여호와의 이름'으로 또한, '보이지 않는 진정한 실상'이셨던 그분을 믿고, 블레셋의 골리앗 앞에서 나아갔다. 이스라엘 군대의 하나님의 이름으로 나아갔던 다윗의 '물맷돌 무기'를 배운다.**

이미, 다윗은 무척 용감한 목동이었다는 것을 배웠다. 그는 사자나 곰을 상대하는 것을 무서워하지 않았고 그들이 양 새끼를 물어 가기라도 하면 악착같이 쫓아가 쳐서는 새끼를 건져냈었다. 사자나 곰은 장정이 10명이라도 무기 없이는 상대하기 곤란할 수 있었다. 지상에

서 그 힘과 민첩함은 어느 누구도 당할 자가 없을 것이었다. 그렇지만 소년은 두려움이 없었고 심지어 사자의 수염을 잡고 늘어질 정도로 강인했다고 한다. 하나님은 이미 그의 물맷돌에 '보이지 않는 다윗의 물맷돌 무기'를 숨겨놓았음을 배우며, 그의 무기를 내 삶의 항해에도 넉넉히 준비하기를 소망했다.

나. 이순신의 학익진(鶴翼陣) 전법: 조선의 원거리 화포

그 옛날 임진왜란 당시, 조선의 3대 대첩(Sweeping Victory)이었던 행주대첩, 진주성 대첩과 한산도 대첩들이 있었다. 특별히 바다에서 일어난 한산도 대첩은 글로벌 대양 해전을 준비하는 군사에게 귀한 도전(挑戰)과 교훈(敎訓)을 주었다. 이순신 장군은 전쟁이 일어나기 전에 다윗과 같이 미리 전쟁에 대한 준비와 실전 전략과 전술을 준비했었다.

이순신 장군은 임진왜란 중에도 급박한 전쟁의 상황을 글로 적으며, 자신과 조선의 국난을 헤쳐나갔다. 23전 23승의 임진왜란의 전승을 배우며, 특히 한산도 대첩(통역과 거제도 앞바다에서 유인작전)에서는 학익진 전법을 사용했다. 이것은 많은 왜군의 100여 척 함선과 싸워서, 1만 왜군의 전사에 비하여, 조선군은 0척의 피해도 없었다.

다윗의 물맷돌과 같이 '학익진 전법'으로 세상의 무서운 골리앗 왜군을 유인하여 적의 긴장을 풀어주는 작전부터 시작했다. 왜냐하면 왜군은 골리앗같이 근거리 싸움을 하는 조총(50m 근접싸움)이라는 무기가 있어 아군에게 치명적인 피해를 줄 수 있었다. 그러나, 조선군은 다윗같이 원거리 싸움에 좋은 화포(200~300m 원거리 싸움)가 있어서, 좁은 해역에서 싸우면 다윗과 조선군은 몰살할 수 있었다.

다. '다윗의 물맷돌'과 '이순신의 학익진'의 원거리 전투

① 아군의 제한된 함선 수와 함포를 이용한 공격의 성공 확률을 높이는 전술을 준비한다.
② 적군의 근거리 중심의 조총(50m) 피해를 막고, 아군의 원거리 중심의 화포(200~300m)의 성능을 높여야 한다.
③ 적군이 아군의 화포 사전거리에 올 때까지 기다리면 최대한 거리를 유지하면서, 적을 둘러싸서(학의 모양) 한 번에 집중 원거리 화포사격으로 많은 적군을 함몰시킨다.
④ 아군의 제한된 함선과 화포를 위한 최적의 거리와 사전거리 및 포위망 같은 둘러싸는 작전이 학익진 전법의 비밀이었다.

그러기에, 다윗이 원거리 전투를 위해서 물맷돌을 사용했듯이, 임진왜란 한산도 대첩의 이순신 장군의 조선군은 물살이 좁은 곳에서 일본군을 유인작전 하여, 넓은 해역으로 유학하여, 조선화포를 학익진으로 대열을 맞추었다. 그리하여, 조선의 화포(천자총통 등)를 발포하여, 원거리로 왜군을 둘러싸고, 집중포격을 해서 73대 1이라는 큰 승리를 하게 되었음을 조용히 배운다.

C. 글로벌 비즈니스 리더의 협상 전술 적용

가. 첫째 시작: 브라질 현지인과의 협상(Negotiation)

■ 머나먼 40여 시간의 비행으로 죽음의 비행을 시작한다

2015년 9월, 브라질로 PJT(프로젝트) 협상을 위해 40여 시간을 비행기를 타고 현장으로 날아갔다. 첫 만남에는 상대편의 편의로, 좋은 제안을 받았다는 느낌을 받았다. 그래서 P-DX 기술서비스의 값을 편안하게 제시해 보았다. 그동안 협의한 조건에 맞는 금액을 준비하여 1차 제시를 한 후 고객의 반응을 청취했다. 순조롭게만 생각한 협상 과정에 고객의 추가 요구 사항이 들어오면서 쉽지 않은 협상의 시간이 흘러갔다.

다시 2차 협상제시를 준비하고자 숙소로 돌아왔다. 숙소에서 담당 실장과 내부 협의를 마치고, 다시 밤샘 작업을 통해서 2차 견적가를 조용히 준비해 본다. 다음 날 고객의 반응을 지켜보며 때아닌 복병을 만나는 느낌을 받았다. 아마 상대 고객의 협상 전략인지, 실제 상황인지 모르지만 좀 더 우리들의 2차 제시 금액을 조여오는 것이 이제는 우리의 길을 가야 할지 아니면 고객의 협상 전략에 넘어가서 우리의 길을 변경해야 할지 고민의 시간이 주어지면서 다시 숙소로 되돌아온다.

고객의 요구에 내부는 기나긴 협의 상태로 들어간다. 협상의 모략

(Negotiation Strategy)과 현명한 지혜를 구해 본다. 마지막까지 최종안 결정을 못 하고 우리는 2가지 안을 가지고 고민에 빠졌다. '우리의 길을 갈 것인가? 아니면 고객의 전략으로 우리의 길을 회전할 것
인가?'에 대해서 밤샘 고민과 계산을 해본다. 결국 서로를 위한 전략의 명분과 함께 실리를 챙기는 지혜를 얻어내었다. 다음 날 최종안을 제출하고 오후 늦게 고객의 반응과 진행 상황을 문의해 본다. 결국은 협상 중 제시된 고객의 제시안은 고객의 숨은 전략이었다. 우리들의 마지막 제시된 협상안에 대한 지혜를 주신 그분께 감사의 마음을 전한다.

> "그의 위에 여호와의 영 곧 지혜와 총명의 영이요 모략과 재능의 영이요 지식과 여호와를 경외하는 영이 강림하시리니" [Isaiah 11:2]

■ 9월 잠시 협상의 전략적 충전(Strategic Charging)을 보내며

숨 가쁜 한 주간 시간을 보내며 순간 체력의 한계와 마음의 평안을 위해, 잠시 조용히 내가 찾지 못했고 발견하지 못한 내 삶의 숨어있는 그분의 생각과 인도하심을 되돌아본다. 그 옛날 로버트 바이른이 거론한 말이 생각난다. "목적이 있는 삶을 사는 것이 인생의 목적이다(The purpose of life is a life of purpose)." 오늘은 또 하나의 **삶의 목적을 위해 그분이 주신 주어진 환경(일)에서 최선을 다하고자 조용히 길을 떠나본다.**

삶과 현실이 나에게 어떠한 개런티(Guarantee)를 해주지 않는 상황에서 이 순간 오직 그분의 Love를 기대하며 기도한다. 이 일을 통해서 그분이 원하는 삶은 무엇일까? 이곳에서 그분이 행하
실 사역은 무엇인가? 부족하고 연약하고 변화하는 나의 마음이지만 혹시 내가 그분의 그 자리의 도구로 채워질 수 있을까? Love is all I need, 아무것도 할 수 없는 환경에서 내게 필요한 것은 그분의 Love다. 그분이 계획하심에 의하여 이곳에서 그분의 아름다운 역사와 사역의 걸음을 위해서 조용한 인도하심을 기도한다.

이 시간, 협상을 마치고 돌아갈 한국의 고향에서는 새롭게 시작하는 담임 목사님과 함께하는 기쁨의 킹덤 순모임, 2학기 사역 반 및 KEBS 아이들에게 반원들을 잘 이끌어 갈 수 있는 당신의 지혜와 인도하심으로 아름다운 믿음의 공동체를 인도하여 주시길. 서로 주님 안
에서 믿음의 교재와 아름다운 배움과 다음 세대의 믿음의 전도자로 귀한 하반기 삶을 인도하여 주시길 조용히 소망한다. 이새의 집안에 인도하신 당신의 지혜와 총명과 모략을 더하시어 당신이 원하시는 아름다운 믿음의 삶을 인도하시기를 기도한다.

■ 10월 마지막 협상의 결실과 영혼 구원을 맞이하며

얼마 남지 않는 최후의 협상 테이블을 준비한다. 올해가 가기 전 내 삶의 추수를 준비하며 오늘도 익어가는 가을 들판의 곡식과 같이 그동안에 그분이 길러주신 열매를 거두기를 소망한다. 마지막까지 그분의 인도하심과 격려를 기대하며 주어진 환경과 여건에서 길과 뜻을 위해 기도한다. 적진에서 진행되는 협상 원정경기에 파견된 소수(2명)의 인원으로 다수의 장기 협상을 할 수 있는 체력과 지혜를 위해서 기도한다. 당신의 십자가에서의 믿음과 용기를 본받아 강하고 담대함을 인도하소서. 수년에 걸쳐 준비한 대형 프로젝트(#00억 원)에 주셨던 분도, 가져가시는 분도 그분이기에 이번 최종 결실도 그분께 드린다.

이 시간, 브라질에서의 험준한 육신의 대형 PJT 협상의 삶과 함께, 또한 영혼의 삶에서 수개월을 준비한 영혼 사역에도 그분의 인도하심을 기도하며 함께 나아간다. 아름다운 황금 들판의 마지막 결실을 위해 나에게 맡겨준 영혼 구원의 사역에 최선을 다해본다. 당신이 주관하시어 처음과 나중을 인도하소서. **당신의 뜻을 따라 준비된 영혼들을 예비하여 주소서. 나에게 향하신 당신의 생각과 뜻을 되새기며 당신의 사역에 귀한 영혼 구원을 이루소서.** 이번 하영인과 베스트 데이를 통해서 많은 분이 다시 천국 소망을 회복하게 하기를 기도한다.

> "큰 소리로 외쳐 이르되 구원하심이 보좌에 앉으신 우리 하나님과 어린 양에게 있도다 하니" [Revelation 7:10]

나. 둘째 시작: 브라질의 새로운 법인지사의 둥지(Nest)

■ 11월 현지 법인지사 사무실과 새 둥지를 준비하며

말 못 할 육체적 한계의 협상 시간을 보내고 마지막, 고객과의 협상 종지부를 찍게 되었다. 이후에 우리는 더 험준한 PJT 준비를 시작한다. 낯선 곳에서, 낯선 분들과 새롭게 삶을 시작하는 것은 나에게 아직까지 도전과 열정의 시간을 허락하시는 그분의 인도하심에 조용히 기도하며 감사로 나아간다. 주어진 프로젝트의 성공적인 진행을 위해서 현지 법인 지사사무실 개설을 준비하며, 가구나 사무용품들을 구매하며 안정적인 정착을 준비한다.

마지막으로, 그분이 주신 믿음의 물건들을 배치했지만 어떻게 사용법과 운영법을 잘 배워서, 용도에 맞게 활용하여 그 물건이 제 역할과 성능을 발휘하여 그 기능들이 충분하게 활용되어서 아름다운 결실까지 이루어 가기를 그분께 간절히 기도한다. 이 모든 것이 그분의 브라질 사무실에서 그분이 주신 새로운 물건들로 그분이 원하시는 위치와 배치로 그분이 주신 물건들이 그 물건들의 성능을 충분히 발휘하여 아름다운 그분이 원하시는 열매를 맺을 수 있기를 간절히 기도한다.

"내가 여호와께 바라는 한 가지 일 그것을 구하리니 곧 내가 내 평생에 여호와의 집에 살면서 여호와의 아름다움을 바라보며 그의 성전에서 사모하는 그것이라" [Psalms 27:4]

■ 12월 협상의 열매를 들고 귀국항공기에 몸을 맡긴다

    이제 귀국을 위해 장시간(40시간 이상)의 비행을 하려니 몸과 마음이 아주 힘들 것으로 생각이 든다. 가능하면 기내에서는 편한 자세로 자유롭게 움직일 수 있게 할 수 있으면 최고의 Condition으로 생각하고 지난 비행들을 그렇게 하려고 노력을 많이 해왔었다. 그래서 편한 자세로 비행을 하려고 안전벨트도 주의등이 켜졌을 때에만 하고 허리는 가장 편한 자세로 누워서 비행했었다. 결과는 의외의 느낌을 받았다. 단거리 비행에서는 가능한 방법이었지만 이동시간이 40시간을 넘는 장거리 비행에서는 이런 방식이 되려 항해 후에 허리통증, 다리 저림 및 전체 몸의 상태를 힘들게 하는 것을 느꼈다.

    그래서 이제는 장거리 비행에 알맞은 나만의 적용 방법을 고민하며 안전벨트로 몸의 허리와 등을 바싹 붙인 상태에서 조금은 불편하지만, 비행시간 동안 계속해서 안전벨트를 바싹 당겨서 묶고 자세를 차렷 자세로 세워서 최대한 허리를 단단히 묶어서 항해를 떠나본다. 비행 중에 일부 불편한 부분은 있지만, 장거리 비행 이후 허리와 몸 전체의 컨디션이 아주 빠르게 회복되며, 일상의 삶을 아무런 불편함 없이 지낼 수 있게 되었다.

    천국까지 가는 인생의 마라톤 삶의 항해에서 삶의 순간을 편하게 하려고, 수단과 방법을 찾아서 좀 더 편한 삶과 자유로운 삶을 찾아 헤맸던 지난 시간을 되돌아본다. 지나고 보면 잠시 좋아지고, 편한 시간으

로 기억된다. 그러나 장거리 마라톤과 같은 믿음의 삶에서 이런 모습은 적용되지 않는 것을 깨닫는다.

삶의 마라톤에서 마지막 승리자는 자기 몸을 편하고 자유로운 생각으로는 최후의 승리를 할 수 없으며, 또 다른 방법과 대안을 준비해야 한다는 것을 깨달았다. 역설적으로 장거리 삶의 마라톤에서  는 되레 육체적 편함의 모습을 뒤로한 채 조금 힘들지만, 자기 몸을 주님께 묶어서 그분의 말씀과 인도하심의 지혜를 받아서 준행할 때 옆 사람이 보기에는 어리석고 미련하게 보일 줄 모르지만, 이것이 진정으로 최후 비행기가 목적지에 도착했을 때 허리통증 없이 웃음을 지을 수 있는 최후의 승리자가 되는 것을 알게 되었다.

"여호와의 말씀이니라 띠가 사람의 허리에 속함 같이 내가 이스라엘 온 집과 유다 온 집으로 내게 속하게 하여 그들로 내 백성이 되게 하며 내 이름과 명예와 영광이 되게 하려 하였으나 그들이 듣지 아니하였느니라"
[Jeremiah 13:11]

D. 7년 후 마지막 CSP 협상 전략:
학익진(鶴翼陣)

2014년 험준했던 첫 협상의 항해가 엊그제 같은데, 벌써 PJT의 종료시점을 맞이한다. 2020년, 7년간의 마지막 PJT를 마치며, 최종 마지막 달을 맞이하게 될 것 같다. 어떻게 마무리해야 할까를 생각해 본다. 연초에 세운 계획들을 되돌아보며 지금 나의 삶에서 진행된 일들을 되새겨야 할 것 같다. 힘들고 어려운 순간들과 이들 시간은 그분의 섭리 안에서 그분의 계획으로 나의 삶에 스며들었던 것을 고백했다.

가. 마지막 종료: 브라질 CSP 협상 전략: 학익진(鶴翼陣)

■ **최종 4년간 임금인상 금액 환수 작전 수립**

내 삶의 대양 항해에 다윗의 물맷돌과 이순신 장군의 학익진 전술은 상대 협상팀(CSP)과 연약한(POSCO DX) 아군의 싸움에도 장단점을 파악하는 곳에도 "지피지기 백전백승(知彼知己 百戰百勝)" 교훈으로 적용했다.

1단계의 유인 작전은 킹덤 비즈니스의 협상의 시작준비단계이다. 이는 실전적인 구성 요소인 프롤로그(Prologue)단계에는 전술의 합리성, 일관성, 공정성, 전략성을 준비해야 한다.

1) 합리성(合理性, Rationality)

"계약서에 의한 합리적인 제안을 진행해라." 기본 Baseline 위에서 양사가 협의 및 진행(임의적 협상 제의는 구시대적 방식 밀실 협약으로서, 법적인 정당성과 명분이 없는 단순협의로 명분이 부족함을 강조한다)

2) 일관성(一貫性, Consistency)

"업무에 대해 규모(계획성) 있게 진행하라." 동시에 "시작 때부터 전쟁을 준비해라." 선포한다. 또한, "중간에도 일관성이 있게 서류를 정리해라.", 다른 의미에는 "끝이 처음과 같이 서류를 마쳐라." 및 "일의 이야기를 차곡차곡 쌓아놓아라.", "고객에게 주기적, 정기적으로 공유하라."고 한다.

3) 공정성(公正性, Fairness)

"정당성에 대한 자료준비 및 객관성을 준비하라." 고객뿐만 아니라 주위와 관련 부서와 합리성을 공유하라.

4) 전략성(戰略性, Strategy)

"1단계는 CSP 정비부서와 구매부서에 출구전략을 만들어 준다." CSP 퇴직구매부장의 최종의견을 제시한다. 이에 따라 CSP 정비예산이 아니고, CSP 구매부서의 예비비로 지급을 유도해 준다. 또한, 신규 계약은 BOO 임원들 통과가 쉽지 않지만, 기존 계약서를 기준으로 지급을 진행한다.

2단계의 물맷돌 무기 사용은 실질적인 협상 테이블을 진행하는 단계이다. 이때에는 기존 전술의 합리성 위에서 고객의 상황에 대응하는 방법으로 작전을 유연하게 펼쳐나간다.

5) 마지막 학익진 전법의 '화포 발사(다윗 물맷돌 던지기)'

이를 위한 '집중 원거리 물맷돌 던지기 작전'을 위해 실질적인 활동으로 CSP 영업부에 Escalation 공식 공증문서를 제출한다(2020년 3월).

6) 브라질 공식 요청문서 발송

1차: 내용증명 제출(2020년 4월)
2차: 법무법인 법률 검토서를 제출(2020년 5월)
3차: CSP 임원단 설득 및 협상 타결(2020년 6월)
4차: 실무단 업무추진 및 지급 협의를 완료(2020년 7월)
5차: 최종 Escalation MOM 및 수금 완료(2020년 8월)

나. '생선 전투(생활 선교)'에 사용될 전술

이 시간, 글로벌 대양(Oceans)의 항해에서 그 험준했던 다윗의 골리앗 전투의 '12 물맷돌 무기'와 한산도 대첩 이순신 장군의 학익진(鶴翼陣) 6단계의 전술들을 배운다. 또한 '보이지 않는 실상'이신 예수 그리스도의 십자가의 무기를 준비해 본다.

이를 위해서, 앞으로의 '생선 전투(생활 선교)'에 사용될 전술을 '생선캠프'를 통해, 제한된 함선들과 화포로 최후의 대양(Oceans) 대첩들에 잘 대응하기를 소망한다. 최후의 남은 기쁨의 '생선 리더'들이 내부 일(함선)과 외부의 일(화포)을 잘 협업해 섬김을 나누어서, 하반기 '글로벌 생선 대첩'을 잘 맞이해서, 함선과 화포에 잘 적용해서 마지막 '승리의 기도'를 야훼의 나라에 올려드리길 기도한다.

"또 여호와의 구원하심이 칼과 창에 있지 아니함을 이 무리에게 알게 하리라 전쟁은 여호와께 속한 것인즉 그가 너희를 우리 손에 넘기시리라. And all this assembly shall know that the LORD saveth not with sword and spear: for the battle [is] the LORDS, and he will give you into our hands" [Samuel 17:47]

브라질 CSP 프로젝트의 종료를 결정짓는, 마지막 협상을 맞이하며 그분의 영광으로 나의 삶을 그분의 곁으로 되돌아갈 수 있기를 소망한다. 아쉬운 세상의 일들을 마무리하며 나의 삶이 되돌아가야 할 곳, 나의 삶의 항구인 주님의 곁으로 마음과 생각과 육신을 회항한다. 내가 생각지도 않은 일들이었지만 내가 생각지도 않은 결과들로 인도해 주셨다. 항상 그분의 인도하심에 따른 결실은 그분의 사역에 합당한 모습으로 열매를 갖게 해주심에 감사드린다.

미래의 2030년 알파(Alpha, α')세대 삶의 항해에서도, 임진왜란과 블레셋의 골리앗 전쟁이 일어나기 전에 다윗과 이순신과 같이 글로벌 비즈니스 리더의 협상 전술을 기쁨의 '킹덤(나라) 생선캠프'에서 사전에 준비하기를 소망한다.

E. 킹덤(Kingdom) 리더십 훈련 5가지

가. 고전적인 리더십(Leadership) 훈련

중국 《손자병법(孫子兵法)》의 가림(Jia Lin)이 말하는 리더십은 지성, 신뢰성, 인간애, 용기, 규율의 문제로서, 지성에만 의존하면 반항이 초래된다. 또한, 인도주의를 실천하는 것만으로도 나약함을 낳게 되고, 신뢰에 집착하는 것은 어리석은 결과를 낳는다. 나아가, 용기의 힘에 의존하면 폭력이 발생하고, 과도한 규율과 명령의 엄격함은 잔인함을 낳는다. **5가지 덕목을 모두 갖추고 각각의 기능에 맞는 덕목을 갖추면 지도자가 될 수 있다고 했다.**

16세기 초에 쓰인 니콜로 마키아벨리(Niccolò Machiavell)의 《군주》는 통치자(마키아벨리 용어로 '왕자' 또는 '폭군')가 권력을 얻고 유지하는 매뉴얼을 제공했다. 이후 19세기 이전에는 리더십의 개념이 오늘날보다 낮게 관련성이 있었다. 사회는 영주, 왕, 장인, 노예 주인에 대한 전통적인 존경과 복종을 기대하고 얻었다. 옥스퍼드 영어 사전에서는 영어로 '리더십'이라는 단어가 1821년까지만 추적된다. 역사적으로 산업화, 고대 체제에 대한 반대, 동산 노예 제도의 단계적 철폐는 일부 새로 발전하는 조직(민족 국가 공화국)을 의미했다. 또한, 상업적 기업은 선출된 정치인과 일자리를 제공하는 고용주를 특징짓는 새로운 패러다임에 대한 필요성을 발전시켰다. 따라서 이후에 '리더십'이라는 개념이 개발되고 이론화되었다.

나. 킹덤 종의 리더십(Leadership of Kingdom Servant)

킹덤(Kingdom) 리더십 훈련에서 이스라엘, 베들레헴 말구유에서 아기 예수님의 오심을 배운다. 그는 하늘의 천사와 양치는 목동들과 동방 박사들의 아름다운 경배와 찬양을 받았다. 그러나, 그분은 세상의 명예와 권세와 재물들을 모두 내려놓고, 세상에 낮고, 천한 곳을 찾아 오셨다. 온 인류의 대속사역을 위한 '섬김의 리더십'을 흔히 종의 리더십(Servant Leadership)을 보여주셨다. 그분의 아름다운 희생의 삶을 배우며, 세상의 것이 아닌, 킹덤(Kingdom, 야훼의 나라)의 무형(감사, 기쁨, 행복, 은혜 등)/유형(물질, 권세, 명예 등)의 천국 전략자산을 풍성히 인도해 주셨다. 또한, 그분은 생명 샘의 곁에 심겨진 나무에게 생수의 근원인 '아드 폰테스(Ad Fontes, Back Towards an Origin)'를 흘려보내 주심을 배운다.

지난 시간, 영적 전투에 대한 무지함으로 인해 많은 어려움을 겪었던 '메시아닉 쥬(Messianic Jew)'들에게 좋은 영적인 싸움의 지침서로 사용할 수 있게 해준 기쁨의 킹덤(Kingdom) 리더십 훈련이었다. 최근 미국 아이오와주의 세다 레피즈에 있는 생명의 강(River of Life Ministries) 리더이며, Advancing Church Ministries의 책임자인 프랜시스 프랜지페인(Francis Frangipane)는 그의 메세지에서 "Jesus는 수백 개의 도시에서 수천 명의 목사를 기도로 하나 되게 하는 일에 그를 사용해 주셨다."라며 종의 리더십(Servant Leadership)을 고백했다.

특별히, 킹덤(Kingdom) 리더십 여정을 인도해 주신 생선 미션(Living missionary)의 스티브 J. 킹덤 리더는 무너진 예루살렘의 회복과 마음 성전의 재건선포를 통해 많은 분들에게 귀하고 소중한 삶의 바운싱(Bouncing)을 전해주셨다. 지난 10여 년간 직장광야의 여정에서 채우지 못했던 말씀의 가르침과 은혜의 찬양 시간이 눈앞에서 펼쳐지는 너무 귀하고 소중한 천국 영혼을 깨우는 회복의 시간이 된 것을 조용히 고백한다.

다. 알파(Alpha, α')세대 딸(Rachel)의 광야 리더십

알파(Alpha, α')세대에 들어가는 딸(Rachel)은 이제 새로운 자신만의 삶의 여행을 위해 집을 떠난다. 딸아이의 인생 광야 길에 신(야훼)의 광야 리더십 항해(Wilderness Leadership Voyage)를 풍성히 인도하심을 기도

한다. **인생의 첫 혼자만의 삶의 광야 길로 들어가는 아이에게 하늘의 예배와 믿음의 연단과 소망의 인내와 예배자의 지혜가 임하여 광야 리더십 훈련의 삶을 배우길 소망한다.** 이제 처음으로 성장하여 자신의 짐을 싸서, 집 떠나는 아이

를 사랑하고 축복한다. 고요한 광야에서 이리, 늑대, 전갈 및 고독, 외로움, 황폐함을 이겨낼 수 있는 그분을 만나와 메추라기 및 영혼의 광양 오아시스 옆에서 마음 밭을 경작(아바드, Avad)하여 지키(샤마르, Shamar)는 광야 리더십 훈련을 풍성히 배우길 소망한다.

라. 파테르(Pater, 아버지)의 킹덤(Kingdom) 리더십

본향 항해를 위한 천국 돛단배에 탑승한 아버지는 험준한 삶의 여정에서도 어김없이 자녀들을 위해서 세상과 육신의 파도를 맞이하셨다. 자신의 돛단배가 급하게 다가오는 물살에 흔들리며, 전후좌우를 구분하지 못하고, 넘어지는 모습 속에서도 자신의 혼(Soul)의 마음, 생각, 의지, 감정을 내어주셨다. 파테르(Pater)의 킹덤(Kingdom) 리더십은 하늘 보좌의 목표를 향해서 항해하는 킹덤 패밀리 방주(Ark)의 노를 저어준다.

파테르(Pater, 아버지)의 방주는 저의 육신과 혼의 잃어버린 삶의 균형을 세워주셨다. 세상 풍랑에 상처 입은 가슴에 임하

여 주시사, 아름다운 천국의 항해를 위한 구원의 돛단배를 준비해 주셨다. 나아가, 하늘 킹덤 파테르(Pater, 아버지)의 동행하심과 인도하심으로 천국 구원의 돛단배의 굳건한 믿음의 중량감과 방향키로 인하여 이 땅에서도 야훼의 나라(The Kingdom of Yahweh)로 가는 왕의 항로(航路)로 믿음의 노를 저어가기를 조용히 소망한다.

마지막으로, 파테르(Pater, 아버지)의 킹덤(Kingdom) 리더십 훈련은 날마다, 때마다, 숨 쉬는 순간마다, 육신과 혼을 세우고, 세상에서 천국 오뚜기의 삶(The Life of Tumbling Doll)을 배울 수 있다. 하늘의 바람으로 믿음의 돛단배(Sailboat)를 풍성히 저어서 아름다운 천국 항해와 구원의 등정을 넉넉하게 인도한다.

마. 킹덤 패밀리의 낙타 리더십(Camel leadership)

온전한 믿음에서 시작하여 성장한 부자 청년은 뒤를 되돌아보지 않고 주의 말씀대로 바로 낙타의 바늘귀를 통과하지만, 세상에서 시작하여 성장한 부자 청년은 나사렛 예수(Jesus of Nazareth)가 물으실 때 다시 세상으로 갈 수 있음을 배운다. 말씀에 순종하는 삶, 진정으로 생각과 감정과 의지가 죽고 다시 태어난 자는 무릎을 꿇고 허리를 숙여서, 믿음의 바늘귀를 가볍게 통과하여 아름다운 천국 창고에 도착할 수 있다. 특별히, 아름다운 새벽 낙타 무릎에 하늘 성전 감람산의 겟세마네(Gethsemane) 올리브기름을 바르고, 마음에 킹덤(Kingdom)을 소유한 자에는 천국 구원의 바늘귀를 넉넉히 통과하는 비결을 체휼할 수 있다.

낙타 리더십(Camel Leadership)은 마지막 때에 킹덤 시티(Kingdom City)에서 킹덤 패밀리의 가정 성전 세우기에 좋은 리더십이 된다. 귀한 기쁨의 킹덤 방주의 하영인 새벽 낙타 무릎을 통해서, 영혼의 강건함으로 전 세계(영국 런던, 미국 보스턴, 한국 서울, 호주 캔버라)로 나가는 자녀들과 형제 자녀에게 킹덤 전략자산(Strategic Assets of Kingdom)을 선포하며 전할 수 있다. 결과적으로, 하늘의 자산(유·무형)을 이 땅에서 풍성히 끌어 내려서 풍성히 부자 청년같이 사용할 수 있다. 낙타 리더십은 호주 시드니 UNSW 주립대학교의 Joseph H.와 같이, 'The Kingdom of 야훼'를 가정과 이웃, 직장, 나라, 열방에 선포하고, 킹덤(Kingdom) 패밀리의 여정을 체휼하게 도와준다.

Core Vision

By 킹덤(Kingdom) 협상에서 창의적 리더의 실전 응용전술

킹덤 세대계승서 (Kingdom Generation)

A. "보이는 허상"과 "보이지 않는 실상"에서 "진실"은 무엇인가요 ?
   - 요양원에 갇혀 있는 할아버지의 노년의 외모와 목소리와 같이 "보이는 허상"에는 세상의 인위적인 진실들이 포함되어 있음을 배웁니다. 할아버지의 "보이지 않는 실상"(자연적인 진실, 실제 진실의 마음)에는, 아직도 식지 않았던 할아버지의 더 큰 나라에 대한 마음과 진심이 있음을 배우며, 회개의 마음을 전합니다.

B. "다윗의 물맷돌 무기"와 "이순신 장군의 학익진 전법" : 원거리 전술
   - 원거리 전투에서 사용:"다윗 물맷돌 무기"와 "이순신 장군의 학익진 전법"

C. 글로벌 비즈니스 리더의 협상 전술 적용
   - 지혜와 모략의 대가이신 당신의 숨어 있는 지혜를 생각하며 우리의 어리석음과 어두움을 아름다운 당신의 지혜로 이끌어 주시어 당신의 보좌와 영광의 자리로 인도하시는 당신의 명철을 배웁니다.

D. 마지막, 브라질 CSP 협상 전략 : 학익진(鶴翼陣)
   - 최종 4년간 임금인상금액 환수 작전 수립 : 합리성, 일관성, 공정성, 전략성 및
   - 마지막 학익진 전법의 "화포 발사"(다윗 물맷돌 던지기=생선)를 사용한다.

E. 킹덤(Kingdom) 리더쉽 훈련
   - 영적 리더들에게도 영적 전투의 영역과 마음에 사탄의 영토, 어두움의 왕국이 함께 공존할 수도 있다.
   - 그러기에 먼저, 원수의 요새들을 파하고, 하나님 백성의 요새, 겸손함으로 새로운 킹덤(Kingdom)생각의 집을 짓기를 소망합니다.

11
알파(Alpha, α')세대의 창의적 글로벌 헤지(Hedge) 이야기

A. 남미의 정글 여정에서 '수제 행복의 실용화'

브라질에서 COVID-19를 보내며, 조국의 아내에게 변화된 삶의 모습을 발견한다. 새롭게 갖게 된 새집 생활과 가정 살림에 손으로 만든 수제 물건들이 점점 늘어나는 모습들을 찾아본다. 수제 마스크, 수제 아이들 도시락 숟가락 주머니, 또한 예전에 없던 수놓기 취미로 만든 각종 수제 덮개들과 수제 성경책 가방 등 포스트 COVID-19로 변화된 삶의 모습들을 본다.

예전에도 일부 손재주가 있다는 것은 알고 있었지만, 이제는 숨은 달란트를 살려 인터넷에서 재료를 구매해서 집 안에서 실용화, 상업화와 상품화까지 멋진 모습으로 나아가길 재미있게 소망한다. 아이들과 함께 수제의 가정 경제를 행복의 손길로 이끌어 가는 도전들과 또한, 믿음의

열정(Enthusiasm)으로 가족의 사랑 항해를 삶의 현장에서 행복(Happiness)의 실용화 단계에까지 이끌어 주시길 기도한다. 이를 통해서, 모든 가족이 행복들이 실용화(實用化, Put to Practical Use)된 천국 믿음의 가족으로 마지막 야훼의 나라에도 성공적으로 도착하길 조용히 기대한다.

❖ 프롤로그: Prologue

"The LORD will guide you always; he will satisfy your needs in a sun-scorched land and will strengthen your frame. You will be like a well-watered garden, like a spring whose waters never fail. 여호와가 너를 항상 인도하여 메마른 곳에서도 네 영혼을 만족하게 하며 네 뼈를 견고하게 하리니 너는 물 댄 동산 같겠고 물이 끊어지지 아니하는 샘 같을 것이라" [Isaiah 58:11]

■ 발명왕 에디슨의 '수제 행복의
　실용화(Practical Use of Hand-made Happiness)'를 배우며

어린 시절 초등학교 4학년 때 처음으로 우리 반 교실 겸, 학교 도서관에서 처음 읽은 책인《발명왕 에디슨》을 기억한다. 그는 근대사회에 관련된 물품으로 한정하면 세계에서 가장 많은 제품을 개발(開發)해 내놓았으며 그 종류만 해도 자그마치 2,332개에 이른다고 한다. 그래서, 많은 사람이 그를 발명왕 에디슨이라 부르곤 했다. 그러나, 실제로 에디슨이 무언가를 처음으로 발명해 낸 것은 많지 않다. 이런 측면 때문에 그를 '개량왕'이라거나 남이 개발했지만, 당시 사람들에게는 생소했던 여러 발명품을 모두가 쓸 수 있도록 실용화 · 상용화시킨 사업가라고 단정을 짓는 사람들도 많았다. 하지만 문제가 많았던 기존의 시판 제품을 뜯어고쳐서, 실용화(實用化)시킨 것 또한 발명이라고 불리기에, 그가 뛰어난 발명가라는 말이 틀린 것은 절대 아닌 것 같다.

이런 그의 대표적인 발명품은 전기와 관계된 것들이다. 예컨대 전구라든가. 에디슨이 최초로 만든 것은 그리 많지 않다. 전구 또한 기존의 전구를 '개량'했지, 전구라는 물건을 발명하지 않았다. **에디슨의 '발명품(發明品)'들의 절반 이상이 개량품들이며, 에디슨이 남의 발명품들을 상용화(常用化)했다는 것은 사실에 가깝다고 한다.** 그런데도 오늘날까지 '발명왕'이라는 칭송을 듣는 이유는 바로 원시적이면서, 조잡한 수준에 머물러 있던 것들을 일상생활에 사용 가능, 판매할 수 있을 정도로 개량했기 때문에 '발명왕'이라고 불린다고 할 수 있겠다.

우리나라 최초의 전기는 고종이 경복궁에 설치한 전구인데, 이것은 에디슨 전기회사에서 구매했다.《승정원일기》에는 에디슨을 의대손(宜

代孫)이라고 적었다고 한다. 에디슨 본인은 동양의 궁궐에 자신의 전구가 달린다는 사실에 상당히 기뻐했다. 그것도 그럴 것이 1886년 당시는 에디슨 회사가 전기 사업을 시작한 지 만 7년째였을 뿐이었고, 조선에서 전기 시설 설비와 운영 권한에 전권을 준 상태였기 때문이었다. 조선의 모든 전기에 대한 일상화·상용화에 대한 책임을 다 지고, **조선의 근대화 빛을 비추어 준 에디슨의 삶을 보며 그의 끊임없는 노력의 결실을 조용히 배우길 소망한다.**

■ 남미 비즈니스 리더십 항해에서 만난 '수제 행복의 실용화'

아름다운 삶의 여정에서 에디슨과 같은 삶으로 행복의 발견과 끊임없는 노력을 더 하여 행복의 상용화인가?란 질문으로 답들을 찾아본다. 행복을 발명하신 야훼의 선물을 수제 행복의 일상화(Practical Use of Hand-made Happiness)와 상품화를 위해서 그분의 신구약의 비밀 지도를 연구하고 조용히 찾아본다.

내 삶의 일곱 번째 여정(Journey)은 험준한 남미의 브라질 정글 속에서 연일되는 COVID-19 전염병과의 전쟁과 브라질 글로벌 대양의 마지막 결전을 맞이하며 조용히 입술의 다짐과 천국의 상품화·실용화로 열매를 맺기를 준비해 본다. 마지막 남은, 3개월의 항해의 끝으로 들어가며, 숙소 자택근무의 기나긴 광야에서 신·구약(New, Old Testament)의 깊은 뜻을 발견하며, 이를 통해서 행복의 상품화와 실용화를 준비해 본다.

아내가 보내준 '킹덤영상'으로 옛 육신의 아담(Adam) 죽음과 함께 새 영(Spirit)이 임재하는 야훼의 새 생명을 들으며, 이를 통해서 야훼의 일상 행복의 회복력(Recuperative Power)들을 조용히 배워본다.
이 시간 내게 선물로 주신 야훼의 숨겨놓은 달란트가 내 삶의 메마른 광야 위에서도 항상 인도하여 내 영혼을 만족하게 하며 내 삶의 뼈를 견고하게 하리다. 이에 따라 나는 야훼 행복의 물을 댄 동산 같겠고, 가족과 이웃과 직장과 열방에도 영원히 목마르지 않은 야훼 행복의 생명수(The Living Water of Happiness)가 끊어지지 아니하는 '축복의 샘' 같음을 조용히 소망하며, 기도한다.

이 시간, 야훼가 창조하시고 발명하신 에덴의 행복을 그분이 알려주신 말씀의 지혜로 삶의 수제 행복의 실용화(Practical Use of Hand-made Happiness)와 일상화를 풍성히 누리길 소망하는 자들을 축복한다. 먼저, 영혼의 지혜 쌓기를 준비하는 아이들과 아내에게, 말씀의 식물과 꽃씨 뿌리기를 예비하는 기쁨의 킹덤 교회를 위해 기도한다. 또한, 에디슨의 상품 상용화의 열정이 CSP 사업과 POSCO 그룹으로 향하여 글로벌 K-철강이 상용화되길 소망한다.

나아가, 조국 대한민국과 COVID-19 전염병과 영혼의 고독한 열병들로 현기증과 기침을 하여서, 영혼의 마스크가 필요한 온 열방들에 천국 영혼의 회복력들을 인도하시는 형제·자매들과 이들을 도우시는 숨겨놓은 그분의 '천국 행복의 실용화 파수꾼들'에게도 임하길 기대한다. 마지막으로, 모든 이들이 야훼나라의 에덴의 행복 발명품을 풍성히 누리면서, 이를 이용하여 행복 일상화의 축복을 선물로 받아서 '절대 행복감(Absolutely Euphoria)'을 갖길 소망한다.

■ 카잔 차 키스(Nikos Kazantzakis) 삶의 '수제 믿음의 실용화'

그는 20세기의 가장 중요한 그리스 작가이자, 철학가, 시인, 사상가였다. 그가 크레타섬의 메갈로 카스트로(오늘날 헤라클리온)에서 태어났을 때 크레타는 아직 현대 그리스 국가에 가입하지 않았으

며 여전히 오스만 제국의 통치를 받고 있었다. 카잔 차 키스는 매우 영적인 종교 신앙인으로, 특히 그리스의 정교회에 가서 자주 토론을 했다. 그리스 정교회는 어릴 때 세례를 받으며 어린 나이부터 성도들의 삶 속으로 함께 믿음의 일상화(日常化)를 하게 돕는다. **그는 청년 시절에 그리스 정교회의 주요 영적 중심지였던 아토스산으로 한 달 동안 긴 여행을 하며, 믿음의 영적인 삶의 여정을 실용화하는 단계를 배우며 기도를 시작했다.**

카잔 차 키스는 성장해서 어렵게 아테네로 이주하고, 아테네 대학교에서 법학을 전공했다. 이후 파리에서 철학을 공부하기 위해 프랑스로 이주했다. 거기서 그의 실용 논문은 '법의 철학과 국가에 대한 프리드

리히 니체'라는 제목을 가지고 있었다. 그리스로 돌아온 후 철학 작품들을 번역하기 시작했고, 그는 그리스-크리스천 문화가 많이 번성하는 곳으로 수년간 여행한, 학자뿐만 아니라 행동의 사람이었다. 특별히 그는 "진실한 사람은 저항할 때, 싸우고, 필요할 때, 심지어 하나님께 거절당하는 것을 두려워하지 않는 사람입니다."라고 고백했다. 그는 또한 하나님의 구주(영적 운동과 같은 연극, 여행 서적, 회고록 및 철학적 에세이)를 썼다. 그의 명성은 영어권 세계에 퍼졌으며, 이후 그는 현대의 그리스 문학의 거인으로 널리 알려졌으며, 9년 동안 노벨 문학상 후보에 올랐다.

또한, 그는 자신의 어린 시절 그리스 정교회에서 배운 믿음의 달란트와 신앙의 고백을 전해주었다. 또한 그는 어른이 되어, 험준한 천국 이민자(移民者)의 여정 안에서 행동의 사람으로, 실용화의 삶으로 걸어서 어려운 현실 삶에 대한 아름다운 영혼의 흔적과 결실을 조용히 고백해 준다. 그는 자기 삶의 승리 함성을 이렇게 전한다. "우리는 현실을 바꿀 수 없으므로, 현실을 보는 우리의 시각을 바꾸도록 합시다."라고 영적인 실용화의 시각(Perspective of Spiritual Practical Application)을 가르쳐 주었다.

❖ 에필로그: Epilogue

"Since we cannot change reality, let us change the eyes which see reality. 우리는 현실을 바꿀 수 없기 때문에, 현실을 보는 우리의 시각을 바꾸도록 합시다" [Nikos Kazantzakis]

이 시간 내 삶의 여정에 COVID-19 전염병과 글로벌 대양의 항해 끝에서 현실의 당면한 사건들과 두려움들은 바꿀 수는 없지만, 카잔 차 키스와 같이 영혼의 거울의 각도들은 바꿀 수 있기를 소
망한다. 이를 통해서, 천국 영혼의 시각들과 숨겨놓으신 달란트의 회복력으로 변함없는 영구 수제 믿음을 실용화(Practical Use)하기를 조용히 원한다.

남아있는 브라질 글로벌 여정에 육신의 연약한 불안의 시각에서 영적인 승리의 시각으로, 각자에게 주신 숨겨놓은 선물들(달란트, Talent)과 변함없는 야훼(히브리어: יהוה, 영어: Yahweh)의 영적 공간 능력(靈的空間能力)들을 회복하게 하소서. Post COVID-19 이후에도 험준한 환경을 보는 육신의 시각들은 죽고, 영적인 시각(Spiritual Perspective)이 새롭게 태어나, 천국 승리의 일상화와 행복의 상품화(절대 행복감)를 누리기를 조용히 소망한다.

B. 글로벌 리더의 항해에서 '4가지 씨앗의 열매들'

오늘 아침엔, 새벽부터 내리는 브라질 가을비가 온 세상을 촉촉이 적셔준다. 이제는 COVID-19로 제한되었던 외부 활동들이 점진적으로 풀리면서, 일부 상점과 쇼핑센터들이 부분적인 영업과 사업들을 개시하는 모습을 본다.

　브라질 COVID-19 확진자들이 줄어든 것은 아니지만, 그동안 세아라(Ceara)주 주 정부의 자택근무 통지와 상업활동 중단 행정명령(Administrative Order)으로 침체된 경기부양(景氣浮揚)을 위해서 예방조치와 함께 조금씩 외부 활동을 하면서 사람들의 얼굴에 꽃들을 피어나는 것 같다. 브라질의 많은 한인 교민분들의 슈퍼마켓들과 회사들과 국가 경제들이 다시 예전과 같이 풍성히 회복되기를 바라며, 비가 오는 오늘 아침에 아름다운 기도의 씨앗(The seeds of Pray)을 조용히 심어본다.

❖ 프롤로그: Prologue

"Now he who supplies seed to the sower and bread for food will also supply and increase your store of seed and will enlarge the harvest of your righteousness. 심는 자에게 씨와 먹을 양식을 주시는 이가 너희 심을 것을 주사 풍성하게 하시고 너희 의의 열매를 더하게 하시리니" [2 Corinthians 9:10]

■ **삶의 여정에서 '4가지 씨앗의 꽃들**(The Flowers of The Seeds)**'**

　아름다운 6월의 빗방울을 맞으며 성장의 몸짓 안으로 들어가는 것 같다. 마지막 한국 복귀를 준비하며, 브라질 떠나올 때 심어놓은 4가지 영혼의 씨앗들을 맞이할 준비를 해본다. 가뭄과 태풍들로 인해 험준했던 지난 시간을 넉넉히 이겨내서, 야훼의 멋진 영광의 흔적들과 하늘 축복의 여정을 걸어온 아름다운 영혼의 씨앗들을 기도한다. **지난 4년 전에 뿌린 '기도의 씨앗들'에 싹이 나고, 줄기가 자라서 어떻게 꽃은 예쁘게 잘 피고 있는지 궁금하다. 아마 겨울에 뿌리를 잘 내려서 영혼의 월동을 잘했으면, 이번 봄날과 여름에 아름다운 꽃들도 볼 수 있을 것이란 생각이 든다.**

첫 번째 아보카도 씨앗은, 4년 전에 브라질 출발 전에 교회 뒷산에 주일학교 KEBS(Kingdom Bible English School) 반 친구들과 함께 아보카도 나무 씨앗을 함께 심어놓고 왔었다. 이번에 가면 확인해 봐야겠다. 반 아이들에게 선생님 없는 동안 잘 돌보고 키워달라고 했는데, 어떻게 잘 자라고 있는지 많이 궁금한데. 그러나, 아보카도 나무 씨앗(Seeds)보다 주일학교 친구들이 더 많이 자라서, 이제는 청소년부와 대학생들이 되어있을 것 같다.

모든 아이가 주일학교를 떠나지 않고, 세상에 눈멀지 않고 아보카도 나무에 흥미를 붙여서, 말씀에 믿음의 뿌리를 내려서, 성전을 떠나지 않기를 소망한다. 불신 가정의 학생들을 위해 교회 안에서 주일학교 생활을 하는 다른 학생들과 함께

귀한 믿음의 자녀의 삶에 대한 영혼의 싹 틔우기를 기도한다. 모두 영혼의 양식이 있는 교회와 말씀의 가르침이 있는 주일학교를 떠나지 않고, 양육 받기를 소망한다. 천국 생명의 가정으로 성장해 귀한 축복의 가을비에 영혼의 꽃들과 열매들이 풍성히 맺기를 기도한다.

두 번째 가족의 씨앗을 위해서, 아름다운 싹 틔우기와 영혼의 꽃 피우기를 소망한다. 이제는 3 공동체 초곡지구로 공동체 이사를 했지만, 예전 1 공동체의 가족 순 모임의 많은 가정과 집사님들을 위해서 함께 기도했다. 특별히 새 가족으로 시작한 믿음의 가정에 있는 모든 가족에게 천국 복음을 영혼의 씨앗으로 받게 하시고, 교회 생활에 열심히 싹을 틔우기 위해서, 교회 생명의 훈련을 많이 받게 하소서.

우리들의 믿음도 첫 복음을 받고, 첫 겨울을 잘 이겨내야 할 텐데, 믿음 씨앗의 뿌리를 못 내리면, 다가오는 봄날과 여름에 아름다운 꽃을 피우기가 쉽지 않을 것 같다. 일부는 꽃이 예쁘게 피겠지만, 모든 뿌리가 꽃을 피우기 쉬운 일이 아니기에 함께 중보의 기도를 올린다. 각자 준비된 킹덤(Kingdom) 믿음의 밭이나 토양이 다르기 때문인 것 같다. **아름다운 천국 자녀의 생명씨앗과 씨앗의 꽃에서 가을에 열매 맺음과 성장들을 위해서 하늘 축복의 입김(바람, Holy Spirit)을 믿음의 가정들에 다시 한번 더 불어넣어 드린다.**

세 번째, 말씀의 강단을 위해서, 귀한 하영인(Romans 8:14)의 선포가 계속되기를 기도했다. 아름다운 기쁨의 제단과 목회자들의 영혼 안식과 충만함을 통해서, 하늘의 편지가 풍성히 전달되어서, 야훼나라의 자녀들에게 풍성히 선포되기를 소망한다. 양덕동의 교회 건축 이후 영적인 중압감에서 해방되시어, 다시 하늘 첫사랑의 씨앗을 받아서, 육신의 생각은 죽고 야훼나라의 싹을 틔워서, 천국 생명의 줄기에 딱 붙어서 아름다운 꽃까지 피울 수 있기를 넉넉히 기도한다.

다가오는 풍요와 빈곤과 유혹의 때(Times of Abundance, Poverty and Temptation)에도 모든 목회자분과 성도들이 게으르지 않고, 능히 진정한 천국 기쁨의 교회 생활을 풍성히 선포하시고, 영혼의 밭에 새싹들을 풍성히 틔우시기를 중보기도 한다. 나아가 세상 나라와 킹덤의 열방(영국, 이스라엘, 칠레, 남아공, 몽골, 일본, 이집트, 캐나다, 요르단, 에티오피아 등)에 보냄을 받은 많은 목회자와 선교사와 평신도들에게도 아름다운 회복의 은혜와 천국 기쁨의 선교활동에 대한 꽃을 피우시어, 현지에서 새 생명의 새싹까지 풍성히 틔우시길 소망한다.

네 번째, 기도의 씨앗은 아름다운 글로벌 CSP 항해를 뒤로한 채 마지막 우리들의 승리의 함성을 올리는 기도를 했다. 함께했던 지난날의 귀한 가족 같은 50여 명의 동료와 현지인들의 CSP 승선을 추억의 바구니 속에 담는다. 마지막까지 함께하지는 못했었지만, 먼저 복귀하셨던 모든 분의 몸과 마음의 건강회복과 가족생활의 행복을 풍성히 누리시길 소망한다. 또한, 우리들의 아름다운 브라질 CSP 항해의 귀한 열매들을 기대하며, 중보기도 해주신 가족들과 한국 본사의 모든 스태프들에게 고마움의 마음을 전한다.

마지막으로, 기도의 씨앗을 받을 밭을 준비하는 아이들과 아내에게, 말씀의 새싹과 영혼의 꽃을 피우는 기쁨의 교회와 글로벌 항해에 승리의 꽃향기를 맡는 CSP 사업을 축복한다. 또한 험준한 글로벌 포스트 팬데믹의 물결에 새로운 대양의 항로들을 개척하는 조국 대한민국을 사랑한다. 나아가 다가온 영혼의 전염병들에 천국 소망과 생명의 씨앗과 꽃을 잃어버린 열방들에게 기도의 씨앗과 영혼의 새싹과 꽃씨를 인도하시는 형제·자매들과 이들을 도우시는 숨겨놓은 그분(J.C)의 '천국 생명 파수꾼들'에게도 야훼나라의 영혼의 부활을 풍성히 누리길 소망한다. **이들의 아름다운 삶의 여정 위에서 기도의 향기(Sweet-smelling of Pray)가 날리어 새 생명의 열매까지 맺는 영혼의 승리가 있기를 기대한다.**

■ Mr. 루키우스 안나이우스 세네카의 씨앗의 꽃들

그는 고대 로마 제국 시대의 정치인, 사상가, 문학자다. 로마 제국의 황제인 네로의 스승으로도 유명했다. 그는 로마의 지방주인 히스파니아 울테리오(현재의 스페인)의 수도 코르도바에서 귀족 마르쿠스 세네카와 헬비아 사이 둘째 아들로 태어났다. 그는 걸음마를 시작할 무렵 이모를 따라 로마에 가서 이모에게 업혀 성장했다. 아버지 권유에 따라 정치가가 되기 위한 교육을 받았다. 그는 이후 로마의 집정관이 되었고 폼페이아 파울리나와 결혼했으며, 신임 근위대장이던 섹스투스 부루스(Sextus Afranius Burrus) 등 강력한 친구 집단을 만들었고, 훗날의 황제인 네로(Nero)의 스승이 되었다.

세네카의 희망 씨앗의 꽃(Flower of Hope Seed)은 이렇게 피었다. 비록 그는 스페인과 갈리아 지방 출신이었지만, 로마(Rome) 세계의 문제점을 잘 알고 이것들에 대한 희망의 씨앗을 뿌리면, 꽃들이 피기를 소망했다. 그들은 재정 · 법률의 개혁을 단행했고, 노예에 대한 좀 더 인간적인 태도를 장려했다. 또한 그는 로마문학 사상에서 가장 패기 있는 독창적인 문호의 한 사람으로, 언제나 도의를 부르짖으며, 윤리문제에 힘썼다. 이후 그는 매우 많은 저서를 남겼는데, 〈행복한 생활에 대하여〉〈마음의 안정에 대하여〉 등 편지의 형식을 빌려 위로의 말이나 인생의 여러 문제에 관한 생각을 희망의 씨앗으로 나누어 많은 백성에게 삶의 희망을 주었다.

❖ 에필로그: Epilogue

"We die every day. Humans cannot live well unless they know how to die well. 우리는 매일 죽는다. 인간은 잘 죽는 법을 알지 못하는 한 잘 살 수 없다" [Lucius Annaeus Seneca]

그러나, 세네카는 황제 부루스가 죽자 권력을 더 유지할 수 없음을 깨달았다. 그는 은퇴를 허락받고 남은 해 동안 매우 뛰어난 철학책 몇 권을 썼다. 특별히, 그는 우리에게 고백했다. "우리는 매일 죽는다. 인간은 잘 죽는 법을 알지 못하는 한 잘 살 수 없다."라며 험준한 삶의 여정에서 겪게 되는 수많은 욕망을 노년에 이해하고, 매일의 삶에 대해 자신을 죽이는 법을 가르쳐 준다.

다가오는 2020년 하반기 내 삶의 한국 여정을 준비하며, 가정의 천국 삶과 교회의 생활과 직장의 축복을 위해서 한 알의 씨앗이 되어 죽어서 싹이 나고, 꽃이 피고, 향기가 날아오면, 많은 열매를 맺기를 소망한다. 이를 위해서, 아름다운 영혼의 씨앗(The Seeds of Spirit)을 야훼나라 말씀의 바구니에서 받아서, 사전에 기도의 마음 밭에서 싹 틔우기를 하고, 세상 밭에 뿌리기를 조용히 소망한다.

C. 알파(Alpha, α')세대가 만난 '그분의 역사 이야기(History, His+Story)'

가을비에 촉촉이 자라버린 정글의 긴 머리카락들을 날리면서 브라질 쿰부코(Cumbuco) 동네 현지 헤어숍에 마지막 정글의 흐트러진 머리카락들을 정리한다. COVID-19로 인해 많은 헤어숍 가게가 문을 닫아, 찾기 힘든 헤어 디자이너를 찾아서 조용히 길을 나선다. 어렵게 찾은 모퉁이 돌(Cornerstone)집, 헤어숍에서 아름다운 우리들의 마지막 정글의 흐트러진 머리카락을 맡긴다.

주인님의 손가위 기술은 내 삶의 헤어스타일들을 단정하게 짧게 잘라주셨고, 마지막 승리의 빗질(Comb)로 깔끔하게 빗질해 주었다. 우리들 영혼의 마지막 글로벌 대양의 항해도 모퉁이 돌이신 예슈아(Yeshua)의 구원의 손기술로 정리해 주시고, 그분의 이야기(The History of God)로 깨끗이 빗질해 주시길 소망한다.

❖ 프롤로그: Prologue

"That if you confess with your mouth, "Jesus is Lord," and believe in your heart that God raised him from the dead, you will be saved. 네가 만일 네 입으로 예수를 주로 시인하며 또 하나님께서 그를 죽은 자 가운데서 살리신 것을 네 마음에 믿으면 구원을 받으리라" [Romans 10:9]

■ 영혼의 손 운동(필사: 筆寫)을 통해
'그분의 필사 이야기(His+Transcribe+Story)' 만나요

몇 해 전만 해도 머리카락 숲이 많이 빠져서, 주변에서 머리가 없다는 얘기를 듣곤 했다. 아마, 처음 브라질에 도착한 이후 연일 계속되었던 야간 돌발호출과 설비 운영에 많은 긴장감과 초조함에 날밤을 새우며, 하루, 한 주, 한 달, 1년을 보냈던 것들을 조용히 기억한다. 이 모

든 시간 또한 지나간다. 그러나, 최근 들어 무척 자라나는 머리카락들을 통해서, 또다시 회복되는 모습에 감사드린다. 한 동료분의 추천으로 사용한 유아용 샴푸와 스트레스를 줄이기 위해 매일 밤에 시작한 손 성경 쓰기(필사: 筆寫)를 통해서 CSP 삶의 멍에를 그분의 마음과 생각으로 그분의 어깨에 멍에(Yoke)로 다시 올려드렸다. 이를 통해서, 내 삶의 무거웠던 손과 생각과 고민이 모두 조용히 그분의 이야기들 속으로(History, His+Story) 빨려들어 가게 되었다.

매일 밤 흘리는 영혼의 손 운동(필사: 筆寫)을 통해서 머리와 영혼의 땀샘을 자극해서 노폐물 제거하고, 땀샘(Sweat Gland)의 기능들을 계속 활발하게 해서, 영혼의 모근(Root of Hair)을 튼튼히 해준 것 같다. 또한, 아름다운 영혼의 손 운동(필사: 筆寫)으로 인해 먹는 말씀은 현실의 브라질 삶의 광야(Wilderness) 여정에서 잘못된 육신의 잡풀(불의, 비판, 좌절, 낙심 등)들과 거짓 행동의 목장 양치기(Sheep-raising) 삶에도 귀한 그분의 이야기(History, His+Story)로 친히 승리의 역사(History)를 가르쳐 주시고, 채워주셨다. **예전에는 말씀을 그냥 먹고(읽고, 듣고) 넘기는 것으로 인해 영혼의 소화불량(Indigestion)이 되거나 이해 못 해 버렸던 일이 있었다. 그러나, 이제는 그 말씀들을 손으로 씹는 것(쓰고, 묵상)으로 인해서 영혼의 위장이 토하거나 소화불량성 설사(消化不良性泄瀉)에 대한 부담을 줄일 수 있음에 감사한다.** 이 시간 정글의 머리카락같이 자라버린 영혼의 잡풀들을 아름다운 그분의 영혼의 손 운동(필사: 筆寫)을 통해 CSP 역사 이야기(His+Story)가 일어나기를 기도한다.

내 삶의 6월 전쟁터에서 영, 혼, 육의 강건함과 온유로 아름다운 승리의 머리카락이 다시 자라길 소망한다. 귀한 천국 승전보가 풍성히 전파되는 승리용 샴푸들과 그분의 승리 이야기가 있는 십자가의 말씀들을 성경 쓰기 노트로 새롭게 준비해 본다. 6월 그분의 승리 십자가 이야기(The History of Cross Victory)를 조용히 마음판에 적어본다.

이 시간 먼저, 내 삶의 브라질 하늘을 향해 "주 예수(J.C)를 믿어라. 그리하면 너와 네 집이 구원을 얻으리라.", 고백해 본다. **그분의 승리 이야기가 있는 "그의 나라와 그의 의를 구하라. 그리하면 이 모든 그것을 너희에게 더하시리라."라는 고백 말씀을 조용히 배워본다.** 이를 통해서, 내 삶의 브라질 항해에 천국 승리의 이야기를 체휼(體恤)하며, 풍성히 채우기를 소망한다.

■ **남미에서 '그분의 협상 이야기**(His+Negotiation+Story)**'**

이제는 마지막 7년간의 글로벌 항해의 마지막을 준비한다. 그동안 수년간(2013년 3월~2020년 6월)의 글로벌 해외 브라질 CSP 제철소 추진반(Task Force Team)부터 시작해서 원료부터 연주(L1~L4)까지

설계, 제작, 설치, 시험 운전, 현지인 운전자 HMI Key 교육을 마치고 이제는 최종 정비 P.J.T(No. 17번째, L1~L2)인 EIC 정비사업(4년)을 마지막의 길목에서 대문의 손잡이를 그분의 협상 이야기(His+Story)로 조용

히 열어본다.

남은 과제로, 마지막 글로벌 대양의 CSP 정비사업 수금 확보(2020년 4, 5월분)가 3, 4차 연도 임금인상분 Escalation 대금에 관하여 CSP 고객과 끝까지 협상(수십억 원)해서 모두 동의받아서 복귀할 수 있도록 최선을 다하겠다. 본사의 CEO님을 비롯하여, 많은 판교, 광양, 포항의 관련 임직원들의 지원에 심심한 고마움을 전한다.

마지막으로, 아름다운 우리들의 마지막 글로벌 항해의 이야기는 그분의 말씀을 싣고, 그분의 승리 이야기(The Victory History of The Words of God)로 채우길 소망한다. 사용한 전법은 23전 23승 무패의 조선의 명장 이순신 장군의 전법 중 '학익진(鶴翼陣)'과 다윗의 '물맷돌 작전'이었다.

이 시간, 내 삶의 브라질 항해에 이순신장군과 이스라엘의 다윗왕의 전술에서 원거리 전법을 배우며, '그분들의 협상 이야기(His+Negotiation+Story)'와 인내의 성품과 기다림의 비결 이야기를 익히며, 삶의 현장에서 체휼할 수 있음을 조용히 고백한다.

나아가 그분의 이야기를 듣기를 소망하는 아이들과 아내에게, 말씀의 열매 이야기를 풍성히 나누는 기쁨의 교회와 마지막 항해에 '그분들의 협상 이야기(His+Negotiation+Story)'를 맞이하는 CSP 사업과, 부서지는 팬데믹 파도에 다시 일어나는 대한민국과 글로벌 팬데믹에서 그분의 승리 이야기(His+Victory+Story)를 이웃과 열방에 선포하는 형제 · 자매들에게 임하길 바란다.

또한, 이들을 도우시는 숨겨놓은 그분의 천국 승리의 이야기 파수꾼들에게도, 마지막 때에 예슈아(Yeshua, 구원)의 삶의 헤어숍에서 그분의 스타일로, 그분의 가위와

빗에 다스림을 받아서 아름다운 예슈아의 승리 이야기(The Victory History of Yeshua, 구원)들이 풍성히 임하시길 소망한다.

■ **Ms. 펄 사이든스트리커 벅**(Mr. Pearl Sydenstricker Buck)**에게 다가온 그분의 행복 이야기**(His+Happiness+Story)'

Ms. 펄 사이든스트리커 벅은 미국의 소설가이며, 대한민국을 방문하였을 때 스스로 박진주(朴眞珠)라는 한국어 이름도 지었다. 그녀는 웨스트버지니아에서 태어나 생후 수개월 만에 미국 장로교 선교사인 부모님을 따라 중국에 가서 어린 시절을 보냈다. 선교 관련 활동에만 열중한 아버지 때문에 집안일은 어머니가 도맡아야 했었지만, 부모의 중국 선교활동은 펄 벅이 자신을 중국인으로 생각했었을 정도로 중국에 대한 애착들을 갖게 하였다. **어렵고 힘든 외국생활과 선교활동에도 말씀묵상과 쓰기를 통해서 임하신 '그분의 역사 이야기**(History, His+Story)**'를 일기장에 써 내려갔다.** 그녀는 1910년 대학교에 다니기 위해, 미국으로 갔다가 랜돌프-매콘 대학교에서 학위를 수료하고 중국으로 다시 돌아왔다.

이후에 중국 농업연구의 세계적 권위자가 된 존 로싱 벅(John Lossing Buck)과 결혼하였다. 그들 사이에는 두 딸이 있었는데, 큰딸은 지적 장애인이었다. 자서전에서 펄 벅은 큰딸이 자신을 작가로 만든 동기 중 하나라고 밝혔다. 이 딸은 그녀의 도서, 《대지》에서 왕릉의 딸로 그려졌다. 장애인의 딸을 위해서 바친 자신의 슬픔과 고통을 통해서 자기 삶이 딸의 모퉁이 돌(Cornerstone)이 되었음을 배우며, 새로운 천국의 위로와 꿈을 발견하는 자녀의 삶을 책을 통해 조용히 고백했다. 이후 이 책의 영향으로 그녀는 미국의 여성 작가로서는 처음으로 노벨 문학상(Nobel Prize for Literature)을 수상하였다.

Ms. 벅은 사회사업에도 지대한 관심을 보이며, 펄 벅 재단을 설립하여 전쟁 중 미군으로 인해 아시아 여러 국가에서 태어난 사생아 입양 알선사업을 벌이기도 했다. 특별히, 그녀는 한국과의 인연을 맺으며 한국펄벅재단을 설립했다. 한국 전쟁의 고아와 혼혈아동을 손수 돌보면서, 미용과 양장 기술 등을 교육시켰다. 그녀는 수많은 한국 전쟁(The Korean War) 이후의 고아와 혼혈 아동들에게 천국 믿음의 선포와 위로를 위해서 이렇게 말씀을 전해준다. **"슬픔 속에는 연금술(Alchemy)이 있다. 슬픔은 지혜로 변해서, 기쁨 또는 행복을 가져다줄 수 있다."라고 자신의 삶 속에 임하신 '그분의 행복 이야기(His+happiness+Story)'의 고백을 들려주었다.**

❖ 에필로그: Epilogue

"There is an alchemy in sorrow. It can be transmuted into wisdom, which, if it does not bring joy, can yet bring happiness. 슬픔 속에는 연금술이 있다. 슬픔은 지혜로 변해 기쁨 또는 행복을 가져다줄 수 있다"
[Pearl Sydenstricker Buck]

이는 앞으로, 험준한 삶을 살아갈 아이들에게 현재의 슬픔은 삶의 지혜로 변할 것이며, 기쁨과 행복을 가져다줄 것에 대한 희망의 메시지를 전해주었다. **이 시간 내 삶의 글로벌 마지막 대양 항해의 위에 흐트러진 영혼과 전쟁터의 고아 같은 마음에 Ms. 벅의 고백들을 조용히 배운다. 남미 CSP 프로젝트의 협상 속에는 기쁨의 연금술(Alchemy)이 있음을 배우며 브라질 땅 협상(Negotiation)이 하늘 축복의 지혜(智慧)들로 다가왔다.**

Ms. 벅과 같이 마음의 감사가 글로 변해서, 천국의 기쁨과 행복을 가져다줄 수 있음을 넉넉히 선포한다. 브라질의 마지막 항해에 아름다운 모퉁이 돌

(Cornerstone)이신 예슈아의 승리들이(The Victory of Yeshua, 구원) 풍성히 임하시어, 내 영혼의 여정이 그분의 행복 이야기(His+Happiness+Story)로 채워지길 조용히 소망한다.

D. 중국의 소금 장수에게서 배우는 '만리장성의 유혹'

7월의 문(Door)을 맞이한다. 2020년도 상반기를 보내드리며, 하반기에 맞는 새로운 삶을 준비한다. 아름다운 새집과 새 마음에 들어가기 위해서는 헌 집을 버리고, 헌 옷을 버리고, 지난 마음을 버리는 연습을 해본다. 기존에 입었던 옷과 가정 살림과 많은 용품을 내려놓고, 현지인들에게 다 맡겨주고 간다. 이삿짐이 너무 많아서 용량을 초과하며, 추가 비용들이 너무 많아질 것 같다. 지난날, 브라질 삶의 땅에서 가진 헌 집의 가재도구와 옛 생각들과 모습들을 돌려드린다.

이제는 내 삶의 아름다운 브라질 광야여행의 마지막을 지나간다. 하영인의 삶으로 임하시고, 영혼의 광야로 보내주셨던 시간을 기억한다. 함께했던 많은 그분의 광야 길의 임재와 동행하심의 은혜는 험준했던 광야(Wilderness) 시험의 유혹들 속에서도 든든한 삶의 이정표였으며, 영혼의 목마름을 해갈해 주시는 사막 가운데 오아시스(Oasis) 생수의 샘물이었으며, 영혼의 생명을 구원해 주신 예슈아(Yeshua)의 선물이었음을 조용히 고백한다.

이제는 광야의 헌 옷과 헌 집과 가재도구들을 내려놓고, 아름다운 하영인의 가족들이 있는 기쁨의 새집으로 영, 혼, 육의 이사(Change One's Abode)를 준비해 본다. 감사하다.

❖ 프롤로그: Prologue

"Jesus answered, 'It is written: Man does not live on bread alone, but on every word that comes from the mouth of God'. 예수께서 대답하여 이르시되, '기록되었으되 사람이 떡으로만 살 것이 아니요 하나님의 입으로부터 나오는 모든 말씀으로 살 것이라 하였느니라 하시니'"
[Matthew 4:4]

■ 삶의 여정에서 '광야의 시험(The Test of Wilderness)'

지난 수년간의 머나먼 브라질 일정을 뒤로한 채 다시 처음의 자리로 돌아가야 할 시간이 다가오는 것 같다. 삶의 여정에서 아빠의 자리, 남편의 자리, 자녀의 자리, 사위의 자리 등 많은 삶의 자리를 뒤로한 채 떠나왔었던 글로벌 항해의 끝을 준비한다. 함께했던 많은 옛 현지인들(Brazilian and Other County People)과 가족 같은 동료들과의 추억의 주머니를 이제는 조용히 묶어서, 복귀하는 광야 가방 속에 넣어야 할 시간이다. 추억의 주머니에 들어있는 글로벌 항해의 많은 광야 여정 속에서는 생소했던 남미 문화의 기억들인 관료주의(Bureaucratism), 노동문화, 근로환경들 등의 험준했던 삶의 언덕들과 광야의 모래사막들을 지나오기 위해서 사용해 왔던 삶의 가재도구(家財道具)들과 옛 생각의 집과 옷들을 마지막 광야 길 앞에서 조용히 무거운 어깨짐을 내려놓는다.

이 시간, 우리들의 영, 혼, 육의 현실 속에서 이겨내야 했던 많은 브라질 광야의 시험들과 유혹을 조용히 되돌아본다. 성령(Holy Spirit)의 임재 이후에 성령에 이끌리어 광야 길로 들어가신 그분(J.C)의 삶을 배우며, 내 삶의 브라질 광야 길에 들어가기 전에, 그분의 하영인을 받기를 소망하며, 이를 통해서 브라질 광야 여정을 준비하기 시작했다. 광야는 풍요의 땅이거나, 질서의 세상이 아니었으며, 빈곤과 무질서의 여정이었다.

제일 먼저, 육신의 연약한 현지 삶에서 만난 친구를 소개한다. 40여 년을 먹어왔던 한국식을 뒤로한 채, 입맛에 맞지 않은 멋진 브라질 현지 음식들과 떡(Rice Cake)을 맞이했다. **우리 40명의 첫 번째 광야시험은 연약한 육신을 위해 먹어야 하는 현지의 유혹 음식들과 시험들이 포함된 경제적 유혹(Economic Temptation)을 무사히 잘 통과(Get Through)할 수 있었음에 함께 고마움의 기도를 올린다.**

두 번째, 우리들이 브라질 광야에서 받은 시험은 무엇인가? 많은 유혹 중에서 내 삶을 아주 잘 아는 마귀는 예배의 자리에서 뛰어내려도, 여전히 그분이 내 삶의 브라질 여정을 안전하게 보호해 줄 것이라고 유혹해 온다. **바이블(The Words of God)을 누구보다도 잘 아는척하시면서, 예배와 말씀과 찬양을 떠나도 전혀 영혼의 삶에는 문제가 없다며 유혹하는 마귀의 유혹을 조용히 받았던 것 같다.** 또한, 많은 분이 달콤

한 게으름의 유혹(Temptation)에서 벗어날 수는 없었던 것 같다. 예배와 경배의 유혹(The Temptation of Worship and Adoration)은 내가 이겨내야 할 또 하나의 유혹이었다.

세 번째, 영혼의 광야 길에서 그분은 마귀(魔鬼)의 거짓됨과 말씀의 왜곡을 지적하시면서, 마귀의 유혹을 단호하게 물리치신 것을 조용히 기억한다. 예루살렘 성전 꼭대기에서 뛰어내려도 야훼가 안전하게 보호해 줄 것이기에 한번 뛰어내려 보라는 유혹이, 세상 권세를 다 준다는 유혹은 내 삶의 권세의 유혹(Temptation of Power)으로 다가왔음을 기억한다. 승리하신 그분(J.C)의 광야 말씀 선포하심을 배워서, 함께 조용히 영혼의 입 대포를 선포한다.

마지막으로, 삶의 광야 길에서 마귀의 유혹에 자신의 길을 벗어난 어리석은 자와 현명한 자의 모습을 찾아본다. "하룻밤에 만리장성을 쌓는다." 이는 하룻밤 광야의 유혹에 평생을 만리장성만을 쌓는 삶이 되어서는 안 된다는 뜻이다. 정약용은 《이담속찬(耳談續纂)》에서 "일야지숙장성혹축(一夜之宿長城或築)"이라 하여서, 비록 잠시라도 마땅히 대비하지 않으면 안 된다는 뜻을 풀이했고, 이후 조재삼이 쓴 《송남잡지(松南雜識)》에서도 "일야만리성(一夜萬里城)이란 원래 왜놈들이 조선 땅에 들어오면 하룻밤을 자고 가도 반드시 성(城)을 쌓았다는 데에서 원래 유래했으나, 이후에 남녀관계를 이르는 말로 쓰이게 되었다."라고 설명했다.

이들 문헌에서 밝혀진 의미로는 '하룻밤을 자더라도 성을 쌓을 정도 니, 만일의 상황에 대비해야 한다.'라는 것이지만, 남녀관계로 쓰일 때는 잠시 만난 사이라도 깊은 정(情)을 맺을 수 있다는 말이 되었다. 브라질 광야 길에 마귀와 잠시 만나도 달콤한 유혹에서 말씀(자유를 잃어버림)을 떠나 만리장성(노예의 삶이 될 수 있음)을 쌓을 수 있기에 조심해야 함을 조용히 배운다.

■ **중국 진나라 소금 장수의 '만리장성 시험'**

또 다른 중국 진나라의 이야기는 옛날 전국 춘추 7개국을 모두 통일한 진시황제가 북방 흉노족을 막기 위해 만리장성을 쌓을 큰 계획을 세우고, 기술자와 인부들을 모은 후에 대 석축 공사를 시작했을 때이다. 어느 산골에 젊은 남녀가 결혼하여 신혼생활 한 달여 만에 남편이 만리장성을 쌓는 부역에 징용당하고 말았다. 일단 징용이 되면 그 일이 언제 끝날지도 모르는 상황에서 죽은 목숨이나 다를 바 없었다. 안부(安否)만 인편을 통해서 알 수 있지만, 부역장에 한번 들어가면 공사가 끝나기 전에는 나올 수 없으므로 신혼부부는 생이별하게 되었다고 한다. 아름다운 산골 부인은 아직 아이도 없는 터라 혼자서 살아가고 있었다. 오늘날 같았으면 재혼(再婚)하든지, 다른 방도를 찾아볼 수도 있겠지만, 그 당시의 진나라에는 국가의 명령을 거역할 수도 없어서 다른 마음을 전혀 꿈꿀 수가 없었다고 한다.

어느 날 떠돌던 소금 장수가 방문하자, 여인이 자기와 같이 살자고 유혹의 말을 했다. 어리석은 소금 장수가 좋다고 승낙하자, 여인은 자신을 대신해서 석축 공사에 끌려간 본 남편에게 마지막으로 지어놓은 옷을 전해주고 오면 평생 같이 살겠다고 약속했다. 소금 장수는 그날 하룻밤 여인과 동침한 후에 만리장성을 쌓는 곳까지 가서 여인의 남편에게 옷들과 편지를 전달했다.

본 남편이 아내 편지를 읽어보니, 소금 장수가 대신 성(城)을 쌓게 하고 남편에게는 속히 돌아오라고 쓰여있었다. 석축 공사는 한 명이 밖에 나가면 반드시 꼭 한 명이 대신 들어와서 일하게끔 했다. 본 남편은 소금 장수에게 옷을 갈아입는 동안 잠깐 자기를 대신 성을 쌓아달라고 부탁하고는 그대로 아내가 있는 집으로 돌아와서 아내와 함께 잘 살았다고 한다.

이것이야말로 진정으로 달콤한 여인의 유혹에 하룻밤을 자고 만리장성들을 다 쌓은 그것은 아닌가? 어리석은 소금 장수는 어여쁜 여인의 아름다움 유

혹에 넘어져 이처럼 자신의 죄에 대한 대가로 빠져나올 수 없는 석축 공사장에서 평생을 자신의 죄의 만리장성을 쌓게 되었다. **잠시 영혼의 광야에서 유혹자들에게 눈이 어두워서, 자신도 모르는 사이에 남의 만리장성을 영원히 쌓아주고 있는 것은 아닌지를 조용히 배운다. 내 삶의 브라질 광야의 달콤한 유혹을 되돌아 회고하며, 예슈아(Yeshua)의 승리의 선포에 동참하며, 감사의 기도로 신랑에게로 나아간다.**

■ Mr. 빌럼 데 쿠닝(Mr. Willem de Kooning)의 광야 여정

20세기 네덜란드 출신의 화가인 Mr. 빌럼 데 쿠닝은 네덜란드 로테르담에서 태어났다. 사춘기에는 상업미술 회사에서 일하면서 로테르담의 미술 공업 학교에서 야학으로 공부하고, 이후 유럽에서 이사해서 미국에서 활동했던 추상 표현주의의 화가로 구상도, 추상도 등 할 수 없는 표현들과 격렬한 필촉의 그림작업에 특색(Characteristic)을 갖게 되었다.

그는 계속해서 자신을 변화시키기 위해, 아르메니아에서 온 화가인 '아실 고치'와 알게 되었고, 그로부터 그림에 대한 많은 영향을 받았다. 이에 따라 Mr. 빌럼 데 쿠닝은 1930년대 중반까지 상업미술 작품으로 생계를 유지했었다. 자신의 취미를 계속 개발하고 살리기 위해서 끝없는 시련과 좌절의 광야 여정을 계속 도전했다.

또한, 마크 로스코 등 다른 추상 화가들과 함께 W.P.A(공공사업 촉진국)의 연방미술계획 일에 종사했다. 미국 연방미술계획은 뉴딜 정책의 하나로 화가들에게 공공건물의 벽화 제작 등을 위촉했으며, 그는 이곳에서 자신의 그림의 열정을 바쳐서 작업을 했다. 제2차 세계 대전이 끝난 후 몇 년 동안, 그는 추상 표현주의 또는 '액션 페인팅'이라고 불리는 스타일 그림을 그렸으며 뉴욕스쿨로 알려진 예술가 그룹의 멤버가 되었다.

이후, Willem De Kooning의 일부 그림은 21세기에 기록적인 가격으로 판매되었다. 1950년대 말, 그는 대중 의견에 따르면, 세계에서 가장 영향력 있는 화가로 표현주의 마스터 윌리엄 드 쿠닝(William de Kooning)이었다. 그는 추상표현주의(抽象表現主義) 창시자의 한 사람으로서, 20세기 미술사에서 중요한 위치를 차지했다.

❖ 에필로그: Epilogue

"I have to change to stay the same. 그대로이길 바란다면 변해야만 한다" [Willem de Kooning]

Mr. Willem de Kooning은 92세의 자신의 험준했던 화가의 광야 여정을 되돌아보며, 이렇게 나에게 고백해 주었다. **"그대로이길 바란다면 변해야만 한다."라고 조용히 알려줬다. 자신이 원했던 화가(畵家)에 대한 작업을 계속하기 위해서는 자신을 아름다운 변화(Beautiful Exchange)를 시키지 않으면 안 되는 지난날의 여정들을 전해준다.** 화가의 광야 길(Wilderness Road)에서도 물질과 배고픔들과 먹을 것에 대한 현실유혹이 올 때마다 그림 작업을 내려놓지 않고, 자신의 그림에 더욱 집중했다. 그의 담대한 선포는 훗날, 세계에서 최고가의 작품까지 그렸으며, 자신을 계속 변화시키면서 새로운 그림의 추상표현주의 창시자에까지 이루게 되는 삶의 고백을 조용히 배운다.

이 시간, 2020년 하반기의 가데스 바네아의 신 광야(Mitspe Ramon, Zin Dasert) 여정에 들어서며 내 삶의 아름다운 천국 그림(가족, 이웃, 직장, 열방)을 그리기 위해서 Mr. Willem de Kooning 화가의 광야 길의 귀한 고백들을 조용히 배운다. 내 삶의 하반기 영혼의 천국 항해가 계속되기 위해서 "그대로이길 바란다면 변해야만 한다."라는 다짐을 영혼의 종이 위에 새겨본다.

이제 영혼의 하반기 삶의 신 광야 여정에서 다가올 첫 번째 유혹(Temptation)으로 다가올 '무엇을 먹을까? 무엇을 입을까?'를 준비한다. 또한, 광야의 달콤한 유혹이 다가올 때, 신 광야의 어리석었던 소금 장수(Pond Skater)와 같이 하룻밤에 만리장성을 쌓는 미련한 삶이 아닌, Mr. 빌럼 데 쿠닝과 같이 오직 천국 화가의 꿈꾸기를 기도한다. 이를 통해서, 아름다운 예슈아의 나라(The Kingdom of Yeshua) 그림들을 넉넉히 그릴 수 있는 영혼의 선포(Declaration)들과 입술의 고백과 아름다운 변화(Beautiful Exchange)를 풍성히 준비하기를 소망한다.

E. 7년 항해의 마지막 여정에서 만난 '사랑의 격리'

한국(Korea) 인천공항 도착 후 국가 COVID-19 방역 절차 준수를 위해서 2주 자가격리 국가 지정 시설로 들어왔었다. 아쉽지만, 외부 만남과 미팅을 못 하는 관계로 창문 밖을 보면서, 아내와 아들(Josiah)이 가져온 사랑의 선물인 과일(참외와 자두)들과 새 운동화(격리 출소 때 신을 새 신발)를 숙소 직원 등을 통해서 격리품 전달받았다.  **브라질과 한국에서 4개월의 장기 자택 격리생활 속에서 오랜만에 받아보는 큰 희망(Expectation)의 소식이며, 사랑의 선물이 된다.**

아름다운 가족과의 만남을 숙소의 3층 창문을 열고, 아쉽지만 휴대전화를 통해 잠시 희미하게 나누어 본다. 그러나, 지난 20여 년을 함께 귀한 부부의 열매들과 사랑이 담긴 소망의 꽃송이가 지난 4년여 간의 브라질 격리생활(Segregation)들로 인해서 비대면(Untacked)이 된 부부의 사랑이 다시 예슈아(Yeshua)의 말씀으로 연결되고, 회복되기를 소망한다.

❖ 프롤로그: Prologue

"Love is patient, love is kind. It does not envy, it does not boast, it is not proud. 5. It is not rude, it is not self-seeking, it is not easily angered, it keeps no record of wrongs. 사랑은 오래 참고 사랑은 온유하며 시기하지 아니하며, 사랑은 자랑하지 아니하며 교만하지 아니하며 무례히 행하지 아니하며 자기의 유익을 구하지 아니하며 성내지 아니하며 악한 것을 생각하지 아니하며" [Corinthians 전서 13:4]

■ 배우자를 위한 '사랑의 격리(The Segregation of Love)'

아름다운 2020년 7월의 문턱 위에 포항의 구룡포읍(Guryongpo) 격리 생활을 시작한다. 조용히 POSCO 수련원 숙소 옆에서 들려오는 바닷가(Seashore) 파도 소리를 들으며 COVID-19에 대한 2주간의 자가격리 기간을 보낸다. **브라질 포르탈레자 바닷가의 파도 소리와 조금 다른 친밀감과 익숙함의 파도 소리는 장기간의 대륙횡단 비행 이동(52시간, House to House)에 대한 지친 몸과 부어오른 입술과 흔들어진 영혼에 회복과 안식의 파동을 조용히 전해주는 것 같다.**

늦은 밤에 숙소인 수련원 창문 밖으로 보이는 밤길 도로 위를 달리는 차량에서 그 옛날 회사 수련회에 있었던 일들이 파노라마같이 함께 기억난다. 모두 늦은 밤 회사의 훈련 프로그램을 열심히 마치고, 둘째 날을 위해서 모두 각자의 숙소 방으로 들어간다. 숙소 지침 전에 주일 새벽 강단에 꽃꽂이를 올리기 위해, 경주 수련원 바닷가에서 출발하여, 늦은 밤 문이 닫혔던 고향꽃집에서 미리 준비해 놓은 꽃꽂이를 들고, 고향 예배당으로 가야 하는 내 삶의 사랑의 새벽 꽃꽂이 차량을 저 멀리 늦은 밤 도로 위를 쏜살(Shot Arrow)같이 달려가는 자동차에서 쳐다보는 것 같았다. 전국 어디에 있든지 무엇을 하든지, 매 주말 이른 새벽 전에, 아무도 오지 않는 새벽기도회(祈禱會) 전에 도착하여서, 귀한 사랑의 기도 제목과 배우자 기도 꽃송이를 조용히 꽂아놓고 내려온다.

이러한, 새벽 꽃꽂이 차량은 아름다운 내 삶의 7년간의 기도 제목으로 배우자를 위한 사랑의 연애생활을 보낸 시간으로 기억한다. 마지막 배우자와의 결혼 결승점까지 도착하기 위해, 매 주말 저녁에 이어지는 꽃꽂이 헌신(Dedication)들과 사랑의 다짐을 통해서, 아름다운 세상과의 격리생활을 이겨낸다. 전국 어디를 가있든지 주말에는 돌아오는 숨 가쁜 기도의 마라토너와 예슈아(Yeshua)의 사랑의 꽃송이를 피우기 위해 사랑의 격리를 조용히 이겨낸다. 그리고 매 주말에 찾아가는 꽃집 주인아주머니와 아저씨와 함께 반가운 주말 꽃 시장에서 만난 추억들의 발걸음을 통해서, 어느 순간에 꽃집의 꽃들과 꽃꽂이의 기술을 배우게 되었다. **내 사랑의 7년간의 연애 격리를 통해서, 주말 저녁 세상 유혹에 눈멀지 않고, 아름다운 교회 강대상(講臺床) 꽃꽂이에 눈멀고, 몸과 마음과 영혼을 그분의 신부로 정결하게 준비할 수 있는 순결(Purity)의 격리생활을 조용히 배우게 된다.**

이 시간 조용히 25여 년 전, 내 삶의 사랑 격리생활과 이를 통해서 배운 주일 새벽기도 강단을 위해 드린 사랑의 기도 꽃송이를 조용히 되돌아본다. 기다림의 예배와 찬양과 기도 제목 속에서 귀한 7년 만에 핀 사랑의 기도 꽃송
이를 맞이하며, 아름다운 사랑의 광야 시간을 천국의 위로와 인내심과 평안으로 채워주심을 조용히 감사드린다.

내 삶의 사랑의 광야 길에서 예슈아의 기도의 격리 길을 통해, 최고의 기도 꽃씨의 결실인 사랑하는 아내와의 결혼기념일과 출소일(결혼하는 날)을 함께 맞이하며, 7년의 프로젝트를 마치며, 마지막 사랑의 열매에 꽃을 피우게 된다. 25년이 지난 오늘, 천국의 귀한 사랑의 열매에 대한 자녀들의 꽃씨에서도 아름다운 배우자(配偶者) 기도에 대한 꽃송이들이 풍성히 맺히기를 기도한다. **이를 통해서, 자녀들도 귀한 천국 배우자의 만남과 사귐을 통해서 또 하나의 세대를 이어서 귀한 천국 사랑의 격리(예슈아에게 기도하는 시간)와 부부의 열매가 풍성히 맺히기를 조용히 소망한다.**

■ **CSP 항해에서 '사랑의 격리**(The Segregation of Love)**'**

늘 그랬듯이 삶의 기도 제목은 예슈아와 나만의 믿음의 광야 길 위에서 세상에 격리를 하고, 오직 말씀과 그분의 뜻을 믿고, 그분의 때를 기다리는 인내(Patience)와의 마라톤 시간임을 되돌아본다. 아름다운 브라질 여정의 7년간을 세상에 눈멀고, 오직 예슈아의 말씀과 뜻을 찾아서 귀한 사랑의 격리를 마칠 수 있도록 인도하심에 감사의 기도를 올려드린다. 며칠 전 보내주신 최종 고객 이메일을 통해서, 아름다운 7여 년간의 매 주말에 올려드린 감사의 기도 제목들과 천국 사랑의 꽃씨편지(Flower Seed Letter of Heavenly Love)에서 귀한 함박꽃이 피었고, 그 꽃송이들에서 귀한 열매들이 맺히게 되었다. 마지막 남은 브라질 CSP 프로젝트 미수금(수억 원)과 정산이 최종 마무리되었다는 소식을 받게 되었다.

먼저 영혼의 사랑 안에서 기쁨으로 자가격리 되길 소망하는 아이들과 아내에게, 새로운 언택트(Untacted) 예배 삶을 통해서도 당당히 잃어버린 영혼들의 기도 꽃꽂이를 풍성히 올리는 기쁨의 교회
를 사랑한다. 또한 머나먼 대양의 7여 년 꽃꽂이와 마지막 승리의 격리생활에 대한 귀한 열매의 선물을 예비하는 CSP 정비사업과 팬데믹(Pendemic) 속에서도 새로운 경제항로와 글로벌 리더십을 이끌어 가는 대한민국과 불의를 기뻐하지 아니하며 진리(眞理)와 함께 기뻐하고 열방의 이웃에게 구원의 꽃꽂이를 선포하시는 형제자매들을 축복한다.

나아가 이들을 도우시는 숨겨놓은 천국의 꽃꽂이 파수꾼들에게도 치료의 의사가 계시는 예슈아의 나라(The Kingdom of Yeshua)에 있는 사랑의 격리생활을 나눈다. 이를 통해서 모든 것을 참으며(인내, Patience) 모든 것을 믿으며(믿음, Faith) 모든 것을 바라며(소망, Hope) 모든 것을 견디는(Overcome) 은혜가 풍성히 임하기를 소망한다.

■ 테레사 수녀(Mother Teresa)의 '영혼 사랑의 격리 삶'

테레사 수녀는 오스만 제국령 북마케도니아의 스코페에서 알바니아계 로마 가톨릭 가정에서 태어났다. 아버지 니콜 보야지우는 시 의원 자격으로 정치행사에 참가했다가 의문사하였다. 이후 그녀는 아일랜드 라스판햄으로 이주해, 로레토 수녀회에 입회했다. 이때 로마 가톨릭교회의 수녀가 되었고, 그때 테레사로 개명하였다. 이후에 그녀는 선교활동과 빈민 구제를 목적으로 당시 영국의 식민지이던 인도로 이주하였다. 1947년, 인도 자치령이 독립하였고, 1950년에 인도 공화국으로 국호를 결정하자, 인도로 귀화(Naturalization)하였고, 로마 가톨릭 계열의 선교 단체인 사랑의 선교회를 설립하였다. 그녀는 가족에 대한 슬픔과 절망을 겪으며, 신앙생활에서 영혼의 감금을 이겨내고, 이웃과 열방을 섬기며, 사랑의 격리(The Segregation of Love)를 했다.

인도의 수녀로, 이후 45년간 사랑의 선교회를 통해 빈민과 병자, 고아, 그리고 죽어가는 이들을 위해 인도와 다른 나라들에서 헌신했다. 1952년 '죽어가는 사람들의 집(Home for Sick and Dying Destitutes)', 또는 '순결한 마음의 장소(Place of Pure Heart)'로 불리는, 죽어가는 사람들을 위한 공간을 개설했다. 이때 테레사 수녀는 당시 콜카타 시청 측에서 제공했던 건물을 사용했는데, 그 건물은 칼리 신전 뒤에 있는 건물이었으며, 순례자들의 숙소로 쓰였다. 당시 힌두교도들은 로마 가톨릭교도들이 선교활동을 위해 건물을 이용할 것이라고 의심(Doubt)을 하여 시위를 벌였으나, 사랑의 선교회 수녀들이 종교에 구애 없이 복지활동을 하는 모습을 보고 그들을 받아들였다.

그녀는 세계적으로 가난한 이들을 대변하는 인도주의자로 알려졌다. 1979년 노벨 평화상을 수상하였고, 1980년엔 인도의 가장 높은 시민 훈장인 바라트 라트나(Bharat Ratna)를 받았다. 이후 미국 대통령이었던 로널드 레이건이 테레사 수녀(Nun)에게 평화의 메달을 수여하였다.

테레사 수녀의 사랑의 선교회는 계속 확장하여 그녀가 사망할 무렵에는 나병(Leprosy)과 결핵, 에이즈 환자를 위한 요양원과 거처, 무료 급식소, 상담소, 고아원, 학교 등을 포함해 123개 국가에 610개의 선교 단체가 많이 있었
다. 테레사 수녀는 수많은 고아들과 환자들과 가난한 이웃들을 매일같이 만나지만 항상 웃음을 잃지 않았다. 이런 그녀의 아름다운 사랑의 고백을 조용히 들어본다. "누군가와 만날 때 웃으면서 만나세요. 웃음은 사랑의 시작이니까요."라고 이 시간 조용히 나에게 속삭여 준다.

❖ 에필로그: Epilogue

"Let us always meet each other with smile. for the smile is the beginning of love. 누군가와 만날 때 웃으면서 만나세요. 웃음은 사랑의 시작이니까요" [Mother Teresa]

평생을 사랑의 수녀회에서 자신의 섬김과 사랑을 가난한 이웃들에게 전하며, 힘든 역경 속에서도 웃음을 잃지 않고 사랑의 열매를 맺은 마더 테레사의 삶을 배운다. 이 시간 내 삶의 머나먼 브라질 항해의 종착항구이자, 테레사의 항구인 구룡포 항구(Guryoungpo Port)에서 웃음과 기쁨으로 가족과 이웃들과 열방을 풍성히 섬길 수 있는 마음의 근력을 키우길 조용히 소망한다.

이제 다시 한번 더 그 옛날, 아름다운 새벽기도 꽃꽂이 섬김과 기도 제목을 위해서 7년간의 사랑의 격리를 무사히 통과 후에 얻은 배우자를 위해서 함박웃음을 조용히 준비해 본다. 다가오는 수련원 퇴소하는 날에 귀한 결혼기념일(Marriage Anniversary)을 준비하며, 영혼의 큰 웃음(Big Smile) 얼굴을 그릴 수 있기를 소망한다.

나아가서, 2020년 하반기 새로운 한국 가족이 있는 새로운 곳에서 새롭게 말씀의 차렷 자세와 영혼의 교복을 준비하면서, 영혼의 5초의 숨겨진 웃음법칙을 다짐한다. 이로 인해, 잠자든 예슈아(Yeshua)의 영혼의 시곗바늘을 다시 작동하게 올려드리길 조용히 소망한다(Joseph H. Kim).

Core Vision

By 알파(Alpa, α')세대의 창의적 글로벌 협상 이야기

왕국 재내려이션 (Kingdom Generation)

A. 남미의 브라질 정글 여정에서 "수제 행복의 실용회"
  - 이 시간, 야훼가 창조하시고 발명하신 에덴의 행복을 그분이 알려주신 말씀의 지혜로 삶의 수제 행복의 실용화 [Practical use of hand-made happiness]와 일상화를 풍성히 누리길 소망하는 자들을 축복한다.

B. 글로벌 리더의 항해에서 "4가지 씨앗의 열매들"
  - 먼저, 4년 전에 브라질 출발 전에 뒷산에 주일학교 KEBS 반 친구들과 함께 아보카도 나무 씨앗
  - 둘째 가족의 씨앗을 위해서, 아름다운 싹 틔우기와 영혼의 꽃 피우기를 소망한다.
  - 셋째, 육신의 생각은 죽고 야훼나라의 싹을 틔우서, 천국 생명의 줄기에 딱 붙어서 아름다운 꽃까지 피우길.
  - 넷째, 기도의 씨앗은 아름다운 글로벌 CSP 항해를 뒤로한 채 마지막 우리들의 승리의 함성을 올리는 기도 했다.

C. 험준했던 알파(Alpa, α')세대의 항해 중에 만난 "그분의 협상 이야기"
  - 남은 마지막 글로벌 대양의 CSP 정비사업 수금 확보('20.4월분, 5월분)가 3, 4차 연도 임금 인상분 Escalation 대금에 관하여 CSP 고객과 끝까지 협상해서 모두 동의 받아서 복귀할 수 있도록 최선을 다하겠습니다.
  (사용 중인 전법은 23전 23승 무패의 조선의 명장 이순신 장군의 전법 중 "학익진(鶴翼陣)"입니다.)

D. 중국의 소금 장수에서 배우는 "만리장성의 유혹"
  - 어리석은 소금 장수는 어여쁜 여인의 아름다움 유혹에 넘어져 이처럼 자신의 죄에 대한 대가로 빠져나올 수 없는 석축 공사장에서 평생을 자신의 죄의 만리장성을 쌓게 되었습니다.

E. 7년 마지막 항해의 도착항구에서 만난 "사랑의 격리"
  - 그 옛날, 아름다운 새벽기도 꽃꽂이 섬김과 기도제목을 위해서 7년간의 사랑의 격리를 무사히 통과 후에 얻은 배우자를 위해서 함박웃음을 조용히 준비해 본다.
  - 다가오는 수련원 퇴소하는 날에 귀한 결혼 기념일[Marriage Anniversary]를 준비하며, 영혼의 큰 웃음 [Big Smile] 얼굴을 그릴 수 있기를 소망한다.

FOR
KINGDOM
FAMILY
BUSINESS

2장

Science:
2030년 퀀텀의 혁신(QX) -
킹덤 비즈니스(Kingdom Business)

Subject 1.

퀀텀 세대의 기술
(Quantum Generation Technology)

FOR KINGDOM FAMILY BUSINESS

01
미시세계의 퀀텀 발견

A. 아인슈타인과 닐스 보어(Einstein and Niels Bohr)의 만남

닐스 헨리크 다비드 보어(Niels Henrik David Bohr)는 원자 구조와 퀀텀 이론을 이해하는 데 근본적인 공헌을 한 덴마크 물리학자였으며, 그는 1922년 노벨 물리학상을 받았다. 처음 닐스 보어(Niels Bohr)의  퀀텀 이론을 접하고 충격을 받지 않은 사람들은 아직 퀀텀 물리학을

이해하지 못한 것이다.[42] 퀀텀 물리학이 드러내는 이론은 너무나도 어처구니가 없어서 SF 영화처럼 들릴 정도였다. 예를 들면, 입자는 동시에 둘이나 그 이상의 장소에 존재할 수 있다. 또 한 장소에 위치하는 물체는 입자로도 나타났다가 파동으로 나타나기도 하고 시간과 공간을 넘어 퍼져나가기도 한다.

금세기 최고의 물리학자, 알베르트 아인슈타인(Albert Einstein)은 "빛보다 빠른 것은 존재하지 않는다."라는 말을 했다. 어떤 조건을 주면, 그것이 어디로 움직일 것인가를 예측할 수 있다. 이런 고전물리학은 결정론적이다. 그러나, 퀀텀 물리학에서 원자 입자들은 공간 속에서 아무리 멀리 떨어져 있더라도 동시에 정보를 교환할 수 있다. 또한, 퀀텀 물리학은 확률론적이기에 특정 물체가 어떻게 변할지 결코 확실하게 알 수 없다.

또한, 고전물리학은 환원론적이다. 각각의 부분들을 안다고 전제하면 결국 전체까지 이해할 수 있다. 반면, 퀀텀 물리학은 좀 더 유기적이고, 홀로그램적이다. 퀀텀 물리학이 그려내는 우주는 모든 부분이 상호 작용 하면, 영향을 주는 통일된 우주이다. 나아가, 가장 중요한 점은 퀀텀 물리학에서는 400년 동안 과학을 지배해 온 디카르식(Descartes)의 주체와 객체, 관찰자와 관찰 대상 사이의 구분이 사라진다는 것이다.

---

42 닐스 보어(Niels Bohr), 1992년 원자 구조에 대한 업적으로 노벨상 수상

퀀텀 물리학에서 관찰자는 관찰 대상에 영향을 미친다. 물질 우주에서 독립된 관찰자는 존재하지 않으며 우주 안의 모든 것들은 참여하고 있다. 이 개념은 너무 기묘(Strangeness)해서 아인슈타인은 이 현상을 **"도깨비 같은 원격작용"**이라고 불렀다. **상대성 원리이론에 따르면 어떤 것도 빛보다 빨리 움직이지 못한다.** 하지만, 이 퀀텀 물리학 실험에서 전자의 속도는 무한하다. 더구나 전자가 우주 반대편에 있는 또 다른 전자로부터 끊임없이 정보를 얻어낸다는 개념은 일반적인 상식을 깨뜨린 것이다.

1964년 졸 벨(Jol Bell)은 이 실험의 주장이 사실임을 입증하는 이론을 발표했다. 즉 모든 것은 특정 지역에만 존재하지 않는다는 비국소성(Non-local)의 성질을 가지며, 시간과 공간을 넘어 밀접하게 연결되어 있다는 것이었다. 벨의 정리가 발표된 후, 이 개념은 연구실에서 수없이 검증되었다. 잠시 생각을 해보자. 우리가 사는 세계의 기반은 시간과 공간이다. 하지만, 퀀텀의 세계에서는 모든 것들이 항상 연결되어 있다는 개념이 시공간의 개념을 앞선다. 그런데도 이것은 우리를 움직이고 있는 법칙처럼 보인다.

이후, **에드워드 슈뢰딩거(Erwin Rudolf Josef Alexander Schrödinger)**는 노벨상을 받은 오스트리아인이자 귀화한 아일랜드인 물리학자로 퀀텀 이론의 근본적인 결과를 발견했다. 특히 그는 시스템의 파동 함수를 계산하는 방법과 시스템이 시간에 따라 어떻게 동적으로 변화하는지를 제공하는 방정식인 슈뢰딩거 방정식(Schrödinger Equation)을 가정한 것으로 알려져 있다.

슈뢰딩거 방정식(方程式, Schrödinger Equation)은 비상대론적 퀀텀 역학적 계의 시간에 따른 진화를 나타내는

$$-\frac{\hbar^2}{2m}\frac{d^2\psi}{dx^2} + U\psi = E\psi$$

선형 편미분 방정식(PDE, Linear Partial Differential Equation)이다. 그는 '퀀텀 얽힘'이라는 용어를 만들었고, 1932년에 이를 논의한 최초의 사람이었다. 이러한 얽힘 현상이 퀀텀의 흥미로운 한 부분이 아니라, 퀀텀의 특성이라고 말했다. 퀀텀 물리학과 미스티시즘(Mysticism)이 서로 만나게 된 이유는 간단하다. 떨어져 있는 사물은 항상 서로 연결되어 있다. **이런 얽힘 현상에 사용되는 비국소성(Non-locality) 전자는 A라는 위치에서 B라는 위치로 이동하지만, 그 중간에는 머물지 않는다. 물질은 파동으로 존재하지만, 관찰되면 그 성질이 무너지고 특정한 위치를 점한다.**

미스티시즘(神秘主義, Mysticism)은 어떤 이념, 윤리, 의식, 신화, 전설, 마술 따위에 의해 변성의식상태의 일종인 종교적 황홀경에 드는 것이다. 미스티시즘에서는 이러한 개념들이 문제가 되지 않는다. 퀀텀 물리학의 선구자 중 많은 사람이 영적인 부분에 지대한 관심이 있었다. 먼저, **닐스 보어(Niels Bohr)**는 태극의 음양을 그의 문장(紋章)에 사용했고, 데이비드 봄은 인도의 성자인 지두 크리슈나무르티(Jiddu Krishnamurti)와 오랫동안 교류하며 대화를 나누었다.

또한, 슈뢰딩거는 베다(Vedas) 경전의 마지막 부분(Anta)을 차지하며,

또한, 결론(Conclusion)이라는 의미에서 '베단타(Vedanta)'라고 불리는 우파니샤드(Upanishads)에 대해 강의했었다. 하지만 퀀텀 물리학이 신비적인 세계관을 증명하는 것일까? 극단적인 물질주의자들은 제쳐두고 **미스티시즘(Mysticism)과 퀀텀 물리학이 비슷하다는 것에서는 의견이 일치되고 있는 것 같으며, 공통점은 모순된 세계관을 받아들이는 것이다.**

이 분야의 현대 과학자인 라딘 박사(Dr. Radin)는 웨스턴 온타리오 대학교 의과대학 부교수로 재직하면서 전문 교육 및 의학 교육에 참여한다. 또한, 그는 캐나다 왕립 의사 및 외과 의사 협회 회원이면서 퀀텀 역학과 관련해서 "세상을 바라보는 또 다른 방식이 존재한다. 그것이 퀀텀 역학이 가리키는 세계관이다."라고 했다.[43]

프린스턴대학교의 노벨상 수상자인 존 휠러(John Whiler)는, "일상적인 상황에서 우리와 독립된 '저 밖의' 세계가 존재한다고 말하는 것은 실용적이기는 하지만, 더 이상 통용되지 않는 관점"이라고 말한다. 휠러의 말을 빌리면, "우리는 단순히 우리라는 무대의 구경꾼이 아니라 그 속에 참여하면서 우주를 다듬는 새로운 현실의 창조자들이다."라는 의미가 있다.

물리학자이며, 저술가인 아밋 고스와미(Amit Goswami) 역시 다음과 같이 말한다. "우리는 주변의 것들이 자신의 관여나 선택과는 무관하

---

[43] 라딘 박사(Dr. Radin), https://www.drradin.com/

게 이미 어떤 그것으로 생각하는 습관이 있다." 퀀텀 물리학이 발견한 것들로 근거해서 충실히 대답하면, "우리는 그런 생각을 없애야만 한다. 그리고 나는 매 순간순간 이러한 흐름 속에서 선택을 통해 나의 실제 경험을 현실화시키고 있다."라고 말했다.

B. 퀀텀 물리학의 5가지 창조적 사고

가. 공간(Empty Place)

물질 우주가 딱딱한 입자라고 보는 뉴턴 물리학에 퀀텀 물리학이 가하는 **첫 번째 주장은 원자의 대부분이 공간으로 구성되어 있다는 사실을 발견한 것이다.** 얼마나 비어있을까? 수소 원자의 핵을 농구공 크기로 놓고 보면 전자들은 약 32km 주변에서 그 주위를 돌고 있다. 그리고, 그 핵과 전자 사이는 빈 공간이다. 우리 주변의 물질은 사실 우주 작은 점에 불과하며 실제로는 공간으로 둘러싸여 있는 것이다.

하지만 이것도 진실은 아니다. 이렇게 텅 비어있는 곳도 실제로는 전혀 비어있지 않다. 그 공간은 미묘하고 엄청나게 강한 에너지로 꽉 차 있다. 물질의 미세한 부분으로 내려갈수록 에너지의 양은 증가한다(예: 핵에너지는 화학 에너지보다 100만 배 더 강력하다). 1cm의 구슬 크기에 존재하는 빈 공간의 에너지는 전 우주의 모든 물질의 에너지보다 더 크다. 과학자들은 지금까지 이 에너지를 직접 측정할 수는 없지만, 이 무한한 에너지 효력은 알고 있다.

나. 입자, 파동 및 미립자(Particle, Wave, or Particulate)

과학자들이 원자 속으로 깊이 들어가 발견한 것은 입자들 사이의 '공간'뿐만이 아니다. 원자의 구성물인 원자 입자는 전혀 고체의 성질을 띠지 않으며, 2가지 성질로 나타난다. 우리가 그것을 어떻게 바라보느냐에 따라 **원자 입자들은** 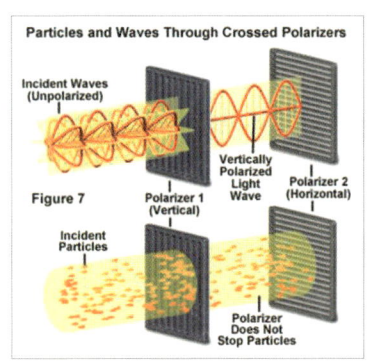 **입자처럼 움직이기도 하고 파동의 성질을 띠기도 한다.** 먼저, 입자(粒子, Particle)는 공간에서 특정 위치를 접하는 분리된 고형(Solid)의 물질이라 정의할 수 있다. 반면 파동(Wave)은 위치가 정해져 있지 않고, 고체의 성질을 갖지 않으며 음파나 물결처럼 퍼져나간다. 파동으로 나타나는 전자나 광자(빛 입자)는 특정한 장소를 접하지 않고 '확률(Probability)의 장소에서' 존재한다. 입자로 관찰될 때 그런 확률의 장은 '붕괴하여' 특정 위치와 시간 속에서 위치를 점하게 된다.

놀랍게도 퀀텀 물리학에서 파동과 입자의 차이를 만드는 것은 관찰이나 측정행위이다. 측정하거나 관찰되지 않으면 전자는 파동처럼 움직인다. 실험을 통해 그것을 관찰하는 순간 그 파동은 '붕괴하여' 특정한 입자로 변해 특정 위치를 점한다. 어떻게 한 물체가 고형(Solid)의 입자의 성질과 부드럽고 물과 같은 파도의 성질을 동시에 가질 수 있을까? 아마도 이 모순은 앞에서 말한 것을 상기함으로써 해결될 수 있다. 입자는 파동과 입자의 성질을 띤다. 하지만, '파동'이란 말은 단지 하나의 비유일 뿐이다. '입자'란 말 역시 우리가 일상생활에서 쓰는 비유이다. 일부 물리학자들은 **이것을 '미립자(Particulate, 원자의 1/2000)'라고 부르기도 한다.**

다. 퀀텀 도약과 확률(Quantum Leap and Probability)

원자를 연구하면서 과학자들은 전자가 원자핵 주위의 궤도에서 다른 궤도로 이동하는 것을 발견했다. 하지만, 전자들은 일반적인 물체가 움직이는 것처럼 궤도 사이의 공간을 거치지 않고 순간적으로 이동한다. 즉 하나의 장소, 궤도에서 사라졌다가 갑자기 다른 곳으로 나타난 것이다. 이것을 '퀀텀 도약(Quantum Leap)'이라고 부른다. 이것만으로도 상식적인 물리 법칙을 깨뜨리기에 충분하지만, 더 놀라운 것은 이 도약의 과정에서 언제 어디서 전자가 나타날 것인지를 예측할 수 없다는 것이다. 과학자들이 할 수 있는 것은 기껏해야 **새로운 전자 위치를 확률로 계산하는 것뿐이다.**

미국 조지아 대학교의 사티바노 박사(Dr. Farid Kamal Ramzi Stino)는 이렇게 말한다. "우리가 경험하는 현실은 이 확률의 바닷속에서 매 순간 끊임없이 새롭게 창조되고 있다. 하지만, 진정한 신비는 그러한 개연성으로부터 실제 어떤 일이 일어나는지를 결정하는 것이 이 물리적 우주에는 존재하지 않는다는 것이다. 즉 그것을 일으키는 프로세스가 존재하지 않는 것이다." 흔히 말하듯 퀀텀적인 사건들은 이 우주에서 진정한 의미의 무작위 사건(Random Event)들이다.

라. 불확정성의 원리(Uncertainty Principle)

고전물리학에서 모든 물체의 속성은 그 위치와 운동량을 포함해서 정확하게 측정될 수 있었다. 하지만, 퀀텀 차원에서는 어떤 물체의 고유한 성질, 예를 들어 속도를 측정하려고 하면 다른 특징들과 위치를 정확히 측정하는 것은 불가능해진다. 즉 어떤 사물의 위치를 알고 있다면, 그것이 얼마나 빨리 움직이고 있는지를 알 수 없어지고, 그 물체의 속도를 알고 있다면 그것의 위치를 알지 못하게 된다. 아무리 섬세하고 진보된 기술로도 이것을 정확하게 파악하는 것은 불가능하다.

불확정성의 원리(Uncertainty Principle)는 퀀텀 물리학의 선구자 중 한 사람인 베르터 하이젠베르크에 의해 체계화되었다. 이것에 따르면 아무리 노력한다고 해도 물체의 운동량과 위치를 동시에 정확하게 측정할 수 없다. 하나에 초점을 맞출수록 다른 하나의 불확정성은 더욱 증가한다.

마. 비국소성, 퀀텀 얽힘 현상(Nonlocality, Entanglement)

알베르트 아인슈타인(Albert Einstein)은 퀀텀 물리학을 좋아하지 않았다. 그는 퀀텀 무작위성에 대해서 **"신은 주사위 놀이를 하지 않는다."** 라고 유명한 말을 남겼다. 여기서 **닐스 보어**(Niels Henrik David Bohr)는 이렇게 응수했다. **"신에게 명령하지 마시라."**

퀀텀 물리학을 꺾기 위한 노력으로 아인슈타인(Einstein), 포돌스키(Podolski)와 로젠(Rosen)은 퀀텀 물리학의 모순점을 보여주기 위해서 사고실험(思考實驗)을 통해 당시에는 알려지지 않았던 퀀텀의 성질을 논문에서 지적했다. 그러나, 아이러니하게도 이후 **'비국소성(Nonlocality)'과 함께 '퀀텀 얽힘 현상(Quantum Entanglement Phenomenon)'의 표현이 더욱 확대되었다.** 이것은 '하나의 입자를 아주 먼 거리를 두고(우주의 반대쪽까지) 이 상태에서 하나의 입자에 자극을 주어 그 상태를 변화시키자 멀리 떨어져 있던 입자 역시 동시에 자극에 반응했다.'라는 것을 의미했다.[44]

C. 미시세계의 퀀텀이 우리들의 생각을 상상하게 한다

가. 퀀텀 물리학의 세계

---

[44] 무한한 가능성의 원자 구조, 닐스 보어(1922, 노벨상)

의식이 현실을 창조하는 것이 아니라, 의식이 곧 현실이다. 현실을 바꾸려면 의식을 먼저 바꾸어야 하는 것일 수 있다. 의식 그 자체가 내 현실로 다가올 수 있다는 뜻이다. 이것은 미시의 퀀텀의 놀라운 통찰이다. 미립자(Particulate, 원자의 1/2000)에 전 우주의 물질이 가진 에너지보다 더 큰 에너지가 들어있다면 정말 놀라운 것이다. 미국 프린스턴 대학교의 노벨상 수상자, **존 휠러(John Wheeler)는 "우리는 단순히 우주라는 무대의 구경꾼이 아니라 그 속에 참여하면서 우주를 다듬는 창조자들이다."라고 퀀텀의 세계를 말했다.** 마음이 곧 물질이다. 의식이 곧 현실이다. 이것이 '퀀텀 물리학'이라는 것을 이제는 명확하게 인지하게 되었다.

퀀텀 원자의 빈 공간에서 작용하는 에너지는 인간의 미시적 세계에도 영향을 준다. 그 에너지는 사람의 사랑 말과 칭찬의 행동에도 유사하다. 즉, 생각의 허용, 인정, 내어줌으로 따뜻한 가슴의 중심이 원자의 빈 공간을 통해서 에너지가 전달된다. 인간의 마음 생각도 시간과 공간을 넘어 밀접하게 연결되어 있다. 모든 무형의 영(Spirit), 혼(Soul), 육(Body)도 원자의 빈 공간으로 에너지가 있기에 항상 연결되어 있다. **이에 따라, 고전물리학의 모순된 세계관을 미시의 퀀텀 물리학에서는 받아들인다. 나아가서, 우리는 우주를 다듬는 창조자들이다. 우리 주변의 물질세계는 의식 가능한 흐름이다. 마음이 곧 물질이 될 수 있으며, 의식이 현실이 될 수 있다.**

나. 헤르메스 철학(Hermes Philosophy)

마음의 작동이 물질로 나타난 것이 빅뱅(Big Bang), 즉 마음(Mind) 또는 영(Spirit)이 물질을 창조했다는 것이 헤르메스 철학(Hermes Philosophy)이다. 퀀텀 물리학의 순간이동과 동시성은 정신계 현상으로, 우리의 삶은 정신계와 물질계의 이원적 원리가 동시에 작동되고 있으며, 물질계로만 세상을 보면 영적 현상은 기적으로밖에 이해할 수 없다.

원자(Atom)의 경우, 양성자(Proton), 중성자(Neutron), 전자(Electron) 등으로 이루어져 있다. 축구공 주고받기 게임을 예로 들면, 원자핵 입자가 전자에게 공을 차면, 파동이던 전자 입자가 옷을 갈아입고 입자가 되어 공을 받아서 다시 원자핵으로 차는 파동이 된다. 또한, 파동으로 있던 원자핵이 다시 입자로 옷을 갈아입고, 공을 받아 다시 전자에게 주고 파동으로 변신한다.

다른 예로, 붓으로 원을 그리면 영이 되고 그 영(0)을 똑바로 펴면 일(1)이 된다. 물질과 비물질도 이와 같아서 비물질에서 물질로, 물질에서 비물질로 끊임없이 폈다 오므리기를 반복하며 오고 간다. **그러므로 미시세계의 퀀텀 물체는 항상 정해진 상(Image)이 없다. 있다고 보면 있는 것이고 없다고 보면 없는 것이다. 이에 따라서, 우리들의 생각의 범위와 깊이가 더 도전받게 된다.**

다. 물 분자가 만들어 내는 신비한 힘, '음펨바 효과(Mpemba Effect)'

모든 것은 의식의 수준에 달려있다. 의식은 'Source'라고 하는 근원 에너지에서 파생된 것으로 정의된다. 그것은 모든 물질에 내재하여 있다. 예로, 물(Water) 분자에도 의식이 있다는 사실은 이미 유사하게 증명되었다. 1963년 아프리카 탄자니아의 한 고등학교에 어느 물리학자가 초청받아 강연하러 갔을 때의 일이다.

강연이 끝나고 질문을 받는 시간이 되자 학생 중 한 명이 손을 들어 질문했다. "중학교 요리 시간에 아이스크림을 만드는 시간이 있었어요. 따뜻한 상태의 아이스크림 재료를 덜 식힌 것과 미리 만들어 식힌 것을 냉장고에 같이 넣어두었더니 덜 식혔던 따뜻한 쪽이 오히려 먼저 얼었습니다!" 이 학생은 그 현상이 신기해 이후에도 미리 식힌 것과 덜 식힌 것을 같이 냉장고에 넣었지만, 항상 온도가 높은 것이 먼저 얼었다고 했다. 아무리 생각해 봐도 이해가 되지 않았는데 마침 물리학자가 강연하러 왔으니 그 원리가 무엇인지 물어본 것이다.

음펨바 현상(Mpemba Effect)은 사실 꽤 오래전부터 언급되었던 일이다. 고대 그리스의 자연철학자였던 아리스토텔레스는 책 《기상학(Meteorology)》에 이 현상에 대한 기록을 남겼다. "만약 물이 미리 데워지면 이는 물을 더 빨리 얼게 하는 원인이 된다. 그래서 많은 사람이 물을 빨리 식히고 싶을 때, 물을 햇볕에 쬐는 것으로 시작한다. 폰투스 주민들은 얼음 위에서 물고기를 잡으려 구멍을 뚫고 진을 칠 때 갈대 둘레에 따뜻한 물을 부어서 갈대를 얼린다. 그러면 얼음이 더 빨리 얼기 때문이다. 여기서 얼음은 갈대를 고정하는 역할을 한다." 이 설명은 반대되는 성질에 둘러싸여 있을 때 그 성질이 더 강하게 되는 아리스토텔레스의 '안티페리스타시스(Antiperistasis) 법칙'에 포함되기도 한다.

음펨바 현상과 수소 · 공유결합의 상관관계는 먼저 물 분자가 수소 원자 2개와 산소 원자 1개로 이루어져 있고 이들은 서로 '공유결합'으로 연결되어 있다. 여기서 '공유결합'이란, 화학 결합 중 전자를 원자들이 공유하였을 때 생성되는 결합을 말한다. 즉, 물 분자는 내부에 공유결합이 있다. 그리고 물이나 얼음처럼 물 분자가 여럿 모여 있는 경우에는 분자와 분자 사이를 잇는 결합이 있는데 이를 '수소결합'이라고 한다.

또한, 분자를 서로 연결하는 결합에는 여러 종류가 있다. 그중 수소결합은 힘이 강한 편에 속하지만, 수소결합이 아무리 강하더라도 물 분자를 이루는 공유결합

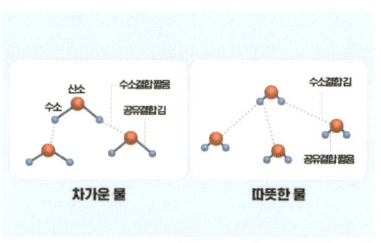

보다는 아무래도 약하다. 정리해 보면 **물 분자 내부는 수소와 산소가 공유결합으로 묶여있고, 물 분자들끼리는 수소결합으로 묶여있다.**[45]

---

[45] Henry C. Burridge&Paul F. Linden Scientific, 네이처, 2016, https://www.nature.com

라. 몸과 의식의 상관관계

모든 동물의 생명엔 공기 중의 산소가 필요하고, 햇빛과 적당한 온도, 물과 영양소가 필요하다. 살아있는 식물들도 모두 똑같은데, 탄산가스도 필요하다. 동물의 생명체가 호흡한 산소는 식물이 필요한 공기로 바뀌고 식물은 반대 공기를 바꾸어 주니 얼마나 자연적인 지구 생명의 연관성 있는 순환인가? 이것을 과학이 발달 안 된 3,500년 전의 모세가 알았을까? 2,500년 전의 불교의 창시자 석가가 알았을까? 그 사람들이 퀀텀 물리학을 알았을까? 그들은 오늘날 과학적 실험이 아닌 자기들의 머리 뇌 속에서 그들의 지식과 상상과 명상으로 눈으로 보이지 않는 의식의 표현(Expression of Consciousness)으로 했을 수도 있다.

우리 몸의 관점에서 의식은 우리 몸을 구성하는 세포마다 있으며 서로 특별한 유기적 관계를 맺는다. 그렇다고 우리 의식은 우리 몸에만 있는 것이 아니다. 그것은 에고(Ego)라 부르는 자아이다. 우리의 실체는 우리의 상위자아(Higher Self)이다. 상위자아는 우리의 자아의 자유의지 선택에 따라 연결되거나 차단될 수 있다. **"의식이란 자각하고 있는 상태를 말하며, 이 중심에는 '나'가 자리하고 있다. 자아는 의문의 여지가 없는 명백한 출발점이고, 우리가 영혼이라고 부르는 광대한 내면 우주로 들어가는 입구 역할을 한다."라고 미국 캘리포니아 대학교, 머리 스타인 박사(Dr. Murray Stein)가 말했다.**[46]

46　미국 캘리포니아 대학교, https://profiles.ucsd.edu

물질의 분석은 물질의 그 공간을 보아야만 분석되나? 겉만 보면 알 수 없는가? 모든 물질은 그 독특한 요소와 각기 다른 에너지를 함유하고 또 독특한 특성이 있다. 금과 흙이 다르고 물과 공기가 다르다. 그러나 그것을

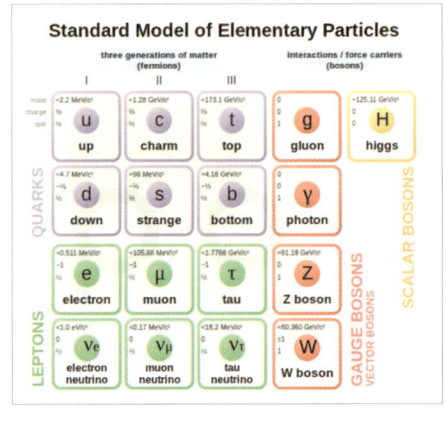

변화시킬 수 있는 요소를 발견하는 것이 인간의 의식 있는 과학의 발견이다. 그리고 **그 에너지 발견과 그 힘의 이용을 연구하여 오늘날은 더욱 과학발전이 이룩되어 새로운 물질도 발견하게 되었고 그것을 여러 가지로 사용하게 되었다.** 이런 퀀텀 물리학처럼 어떤 물체나 에너지를 가장 최소 입자로 만들고 그것을 그 물체와 다른 물체와 결합실험으로써 자연적 에너지 반응으로 얻을 수 없는 신기한 물질과 에너지가 생산되도록 하여 새로운 물질도 만들어 내게 되었다.

마. 퀀텀 역학이란 무엇인가?

퀀텀 역학은 입자의 거동을 미세한 수준에서 연구하는 물리학 분야다. 아원자 입자(Subatomic Particle)는 중성자, 양성자, 전자처럼 원자보다 작은 입자를 의미한다. 또한, 훗날 중성미자, 반전자, 반양성자, 반중성자 등도 포함되었다. 아원자 수준에서 입자의 행동 방식을 설명하는

방정식은 우리 주변의 거시적 세계를 설명하는 방정식과 다르다. 퀀텀 컴퓨터는 이러한 동작을 활용하여 완전히 새로운 방식으로 계산을 수행한다.

D. 미래는 퀀텀이다(The Future is Quantum)

노벨상 수상자 존 클라우저(John Clauser)는 "퀀텀은 미래 기술이며, 진실은 관찰에서 나옵니다.", "퀀텀 기술은 미래를 바꾸는 기술입니다. 진정한 현실은 자연에 대한 정확한 관찰에서 비롯됩니다."라고 했다. 그는 '퀀텀 얽힘' 현상을 실험적으로 규명한 공  로를 인정받아 노벨상을 받은 세계적인 학자이다. 최근 '퀀텀 코리아 2023' 참석차 방한해 이런 소식을 전했다. 그는 과학자로서 과학적 관찰과 '진실' 공개의 중요성도 강조했다. 존 박사는 "우리가 사는 세상은 잘못된 정보를 퍼뜨리는 나쁜 과학으로 가득 차있지만, 진짜 진실은 자연 현상을 관찰함으로써 찾을 수 있다."라고 말했다.

그가 평생 연구해 온 퀀텀 기술은 분자, 원자, 전자, 소립자 등 아주 작은 세계를 다루는 물리학인 퀀텀 역학에 활용된다. 고전 역학으로는 설명할 수 없는 '얽힘'과 '중첩'이라는 현상을 이용하여 정보를 획득하고 전송하고 처리하는 새로운 방법을 탐구함으로써 더 강력한 컴퓨터,

더 안전한 통신 네트워크, 더 정확한 센서를 개발할 수 있다. 예를 들어 퀀텀 컴퓨터는 기존 슈퍼컴퓨터와는 전혀 다른 시스템을 갖춘 컴퓨터로, 슈퍼컴퓨터가 풀 수 없는 RSA 암호체계를 단 몇 분 만에 풀 수 있다. 또한, 퀀텀 라이더와 퀀텀 센서를 활용해 더 정확한 위치 정보와 주변 감지 기능을 갖춘 완벽한 자율주행차 개발에도 활용할 수 있다.

미국, 유럽 연합 등 세계 주요 국가들은 퀀텀 기술이 미래 산업 지형을 바꿀 기술임을 일찌감치 인식하고 전략적 투자를 진행하고 있다. **2035년까지 퀀텀 경제 실현을 목표로 본격적인 기술 개발과 인재 양성을 추진한다.** 아직 글로벌 패권을 주도할 기술이 없으므로 승산이 있다는 얘기다.

Core Vision

By 미시세계의 퀀텀(Quantum) 발견

A. 아인슈타인(Einstein)과 닐스 보어(Niels Bohr) 만남
- 닐스 헨리크 다비드 보어 (Niels Henrik David Bohr)는 원자 구조와 퀀텀 이론을 이해하는 데 근본적인 공헌을 한 덴마크 물리학자로, 1922년 노벨 물리학상을 받았다.
- 물질 우주에서 독립된 관찰자는 존재하지 않으며 우주 안의 모든 것들은 참여하고 있다. 이 개념은 너무 기묘(Strangeness)해서 아인슈타인은 이 현상을 '도깨비 같은 원격작용' 이라고 불렀다.

B. 퀀텀(Quantum) 물리학의 5가지 창조적 사고
- 첫 번째 주장은 원자의 대부분이 공간(Empty Place)으로 구성되어 있다는 사실을 발견한 것이다.
- 둘째는 원자 입자들은 입자처럼 움직이기도 하고 파동의 성질을 띠기도 한다.
- 셋째는 퀀텀 도약과 확률(Quantum leap and probability)
- 넷째는 불확정성의 원리(Uncertainty Principle)
- 다섯째는 비국소성, 퀀텀 얽힘 현상(Nonlocality, Quantum Entanglement) : 알베르트 아인슈타인(Albert Einstein)은 퀀텀 물리학을 좋아하지 않았다. 그는 퀀텀 무작위성에 대해서 "신은 주사위 놀이를 하지 않는다" 라고 유명한 말을 남겼다.

C. 미시세계의 퀀텀(Quantum)은 우리들의 생각을 상상하게 한다.
- 존 휠러(John Wheeler)는 "우리는 단순히 우주라는 무대의 구경꾼이 아니라 그 속에 참여하면서 우주를 다듬는 창조자들이다."라고 퀀텀의 세계를 맡했다.

D. 미래는 퀀텀이다(The future is Quantum)
- 노벨상 수상자 존 클라우저(John Clauser) "퀀텀은 미래 기술이며, 진실은 관찰에서 나옵니다."
- "퀀텀 기술은 미래를 바꾸는 기술입니다. 진정한 현실은 자연에 대한 정확한 관찰에서 비롯됩니다."

02
글로벌 선진국의 퀀텀 전략과 미래

A. 미국 국가 퀀텀 이니셔티브
(NQI: National Quantum Initiative, USA)

가. 퀀텀 이니셔티브(National Quantum) 법률 제정

NQI는 QIS(퀀텀 정보 과학)를 탐구하고 홍보하기 위한 지속적인 활동을 한다. 국가 퀀텀 이니셔티브법(National Quantum Initiative Act)은 QIS 및 그 기술 응용 분야에서 미국의 지속적인 리더십을 제공했다. 이는 미국의 경제 및 국가 안보를 위해 퀀텀 연구 및 개발을 가속하기 위한 조정된 연방 프로그램을 요구한다.

기존의 NQI(National Quantum Initiative)의 퀀텀 기반 기술은 이미 사회와 미국 경제를 변화시켰다. 내비게이션용 GPS(Global Positioning System), 의료 영상용 MRI(자기 공명 영상), 컴퓨터 칩용 반도체, 통신용 레이저 등이 그 예다. 퀀텀 정보 과학(QIS)은 컴퓨팅, 네트워킹 및 감지에 대해 새롭고 더욱 강력한 접근방식을 통해 기술의 또 다른 혁명을 약속한다. NQI는 QIS 및 해당 기술 응용 분야에서 미국의 지속적인 리더십을 보장하기 위한 범정부적 접근방식이다.

■ **국가 퀀텀 이니셔티브법**(National Quantum Initiative Act)

국가 퀀텀 이니셔티브법(NQI Act)은 '미국의 경제 및 국가 안보를 위한 퀀텀 연구 및 개발을 가속하기 위해' 2018년 12월 21일 트럼프 대통령에 의해 법률로 서명되었다. NQI법은 국립 표준기술연구소(NIST), 국립과학재단(NSF) 및 에너지부(DOE)가 QIS 프로그램, 센터 및 컨소시엄을 강화할 수 있는 권한을 부여한다. **NQI법은 또한 민간, 국방, 정보 부문을 포함하여 미국 정부 전반에 걸쳐 QIS 연구 및 개발(R&D) 노력에 대해 조정된 접근방식을 요구했다.**

이러한 조치를 안내하기 위해 NQI법은 NSTC(국가과학기술위원회), 퀀텀 정보 과학 소위원회(SCQIS), 퀀텀 과학의 경제 및 보안 영향에 관한 NSTC 소위원회(ESIX), 국가 퀀텀 조정위원회(National Quantum

Coordination)에 대한 일부 책임을 입법화했다. 또한, QIS 기술이 상업 및 국방 응용 분야에 적용된다는 점을 인식하여 QIS R&D에 대한 추가 허가는 국방수권법에 따라 입법화되었다.

기존의 민간, 국방, 정보기관은 모두 QIS에 대한 오랜 투자 역사를 맺고 있으며 향후 QIS 발견 및 기술 개발에 이해관계를 갖게 되었다. 이로써, NQI는 이제 미국 부처 또는 기관, 민간 부문 산업 및 학계 전반에 걸쳐 QIS R&D 활동을 강화하고 조정하기 위한 포괄적인 프레임워크를 제공한다.

■ **국방수권법**(NDAA: National Defense Authorization Act)

2019년 회계연도(FY)에 대한 국방수권법(NDAA: National Defense Authorization Act)과 2020년 회계연도에 대한 NDAA는 국방부(DOD)가 퀀텀 정보 과학 및 기술 연구와 개발을 수행하고 지원하도록 규정한다. NDAA는 미국에서 개발 중인 퀀텀 정보 과학 기술의 기술 준비 수준을 높이고, 퀀텀 정보 과학 및 기술 인력 개발을 지원하며, 퀀텀 정보 과학 및 기술에 대한 인식을 향상하기 위해 국방부에 권한을 부여한다.

NDAA는 NQCO, SCQIS 및 기타 적절한 연방 기관 및 민간 부문

기관과의 협의를 포함하여 DOD 내에서 모든 퀀텀 정보 과학 및 기술 연구와 개발을 조정할 수 있는 권한을 제공했다. 2020년 회계연도 NDAA는 퀀텀 정보 과학 연구 센터 설립을 추가로 승인한다. 2022년 회계연도 NDAA는 퀀텀 과학의 경제 및 보안 영향에 관한 NSTC 소위원회(ESIX)를 포함하도록 국가 퀀텀 이니셔티브법을 개정했다.

■ 2022년 CHIPS 및 과학법

조 바이든(Joe Biden, 46th U.S. President) 대통령은 2022년 CHIPS 및 과학법(CHIPS and Science Act)에 서명했다. 2022년 CHIPS 및 과학법은 퀀텀 네트워킹 인프라에 대한 R&D, 퀀텀 네트워킹 및 통신 표준 개발, 미국에 접근하기 위한 경쟁적이고 장점 검토 기반 프로세스를 촉진하기 위한 프로그램 수립을 승인하기 위해 국가 퀀텀 이니셔티브법(National Quantum Initiative Act)을 개정했다. 이것은 연구 목적을 위한 기반 퀀텀 컴퓨팅 리소스, 모든 교육 수준에서 퀀텀 정보 과학 및 공학을 STEM 커리큘럼에 통합한다. 또한 기존 연방 장학금 프로그램뿐만 아니라 새로운 NSF 기술, 혁신 및 파트너십 부서의 퀀텀 정보 과학도 명시적으로 포함된다.

나. 퀀텀 이니셔티브(National Quantum) 조정 기관

국가 퀀텀 이니셔티브(National Quantum Initiative)는 연방 기관에 의해 수

행되며, 개정된 국가 퀀텀 이니셔티브법(National Quantum Initiative Act)은 국가 과학 기술 위원회(NSTC) 퀀텀 정보 과학 소위원회(SCQIS)와 경제 및 과학 기술에 관한 NSTC 소위원회를 통한 부처 간 조정을 요구했다. NQI법은 또한 국가 퀀텀 이니셔티브에 대한 독립적인 평가 및 권장 사항을 제공하기 위해 국가 퀀텀 이니셔티브 자문 위원회(NQIAC)의 구성을 입법화했다. 마지막으로 NQI법은 NQI 프로그램의 부처 간 조정을 감독하고 NQI 조정 및 지원에 필요한 일상 활동을 수행하며 위원회에 기술 및 행정적 지원을 제공하기 위해 국가 퀀텀 조정 사무소(NQCO: National Quantum Coordination Office)를 설립했다.

■ **퀀텀 정보 과학**(QIS: Quantum Information Science)

퀀텀 정보 과학(QIS)은 퀀텀 물리학의 미시적 수준에 대한 설명이 정보 과학(컴퓨터와 같은 실제 시스템이 정보를 처리하는 방법)에 어떻게 영향을 미치는지에 대해 더 깊은 연구를 한다. 이런 퀀텀 정보 기술은 근본적으로 물질의 퀀텀 속성을 활용하여 새로운 속도, 정밀도 또는 기능을 가능하게 하는 새로운 유형의 컴퓨터, 센서 및 네트워크를 설계한다.

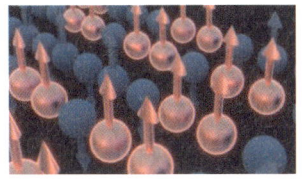

1980년대 이후 주요 QIS 과학적 발견, 1990년대 시작된 선구적인 실험, 2000년대 퀀텀 공학, 오늘날의 상업활동을 바탕으로 세계는 두 번째 퀀텀 혁명의 정점에 서있다. 미래의 경제적 번영과 국가 안보에 영향을 미치는 QIS에

의해 촉진된 혁신에 대한 전망은 미국에서 정부 및 국가 전체의 접근 방식에 동기를 부여한다.

다. 퀀텀 이니셔티브(National Quantum) 분과 위원회

국가 퀀텀 이니셔티브(National Quantum Initiative)는 2018년에 트럼프 대통령에 의해 법률로 서명되었다. 이 법은 2022년 회계연도 국방수권법(NDAA)과 2022년 CHIPS 및 과학법에 따라 개정되었다. 이러한 개정 사항이 포함된 국가 퀀텀 계획법(National Quantum Initiative Act)을 보여주는 NQCO가 있다.

국가 퀀텀 이니셔티브법(NQI: National Quantum Initiative Act)은 NIST, NSF 및 DOE에 관한 연구 활동만 승인하지만, 국가 퀀텀 이니셔티브는 이 세 기관을 넘어서는 범정부적 접근방식이 된다. 행정명령 14073은 국가 퀀텀 계획(National Quantum Initiative)이 "국가 과학 및 과학 협회 회원인 행정부나 기관이 추구하는 QIS 연구, 개발, 시연 및 교육 활동과 같이 연방 정부 전반의 기여를 포괄한다."라고 명시되었다. 이들은 관련 분과 위원회가 있다.

■ SCQIS - 퀀텀 정보 과학 분과위원회

NSTC(National Science and Technology Council)의 퀀텀 정보 과학 분과위원회(SCQIS)는 NSTC 과학 위원회의 후원으로 퀀텀 정보 과학 및 관련 기술에 대한 연방 연구 개발(R&D)을 조정한다. 이런 R&D 조정의 목적은 향후 10년 동안 퀀텀 정보 과학 및 그 응용 분야에서 미국의 리더십을 유지하고 확장하는 것이다. SCQIS는 과학 기술정책국(OSTP), 국립표준기술연구소(NIST), 국립과학재단(NSF), 에너지부(DOE)가 공동 의장을 맡고 있다.

■ ESIX - 퀀텀 과학의 경제 및 보안 영향에 관한 소위원회

NSTC(National Science and Technology Council) 퀀텀 과학의 경제 및 보안 영향에 관한 소위원회(ESIX)는 QIS의 경제 및 보안 영향이 기관 전반에 걸쳐 이해되게 하려고 설립되었다. 소위원회는 QIS 관련 연구에 국가 안보 관점을 제공했다. ESIX 소위원회는 SCQIS와 같은 NSTC 소위원회와 협력하여 파생 기술과 함께 QIS의 기본 연구 및 개발이 경제 및 국가 안보에 미치는 영향을 정의한다. 소위원회는 과학 기술정책실(OSTP), 국방부(DOD), 에너지부(DOE), 국가안보국(NSA)이 공동 의장을 맡는다.

■ NQIAC – 국가 퀀텀 이니셔티브 자문 위원회

NQIAC(National Quantum Initiative Advisory Committee)는 NQI법에서 요구하는 연방 자문 위원회며, 이들은 NQI 프로그램에 대한 독립적인 평가를 제공한다. 대통령, 의회 및 QIS에 대한 NSTC 소위원회가 NQI 프로그램을 검토 및 개정할 때 고려할 권장 사항을 제시하는 임무를 맡고 있다. NQIAC는 업계, 학계, 연방 연구소의 해당 분야 리더들로 구성되며, 이들은 2019년 8월 30일 행정명령 13885에 의해 처음 설립되었다. 이후 2022년 5월 4일 행정명령 14073에 의해 강화되었다.

■ NQCO – 국가 퀀텀 조정국(National Quantum Coordination Office)

백악관 과학 기술정책실(OSTP)에 위치한 국가 퀀텀 조정실(NQCO)은 NQI법에 따라 입법되어 NQI를 조정하고 지원하는 데 필요한 일상 활동을 수행한다. 조정 사무국은 SCQIS, ESIX 및 NQIAC에 기술 및 행정적 지원을 제공하고, NQI 프로그램의 기관 간 조정을 감독하는 임무를 맡고 있다. NQCO는 연방 민간 퀀텀 정보 과학 및 기술 활동에 대한 주요 연락 창구기능을 하며, SCQIS 및 자문 위원회의 조사 결과 및 권장 사항을 적절하게 전파하는 등 공공 봉사 활동을 수행한다. NQCO 직원은 정부 전반에 걸쳐 세부 임무를 맡은 연방 직원이다.[47]

---

[47] 미국 국가 퀀텀 이니셔티브, https://www.quantum.gov/

B. 유럽 퀀텀 통신 인프라(EuroQCI) 이니셔티브

퀀텀의 변혁적인 힘을 발휘하기 위해 EU는 퀀텀 연구의 우수성 전통을 바탕으로 탄탄한 산업 기반을 개발한다. 앞으로 몇 년 안에 퀀텀 기술은 오늘날 할 수 없는 일을 가능하게 할 것이다. 또한, 퀀텀을 사용하면 땅속이나 바다 밑을 멀리 볼 수 있고 현재 가장 강력한 슈퍼컴퓨터로는 처리할 수 없는 생체분자 및 화학 반응 모델링과 같은 복잡한 계산 작업을 수행할 수 있다. 퀀텀은 민감한 정보를 어디든 안전하게 전송하고, 세포 내부를 관찰하여 질병을 더욱 빠르고 정확하게 진단할 수 있도록 도와줄 수 있다.

20세기 초반의 첫 번째 퀀텀 혁명에서 과학자들은 퀀텀 역학의 특성, 즉 분자, 원자, 심지어  광자와 전자와 같은 더 작은 입자의 상호 작용을 이해하고 적용하는 방법을 배웠다. 이를 통해 그들은 궁극적으로 컴퓨터, 통신, 위성 항법, 스마트폰, 현대 의료 진단 등을 위한 기초 기술인 트랜지스터, 레이저 및 마이크로프로세서를 만들 수 있었다.

이제 두 번째 퀀텀 혁명이 진행되고 있다. 연구자들은 개별 입자와 입자의 물리적 상호 연결 및 상호 작용을 감지하고 조작할 수 있으며, 기본 퀀텀 역학의 특성을 활용하는 새로운 기술과 시스템을 구축할 수 있다. 이러한 개발은 퀀텀 컴퓨팅, 센서, 시뮬레이션, 암호화 및 통신을 포함한 다양한 분야에서 주요한 퀀텀 기술 발전을 가져왔다.

가. 유럽 퀀텀 기술의 주력

유럽은 퀀텀 연구 분야에서 오랜 전통을 갖고 있으며, 이런 전통을 바탕으로 탄탄한 산업 기반을 구축하는 것이 중요하다. 유럽 수준에서 조정된 연구와 자금 지원 노력이 없다면 유럽은 글로벌 경쟁자들에게 뒤처질 위험이 있다. 이러한 과제를 해결하기 위해 양자 기술 플래그십(QTF: Quantum Technologies Flagship)이 2018년에 출범하게 되었다. 이는 연구 기관, 산업 및 공공 자금 제공자를 통합하고 EU가 자금을 지원하는 10억 유로의 예산을 갖춘 대규모 장기 연구 이니셔티브로서, 이 분야에서 유럽의 과학적 리더십과 우수성을 확대한다.

QTF 위원회는 유럽 고성능 컴퓨팅 공동 사업(EuroHPC JU)의 목적으로 2023년 최첨단 시제품 퀀텀 컴퓨터를 구축했다. 이 컴퓨터는 공동 사업의 슈퍼컴퓨터와 상호 연결 된 가속기 역할을 하여 최고의 퀀텀 컴퓨팅 기술과 고전 컴퓨팅 기술을 혼합한 '복합형' 기계가 되었다.

■ **유럽 퀀텀 통신 인프라(EuroQCI) 이니셔티브**

2019년 6월부터 모든 27개 EU 회원국은 EuroQCI 선언에 서명하여 EU 전체(EuroQCI)를 포괄하는 퀀텀 통신 인프라 개발을 위해 위원회와 유럽 우주국의 지원을 받아 협력하기로 합의했다. 2022년 10월 EuroHPC JU는 EuroHPC 슈퍼컴  퓨터에 통합될 최초의 유럽 퀀텀 컴퓨터를 진행할 EU 전역의 6개 사이트를 선택했다고 발표했다. 새로 인수한 퀀텀 컴퓨터는 순수하게 유럽의 최첨단 기술을 기반으로 하며 체코, 독일, 스페인, 프랑스, 이탈리아 및 폴란드에 자리 잡게 되었다. 총금액은 1억 유로이며, 50%는 EU에서, 50%는 EuroHPC JU 참여국 중 17개 국가에서 나왔다.

이는 유럽 퀀텀 인프라 구축(Establishment of European Quantum Infrastructure)을 향한 첫 번째 단계가 되어, EU를 퀀텀 혁명의 리더로 만들 수 있다. 이에 따라, 퀀텀에는 일반적으로 과학 및 산업 분야의 유럽 사용자가 비상 업적 기반으로 클라우드를 통해 액세스할 수 있다. 또한, 이들 인프라는 글로벌 사회 과제에 대한 새로운 지식과 솔루션의 창출을 가속화하는 데 활용될 것이다. **엄청난 컴퓨팅 용량 덕분에 특히 재료 개발, 신약 개발, 일기 예보, 운송 및 산업과 사회에 매우 중요한 기타 실제 문제에서 복잡한 시뮬레이션 및 최적화 문제를 해결할 것이다.** 세계적 수준의 퀀텀 생태계를 추가로 배포하고 2030년까지 퀀텀 가속 기능을 갖춘 최초의 컴퓨터를 제공한다는 디지털 10년 목표를 달성하기 위해 향후 몇 년 동안 EU와 회원국 간에 추가적인 시너지

효과가 구축될 것이다.[48]

C. 한국 퀀텀 협회(Korea Quantum Association)

한국 퀀텀 협회는 퀀텀 연구 · 기술의 향상, 사업화 · 산업화 촉진, 인재 양성, 산학연 교류 증진, 문화 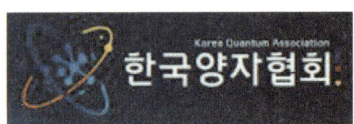 확산 등 퀀텀 생태계 조성에 기여하고 있다. 또한, 회원의 품위 보전, 권익 증진, 친목 도모 등 회원 간 상호 협력을 도모함으로써 국내 퀀텀 기술 · 산업의 건전한 발전 및 국가 안보와 경제 향상에 이바지함을 목적으로 한다. 한국 퀀텀 협회(KQA)는 퀀텀 기술 혁신과 지속 성장을 위한 든든한 파트너를 갖는다. 사람 중심, 현장 중심, 수요 중심의 원칙에 따라 능동적이고 창의적인 자세로 한국의 퀀텀 기술 혁신과 지속 성장을 위해서 노력한다.

가. AI · 퀀텀 · 이차전지 등 국가전략 기술 육성법

반도체, 이차전지, 우주, AI(인공지능), 퀀텀 등 국가전략 기술을 선

---

48   EU Quantum Association, https://digital-strategy.ec.europa.eu

정·관리하는 국가전략 기술 육성법이 본격 시행된다. 과학기술정보통신부는 '국가전략 기술 육성에 관한 특별법 시행령' 제정안을 국무회의에서 의결됨에 따라 본격적인 시행을 밝혔다. 국가전략 기술 육성법은 글로벌 기술 패권 경쟁 시대에 대응해 체계적인 기술 육성 제도 기반을 마련하기 위해 제정되었다. 국가 차원의 전략 기술을 신속하게 확보함으로써 과학 기술 주권을 확립하는 것이 목표였다.

또한, 이 법은 국가전략 기술 선정·관리, 기본계획 수립, 정책지원기관 지정, 전략연구사업 지정 및 특례 부여, 국가전략 기술 육성 기반 조성  (특화연구소 지정, 도전적 연구 개발 촉진, 지역 기술 혁신 허브 등), 핵심 인력양성 및 국제협력 강화 등 전방위적 육성·지원 방안을 담고 있다. 시행령은 국가전략 기술 육성법에서 위임한 사항과 구체적 절차·방법 등 법 시행에 필요한 세부 사항을 규정하고 있다.

먼저 과학기술정보통신부 장관이 기본계획 등의 수립지침을 작성하고 관계 중앙행정기관의 장이 해당 지침에 따라 작성·제출한 부문별 계획이 중복되거나 상충할 때는 수정·보완하도록 했다. 이에 더해 국가전략 기술 선정 및 관리를 위한 전문가 등의 조사·연구 및 관련 현황 조사·분석 자료 제출 요청의 근거를 마련함으로써 '국가전략 기술 컨트롤타워(National Strategic Technology Control Tower)'로서의 역할을 충실히 하도록 했다.

신속한 전략 기술 육성을 위해 중앙행정기관이 특화연구소 및 도전적 연구 개발 전담 기관을 지정하거나 지방자치단체가 지역 기술 혁신 허브를 구성할 때 과학기술정보통신부 장관이 국가 차원의 일관된 방향성을 제시하고 중복지원 방지를 위한 지침 등을 마련하도록 했다. 외교·안보 관점에서 중요한 국가전략 기술의 유출을 사전 방지하려는 방안도 담겼다. 기업·대학·연구 기관 등 기술 육성 주체가 외국 정부 등으로부터 관련 정보의 제공을 요청받았을 때 중앙행정기관의 장에게 통보해야 할 범위를 설정했다.[49]

나. 퀀텀 정보 과학 기술 연구회
(Quantum Information Science and Technology)

　지난 20여 년간 퀀텀 정보 과학은 비약적으로 발전하여 퀀  텀 기술 시대에 들어서고 있다. 이제는 정부 주도 R&D뿐만 아니라 Google, IBM, Intel과 같은 세계적 기업들도 퀀텀 기술 개발에 박차를 가하고 있다. 미국, 유럽, 일본과 같은 선진국뿐 아니라 중국도 최근 퀀텀 정보 과학 및 기술 분야에 대규모 투자를 하고 있다.

49　Korea Quantum Association, https://www.kquantum.or.kr/

이와 같은 해외 환경에 비해, 한국은 최근에서야 중규모 이상의 정부 투자가 이루어지고 있다. 아직 전문 연구 인력의 규모가 작으며, 이에 대한 인력 충원과 교육의 문제를 타개해야 할 필요가 있다. 퀀텀 정보 과학 기술(Quantum Information Science and Technology)은 수학, 물리학, 화학 등 기초과학뿐만 아니라 컴퓨터 공학 등 공학이 협력해야 하는 분야이다. 여러 다양한 분야 전문가들 간의 긴밀한 협력이 크게 요구된다. **퀀텀 정보 과학 기술 연구회(Quantum Information Science and Technology)**는 다양한 분야의 퀀텀 정보 과학 기술 전문가 집단으로, 분야에 국한되지 않고 활발히 교류하고, 국내외 퀀텀 정보 과학 기술 동향 및 실태를 파악할 수 있게 돕는다.

다. 퀀텀코리아 2023(Quantum Korea 2023)

퀀텀코리아 2023은 '한국 퀀텀과 원년'을 기념하기 위해 국내외 석학, 정부 대표, 유수의 기업이 참여하는 퀀텀 생태계 혁신의 글로벌 동향을 살펴보는 최고 수준의 국제 행사로 2023년 6월 개최되었다.

세계 퀀텀 학자들은 "한국 반도체 기술, 퀀텀 기술 시대 기회 가져올 것"이라고 했다. 정부가 국가 차원의 퀀텀 기술 중장기 계획을 발표한 가운데, 세계적인 퀀텀 학자들은 한국이 적극적인 투자와 반도체 기반 기술을 바탕으로 좋은 성과를 거둘 것으로 내다본다. 특히, 이러한 성과가 글로벌 퀀텀 기술 시장에 이바지할 것으로 기대됐다.

존 M. 마티니스(John M. Martinis) 교수는 한국이 반도체 공정과 기술을 바탕으로 퀀텀 컴퓨터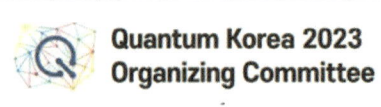
시장에서 기회를 발견할 수 있을 것으로 내다봤다. 그는 "미국은 퀀텀 기술 분야에서 운이 좋았다. 관련 연구는 퀀텀 컴퓨터가 확립되기 전부터 시작됐고, 2000년대에도 자본 투자는 계속 늘어났다. 한국은 반도체 관련 기술이 뛰어나서 큰 기회가 될 것"이라고 말했다.

찰스 헨리 베넷(Charles Henry Bennett)는 "한국은 상대적으로 작은 나라지만 과학계에서의 위상은 더 크다. **'퀀텀 프로세서'는 실리콘을 소재로 사용하지만, 기**
술 기반은 반도체와 같다. 한국은 이 분야에 있어서 매우 뛰어나다."라고 말했다. 특히, 이러한 기반을 바탕으로 글로벌 공급망에서 한몫을 담당할 수 있어야 한다고 설명했다. 퀀텀 산업 역시 복잡한 공급망과 얽혀있으며, 한 국가가 공급망의 모든 영역을 감독할 수는 없다고 설명했다. 이 때문에 한국이 글로벌 가치사슬에서 잘할 수 있는 분야를 발굴해야 한다고 강조했다.

영국 임페리얼 칼리지 런던(Imperial College London)의 김명식 교수(Myungshik Kim)[50]는 우리나라의 퀀텀 기술 수준을 어느 정도 생각하느

50 　 김명식(Myungshik Kim), 퀀텀 광학 및 퀀텀 정보 과학 이론물리학자, 임페리얼 칼리지 런던

나는 질문에 방향성을 고민하는 것이 더 중요하다는 의견을 피력했다. 그는 "퀀텀 컴퓨팅에는 여러 기술의 조합이 필요하다. 한국이 자체 퀀텀 컴퓨터를 개발할 계획이라면 현재 이 스펙트럼에서 어떤 기술을 보유하고 있는지, 어떤 방향으로 가야 할지 고민해야 할 것"이라고 말했다. 그는 한국이 목표로 하는 1,000큐비트 퀀텀 컴퓨터 구현 가능성에 대해 "단지 현실화하는 것이 목표가 아니다. 합리적인 목표인지 여부보다 좋은 목표인지 여부를 더 중요시한다. 그런 의미에서 한국은 좋은 목표를 갖고 있다."라고 말했다. [51]

라. 한국의 퀀텀(Quantum in Korea) 전망

한국 정부는 퀀텀 과학 기술의 중장기 비전과 종합적인 발전전략을 담은 '한국형 퀀텀 과학 기술 전략'을 발표했다. 이 전략을 통해 2035년까지 정부 2조 4,000억 원, 민간 6,000억 원 등 3조 원을 공동으로 투자해 양국 경제 체제를 구축하겠다는 계획을 했다. 퀀텀 시장 점유율을 10%까지 확대하고, 퀀텀 과학과 기술을 활용해 최대 1,200개 기업을 탄생시킬 계획이다. 퀀텀 컴퓨팅, 퀀텀 통신, 퀀텀 센서 관련 기술은 선진국 대비 62.5%에서 85%로 증가할 수 있다.

윤석열 대통령은 해외 석학, 국내 전문가, 젊은 연구자들을 만나 "퀀

---

[51] 퀀텀 코리아, 2023, https://www.quantuminkorea.org

텀 기술은 세상을 바꿀 수 있는 잠재력이 있으며 경제, 화학, 보안, 의료 등 모든 분야에서 엄청난 혁신을 가져올 것"이라고 말했다. 그는 "효과적인 R&D 투자와 인력양성에

집중적으로 투자하고, 경제적 가치를 넘어 다양한 가치를 창출할 수 있도록 퀀텀 과학 기술 역량을 결집할 수 있는 플랫폼을 마련해야 한다."라고 주문했다.

한국 퀀텀 과학 기술 연구는 정부 투자가 급속히 증가함에 따라 매우 역동적으로 진행되었다. 한국의 R&D 투자는 꾸준히 증가해 2020년 GDP 대비 4.8%에 달해 이스라엘에 이어 세계 2위를 차지했다. 과학 기술이 국가의 미래를 결정하는 필수 요소라는 점은 잘 알려져 있으므로 정부는 전체 R&D 예산의 30%를 투자하는 것을 지원하고 있다. **핵심기술 개발 퀀텀 인력 교육은 2021~2024년까지** 진행 예정이며, 이를 통해서 핵심기술 개발 퀀텀 인력 교육을 확보할 것이다.

마지막으로, 〈퀀텀 코리아 2024〉는 '양자로 느끼고, 생각하고, 소통하여 이어지다(Quantum Connect – Feel, Think and Talk in Quantum).'라는 주제로 개최되었다. 이번 행사를 통해 국내외 학계, 연구계, 산업계 등 관계자들이 하나로 어우러져 의견을 나누고 소통하는 가운데 양자과학기술의 오늘을 살피고 미래로 나아가기 위한 방향을 모색했다. 이후, 학계 및 산업계 적용 타당성 입증(성공사례)을 위한 **응용 프로그램**

개발을 2025~2030년까지 계획한다. 마지막으로, **퀀텀 과학 기술의 산업화는 2031~2035년에 이를 것으로 전망했다.**[52]

D. 글로벌 퀀텀 비즈니스(Global Quantum Business)

가. 유럽 퀀텀 플래그십(Quantum Flagship) 소개

그래핀 플래그십(Graphene Flagship) 과 인간 두뇌 프로젝트에 이어 퀀 텀 플래그십은 유럽 연합 집행위원  회가 자금을 지원하는 세 번째 대규모 연구 및 혁신 이니셔티브(Initiative) 다. 단일 퀀텀 물체를 감지하고 조작하는 능력의 엄청난 발전을 활용하는 두 번째 퀀텀 혁명이 지금 펼쳐지고 있는데, 퀀텀 플래그십 (Quantum Flagship)은 유럽에서 이러한 혁명을 주도하고 있으며, 유럽 연합 집행위원회의 가장 야심 찬 프로젝트로, 10년 단위로 10억 유로 수준의 자금이 지원되는 대규모 계획이었다.

퀀텀 프로젝트 요청은 Flagship의 전략적 연구 의제를 기반으로 발행되므로 모든 행위자가 Flagship의 목표 추구에 일치하도록 보장된

---

52 2024. 6., Quantum-Korea, https://quantum-korea.kr

다. 이들의 목표는 유럽의 과학적 리더십과 우수성을 강화 및 확장하고, 퀀텀 기술 분야에서 경쟁력 있는 유럽 산업을 시작하며, 유럽을 이 분야의 혁신적인 연구, 비즈니스 및 투자를 위한 역동적이고 매력적인 지역으로 만드는 것이다.[53]

이들의 장기적인 관점은 '퀀텀 웹(Quantum Web)'이다. 퀀텀 네트워크를 통해 상호 연결 된 퀀텀 컴퓨터, 시뮬레이터 및 센서는 일관성 및 얽힘과 같은 정보 및 퀀텀 리소스를 배포한다. 예를 들면, 실제로 10년보다 긴 특정 시간 규모에서 Quantum Technologies로 인한 성능 향상은 전례 없는 컴퓨팅 성능을 제공했다. 또한, 데이터 개인 정보 보호 및 통신 보안을 보장하며 사용할 수 있는 다양한 응용 프로그램에 대한 초고정밀 동기화 및 측정을 로컬과 클라우드에 있는 모든 사람에게 제공한다.

나. 퀀텀 커뮤니티 네트워크(QCN: Quantum Community Network)

유럽의 많은 이해관계자를 적절하게 참여시킬 수 있도록 QCN(Quantum Community Network)이라는 퀀텀 네트워크가 구축되었다. 유럽의 퀀텀 기술 커뮤니티는 규모가 크고 다양하며, 원래는 주로 물리학뿐만 아니라 수학, 화학, 컴퓨터 과학 등 학문적 연구에 뿌리를 두고 있다. 물리학

---

53 Quantum Flagship, https://www.qt.eu

내에서는 주로 광학, 포토닉스, 원자 물리학, 고체 물리학 및 나노기술 분야를 기반으로 한다.

실제 응용 애플리케이션이 점점 더 가까워지면서 커뮤니티도 확장되고 있다. 게다가 퀀텀 기술 커뮤니티에는 이미 중요한 여러 산업 커뮤니티가 있다. 퀀텀 기계용 구성 요소 및 지원 기술을 만드는 회사, 퀀텀 기계를 만드는 회사뿐만 아니라 퀀텀 기술을 콘크리트 제품에 사용하거나 기술 스카우트 수준에서 관심을 두는 회사도 있다. 이들 기업은 광학, 컴퓨터, 자동차, 항공우주 등 기술 중심 산업과 화학, 금융, 소프트웨어 등 기술 사용자로 구성되어 있다. 마지막으로, 통신 퀀텀 기술을 연구하고 미래의 퀀텀 인식 커뮤니티를 교육하는 퀀텀 교육 및 훈련 커뮤니티가 있다. 퀀텀 기술 커뮤니티는 플래그십의 퀀텀 커뮤니티 네트워크를 통해 유럽 전역에 존재한다.

다. 퀀트라(QuantERA)

QuantERA는 퀀텀 기술(QT: Quantum Technology) 분야의 유럽 연구 지역 네트워크(ERA-NET) 공동 기금 프로그램이다. 이는 학문적 과학 및 최첨단 엔지니어링 탐구를 목표로 하는 협력 활동을 통해 새로운 퀀텀 기술 라인을 구축하고 개발하는 것을 목표로 하는 연구 자금 지원 기관의 상호 의존적 네트워크이다. 퀀트라(QuantERA)의 국가 및 지역 연구 자금 지원 조직 네트워크는 31개국 이상에 걸쳐있다. 이들을 연결하는 유럽 퀀텀 지대(European Quantum Zone)가 있다.

라. 모바일 월드 콩그레스(MWC: Mobile World Congress)

MWC는 스페인 바르셀로나에서 열리는 세계 최대 규모이자 가장 영향력 있는 모바일 산업 및 컨퍼런스로서, 이는 유럽 퀀텀 분야(European Quantum Zone)의 박람회로 자리를 잡았다. 이곳에서는 유럽의 퀀텀 기술(QT: Quantum Technology) 분야 전용 공간을 통해 퀀텀 플래그십(Quantum Flagship), 퀀텀 회사, 퀀텀 통신에 대한 라이브 데모, 유럽 이니셔티브, 및 퀀텀 기술 클럽(QTC: Quantum Technology Club)을 선보였다.[54]

① **퀀텀 회사**: 퀀텀 통신 분야의 Q-bird, LuxQuanta 회사, Qoolnet-UPM, 쿠사이드, ThinkQuantum은 QRNG(퀀텀 난수 생성기) 장치, QKD 장치, 퀀텀 암호화 시스템, 키 관리 소프트웨어 등과 관련된 최신 기술을 공유했다. 퀀텀 컴퓨팅 분야에서는 Qilimanjaro가 컴퓨팅용 소프트웨어 및 하드웨어 솔루션을 제공하고 마지막으로 VPIPhotonics가 퀀텀 및 포토닉스 집적회로, 소프트웨어 및 설

---

54 스페인 바르셀로나, 2024. 2., https://www.mwcbarcelona.com/

계 서비스를 선보였다.

② **퀀텀 통신에 대한 라이브 데모**: 라이브 데모는 미니 유럽 퀀텀 통신 인프라(EuroQCI)를 모방했다. 여기서 LuxQuanta와 Qoolnet-UPM은 서로 다른 QKD 장치를 통합하여 하드웨어에서 모두 SDN 제어 퀀텀 네트워크를 생성한다. 또한, 소프트웨어 수준은 퀀텀 키 분배 프로토콜로 검증된 화상회의 시스템을 통해 보여주었다.

③ **퀀텀 기술 클럽(QTC: Quantum Technology Club)**: 퀀텀 코너는 해당 분야의 최신 발전 사항을 제시하고 향후 프로그램, 이니셔티브, 협업 또는 시너지 효과에 대한 새로운 통찰력을 발표하여 선두 위치를 강조하는 무대 공간이 있었다. 또한, 퀀텀 기술 코너에서는 퀀텀 저작권이 진행되었으며, QIA 포럼과 Quside가 주관하는 Post Quantum Cryptography 패널의 출범 등이 있었다.

2025년 3월, 스페인 피라 바르셀로나 그란비아(Fira Barcelona Gran Via)에서 모바일 연결 산업을 선도하는 국제 행사인 MWC가 개최된다. 여기서는 미래를 형성하는 6가지 중요한 주제인 5G Inside, Connect X, AI+, Enterprise Re-invented, Game Changers, Digital DNA가 조명된다.

Core Vision

By 글로벌 선진국의 퀀텀(Quantum) 전략과 미래

A. 미국 국가 퀀텀(Quantum) 이니셔티브(NQI : National Quantum Initiative, USA)
- NQI는 QIS(퀀텀 정보 과학)를 탐구하고 홍보하기 위한 지속적인 활동한다. 국가 퀀텀 이니셔티브법(National Quantum Initiative Act)은 QIS 및 그 기술 응용 분야에서 미국의 지속적인 리더십을 제공했다.

B. 유럽 퀀텀(Quantum) 통신 인프라(EuroQCI) 이니셔티브
- 2019년 6월부터 모든 27개 EU 회원국은 EuroQCI 선언에 서명하여 EU 전체(EuroQCI)를 포괄하는 퀀텀 통신 인프라 개발을 위해 위원회와 유럽 우주국의 지원을 받아 협력하기로 합의했다.

C. 한국 퀀텀 협회(Korea Quantum Association)
- 먼저, AI·퀀텀·이차전지 등 국가전략 기술 육성법
- 둘째, 퀀텀 정보과학기술 연구회(Quantum Information Science and Technology)는 다양한 분야의 퀀텀 정보과학기술 전문가의 집단으로, 분야에 국한되지 않고 활발한 교류, 동향 및 실태를 파악을 돕는다.
- 기준의 핵심기술 개발 퀀텀 인력 교육은 2021~2024년까지 진행 예정이며, 이를 통해서 핵심기술 개발 퀀텀 인력 교육을 확보할 것이다. 이후에, 학계 및 산업계 적용 타당성 입증(성공사례)을 위한 응용 프로그램 개발을 2025~2030년까지 계획한다. 마지막으로, 퀀텀 과학 기술의 산업화는 2031~2035년에 이룰 것을 전망했다.

D. 글로벌 퀀텀 비즈니스(Global Quantum Business)
- 유럽 퀀텀 플래그십(Quantum Flagship) : 유럽연합 집행위원회가 자금을 지원하는 세 번째 대규모 연구 및 혁신 이니셔티브(Initiative)로써, 10년 단위로 10억 유로 수준의 자금이 지원되는 대규모 계획이었다.
- 퀀텀 커뮤니티 네트워크(QCN : Quantum Community Network)
- 콴테라(QuantERA) : 퀀텀 기술(QT:Quantum Technology) 분야의 유럽 연구 지역 네트워크(ERA-NET) 공동 기금 프로그램

Subject 2.

퀀텀 컴퓨터 세상
(Quantum Computer World)

FOR KINGDOM FAMILY BUSINESS

03

퀀텀 신기술 분야
(Quantum's Major Research Areas)

100여 년 전 루드비히 볼츠만(Ludwig Boltzmann), 알베르트 아인슈타인(Albert Einstein), 닐스 보어(Niels Bohr) 등에 의해서 정립된 퀀텀 역학은 상대성이론과 더불어 가장 기이한 과학 원리로 손꼽힌다. 퀀텀 역학은 '퀀텀 중첩(Quantum Superposition)', 퀀텀 얽힘(Quantum Entanglement)', '불확정성 원리(不確定性原理, Uncertainty Principle)', 측정에 따른 상태변화 등 세상이 돌아가는 완전히 새로운 방식을 이야기했다. 이러한 퀀텀 역학이 동작하는 방식은 뉴턴이 정립한 고전 역학으로는 설명할 수 없는 비상식적인 현상이 많아, 아인슈타인이 죽을 때까지 퀀텀 역학은 불완전한 학문이라고 생각하기도 했다. 하지만 퀀텀 역학은 지난 100여 년간 실험실에서 수없이 검증되었으며, 이제는 미시세계를 묘사하는 과학 원리로 널리 인정받고 있다.

오늘날 퀀텀 역학의 영향력은 기초과학에만 그치지 않고, 수많은 응용 기술의 토대가 되었다. 가령 컴퓨터나 광통신에 필수적인 반도체나 레이저 등의 발명은 퀀텀 역학을 이해한 후에야 가능했는데, 이들이 퀀텀 역학적 원리로 동작하기 때문이다. 컴퓨터나 광통신이 현대 정보사회에서 차지하는 비중을 생각하면, 현대 정보사회는 퀀텀 역학의 토대 위에서 성립되었다고 해도 과언이 아니다. 다만 이들은 퀀텀 역학의 원리로 동작하지만, 고전적인 방식의 정보처리를 구현하는 연산장치, 즉 컴퓨터의 부품이 되는 소자들이다.

퀀텀 정보는 정보처리의 부품이 아니라 정보 그 자체에 퀀텀의 특성을 도입한, 고전 정보처리와는 완전히 다른 패러다임의 정보처리 과학기술이다. 고전적 정보처리와 퀀텀 정보처리의 가장 두드러지는 차이점은 정보의 기본단위가 다르다는 점이다. 고전적 정보처리에서는 0 또는 1의 논리값을 가지는 비트를 정보의 기본단위로 이용한다. **반면 퀀텀 정보처리는 0과 1은 물론 이들의 퀀텀 중첩까지 정보처리에 이용하며, 이를 퀀텀 비트 또는 큐비트(Qubit)라고 부른다.**

퀀텀 중첩은 둘 이상의 상태가 하나의 입자에 동시에 존재할 수 있다는 퀀텀 세계의 독특한 특성이다. 즉, 큐비트는 0 또는 1일 수도 있지만, 0의 확률과 1의 확률이 동시에 존재하는 두리뭉실한 상태일 수도 있다. 여러 개의 큐비트가 있다면, 이들은 고전적으로 설명할 수 없는 방식으로 서로 영향을 주고받을 수 있는데, 이를 퀀텀 얽힘이라 부른다. 퀀텀 중첩과 퀀텀 얽힘은 퀀텀 정보처리에서 핵심 자원으로 평가받으며, **이를 활용한 다양한 퀀텀 정보처리가 활발히 연구되고 있다.** 흔히 퀀텀 정보 과학 기술은 퀀텀 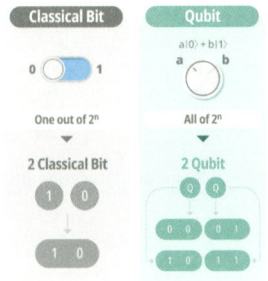 컴퓨터(QC: Quantum Computing), 퀀텀 통신(Quantum Communication), 그리고 퀀텀 센싱(QS: Quantum Sensing)으로 구분한다.

첫째, **퀀텀 정보 과학 기술의 가장 유명한 응용 분야는 아마도 퀀텀 컴퓨터(QC: Quantum Computing)일 것이다.** 최근 급속한 기술 발전이 이루어지고 있는 퀀텀 컴퓨터의 빠른 연산은 퀀텀 중첩과 퀀텀 얽힘 덕분에 가능하다. 퀀텀 컴퓨터의 동작 원리를 수학에 비유하자면 복소수와 유사한 점이 많다. 복소수의 발견은 그 자체로 수학의 영역을 크게 확장했을 뿐 아니라 복잡한 연산을 간단하게 할 수 있는 방법을 제시하였다. 퀀텀 컴퓨터 역시 디지털컴퓨터로는 수행할 수 없거나 매우 비효율적인 연산을 쉽게 수행할 수 있을 것으로 기대된다. 실제로도 비트를 0과 1, 두 정수로 나타내지만 큐비트는 복소수로 표현할 수 있다.

둘째, **실용화에 가장 근접한 기술로 평가받는 기술은 퀀텀 암호통신 기술(Quantum Encryption Communication Technology)**이다. 퀀텀 얽힘의 원리와 퀀텀 중첩, 그리고 측정에 의한 퀀텀 상태 교란을 이용하면 멀리 떨어진 둘 이상의 통신자가 제3자의 도청이나 해킹으로부터 안전하게 비밀키를 나누어 가질 수 있다. 퀀텀 암호통신의 안전성은 퀀텀 역학의 원리에 기반하므로, 계산의 복잡성에 기반을 둔 현대암호와는 차원이 다른 안전성을 제공하는 것으로 평가받는다. 차세대 퀀텀 암호통신에 관한 연구가 대학과 연구소를 중심으로 활발히 수행되고 있으며, 기업을 중심으로 상용화와 표준화를 추진할 만큼 성숙한 연구 분야이기도 하다.

셋째, 퀀텀 센싱(QS: Quantum Sensing) 기술은 퀀텀 특성을 활용하여 대상 물리량이 갖는 부정확도(Uncertainty)를 낮추는 방법으로, 센서의 정밀도나 민감도를 극대화할 수 있다. 정밀도(또는 정확도)가 표준 퀀텀 한계(Standard Quantum Limit) 혹은 산탄 잡음한계(Shot-noise Limit)를 뛰어넘는 센싱 구현을 목표로 하며, 주로 퀀텀 얽힘이나 압축(Squeezing) 등의 퀀텀적인 특성을 활용한다. 대표적인 응용으로는 극한의 센싱 정밀도를 요구하는 중력파 검출기가 있으며, 저에너지 고감도 생화학 센서, 그리고 스텔스 표적을 탐지·추적하는 퀀텀 레이더 등이 있다. 고도의 센싱 기술이 요구되는 분야가 무궁무진하게 많은 만큼, 퀀텀 센싱 기술은 학계, 산업계, 의학계에 걸쳐 다양한 분야에 영향을 미칠 것으로 기대한다.[55]

결과적으로, 우리 시대의 가장 혁신적인 기술 중 하나인 **퀀텀 컴퓨팅(QC: Quantum Computing)**은 최근 분석에 따르면 널리 상용화되기까

---

[55] https://www.quist.or.kr/

지 약 10년이 걸릴 것이다. 또한 생각보다 덜 알려졌지만 중요한 것은 **퀀텀 센싱(QS) 및 퀀텀 통신(QComm)**과 같이 훨씬 더 일찍 사용할 수 있는 2가지 관련 기술이 있다.

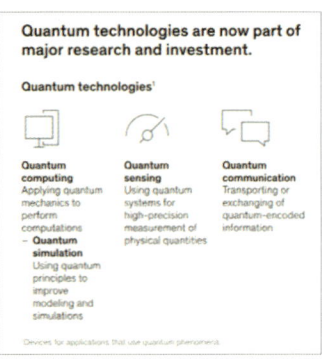

QComm과 QS는 이러한 기술에 대한 시장이 더 작으므로 QC와 같은 수준에 도달할 것 같지는 않지만, 앞으로 더 많은 자금을 유치할 것으로 기대한다. **퀀텀 기술에 대한 투자는 위험 요소를 수반하지만, 잠재적인 수익은 높을 수 있다.** 2030년까지 QS와 QComm만으로도 130억 달러의 수익을 창출할 수 있으며, 그 금액은 나중에 크게 성장할 수 있다.

A. 퀀텀 통신(QComm: Quantum Communication)

가. 퀀텀 통신이란 무엇인가?

사람들의 신용 카드 정보와 건강 기록부터 회사의 귀중한 지적 재산에 이르기까지 엄청난 양의 민감한 정보가 노출된 새로운 대규모 해킹에 대한 보고가 자주 발생한다. 사이버 공격으로 인한 위협으로 인해 정부, 군대와 기업은 더욱 안전한 정보 전송 방법을 모색해야 한다.

퀀텀 통신, 그리고 일반적으로 퀀텀 정보는 퀀텀 물리학에 대해 우리가 생각하는 방식을 변화시켰다. 1984년과 1991년에 각각 퀀텀 암호화를 위한 최초의 프로토콜과 퀀텀 비국소성(Non-locality)의 최초 적용은 이론 및 실험 물리학, 수학 및 컴퓨터 과학 분야의 다양한 연구자들의 관심을 끌었다. 그 이후로 퀀텀 시스템에서 정보가 인코딩될 때 정보를 이해하는 방식에 근본적인 변화를 보았다.[56]

오늘날 연결된 세상에서 우리는 은행 업무부터 교육, 글로벌 비즈니스 교류부터 국방까지 모든 분야에서 통신 네트워크에 의존한다. 퀀텀 통신을 통해 퀀텀 세계의 힘을 활용하는 슈퍼 보안 통신 채널 및 글로벌 퀀텀 네트워크와 함께 퀀텀 안전 암호화 프로토콜을 제공한다.

나. 퀀텀 통신(QComm)의 미래

앞으로, 퀀텀 통신(QComm)의 비즈니스 측면은 부분적으로 기술 성숙도에 따라 달라지겠지만, 많은 퀀텀 센서가 프로토타입 또는 개념 증명 단계에 있다. 또한, 환경 및 인프라 모니터링에 사용되는 일부는 지하 파이프의 누출 감지 및 화산 모니터링을 비롯한 다양한 목적으로 상업적으로 이용된다. 기초과학 애플리케이션(Basic Science Applications), 바이오 이미징(Bio Imaging) 및 내비게이션을 위한 QS 애플리케이션은

---

[56] Nature Photonics, Nicolas Gisin&Rob., https://www.nature.com

상대적으로 멀리 있으며 향후 10년 동안 상용화되고 널리 채택될 것으로 예상된다.

결과적으로 전체 퀀텀 통신(QComm)의 전망은 밝으며, 부분적으로는 퀀텀 컴퓨터가 기존 암호화 프로토콜을 깨뜨릴 것으로 전망된다. 광범위한 사용을 제한하는 기술적 문제를 해결하면 퀀텀 통신(QComm)은 2030년까지 약 80억 달러의 수익을 올릴 수 있다. 결국 퀀텀 컴퓨터의 부상은 퀀텀 통신(QComm)에 또 다른 새로운 가치 풀을 제공한다.[57]

다. 퀀텀 통신(Quantum Communication) 특징

퀀텀 역학은 안전한 통신을 보장한다. 퀀텀 통신은 퀀텀 정보처리 및 퀀텀 순간이동과 밀접한 응용 퀀텀 물리학 분야이다. 가장 흥미로운 응용 분야는 퀀텀 암호화를 통해 정보 채널을 도청으로부터 보호할 수 있다.

도청자의 존재는 방출기와 수신기 사이의 큐비트 전송 후 얻은 두 비트 목록 간의 불완전한 상관관계를 통해 드러난다. 퀀텀 통신의 원리는 다음과 같은 퀀텀 얽힘(Quantum Entanglement)과 퀀텀 순간이동(Quantum Teleportation)에 의한 정보처리를 한다.

---

57   McKinsey, Gaurav Batra, 2021. 12. 21., https://www.mckinsey.com

■ **퀀텀 얽힘**(Quantum Entanglement)

분리된 시스템의 일반적인 퀀텀 역학적 상태를 말한다. 퀀텀 얽힘은 광자, 전자, 원자 또는 분자와 같은 퀀텀 시스템이 상호 작용 한 후 분리되어 결과적으로 공통 퀀텀 역학 상태를 공유할 때 발생하는 물리적 현상이다. 이렇게 얽힌 한 쌍의 입자가 멀리 떨어져 있더라도 그중 하나를 측정하면 쌍둥이 파트너의 퀀텀 상태에 해당하는 측면이 즉시 드러난다는 의미에서 '연결된' 상태를 유지한다. 퀀텀 상태의 이러한 것은 위치, 운동량, 스핀, 분극 등이 될 수 있다.

이는 얽힌 쌍에 대해 무한한 값이 있는 중첩으로만 설명될 수 있지만, 파트너 중 하나에 대한 측정은 즉시 다른 쪽의 해당 값을 결정한다. **상대성이론**(Theory of Relativity)**과 모순되는 것처럼 보이는 파트너 간의 놀라운 '원격 연결'과 '빛보다 빠른' 그들의 순간적인 행동은 이론적으로나 실험적으로 집중적인 연구 노력이 필요한 이유였다.** 실험에서는 분리된 쌍둥이에 대한 측정 결과의 상관관계를 통해 얽힘이 입증되었다.

■ **퀀텀 순간이동**(Quantum Teleportation)

이것이 인간을 '순간이동' 시킬 수 있다는 뜻은 아니다! 퀀텀 순간이동은 중요하지 않은 정보를 '순간이동' 시킨다. 그것은 일종의 퀀텀 팩스 기계와 같다. 퀀텀 순간이동은 얽힘을 사용하여 입자의 퀀텀 상태를 다른 입자로 전송한다. 그 과정에서 순간이동은 초기 퀀텀 상태를 파괴

한다. 흥미로운 점은 두 위치 사이에 퀀텀 상태가 존재한 적이 없다.

과학자들은 갇힌 이온(Ion), 스핀(Spin), 광자(Photon) 및 초전도 큐비트(Superconducting Qubits)를 사용하여 퀀텀 순간이동을 여러 번 시연했다. 2012년에 비엔나와 워털루 대학교(Vienna and Waterloo University)의 연구팀은 2개의 카나리아 제도 사이에서 143km가  넘는 광자 상태를 순간이동 했다. 순간이동은 단순한 과학 그 이상이었다. 순간이동을 사용하는 것은 많은 퀀텀 컴퓨팅 아키텍처에서 중요한 부분으로, 퀀텀 정보를 서로 다른 큐비트 간에 교환할 수 있다. **한 위치에서 다른 위치로 전송되는 큐비트를 사용한다.** 퀀텀 순간이동은 퀀텀 시스템의 얽힘과 밀접한 관련이 있다.

퀀텀 컴퓨터는 이러한 여러 상태를 동시에 포함할 수 있으므로 고유한 병렬성을 제공했다. 이를 통해 정수 분해 또는 퀀텀 다체 시스템 시뮬레이션(Simulating Quantum Many-body Dynamics)[58]과 같이 현재 가장 잘 알려진 알고리즘을 사용하여 기존 컴퓨터보다 훨씬 빠르게 특정 문제를 해결할 수 있다. 현재 퀀텀 컴퓨터는 아직 초기 단계에 있다. 그 길의 첫 번째 단계는 중첩 및 얽힘과 같은 진정한 퀀텀 효과를 기반으로 하는 메모리 및 퀀텀 논리 게이트와 같은 가장 간단한 구성 요소가 된다.[59]

---

58   Adam Smith, Frank Pollmann&Johannes Knolle, 2019
59   https://www.picoquant.com

라. 퀀텀 암호화(Quantum Cryptography)

■ **퀀텀 통신(QComm)의 암호: QKD**(Quantum Key Distribution)

QComm은 퀀텀 통신 네트워크를 통해 멀리 떨어진 위치 간에 인코딩된 퀀텀 정보를 전송하도록 설계되었다. **가장 널리 사용되는 방법인 QKD(Quantum Key Distribution)는 데이터 액세스를 위해 여러 사람에게 기밀 공유 키를 할당한다.** 퀀텀 암호화 프로토콜은 기존 프로토콜보다 더 안전하며, 퀀텀 컴퓨터가 훨씬 더 많은 컴퓨팅 성능이나 더 효율적인 알고리즘을 얻으면 기존의 보안이 대부분 깨질 수 있다.

먼저, 가장 일반적인 형태의 고전적 암호화인 RSA(Rivest Shamir Adleman)는 상대적으로 성숙한 최초의 퀀텀 컴퓨터를 사용할 수 있게 되 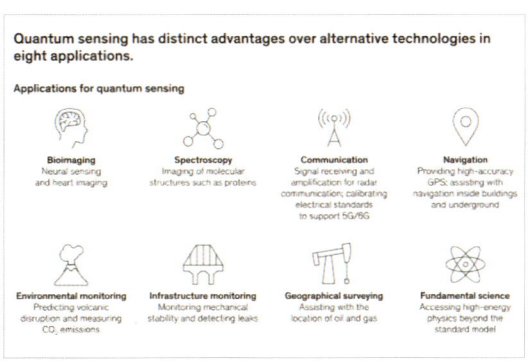 면 취약해질 것이다. 퀀텀 컴퓨터 테스트를 견딜 수 있는 고전적인 암호화 방법은 보안이 유지되지 않기에 최적이 아니다. QuTech의 퀀텀 인터넷 및 네트워크 컴퓨팅 이니셔티브의 로드맵 리더인 스테파니 웨너(Stephanie Wehner)는 "QKD와 같은 종류의 보안을 제공하지 않는다는 것을 수학적으로 알고 있다."라고 말했다.

둘째, 퀀텀 암호화의 가장 잘 알려지고 개발된 응용 프로그램은 퀀텀 키 분배(QKD: Quantum Key Exchange)가 있다. QKD는 암호화 작업을 수행하거나 암호화 시스템을 깨기 위해 퀀텀 역학 효과를 사용하는 방법을 설명한다. QKD 시스템의 작동 원리는 매우 간단한데, 두 당사자(Alice와 Bob)는 '1'과 '0'을 나타내는 상태로 무작위로 극성화된 단일 광자를 사용하여 암호화 통신에서 키로 사용되는 일련의 난수 시퀀스(Random Number Sequence)를 전송한다. 두 스테이션 모두 퀀텀 채널과 클래식 채널로 연결되어 있다. Alice는 퀀텀 채널을 통해 전송되는 무작위 큐비트 스트림을 생성한다. 스트림을 수신한 Bob과 Alice는 클래식 채널을 사용하여 도청자가 큐비트 스트림에서 정보를 추출하려고 시도했는지 확인하기 위해 클래식 작업을 수행한다.

퀀텀 키 분배(QKD) 및 퀀텀 난수 생성기(QRNG) 분야는 가장 성숙한 퀀텀 기술을 보유하고 있다. 애플리케이션 측면에서는 QKD만 유일한 것으로 간주하는 경우가 있지만 실제로는 QKD가 기본 도구일 뿐이다. 저장된 건강 기록 및 데이터 전반에 대한 장기적인 보안을 보장하는 등 단순한 비밀키 배포를 넘어 이를 기반으로 점점 더 많은 보안 애플리케이션이 구축되고 있다.

퀀텀 키 분배(QKD: Quantum Key Distribution)는 불확정성 원리에 기반한 암호화 형식으로, 퀀텀 컴퓨터의 공격에도 정보를 절대적으로 안전하게 유지한다. QKD는 이미 사용 중이며, 여러 회사에서 QKD 시스템을 판매하고 있다. 많은 정부와 민간 조직에서 정보 보안을 위해 이를 사용하고 있는데, 2007년에는 스위스 선거 결과를 보호하기 위해 사용되기도 했다.

결과적으로, QKD의 목표는 두 당사자 간에 완벽하게 안전한 공유 비밀키를 만드는 역할을 한다. 마찬가지로, QRNG는 비공개이기도 한 아주 좋은 난수이며, QKD 시스템에서는 송수신 부의 퀀텀 난수 발생기(QRNG: Quantum Random Number Generator)를 이용하여 송신부에서 생성된 단일 광자의 위상이나 편광을 무작위(Random)로 변조하고, 수신부에서는 이를 검출한다. **QRNG는 예측할 수 없고 패턴이 없는 순수한 난수를 생성해 인증·금융·메신저 등을 더 안전하게 사용할 수 있도록 돕는 기술이다.**

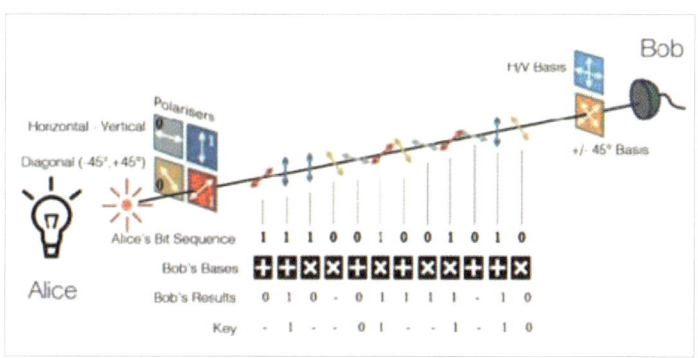

마. 응용분야: Airbus가 퀀텀 통신에 어떻게 기여하나?

　Airbus는 유럽의 다국적 항공기업이며, 유럽 위원회 및 ESA와 함께 예비 조사를 조정하고 주도한다. 또한, 유럽 우주국(ESA)은 텔레스 알레니아 스페이스(Thales Alenia Space)가 퀀텀 기술 기반 우주통신에 필요한 기술을 개발하는 'TeQuantS'라는 컨소시엄을 진행한다.

　이들은 Qosac(Quantum Overarching System Architecture Concepts), Oqtavo, QuTrip 회사들과 함께 사이버 보안을 위한 퀀텀 우주-지구 통신기술을 개발하기 위해 만들어진 최신 TeQuantS와 같은 프로젝트를 통해 2026년까지 퀀텀 통신의 미래를 준비한다. 나아가, Airbus는 퀀텀 인터넷 애플리케이션으로 해커에 대비하여 우주-지구 통신으로 미래의 고성능, 신뢰성 및 보안이 뛰어난 네트워크를 향한 길을 선도함으로써 광통신을 통해 퀀텀 통신의 미래를 위한 기반을 준비한다.

　퀀텀 통신은 미래의 데이터 보안 문제에 대한 솔루션일 뿐만 아니라 다양한 분야에서 유용한 해커 방지 네트워크를 개발할 수 있다. Airbus에서는 미래의 가장 복잡한 항공우주 문제를 해결하는 데 도움이 되는 이러한 퀀텀 기술의 얼리어답터(Early Adopter, or Lighthouse Customer)가 되는 것을 목표로 한다.[60]

60　퀀텀 통신, 유럽 우주국(ESA), 2023, https://www.airbus.com

B. 퀀텀 인터넷(QIN: Quantum Internet)이란 무엇인가?

가. QIN(퀀텀 인터넷)이란 무엇인가?

기존 비트를 사용하여 인터넷으로 상호 연결 된 현재 컴퓨터와 달리 퀀텀 컴퓨터는 큐비트에서 작동한다. 이러한 큐비트를 교환하여 통신하려면 퀀텀 인터
넷이 필수적이다. 전통적인 인터넷과 마찬가지로 이것은 전 세계에 걸친 퀀텀 글로벌 네트워크가 된다. 아직은 오늘날 우리가 알고 있는 인터넷을 대체할 수는 없다. 고양이 사진, 뮤직비디오 및 민감하지 않은 많은 비즈니스 정보는 여전히 클래식 비트의 형태로 이동한다. 그러나 퀀텀 인터넷은 특히 귀중한 데이터를 안전하게 유지해야 하는 조직에 매력적일 수 있다. 또한 컴퓨팅 클라우드를 통해 점점 더 많이 제공되고 있는 퀀텀 컴퓨터 사이에 흐르는 정보를 연결하는 방법이 될 수도 있다.

중국은 퀀텀 인터넷 추진의 선두에 서있다. 몇 년 전 Micius라는 전용 퀀텀 통신 위성을 발사했으며, 2017년 이 위성은 베이징과 빈 사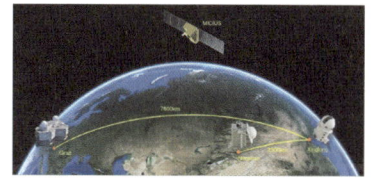

이에서 세계 최초의 QKD 보안 화상회의를 개최하는 데 도움이 되었다. 지상국은 이미 위성을 베이징-상하이 지상파 네트워크에 연결하고 있다. 중국은 더 많은 퀀텀 위성을 발사할 계획이며, 중국의 여러 도시에서는 지자체 QKD 네트워크에 대한 계획을 세우고 있다.

일부 연구자들은 완전한 퀀텀 인터넷조차도 궁극적으로 퀀텀 기반의 새로운 공격에 취약해질 수 있다고 경고했다. 그러나 오늘날의 인터넷을 괴롭히는 해킹 공격에 직면하여 기업, 정부와 군대는 보다 안전한 퀀텀 대안을 계속 탐색한다.[61]

나. 퀀텀 중계기란 무엇인가?

기존 네트워크에서는 케이블을 따라 다양한 지점에 있는 리피터를 사용하여 이를 보상하기 위해 신호를 증폭한다. 케이블의 재료는 광자를 흡수할 수 있으므로 일반적으로 수십 킬로미터 이상 이동할 수 없다.

퀀텀 중계기의 퀀텀 키 분배(Quantum Key Distribution)는 안전한 통신을 위한 암호체계이다. QKD는 1984년 베넷(Bennett)과 브라사드(Brassard)가 제안하였으며, **퀀텀 물리학의 근본적인 원리인 '관측이 교란을 유발한다.'라는 원리를 활용하여 광섬유 네트워크를 통해 검증할 수 있**

---

61   MIT, 마틴 자일스 아카이브, 2019, https://www.technologyreview.com

는 보안성을 지닌 암호 키를 교환한다.

QKD 퀀텀 채널에서 전송되는 키를 가로채는 도청자는 반드시 발신자와 수신자가 감지할 수 있는 교란으로 변환된다. 퀀텀 중계기의 네트워크는 다양한 지점에서 '신뢰할 수 있는 노드'를 생성하는 유사한 솔루션을 제시했다. 예를 들어

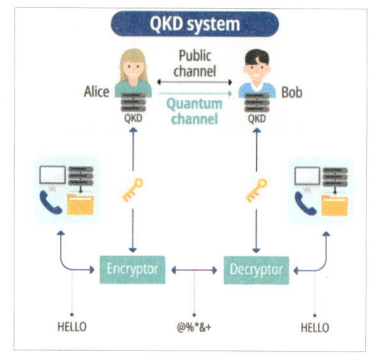

베이징-상하이 네트워크에는 32개가 있다. 이러한 중간 정거장에서 퀀텀 키는 비트로 해독된 후 다음 노드로의 여행을 위해 새로운 퀀텀 상태로 다시 암호화된다. 그러나 이는 신뢰할 수 있는 노드를 실제로 신뢰할 수 없다는 것을 의미한다. 노드의 보안을 침해한 해커는 노드를 운영하는 회사나 정부처럼 감지되지 않은 비트를 복사하여 키를 획득할 수 있다.[62]

이상적으로는 암호화 키가 증폭되어 장거리로 전송될 때 퀀텀 형태로 유지될 수 있는 퀀텀 프로세서가 탑재된 웨이스테이션 또는 퀀텀 중계기가 필요하게 된다. 원칙적으로 그러한 중계기를 제작하는 것이 가능하다는 것을 입증했지만, 아직 작동하는 프로토타입을 생산할 수는 없었다. QKD에는 또 다른 문제가 있다. 기본 데이터는 여전히 기존 네트워크를 통해 암호화된 비트로 전송된다. 이는 네트워크의 방어를 뚫

---

[62] http://word.tta.or.kr

은 해커가 감지되지 않은 비트를 복사한 다음 강력한 컴퓨터를 사용하여 암호화에 사용된 키를 해독하려고 시도할 수 있음을 의미한다.

다. 퀀텀 얽힘을 통한 순간이동 분배 네트워크 개발

이것은 공상과학 소설처럼 들릴지 모르지만, 데이터를 전적으로 퀀텀 형태로 전송하는 실제 방법이 된다. 이 접근방식은 얽힘이라는 퀀텀 현상에 의 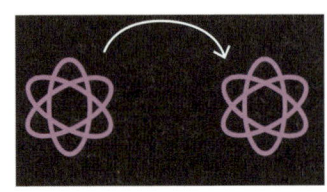 존하는데, 퀀텀 순간이동은 얽힌 광자 쌍을 생성한 다음 각 쌍 중 하나를 데이터 발신자에게 보내고 다른 하나는 수신자에게 보내는 방식으로 작동한다.

즉, 임의의 두 정보 전달자가 있다면 먼저 Alice가 얽힌 광자를 받으면 Bob에게 전송하려는 데이터가 들어있는 '메모리 큐비트'와 상호 작용 할 수 있다. 이 상호 작용은 Alice의 광자 상태를 변경하고 Bob의 광자와 얽혀있으므로 상호 작용은 즉시 그의 광자 상태도 변경한다. 실제로 이는 Alice의 메모리 큐비트에 있는 데이터를 그녀의 광자에서 Bob의 메모리로 '순간이동(Quantum Teleportation)' 한다.

미국, 중국, 유럽은 얽힌 광자를 분배(Distribute Entangled Photons)할 수 있는 순간이동 네트워크를 만들기 위해 경쟁하고 있다. 그러나 이를 확장하는 것은 엄청난 과학적, 공학적 과제가 된다. 많은 장애물에는 필요에 따라 연결된 많은 광자를 대량 생산하고 매우 먼 거리에 걸쳐 얽힘을 유지하는 신뢰할 수 있는 방법을 찾는 것이 포함된다. 이를 통해서 퀀텀 중계기를 더 쉽게 만들 수 있다.

C. 퀀텀 센서(QS: Quantum Sensing)

가. 원자자기 측정법(Atomic Magnetometry)

초고감도 자력계는 뇌/심장 영상부터 광물 및 지자기 조사에 이르기까지 다양한 응용 분야에 사용할 수 있다. 초고감도 자력계를 사용하면 크고 값 비싼 자석을 사용하지 않고도 핵자기 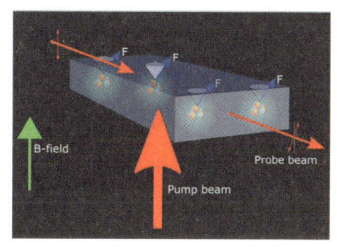 공명(NMR)이나 자기공명영상(MRI)을 수행할 수 있어 NMR 및 MRI 장비의 비용을 크게 낮추는 동시에 휴대성을 높일 수 있다. 이러한 자력계는 다양한 화학물질의 핵 사중극자 공명(NQR)을 조사하는 데에도 사용할 수 있으며 이는 폭발물이나 마약 탐지는 물론 의약품 제어 응용 분야에도 유용할 수 있다.

싱가포르의 IMRE(Institute of Materials Research and Engineering)의 QTE(Quantum Technologies for Engineering)에서는 현재 최첨단 초전도 기

술인 극저온 냉각 없이도 fT/sqrt(Hz) 감도에 도달할 수 있는 차세대 초민감 자력계인 알칼리 원자 자력계를 개발하고 있다. 초전도 퀀텀 간섭 소자(SQUID: Suprconducting Quantum Interference Device)는 매우 민감한 자력계로 극히 작은 자기장을 측정하는 데 사용되며 조셉슨 접합(조지프슨 효과)을 포함하는 초전도 루프에 기초한다. 이런 퀀텀 간섭 장치(SQUID)가 필 수가 된다. 이는 많은 응용 프로그램을 향상할 수 있을 뿐만 아니라 지금까지 탐색 되지 않은 응용 프로그램의 잠금을 해제할 수 있는 상당한 비용 절감 및 운영 유연성을 제공한다.[63]

나. 가시광선을 이용한 적외선 계측(Infrared Metrology with Visible Light)

적외선 계측은 산업 안전 및 품질 관리 분야의 가스 감지부터 생체의학 진단 영상과 식품 안전에 이르기까지 폭넓게 적용된다. 이는 화학적 조성 및 구조에 따른 적외선 지문이 널리 퍼져있기 때문인데,

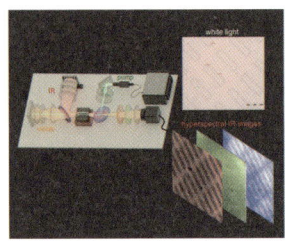

결과적으로 적외선 계측의 한 예인 적외선 초분광 이미징은 재료의 화학 성분의 공간 및 스펙트럼 분포를 확인할 수 있다.

---

63 https://www.a-star.edu.sg/imre

QTE에서는 얽힘 및 간섭이라는 퀀텀 역학적 원리를 기반으로 분광학 및 초분광 이미징과 같은 적외선 측정 기술을 개발하고 있다. 결과적으로 가시광선 검출을 통해 적외선의 물질 정보를 측정하게 된다. 이를 통해 저비용, 비수출 통제, 잘 확립된 '녹색' 가시광선 광원과 감지기를 사용할 수 있으므로 상당한 비용 절감과 운영 유연성이 가능해졌다.

다. 통합 비선형 광학(Integrated Nonlinear Optics)

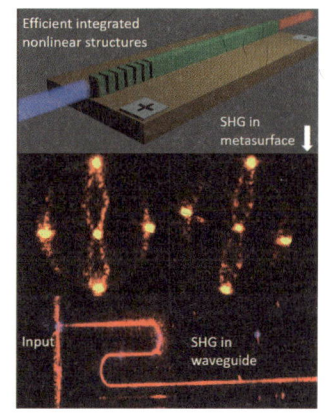

이 세상에는 진정으로 선형적인 것은 없다. 결국, 선형성은 일반적으로 매개 변수 공간의 작은 영역 내에서만 대략 참이었다. 예를 들어, 낮은 광도에서의 가벼운 물질 상호 작용은 일반적으로 선형으로 설명된다. 그러나 관찰하기가 어렵기 때문에 일반적으로 눈에 띄지 않는 풍부한 비선형 광학 과정이 존재한다. 그런데도 이러한 비선형 가벼운 물질 상호 작용이 크게 향상될 수 있는 재료와 조건이 있다. QTE에서는 레이저, 분광학, 이미징 및 퀀텀 광학에서 널리 사용되는 이러한 비선형 상호 작용을 향상하려고 한다.

높은 빛 강도는 중요한 빛-물질 상호 작용을 얻기 위한 핵심 요구 사항이 된다. 이는 빛을 작은 영역에 가두어 달성할 수 있으며 또한, 인간 머리카락 크기의 대략 1/100인 수백 나노미터(nm) 정도의 가로 치수를 갖는 구조를 개발함으로써 달성할 수 있다. 머리카락 안에는 그러한 장치가 수백 개 있다. 이러한 구조는 최소한의 손실로 높은 결합 및 도파 효율성(High Coupling and Guiding Efficiency)을 모두 갖고 구조 길이에 따라 성장하는 효율적인 비선형 광물질 상호 작용을 유지하도록 설계 및 제작되었다. 이 3가지 특성을 동시에 달성하는 것은 쉽지 않다. 또한 두께가 수백 나노미터(nm), 너비가 약 100마이크로미터에 불과한 일종의 평면 광학 메타표면(Planar Optical Metasurface)을 사용하여 작업하는데, 이러한 구조에서는 높은 품질 공진이 높은 광 강도를 생성하는 역할을 한다.

라. 통합 단일 광자 눈사태 감지기
(Integrated Single-Photon Avalanche Detectors)

실리콘 포토닉스는 퀀텀 및 고전 영역에서 많은 신기술을 확장할 수 있게 배포하는 핵심 요소로, 이들의 엄청난 잠재력은 단일 소형 장치 내에서 빛의 생성, 조작 및 감지를 포괄하는 광범위한 기능을 통합하는 데 있다. 단일 광자 수준에서 민감한 광 감지가 필요한 많은 까다로운 응용 분야에서는 실온에 가까운 작동으로 높은 효율성을 제공하는 광검출기에 의존한다.

QTE(Quantum Technologies for Engineering)에서는 가시광선 및 적외선 파장 모두를 위한 고급 통합 단일 광자 눈사태 감지기를 개발하고 있다. 이런 장치는 질화규소 입력 도파관에 결합한 도핑된 실리콘 도파관을 기반으로

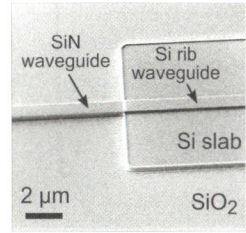

하며 기존의 CMOS 제조 실리콘 포토닉스 플랫폼과 호환된다. 또한 감지기를 위한 통합 제어 회로와 광전자공학 패키징도 개발하고 있다. 나아가, 실리콘 포토닉스 구성 요소 툴킷의 수많은 구성 요소와 결합하여 완전히 통합된 포토닉스 장치를 시연할 수 있다.

마. 다이아몬드 컬러 센터를 이용한 퀀텀 감지

형광 컬러 센터를 호스팅하는 다이아몬드는 퀀텀 계측 분야에서 다용도 센서로 두각을 나타냈다. 자기 측정을 위한 N-V(질소 공극) 센터의 사용은 특히 N-V 센터 및 기타 색상 센터(예: SiV(실리콘 공극))은 온도와 같은 다른 물리량을 감지하는 데에도 적용될 수 있다.

QTE는 나노미터 해상도로 고감도 퀀텀 감지를 달성하기 위해 스캐닝 프로브 현미경에 사용하기 위한 다이아몬드 기반 센서의 적용을 추구하고 있다. 이를 통해 다양하고 흥미로운 나노 규모의 재료와 표면 물리학을 탐구할

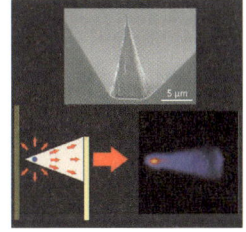

수 있으며 나노 전자공학의 특성화와 고급 메타물질의 개발에 잠재적으로 적용될 수 있다. 다이아몬드 나노 기둥에 N-V 센터가 내장된 상업용 프로브의 사용과 맞춤형 기하학 및 색상 센터 구성을 갖춘 맞춤형 프로브 개발을 모두 탐구하고 있다.[64]

바. 응용: 헬스케어 분야 퀀텀 센싱/바이오 센싱 기술

5·6세대 바이오 센싱 기술은 인공지능, 사물인터넷, 머신러닝 등 스마트 기술과 효율적인 마이크로/나노 기반 센싱 플랫폼을 연결해 건강 상태를 조사하는 현장 진단(POC) 기기를 만드는 신흥 분야가 된다. 최근 퀀텀 측정, 신호 전달 및 최적화된 생체 활성 물질 간의 통합 및 인터페이스를 통해 변칙적 민감도를 갖는 미세한 생물학적 사건을 조사하게 되었다. 이러한 기술은 다양한 압력, 온도, 전자기장에 따라 퀀텀 규모의 변화를 측정할 것으로 기대된다.

퀀텀 센싱(QS)은 단일 센서에서 출력 데이터/신호를 추출하여 생성하므로 자기장과 전기장의 움직임 변화를 감지하여 응답 데이터를 정확하게 측정할 수 있는 최첨단 신흥 센싱 기술로 전망된다. **퀀텀 센싱(QS)을 사용하여 수집된 정보학은 더 정밀한 통계를 수집하고 활용하여 향상된 데이터 결과를 생성함으로써 기존 감지 기술의 기능과 적용**

---

[64] https://www.quantumsensors.sg/qs-home

성을 향상할 수 있고 더 큰 정확성을 제공했다. 기존의 측정 방법보다 뛰어난 퀀텀 센서는 소위 '퀀텀 자원'을 활용하여 원자 수준의 변화를 감지하는 능력을 갖추고 있다.

또한, 퀀텀 센싱(QS)의 도움으로 항공 및 해양 위성 위치 확인 시스템(Marine Satellite Positioning System)이 가능했다. 나아가, **퀀텀 기반 센서의 다양한 응용 중에 퀀텀 바이오 센싱(Q-BS)이 있는데, 여기에는 바이오 이미징(신경 감지 및 심장 이미징), 분광학(단백질과 같은 분자 구조 이미징), 통신(레이더 통신의 신호 수신 및 증폭, 5G/6G 기술을 지원하기 위한 전기 표준 교정), 내비게이션(고 정확도 제공)이 포함된다.** 더하여, GPS, 건물 내부 및 지하 내비게이션 지원), 환경 모니터링(화산 붕괴 예측 및 CO_2 배출량 측정), 인프라 모니터링(기계적 안정성 모니터링 및 누출 감지), 지리 측량(석유와 가스 위치 지원), 기본 과학(표준 모델을 넘어서는 고에너지 물리학 평가)에 응용된다.

나아가, 맞춤형 의료 관리를 위한 QS/BS 기술, 원자 수준에서 나노 구조의 고성능 및 조정할 수 있는 특성을 탐색하여 초기 단계 진단을 위한 바이오마커의 낮은 수준 검출, 질병 모니터링을 위한 영상 개선, IoMT 지원 현장 진료(POC) 테스트 개선, 위험 평가 및 시기적절한 결정을 포함한 AI 기반 발명을 확립시켰다. 결과를 바탕으로 퀀텀 바이오(Q-B)는 효율적인 질병 관리를 위해 사용될 수 있다. 결과적으로 퀀텀 감지의 사용 예상 시장은 2022~2031년까지 1억 1,400만 달러로 추산된다.

■ 최첨단 Q-BS

질병을 진단하고, 다중 약물 내성 유기체를 식별하고, 새로운 전염병을 식별하고, 식수나 식품에서 매우 적은 농도의 독극물과 미생물을 인식하기 위해 바이오센서(Biosensor)는 현재 생물 의학 및 글로벌 의료 분야에서 사용할 수 있는 가장

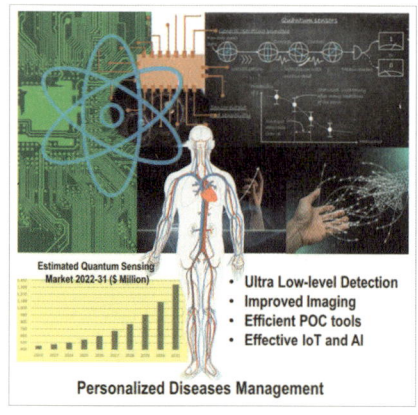

좋은 도구가 되었다. 그러나 그러한 문제를 다루고 있는 엔지니어와 과학자들이 직면하는 어려움은 상당하다. 예를 들어, 바이오센서는 의료 진단의 정확성과 효능을 향상하려면 혈류나 기타 신체 샘플에서 미세한 수준의 미생물도 식별할 수 있을 만큼 민감해야 한다.

퀀텀 바이오 센싱(Q-BS)은 치료 전반에 걸쳐 종양 경계를 정확하게 구분하고 세포막과 세포질 전체에 걸쳐 약물을 모니터링 하는 등 다양한 잠재적 응용 분야를 가지고 있다. 단백질 접힘,

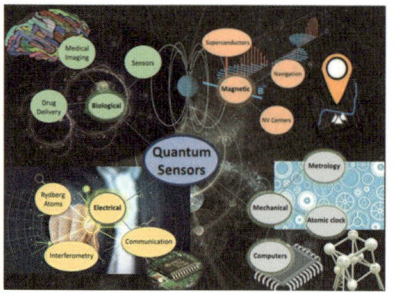

세포막의 신호 전달 경로를 통한 입자 전달, 시냅스를 통한 전기 자극 전파와 같은 특히 중요한 생물학적 작업은 Q-S 플랫폼에 의해 포착될

수 있다.

나아가, Q-BS는 과학자들이 찾고 있는 데이터를 얻기 위해 흥미로운 생물학적 과정이 일어나는 곳에 정확하게 배치되어야 한다. 퀀텀 바이오센서의 기능을 완전히 활용하기 위해 단순한 '스냅샷' 대신 사건의 '영화'를 볼 수 있도록 더 뜨겁고 덜 규제된 조건에서 퀀텀 센서를 작동하는 새로운 방법을 개발하고 있다. 아래에서는 퀀텀 기술을 사용한 생의학 응용 분야의 몇 가지 발전 사항을 설명한다.

■ Q-BS를 이용한 신경퇴행성 질환의 검출

기존 영상 방식으로는 볼 수 없었던 뇌 내부를 퀀텀 센서를 통해 엿볼 수 있다. 이는 신경퇴행성 질환 치료의 효과를 높이는 데 중요하다. 또한 이는 신경퇴행성 질환의 근본적인 기초에 대한 지식을 심화시킬 수 있는 능력을 제공했다. 이를 통해 알츠하이머병이나 파킨슨병과 같은 질환에 대한 보다 강력한 치료 대안과 질병 예방조치가 탄생하게 될 것으로 전망한다.

최근 시카고 대학의 프리츠커 분자 공학 대학(PME: Pritzker School of Molecular Engineering)은 몇몇 최고의 최첨단 바이오센서를 개발했다. 다이아몬드 기반 센서는 세포의 전기장, 자기장, 온도, 내부 장력을 측정할 수 있다. 파킨슨병, 알츠하이머병, 헌팅턴병과 관련된 단백질의 미세한 접힘을 조사하기 위해 이 기술을 사용하는 것이 앞으로 기대된다. 단백질이 접히는 자연적인 메커니즘은 정상적이지만, 신경퇴행성

질환은 단백질 응집체가 분류되는 특징이 있다. 이러한 장애를 예방하고 치료하려면 그 과정을 더 잘 이해해야 한다. 그러나 퀀텀 컴퓨팅의 진정한 능력은 아직 완전히 실현되고 있지 않았다.

■ **질소-공동 센터**(Nitrogen-Vacancy center) **기반 Q - BS**

퀀텀 얽힘(Quantum Entanglement)으로 알려진 물리적 현상은 두 입자가 서로 맞물리거나 서로 가까이 있을 때 목격될 수 있다. 이 경우 두 입자의 퀀텀 상태는 먼 거리에서도 별도로 표시될 수 없다. 스핀 기반 시스템은 주로 자기장에 반응하지만, 하전(Charged Particle)된 이온은 전기력에 민감히 반응한다. 그러나 이는 수신된 신호에 강하게 반응하고 바람직하지 않은 잡음의 영향을 거의 받지 않음을 의미하는 '본질적 감도'라고 알려졌다. 스핀 방법은 다이아몬드 격자에서 2개의 인접한 탄소 부속물을 제거하고 그중 하나를 질소 원자로 대체하는 과정을 포함한다.

이런 결함은 여분의 질소 전자로 채워져 질소 공동 센터(N-V 센터)로 알려진 구조를 만든다. 다이아몬드의 스핀 충격은 시각적으로 시작되고 회수될 수 있으며, 이곳 전자에는 스핀이 있다. 상태 안정성 또는 퀀텀 얽힘(Quantum Entanglement)  가능성과 관련하여 스핀은 동일 개념을 고수한다. 퀀텀 자기 측정법(Quantum Magnetometry)을 위한 고립된 광자 소스 또는 고립된 N-V 센터를 생성하는 것이 가능했다. 이러한 N-V 센터는 용량별로 또는 단순히 표면에 생성될 수 있다. 전류 센서보다 더 작고, 더 조용하고, 더 민감한 센싱 장치의 개발은 N-V 센터에서 가능했다. 나노 다이아몬드(Nano Diamond)와 같은 N-V 센터 기반 센서를 통해 생물 의학 구현이 가능할 수 있다.[65]

■ IoT&AI 지원 Q-BS 플랫폼

AI라고 불리는 컴퓨팅 과학을 중심으로 한 현대 기술은 알고리즘을 생성하고 기계가 전문적인 인간 지성을 요구하는 활동을 수행할 때 스마트하고 효과적으로 수행하도록 프로그래밍한다. 이러한 영리한 솔루션을 사용하면 인간이 의료 영상, 임상 진단 및 해결 방법에 더 쉽게 개입할 수 있다. 인간의 건강관리 개선을 위해 소프트웨어 애플리케이션과 네트워크로 연결된 생체의학 장치를 통합하는 차세대 생체분석 도구인 의료사물인터넷(IoMT: Internet of Medical Things)도 같은 시기에 등장한다.

의료사물인터넷(IoMT)에는 환자 치료를 평가할 목적으로 함께 네트워크로 연결된 의료 장비로 구성된다. 이 접근방식은 최적화된 통합 자동화, 나노/마이크로 규모 센서, 현장 진료 테스트, 생물정보학 생성, 최신 기술을 사용한 AI 기반 분석을 기반으로 하여 사람의 개입 없이 지속적인 의료 추적 및 관리를 제공했다. IoMT 지원 기술을 사용하

---

[65] 헬스케어 분야 퀀텀 센싱/바이오 센싱, https://iopscience.iop.org

면 건강 매개변수를 무선으로 관찰할 수 있어, 불필요한 병원 방문이 줄어들고 결과적으로 관련 의료 비용이 절감된다.

결론적으로, IoT&AI가 지원된 QS/BS는 향상된 퀀텀 혁신과 전 세계적으로 QS/BS의 필요성에 따라 퀀텀 개념 조사를 넘어 공통적이고 실용적인 퀀텀 시스템으로 전환될 것으로 예상된다. QS/BS는 퀀텀 센서가 널리 사용될 때까지 극복해야 할 장애물이 많다는 사실에도 불구하고 퀀텀 과학 및 상업적 이익을 위한 더 많은 자금 조달을 통해 의심할 여지 없이 발전할 것으로 전망한다.[66]

D. 퀀텀 클라우드(QCloud: Quantum Cloud)

가. 초기 퀀텀 클라우드(QCloud: Quantum Cloud) 시작

클라우드 기반 퀀텀 컴퓨팅은 클라우드를 통해 퀀텀 에뮬레이터, 시뮬레이터 또는 프로세서를 호출하는 것으로서, 클라우드 서비스가 퀀텀 처리에 대한 액세스를 제공하는 방법으로 점점 더 주목받고 있다. 퀀텀 컴퓨터는 퀀텀 물리학을 처리 능력으로 시작하여 대규모 컴퓨팅 능력을 달성하며 사용자가 인터넷을 통해 이러한 퀀텀 기반 컴퓨터에

---

[66] IOP Publishing Limited ECS, 2023, "The Electrochemical Society"

액세스할 수 있는 경우 이를 클라우드 내 퀀텀 컴퓨팅이라고 한다.

IBM은 2016년 소형 퀀텀 컴퓨터를 클라우드에 연결해 클라우드에서 간단한 프로그램을 구축하고 실행할 수 있게 했다. 2017년, 리게티 컴퓨팅(Rigetti Computing)은 pyQuil Python 라이브러리를 사용하여 최초로 프로그래밍 가능한 클라우드 액세스를 시연했다. 학계 연구원과 교수부터 초등학생까지 많은 사람이 이미 프로그램 도구를 사용하여 다양한 퀀텀 알고리즘을 실행하는 프로그램을 구축했다. 일부 소비자는 빠른 컴퓨팅을 사용하여 금융 시장을 모델링하거나 보다 발전된 AI 시스템을 구축하기를 원했다.

나. 퀀텀 클라우드(QCloud: Quantum Cloud) 종류

- **큐브 레이드**(qBraid)

qBraid Lab은 퀀텀 컴퓨팅을 위한 클라우드 기반 플랫폼이며, 퀀텀 연구원과 개발자를 위한 소프트웨어 도구와 퀀텀 하드웨어에 대한 액세스도 제공한다.[67] qBraid-SDK는 프레임워크 간 추상화, 변환 및 퀀텀 프로그램 실행을 위한

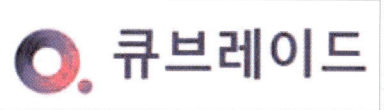

---

67 qBraid Lab, https://www.qbraid.com/

Python 개발환경이 된다. 이것은 통합된 퀀텀 프런트엔드 인터페이스(Quantum Front-end Interface)가 되고, 지원되는 패키지 간에 퀀텀 회로를 트랜스 파일로 사용한다.

또한, 간단하고 일관된 프로토콜을 통해 여러 프런트엔드의 기능을 활용할 수 있다. 한번 구축하면 여러 대상을 할 수 있으며, 선호하는 회로 구축 패키지를 사용하여 퀀텀 프로그램을 만들고, 지원되는 프런트엔드와 인터페이스 하는 모든 백엔드(Back-end)에서 실행할 수 있다. 나아가, 결과를 벤치마크(Benchmark), 비교·해석하며, 내장된 호환 가능한 후처리를 통해 실행 간 및 백엔드(Back-end) 간 결과를 비교할 수 있다.

qBraid는 2023년 8월 IBM, Xanadu, OQC, QuEra, Amazon Braket 시뮬레이터, Rigetti 및 IonQ를 포함한 IBM 및 Amazon Braket 장치에 대한 클라우드 기반 액세스를 제공했다. 클라우드 퀀텀 컴퓨팅 플랫폼에는 무제한 하드웨어 및 시뮬레이터 액세스가 가능한 무료 계층이 제공된다.

- **퀀델라**(Quandela)

Quandela Cloud는 클라우드에 액세스할 수 있는 최초의 유럽 광자 퀀텀 컴퓨터로서, 이것은 Perceval 스크립트 언어를 사용하여 인터페이스가 된다.[68] 또한, Quandela의 클라우드 기반 플랫폼은 광자 퀀텀 컴퓨팅에 대한 액세스를 제공하므로 솔루션을 최적화하는 알고리즘을 개발하고 배포된다.

또한, **Quandela의 클라우드**는 컴퓨팅의 미래를 더욱 밝게 지원한다. 먼저, 광자 퀀텀 컴퓨팅 관련해서, 퀀텀 과학자가 개발한 노트북에서 광자 퀀텀 컴퓨팅을 실험하고 포토닉스를 위한 최첨단 알고리즘을 보여준다. 둘째, 인터넷 사용량 탐색기 관련,

팀 활동, 다양한 플랫폼에서 보낸 시간, 남은 크레딧을 추적하고 비용을 추정할 수 있다. 셋째, Python에서 회로 설계 및 작업 실행을 위해서 오픈 소스 프레임워크인 Perceval을 사용하여 광자 회로를 설계하고, 알고리즘을 개발 및 테스트하고, 강력한 시뮬레이터 또는 실제 퀀텀 처리 장치에서 작업을 시작할 수 있다.

- **제너두 클라우드**(Xanadu Cloud)

Xanadu Quantum Cloud는 완전히 프로그래밍할 수 있는 3개의 광자 퀀텀 컴퓨터에 대한 클라우드 기반 액세스로 구성된다.[69] 제너두 클라우드(Xanadu Cloud)는 퀀텀 컴퓨팅을 위한 하드웨어, 소프트웨어 및

68　　Quandela Cloud, https://cloud.quandela.com/
69　　https://www.xanadu.ai/

애플리케이션을 제공했다. **측정 기반 퀀텀 컴퓨팅(Measurement-based Quantum Computing)의 Xanadu의 아키텍처는 모듈식이며 광 네트워킹을 통해 100만 큐비트까지 확장할 수 있다.** 이를 달성하기 위해 수천 개의 큐비트를 생성, 얽힘 및 처리하기 위해 함께 작동하는 4가지 구성 요소로 구성된 제조 가능한 내결함성 모듈을 개발하고 있다. 주요 아이템은 짓다(Build), 실험(Experiment), 실행하다(Execute), 관리하다(Manage) 등이 있다.

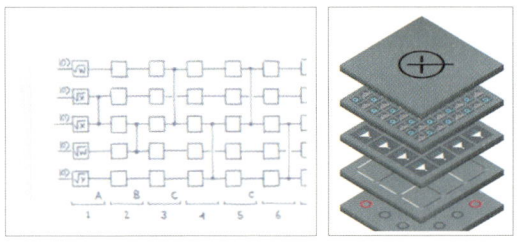

짓다(Build): Strawberry Fields 및 Penny Lane용 S/W 서비스

실험(Experiment): 고성능 시뮬레이터 활용

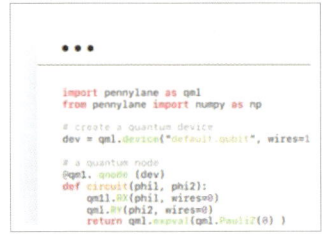 

실행하다(Execute): 광자 퀀텀 컴퓨터에 대한 독점 액세스

관리하다(Manage): 사용하기 쉬운 인터페이스 및 워크플로우 관리

E. 퀀텀 배터리 혁명으로 미래로 나아간다

가. 퀀텀 배터리의 시작

퀀텀 배터리(Quantum Batteries)는 퀀텀 역학 원리를 이용해 에너지를 저장하는 전기전지의 일종으로서, 이는 기존 배터리보다 훨씬 더 효율적이고 강력할 수 있는 잠재력을 가지고 있다. 퀀텀 배터리는 아직 개발 초기 단계에 있다. 퀀텀 배터리의 개념은 1990년대 초 캘리포니아 대학교 버클리 캠퍼스 연구팀에 의해 처음 제안되었다. 이것은 원자와 분자의 퀀텀 상태에 에너지를 저장하는 것이 가능하다는 것을 보여주었다. 그러나 최초의 퀀텀 전지가 실제로 만들어진 것은 2000년대 초반이 되어서였다.

나. 퀀텀 배터리란 무엇인가요?

퀀텀 배터리는 퀀텀 물리학을 기반으로 한 배터리로, 원자 및 서브원자 크기에서 입자의 특성을 이용하여 전례 없는 에너지 밀도와 충전 속도를 실현할 수 있다. 퀀텀 배터리는 기존의 전지와 비교하여 더 높은 에너지 저장 능력을 제공하고, 충전 속도도 빠를 수 있다. 또한, 장기간 사용되어도 성능이 떨어지지 않아 더 오랜 시간 사용할 수 있다.

퀀텀 배터리란 에너지를 퀀텀 상태에 저장할 수 있으며, 사용할 수 있는 에너지로 전환할 수 있다. 퀀텀 배터리는 기존의 고전적인 배터리(Classical Batteries)와 달리 퀀텀 얽힘과 퀀텀 중첩 상태를 이용하여 더욱 빠른 충전 속도와 방출 일률을 가지며 이는 미래 기술로 사용될 가능성을 시사한다. 퀀텀 배터리가 가지는 최대 충전 속도는 고전적인 배터리가 셀의 개수와 선형 비례하는 것과 달리 이루어진 셀의 개수 제곱에 비례한다.

퀀텀 효과를 최대한 이용하여 제곱 규모에 도달하기 위한 조건을 제안하는 이론적 모델과 정리를 증명하였다. 퀀텀 이득은 배터리를 충전시키는 해밀턴식(Hamiltonian)이 퀀텀 얽힘 상태로 만드는 셀의 개수와 비례하며, 따라서 최대 고전적인 배터리와 비교하여 셀의 개수의 비례하는 퀀텀 이득을 얻을 수 있다.[70]

다. 퀀텀 배터리의 재생가능 에너지(Renewable Energy)

휴대전화가 몇 초 만에 충전되고, 전기 자동차가 한 번 충전으로 수천 마일을 달리며, 재생 가능 에너지가 언제든지 우리의 불빛을 유지하는 세계를 상상할 수 있다. 이것은 공상 과학 영화의 대사가 아니라, 퀀텀 배터리 기술의 미래가 될 것이다. 퀀텀 물리학이 우리의 꿈처럼

---

[70] 서울대학교, 2022, https://physics.snu.ac.kr

높은 에너지 저장 능력을 갖춘 도약을 일으키는 영역이 될 수 있다.

퀀텀 배터리는 기존의 리튬 이온 전지(Lithium-ion Battery)를 업그레이드하는 것뿐만 아니라 패러다임 전환이 될 것이다. 퀀텀 배터리는 일반적인 전지를 다루는 화학적인 과정과는 달리, 원자 및 서브 원자 크기에서 입자의 신비한 행동을 이용하여 전례 없는 에너지 밀도와 충전 속도를 실현한다.

퀀텀 배터리는 재생 가능 에너지 시스템에 엄청난 돋보기 효과를 가져올 것이며, 퀀텀 효율적인 저장을 통해 태양 및 풍력 발전은 주기적인 문제를 극복할 수 있다. 장점은 작동상의 이점뿐 아니라 환경상의 이점도 있다. 퀀텀 배터리의 약속은 해로운 화학물질과 희귀 금속에 대한 의존도를 줄여 에너지 저장소의 생산과 재활용을 더욱 깨끗하게 만들 수 있다. 다가올 2030년대 알파세대의 가장 큰 퀀텀 배터리 혁명이 한발 다가올 수 있다.

라. 퀀텀 배터리 상용화(Commercialization)

CSIRO는 다양한 전문 분야를 통해 제작에서 분광 측정 및 이론적 모델링에 이르기까지 양자 배터리 기술에 대한 종단 간 전체적 분석을 한다. CSIRO의 연구실에서는 열 증착 기술을 사용하여 두께가 불과

몇 나노미터인 활성층이 있는 공동 양자 배터리 시스템을 제작한다. 호주 멜버른 대학교(University of Melbourne, Australia)와 협력하여 사내 분광학자는 초고속 레이저 펄스를 사용하여 각 시스템의 복잡한 충전 역학을 연구한다. 데이터는 양자 역학 이론 모델로 분석하여 필수적인 물리학을 분리하고 새로운, 더 크고 더 나은 양자 배터리 제작으로 이어질 수 있는 새로운 실험을 제안한다.[71]

최근 2024년 7월, 서울대학교 전력연구소와 퀀텀 온(Quantumon)은 '미래 성장을 위한 신기술 연구개발 중장기 로드맵 컨설팅 및 에너지 플랫폼 개발' 계약을 체결했다. 이를 통해서, 퀀텀 온은 퀀텀배터리 기반 기술을 확보함에 따라 차세대 에너지 플랫폼 개발을 바탕으로 혁신적인 배터리 개발 관련 신규사업 및 매출 증대에 박차를 가할 것으로 기대된다.[72]

F. 퀀텀 컴퓨팅(QC: Quantum Computing)이란 무엇인가?

가. 큐비트란 무엇인가?

퀀텀 컴퓨터를 독특하게 만드는 요소를 이해하려면 퀀텀 비트(Bit) 또

---

[71] Australia CSIRO, 2024, https://research.csiro.au/quantumbattery/
[72] 한국 양자협회, 2024. 7., https://www.kquantum.or.kr/

는 큐비트(Qubit)를 간략하게 살펴보고 기존 컴퓨팅에서 정보의 기본단위 역할을 하는 '고전적인' 비트와 어떻게 다른지 살펴봐야 한다. 큐비트는 퀀텀 역학의 비직관적인 법칙으로만 설명할 수 있는 체제에 존재한다.

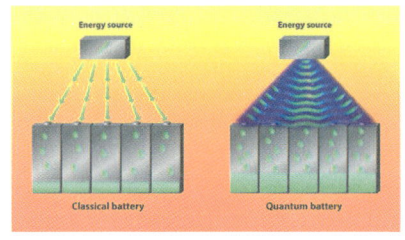

나. 퀀텀의 기본단위는 큐비트(Q-Bit)

큐비트(Qubit)란 퀀텀 컴퓨터의 최소 연산 단위로 동시에 2개 이상 존재하는 퀀텀 상태를 설명한다. 컴퓨터 1비트는 '0'과 '1' 둘 중 하나만 표현할 수 있다. 그래서 일반 컴퓨터는 2진법의 '0'과 '1'을 따로 처리한다. 반면, 퀀텀 컴퓨터에서는 n개 큐비트가 동시에 병렬식으로 연산 작업을 할 수 있다. 그 이유가 바로 '0'과 '1'을 동시에 가질 수 있는 큐비트의 성질 때문이다.

큐비트는 하나의 비트라도 '00', '01', '10', '11' 각각 혹은 함께 다량으로 한꺼번에 계산할 수 있어 퀀텀 컴퓨터의 연산 속도는 일반 컴퓨터에 비해 무한대로 빨라진다. 퀀텀 컴퓨터를 '꿈의 컴퓨터'라

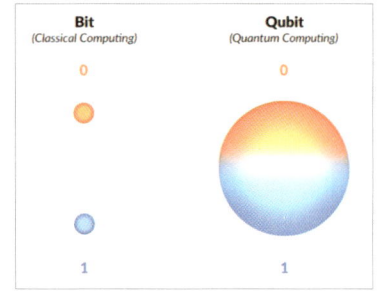

고 부르는 이유다. 죽었지만 동시에 살아있는 물리 개념을 뜻하는 '슈뢰딩거의 고양이'처럼 큐비트 역시 '0'인 동시에 '1'인 상태이다. 하지만 큐비트는 2개 이상의 퀀텀이 안정적으로 움직일 수 있는 상태에서만 존재한다.

큐비트는 단위이지만 상태를 의미하기도 한다. 큐비트가 안정적으로 움직이는 상태를 '퀀텀 중첩(Superposition)' 현상이라 말한다. 이 중첩 현상을 제어할 수 있는 특정 환경이 곧 퀀텀 컴퓨터의 작동 조건이 된다. 실온에서는 중첩 현상을 안정적으로 유지할 수 없으므로 계산 결과의 오류가 생긴다. 그래서 연산 결과를 신뢰할 수 없고 이런 이유로 퀀텀 컴퓨터 상용화가 쉽지 않다. 현재 구글, IBM 등 빅테크 기업만이 자체 프로젝트로 퀀텀 컴퓨터 연구를 이어가는 상황이다.

다. 퀀텀 컴퓨팅의 장점은 무엇인가?

퀀텀 컴퓨터가 오늘날의 메인프레임과 서버보다 기하급수적으로 빨라질 수 있는 잠재력을 제공하 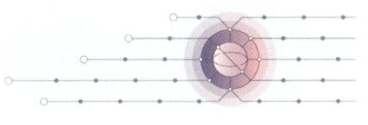 는 차이점에 있다. 이는 동시에 여러 입력으로 여러 계산을 수행할 수 있다. 오늘날의 컴퓨터는 한 번에 하나의 입력 세트와 하나의 계산만 처리할 수 있다. 특정 수의 큐비트(예: n)로 작업하는 퀀텀 컴퓨터는 한 번에 최대 2n 입력에 대해 계산을 수행할 수 있다.

그러나 퀀텀 컴퓨터가 실제로 어떻게 작동하는지 자세히 살펴보면 퀀텀 컴퓨터가 그 잠재력을 발휘하기 전에 기존의 많은 문제를 해결해야 한다. 기술적 장애물 이러한 장애물 중 일부는 기술적 부분인데, 예를 들어 큐비트는 휘발성(Volatility)이 있다. 오늘날 컴퓨터의 모든 비트는 '1' 또는 '0' 상태여야 한다. 컴퓨터 칩의 한 비트가 해당 칩의 다른 비트와 간섭하지 않도록 하는 데 많은 작업이 필요한데, 반면 큐비트는 0과 1의 모든 조합을 나타낼 수 있다. 또한 다른 큐비트와 상호 작용 한다. 실제로 이러한 상호 작용을 통해 한 번에 여러 계산을 수행할 수 있다.[73]

신생 기업부터 연구 기관, Google, IBM 및 Microsoft에 이르기까지 다양한 소프트웨어 및 하드웨어 회사가 이러한 장애물을 극복하기 위해 노력하고 있다. 그들은 오늘날 우리가 사용하는 것과 거의 유사하지 않은 알고리즘들(Algorithms)과 오늘날의 회색 상자와 매우 다르게 보일 수 있는 하드웨어(H/W), 기존 데이터를 큐비트 지원 형식으로 변환하는 데 도움이 되는 소프트웨어(S/W)를 연구하고 있다. 개념으로서의 퀀텀 컴퓨팅은 1980년대 초부터 존재했지만, 퀀텀 컴퓨터가 기존 컴퓨터로는 너무 복잡한 문제를 처리할 수 있다는 최초의 진정한 증거는 2019년 말에야 나타났다.

---

[73] 미국, IBM, https://www.ibm.com/

IBM 퀀텀 컴퓨터 Q System One

라. 퀀텀 컴퓨터의 구성 요소는 무엇인가?

- **퀀텀 하드웨어**(Quantum Hardware)

QH는 3가지 주요 구성 요소가 있다. **첫째, 퀀텀 데이터**는 퀀텀 컴퓨터의 핵심이며 물리적 큐비트와 이를 제자리에 고정하는 데 필요한 구조를 포함한다. **둘째, 제어 및 측정**은 디지털 신호를 아날로그 또는 파형 제어 신호로 변환한다. 이러한 아날로그 신호는 퀀텀 데이터의 큐비트에서 작업을 수행한다. **셋째로, 제어 프로세서 플레인 및 호스트 프로세서**가 있다. 제어 프로세서 플레인은 퀀텀 알고리즘 또는 작업 시퀀스를 구현한다.

또한, 호스트 프로세서는 퀀텀 소프트웨어와 상호 작용 하고 제어 및 측정에 디지털 신호 또는 클래식 비트 시퀀스를 제공했다. 이를 위해서, 내결함성 퀀텀 컴퓨터를 구축하는 최고의 방법을 보여준 사람은 아무도 없으며 여러 회사와 연구 그룹이 다양한 유형의 큐비트를 조사하고 있다. 이러한 큐비트 기술 중 일부에 대한 간략한 6가지 프로세서를 예로 제공했다.

첫째, **게이트 기반 이온 트랩 프로세서(Gate-based Ion Trap Processors)**는 입력 데이터를 가져와 미리 정의된 단위 연산에 따라

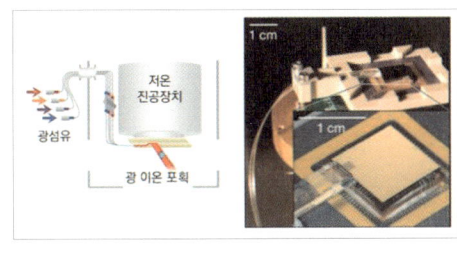

변환하는 장치로서, 작동은 일반적으로 퀀텀 회로로 표시되며 기존 전자 장치의 게이트 작동과 유사할 수 있다. 그러나 퀀텀 게이트는 전자 게이트와는 전혀 다르다. 이온 트랩 퀀텀 컴퓨터는 이온이라고 불리는 하전 원자의 전자 상태를 사용하여 큐비트를 구현한다. 이온은 전자 기장을 사용하여 미세 가공된 트랩 위에 갇히고 부양(Flotation)된다. 이온 트랩 기반 시스템은 레이저를 사용하여 퀀텀 게이트를 적용하여 이온의 전자 상태를 조작한다. 트랩 이온 큐비트는 큐비트를 합성적으로 제조하는 대신 자연에서 나오는 원자를 사용한다.

둘째, **초전도성 측면에서 게이트 기반 초전도 프로세서(Gate-based Superconducting Processors)**는 매우 낮은 온도에서 수은이나 헬륨과 같은 특정 물질에서 관찰할 수 있는 일련의 물리적 특성을 갖는다. 이러한 물성에서는 전기 저항이 '0'이고 자석 장이 방출되는 특성 임계 온도를 관찰할 수 있다. 초전도 선재 루프를 통과하는 전류는 전원 없이도 무한정 지속될 수 있다. 초전도 퀀텀 컴퓨팅은 초전도 전자 회로

에 퀀텀 컴퓨터를 구현한 것을 의미한다. 초전도 큐비트는 극저온에서 작동하는 초전도 전기 회로로 구축된다.

셋째, 광자 프로세서(Photonic Processors)는 계산을 위해 빛을 조작하는 장치이며, 광자 퀀텀 컴퓨터는 위치 또는 운동량과 같은 연속 연산자의 모드에 해당하는 큐비트 등가물과 함께 압착된 광 펄스를 방출하는 퀀텀 광원을 사용한다.

넷째, 중성 원자 프로세서(Neutral Atom Processors)의 중성 원자 큐비트 기술은 트랩 이온 기술과 유사한데, 그러나 큐비트를 가두어 제 위치에 고정하기 위해 전자기력 대신 빛을 사용한다. 원자는 충전되지 않으며 회로는 실온에서 작동할 수 있다.

다섯째, 리드버그(Rydberg) 원자 프로세서는 평균적으로 핵에서 더 멀리 떨어져 있는 하나 이상의 전자를 가진 여기(勵起)된 원자로서, 리드버그 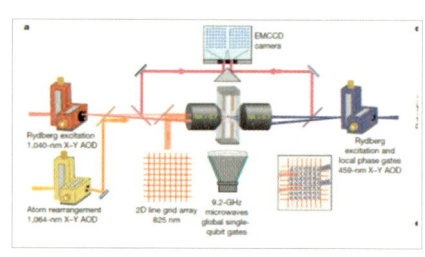 원자는 전기장과 자기장에 대한 과장된 반응, 긴 수명 등 여러 가지 독특한 특성이 있다. 큐비트로 사용하면 다양한 상태를 선택하여 조정할 수 있는 강력하고 제어할 수 있는 원자 상호 작용을 제공했다.

여섯째, 퀀텀 어닐러(Quantum Annealer)는 물리적 프로세스를 사용하여 퀀텀 시스템의 큐비트를 절대 에너지 최솟값에 배치한다. 거기에서 하드웨어는 시스템의 구성을 부드럽게 변경하여 에너지 환경이 해결해야 할 문제를 반영하도록 한다. 퀀텀 어닐러의 장점은 큐비트 수가 게이트 기반 시스템에서 사용할 수 있는 것보다 훨씬 클 수 있다는 것이다. 그러나 그 사용은 특정한 경우에만 제한된다.

■ **퀀텀 소프트웨어**(Quantum Software)

QS는 퀀텀 회로를 사용하여 고유한 퀀텀 알고리즘을 구현한다. 퀀텀 회로는 기본 큐비트에 대한 일련의 논리적 퀀텀 연산을 정의하는 컴퓨팅 루틴이 된다. 개발자는 다양한 소프트웨어 개발 도구와 라이브러리를 사용하여 퀀텀 알고리즘을 코딩할 수 있다.

마. 기업에서는 퀀텀 컴퓨팅을 어떻게 활용하는가?

퀀텀 컴퓨팅은 산업에 혁명을 일으킬 수 있다. 아래에는 몇 가지 사용 사례가 나와있다. **기계 학습(ML)**은 컴퓨터가 더 나은 예측과 결정을 내릴 수 있도록 방대한 양의 데이터를 분석하는 프로세스이다. 그러나 이를 개선하기 위해 퀀텀 컴퓨팅 연구는 정보처리의 물리적 한계를 연구하고 기초 물리학의 새로운 지평을 열고 있다. 이에 따라, 화학, 최적화, 분자 시뮬레이션 등 다양한 과학 및 산업 분야의 발전으로 이어진다. 또한 금융 서비스에서는 시장 동향을 예측하고 제조 부문에서는 운영을 개선하는 데 관심이 높아지고 있다.

최적화 부분에 퀀텀 컴퓨팅은 연구 개발, 공급망 최적화 및 생산을 증가시킬 수 있다. 예를 들어 퀀텀 컴퓨팅을 적용하면 복잡한 프로세스에서 경로 계획과 같은 요소를 최적화하여 제조 프로세스 관련 비용을 줄이고 주기 시간을 단축할 수 있다. 또 다른 응용 분야는 대출 기관이 자본을 확보하고 이자율을 낮추며 상품을 개선할 수 있도록 대출 포트폴리오를 퀀텀적으로 최적화하는 역할을 할 수 있다.

또한, **시뮬레이션 분야**에서 시스템을 정확하게 시뮬레이션하는 데 필요한 계산 노력은 약물 분자 및 물질의 복잡성에 따라 기하급수적으로 증가한다. 근사 방법을 사용해도 현재 슈퍼컴퓨터는 이러한 시뮬레이션이 요구하는 정확도 수준을 달성할 수 없다. 최근 퀀텀 계산은 화학이 직면한 가장 까다로운 계산 문제 중 일부를 해결할 수 있는 잠재력이 있어, 과학계가 오늘날 다루기 힘든 화학 시뮬레이션을 시행할 수 있게 해 준다. 예를 들어 Pasqal은 화학 시뮬레이션을 실행하기 위해 QUBEC 계산 소프트웨어를 구축했다. QUBEC은 컴퓨팅 인프라의 자동 프로비저닝부터 고전적 계산 전처리 및 후처리 실행, 오류 완화 작업 수행에 이르기까지 퀀텀 계산 작업을 실행하는 데 필요한 무거운 작업을 자동화했다.[74]

---

74 아마존, AWS, https://aws.amazon.com

바. 퀀텀 컴퓨터는 언제 다가오는가?

퀀텀 컴퓨팅은 복잡한 기술이며, 어느 날 나타나서 다음 날 수백만 명의 사람들이 채택할 앱은 아닐 수 있다. 빠르게 성장하는 퀀텀 생태계에서 수십 명의 전문가와 이야기를 나눈 후 향후 수십 년 동안 퀀텀 기술이 어떻게 발전할 것인지에 대한 명확한 추정치를 나눌 수 있다.

퀀텀 컴퓨터는 소수의 핵심 플레이어가 개발하고 운영하는 값비싼 기계가 될 것이며, Google 및 IBM과 같은 회사는 매년 무어의 법칙과 같은 방식으로 퀀텀

컴퓨터의 기능을 2배로 늘리기를 희망한다. 작지만 중요한 유망한 스타트업 집단과 함께 컴퓨터에서 처리할 수 있는 큐비트의 수를 꾸준히 늘릴 것으로 전망된다. 기술이 초기 단계이기 때문에 진행 속도가 느릴 수 있다. **2030년까지 2,000~5,000대의 퀀텀 컴퓨터만 작동할 것으로 예상된다.** 퀀텀 컴퓨팅 퍼즐에는 많은 조각이 있으므로 가장 복잡한 문제를 처리하는 데 필요한 하드웨어와 소프트웨어는 2035년 이후까지 존재하지 않을 수 있다.

결과적으로, 2022년에서 2026년 사이에 최적화 문제가 있는 많은 기업이 하이브리드 접근방식(Hybrid Approach)을 채택할 것으로 예상된다. 같은 기간에 퀀텀 컴퓨터는 화학, 재료 및 제약 회사를 위한 분자 구조의 의미 있는 시뮬레이션을 처리할 수 있을 만큼 충분히 강력해질

수 있다. 기술 개발을 통해 서로 다른 산업이 퀀텀 컴퓨팅으로부터 가장 많은 혜택을 받을 가능성이 있다. 나아가, 첨단 산업, 글로벌 에너지 및 재료, 금융, 여행 및 물류 분야의 선구자들이 2030년까지 퀀텀으로부터 상당한 가치를 창출하기 시작할 것으로 예상한다.

Core Vision

킹덤 비즈니스(Kingdom Business)	By 퀀텀 신기술 분야(Quantum's Major Research Areas)
	A. 퀀텀 통신(QComm : Quantum Communication) - 퀀텀 암호화의 가장 잘 알려지고 개발된 응용 프로그램은 **퀀텀 키 분배(QKD, Quantum Key Exchange)**가 있다. - QKD는 암호화 작업을 수행하거나 암호화 시스템을 깨기 위해 **퀀텀 역학 효과**를 사용하는 방법을 설명한다. **B. 퀀텀 인터넷(QIN : Quantum Internet)이란 무엇입니까?** - 퀀텀 얽힘을 통한 **순간이동 분배 네트워크 개발**을 통해서 가능하며, 이것은 공상과학 소설처럼 들릴지 모르지만, 데이터를 전적으로 **퀀텀 형태(큐비트)**로 전송하는 실제 방법이 된다. **C. 퀀텀 센서(QS : Quantum Sensing)** - 퀀텀 기반 센서의 다양한 응용 중에 **퀀텀 바이오 센싱(Q-BS)**있는데, 여기에는 바이오 이미징(신경 감지 및 심장 이미징), 분광학(단백질과 같은 분자 구조 이미징), 통신(레이더 통신의 신호 수신 및 증폭, **5G/6G 기술**을 지원하기 위한 전기 표준 교정), 내비게이션(고 정확도 제공)이 포함된다. **D. 퀀텀 클라우드(QCloud : Quantum Cloud)** - 대표적으로, 큐브 레이드(qBraid) Lab은 퀀텀 컴퓨팅을 위한 클라우드 기반 플랫폼이며, 퀀텀 연구원과 개발자를 위한 소프트웨어 도구와 퀀텀 하드웨어에 대한 액세스도 제공한다 **E. 퀀텀 베터리(Quantum Cell) 혁명으로 미래로 나아간다** - 퀀텀 전지는 퀀텀 역학 원리를 이용해 에너지를 저장하는 전기전지의 일종으로 써, 이는 기존 베터리보다 훨씬 더 효율적이고 강력할 수 있는 잠재력을 가지고 있다. **F. 퀀텀 컴퓨팅(QC : Quantum Computing)란 무엇인가?** - 퀀텀 비트 또는 큐비트는 퀀텀 입자로 표현된다. 제어장치에 의한 큐비트 조작은 퀀텀 컴퓨터 처리 능력의 핵심.

04
창업 및 벤처 퀀텀 컴퓨팅
(Funded&Venture Quantum Computing)

A. 캐나다 세계 최초의 퀀텀 컴퓨팅:
D-Wave Systems

D-Wave Systems는 캐나다 브리티시 컬럼비아주 버나비(Burnaby, British Columbia)에 본사를 둔 양자 컴퓨팅 회사로서, 양자 효과를 활용하는 컴퓨터  를 판매한 세계 최초의 비즈니스 회사였다. CEO인 번 브라우넬(Vern

Brownell)은 퀀텀 컴퓨터가 금융 서비스에서 의학에 이르는 산업 분야의 중요한 문제를 어떻게 해결할 수 있는지에 관해 **"최신 컴퓨터가 계속해서 처리 능력의 한계에 도달함에 따라 퀀텀 컴퓨팅은 엄청나게 강력한 컴퓨팅이 필요한 보다 전문적인 문제를 해결할 수 있는 희망을 제공하기 시작했다."** 라고 설명했다. 퀀텀 컴퓨터는 퀀텀 역학의 복잡한 힘을 활용하고 매우 색다른 환경에 수용되기 때문에 한때 불가능한 기술로 생각되었다.

그러나 이러한 기술은 이제 특정 암을 표적으로 삼을 수 있는 약물을 찾는 것부터 포트폴리오 위험을 평가하는 것까지 여러 문제를 해결할 수 있는 잠재력을 가지고 있다. 2010년에 세계 최초로 상업적으로 이용할 수 있는 퀀텀을 도입한 캐나다 회사인 D-Wave Systems는 "우리는 퀀텀 컴퓨팅 시대의 시작에 있으며 실제로 실행하는 것은 우리에게 달려있다."라고 했다.

가. D-Wave Systems Inc. 소개

퀀텀 컴퓨터는 퀀텀 역학의 법칙을 직접 활용하여 계산을 수행하는 일종의 컴퓨터로서,  그렇게 하기 위해서는 상당히 특이한 유형의 컴퓨터를 만들어야 하는데, 환경에도 매우 세밀하게 제어되어야 한다. 퀀텀 컴퓨터를 구축하

는 핵심은 기존 컴퓨터로 할 수 있는 것보다 더 빠르게 문제가 해결되어야 한다. 퀀텀 역학에 내재한 기능을 활용하여 더 잘 확장되거나 더 잘 수행될 수 있는 능력으로, 모든 사람이 퀀텀 컴퓨터를 구축하려는 이유였다.

D-Wave는 퀀텀 컴퓨팅 시스템, 소프트웨어 및 서비스 개발 및 제공 분야의 선두 주자이며, 세계 최초의 퀀텀 컴퓨터상용 공급업체이자 어닐링 퀀텀 컴퓨터와 게이트 모델 퀀텀 컴퓨터를 모두 개발하는 유일한 퀀텀 회사였다. 이들은 물류, 인공지능, 재료 과학, 신약 발견, 일정 관리, 사이버 보안, 결함 감지 및 재무 모형화와 같은 다양한 문제에 대한 실용적인 퀀텀 애플리케이션을 통해 고객 가치를 제공함으로써 이를 수행한다.

이들의 시스템은 NEC, Volkswagen, DENSO, Lockheed Martin, USC 및 Los Alamos National Laboratory를 포함한 세계에서 가장 진보된 조직에서 사용되고 있다. 캐나다 밴쿠버 근처에 본사를 두고 있는 D-Wave의 미국 사업장은 캘리포니아주 팔로알토에 있다. D-Wave는 PSP Investments, Goldman Sachs, BDC Capital, NEC Corp., Aegis Group Partners 및 In-Q-Tel을 포함한 우량 투자자 기반을 보유하고 있다.[75]

---

75 www.dwavesys.com

■ D-Wave의 Advantage 시스템

현재 D-Wave의 Leap 퀀텀 클라우드 서비스를 시작하는 기업, 정부와 개발자는 Advantage 성능 업데이트 및 CQM 솔버를 통해 프로덕션 내 하이브리드 퀀텀 애플리케이션을 구축할 수 있다. Clarity 로드맵에는 향후 훨씬 더 많은 퀀텀 사용 사례를 위한 이중 경로 하드웨어와 크로스 플랫폼 서비스, 소프트웨어 및 도구가 포함되어 있다. 고객은 유연한 퀀텀 솔루션 배열을 원하며, 퀀텀 투자가 오늘날 건전한 비즈니스에 적합할 것으로 기대되는 동시에 장기적으로 신뢰할 수 있는 솔루션으로 성장하는 것이 필요하다. 나아가, 친숙한 프로그래밍 언어와 접근할 수 있는 인터페이스로 구성된 공통 도구는 프로덕션 퀀텀 애플리케이션 포트폴리오를 시작하고 확장하는 데 모두 사용의 편의성을 유지해야 한다. 이런 고객의 요구 사항을 검토한 D-Wave는 어닐링(Annealing) 및 게이트 모델 시스템을 포함하도록 제품 포트폴리오를 확장함으로써, 이러한 크로스 플랫폼 고객 요구를 충족하는 최초의 퀀텀 컴퓨팅 회사가 되었다.

■ 유일한 엔드투엔드(End to End) 퀀텀 플랫폼

2021년 10월, 퀀텀 컴퓨팅 시스템, 소프트웨어 및 서비스 분야의 선두 주자인 D-Wave Systems Inc.는 Advantage™ 퀀텀 시스템의 성

능 업데이트인 Qubits를 발표했다. 회사의 Leap™ 퀀텀 클라우드 서비스의 새로운 하이브리드 솔버와 어닐링 및 게이트 모델 퀀텀 컴퓨터를 모두 포함하는 차세대 퀀텀 컴퓨팅 플랫폼을 미리 선보였다. 이들의 제품 릴리스와 로드맵은 사용자 및 고객 가치를 가속하기 위해 현재와 미래의 고객에게 광범위한 퀀텀 솔루션을 지속해서 제공하도록 설계되었다. 기업과 개발자를 위한 엔드투엔드 퀀텀 컴퓨팅 여정을 지원하는 시스템, 클라우드 서비스, 애플리케이션 개발 도구와 전문 서비스를 모두 구축하고 제공했다.

■ 하드웨어와 소프트웨어 융합 효과

D-Wave는 하드웨어, 전처리 및 후처리 소프트웨어, 오픈 소스 도구, 하이브리드 솔버를 포함한 전체 생태계는 성능을 위해 설계되었다. Advantage 퀀텀 컴퓨터 및 Leap 하이브리드 솔버를 사용하면 기업은 더 크고 복잡한 문제를 실행하고 더 광범위한 문제 클래스에 걸쳐 더 나은 솔루션을 얻을 수 있다.

Advantage를 출시한 지 1년 만에 Leap 퀀텀 클라우드 서비스에서 새로운 퀀텀 처리 장치(QPU)를 사용한 성능 업데이트를 사용할 수 있게 했다. 시스템의 5,000개 이상의 큐비트와 15방향 연결을 기반으로 구축된 Advantage 성능 업데이트에는 고객이 더 크고 복잡한 문제를 더 높은 정밀도로 해결하고 특정 문제 클래스에서 70% 더 나은 결과를 찾을 수 있도록 지원하는 다양한 개선 사항이 포함되어 있다.

나. The D-Wave Clarity Roadmap

명확성 로드맵(Clarity Roadmap)은 새로운 토폴로지에서 20방향 연결을 가능하게 하는 새로운 큐비트 설계를 갖춘 차세대 Advantage 2™ 퀀텀 시스템이다. Advantage 2 QPU는 7,000개 이상의 큐비트를 포함하고 다층 제조 스택에서 퀀텀 일관성의 최신 개선 사항을 활용하여 시스템의 퀀텀 기계적 성능을 더욱 활용하여 더 나은 솔루션을 더 빠르게 찾을 수 있다.

업계 최초의 확장 가능하고 실용적인 오류 수정 게이트 모델 컴퓨팅 시스템을 개발하기 위한 새로운 이니셔티브로서, 사용 사례를 확장하고 최고의 퀀텀 리소스와 클래식 리소스를 결합하는 더욱 강력한 하이브리드 솔버가 되었다. 이에 따라, 크로스 플랫폼 오픈 소스 개발자 도구(Cross-platform Open Source Developer Tools)를 통해 고객은 하나의 도구 플랫폼에 투자하고 여러 퀀텀 시스템에서 사용할 수 있다.

- **퀀텀 어닐링(Quantum Annealing)을 통한 최적화 강화**

퀀텀 어닐링은 현재와 미래의 최적화를 위해 독특하게 설계되었다. 원리는 전자기 펄스와 초전도 루프를 사용하여 큐비트를 조작한다. 이러한 큐비트는 커플러를 통해 상호 연결 되어 해결해야 할 문제를 나타내는 네트워크를 형성한다. 어닐링 퀀텀 컴퓨팅 기술에 대한 D-Wave의 지속적인 노력과 투자는 계속해서 성능을 가속화하고 고객이 복잡한

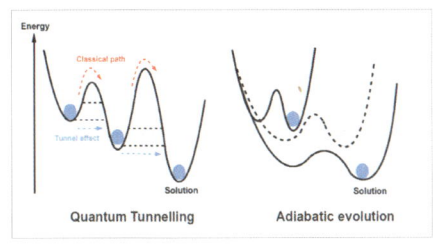

최적화 문제에 대한 더 나은 솔루션을 얻을 수 있는 능력을 확장할 수 있다. 퀀텀 어닐링 기술 개선에 대한 D-Wave의 초점은 최적화에 관심이 있는 사용자에게 계속해서 가치를 제공할 것이지만, 이 경로는 또한 더 광범위한 재료 과학 애플리케이션, 5G 및 무선 사용 사례, 기계 학습교육을 포함한 새로운 어닐링 기반 애플리케이션을 열어줄 것이다.

게이트 모델 및 크로스 플랫폼 퀀텀 액세스에 대한 경로 관련해서, 퀀텀 어닐링과 마찬가지로 D-Wave의 게이트 모델 프로그램은 산업 고객에게 가치를 제공

할 수 있는 규모로 작동 기술을 제공한다는 비전에 중점을 두고 있다. 초전도 퀀텀 어닐링 시스템을 개척하는 데 있어 약 20년간의 경험은 다층 제조 스택에서 확장할 수 있는 게이트 모델 퀀텀 컴퓨팅 기술을 구축할 수 있는 능력의 핵심이 되었다.

- **재설계 및 재상상**(Redesign and Reimagine)

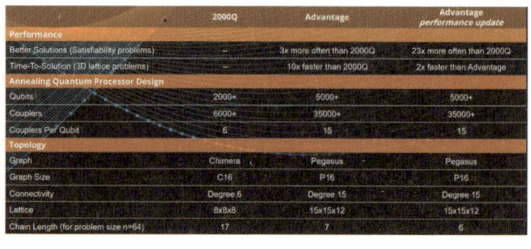

 Advantage는 세계에서 가장 강력하고 연결된 퀀텀 컴퓨터이다. 이전 세대 퀀텀 컴퓨터인 D-Wave 2000Q 시스템보다 연결 수가 2.5배 더 많고 큐비트 수가 2배 이상 많다. 이것은 더 빠르고 효율적이며 비즈니스 속도에 맞춰 더 크고 복잡한 문제를 해결할 수 있도록 완전히 재설계되었다.[76]

다. D-Wave의 비즈니스 규모의 실제 퀀텀 애플리케이션

- **금융 서비스**(Financial Services)

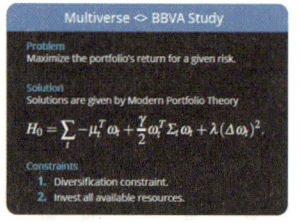

 D-Wave는 리소스 일정 관리, 이동성, 물류, 신약 개발, 포트폴리오 최적화, 제조 프로세스 등 다양한 영역에서 퀀텀 애플리케이션을 구축했다. D-Wave의 퀀텀 기술에서 Multiverse와 BBVA는 더

---

[76] https://www.dwavesys.com/

낮은 위험에서 60% ROI를 달성하도록 포트폴리오를 최적화했다. 가능한 가장 낮은 위험으로 최대 보상을 달성하기 위해 금융 포트폴리오를 관리하는 것은 엄청난 복잡성을 갖는다.

■ **생명 과학**(Life Sciences)

퀀텀 펩타이드 치료제(Quantum Peptide Therapeutics)로 코로나19에 맞서 싸웠다. 전산 단백질 설계(CPD: Computational Protein Design)에는 가장 큰 슈퍼컴퓨터의 성능을 초과하는 천문학적으로 큰 검색 문제가 포함되었다. Menten AI는 문제를 퀀텀 컴퓨터에 매핑했다. 이는 기존 접근방식을 제한하는 확장성 문제

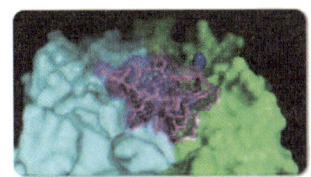
Protein with a peptide 'backbone' or scaffold in place

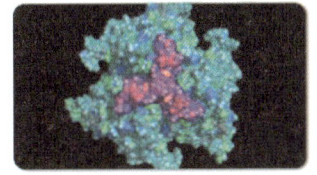
Designed SARS-COV-2 inhibitor peptide

를 해결함으로써 단백질 설계에 혁명을 일으키기 시작했다. 하이브리드 접근방식을 통해 이미 더 좋고 빠른 솔루션이 탄생했다.

■ **물류 센터**(Logistics Center)

그루브너츠(Groovenauts)와 미쓰비시 에스테이트(Mitsubishi Estate) 회사는 AI 및 양자 컴퓨터를 탑재한 세계 유일의 클라우드 플랫폼인 'Magellan Blocks'를 사용하여 '폐기물 처리'를 수행하는 방법이었다. 일본 도쿄 마루노우치 지역의 효율적인 폐기물 수집 및 운송을 위한

'수집 경로 최적화'에서, 이는 경로 최적화를 통해 지역 폐기물 수거 문제를 해결하기 위해 어닐링 방법을 적용한 AI 및 양자 컴퓨터 사용 결과를 검증한 일본 최초의 보고서였다.

마젤란 블록(Magellan Blocks)의 머신러닝/딥러닝과 양자 컴퓨팅 기술을 활용하여 폐기물 발생량을 매우 높은 정확도(약 94%)로 예측하고, 그 예측을 바탕으로 최적의 경로를 제시하는 것이 가능했다. 마루노우치 지역에서는 쓰레기 수집, 운반의 효율화, 이동 거리의 최소화 등을 통해 CO_2 배출량을 약 57% 삭감할 수 있었다. 이곳은 D-Wave의 퀀텀 기술을 사용하여 최적화된 폐기물 관리 및 이산화탄소 배출 감소를 통해 더욱 지속 가능한 도시를 만들었다. 이는 퀀텀 어닐링을 활용해 현재 약 2,300km에 달하는 폐기물 수거 경로를 최적화해 1,000km로 줄였다. 그 결과, 차량 수는 약 59% 감소로 예상된다.

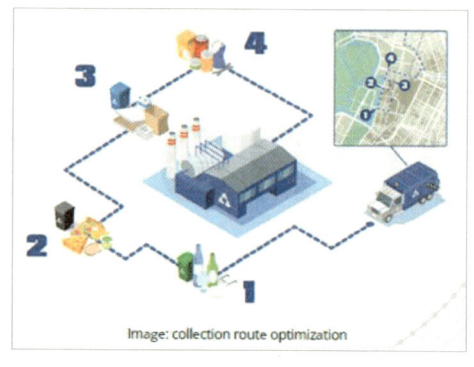
Image: collection route optimization

B. 프랑스 스타트업 콴델라(Quandela)

가. 콴델라(Quandela) 기술

광자 퀀텀 컴퓨팅 분야의 유럽 주요 업체 중 하나인 Quandela는 투자자, 프랑스 정부와 은행 파트너로부터 5,000만 유로 이상을 성공적으로 확보했다. 투자자 세레나(Serena), 신용상호혁신(Credit Mutuel Innovation) 및 유럽 혁신 협의회 기금(European Innovation Council Fund)가 Quandela의 투자자 목록에도 합류되었으며 이전 후원자 프랑스 공공 부분 투자은행(Bpifrance: Banque publique d'investissement), 옴네스 투자(Omnes Capital) 및 양자화(Quantonation)도 합류되었다.

Quandela는 또한 프랑스 공공 부분 투자은행(Bpifrance)가 운영하는 프로젝트에 대한 'Première usine' 공모의 수상자로서 France 2030의 지원을 받았다. 모금된 5,000만 유로는 Quandela의 성장을 가속화하고 국제적 확장을 가속하여 글로벌 무대에서의 입지를 강화하여 복잡한 사용 사례를 해결하기 위해 투자될 것으로 전망한다.

유럽 혁신 협의회 기금 이사회 의장인 스베토슬라바 게오르기에바(Svetoslava Georgieva)는 "Quandela는 광자 퀀텀 컴퓨팅 분야의 유럽 주요 기업으로서 유럽 혁

신 협의회 기금(EIC)이 적극적으로 지원하는 혁신과 파괴적인 잠재력을 구현한다. 이번 투자는 글로벌 기술 환경에 중대한 변화를 가져오고 혁신을 주도할 수 있는 이들의 역량에 대한 우리의 신뢰를 반영한다."라고 말했다. 2022년 말 기준, Quandela는 클라우드를 통해 퀀텀 컴퓨터에 액세스할 수 있도록 하는 전 세계적으로 몇 안 되는 기업 중 하나가 되었다.

또한, **Quandela는 모듈식, 확장 가능, 에너지 효율적이고 클라우드와 일괄생산 모두에서 액세스할 수 있는 광자 퀀텀 컴퓨터를 제공하는 유럽의 스타트업이었다.** 이들은 다양한 퀀텀

애플리케이션을 위한 소프트웨어 및 하드웨어 솔루션 개발을 전문으로 한다. 나아가, 가장 효율적이고 밝은 단일 광자 소스 개발부터 퀀텀 컴퓨터용 알고리즘 생성 및 클라우드 퀀텀 컴퓨팅 솔루션 제공에 이르기까지 광범위한 서비스를 제공했다. Quandela는 퀀텀 컴퓨터를 설계한다. 단 몇 년 만에 Quandela 팀은 단일 광자를 기반으로 하는 고품질 광학 큐비트 생성기인 Prometheus의 설계 및 구축을 이미 완료했다. 이 장치는 현대 퀀텀 기술의 핵심이며 퀀텀 보안 통신 네트워크와 확장할 수 있는 퀀텀 프로세서를 제공하는 데 도움이 되었다.[77]

---

77 https://www.quandela.com

나. 콴델라 주요 솔루션

■ 콴델라 클라우드(Quandela Cloud)

Quandela Cloud는 다양한 기능을 제공했다. 첫째, 광자 퀀텀 컴퓨팅 프레임워크인 Perceval을 안내하는 집중 문서가 제공된다. Perceval 프로그래밍 언어는 Python이므로 Quandela의 QPU 코딩이 원활하며, 이미 구현된 다양한 고유 알고리즘(PDE 해결, 데이터 클러스터링, 인증된 난수 생성, 물류 문제 해결, 분자 속성 컴퓨팅 등)을 활용할 수 있다. 그런 다음 Quandela QPU의 상태와 사양을 확인하여, 적절한 것을 선택하고, 작업을 실행하고, 작업 모니터링 인터페이스에서 진행 상황을 확인할 수 있다. 마지막으로 Usage Explorer를 사용하면 컴퓨팅 시간 사용량을 확인할 수 있다.

■ 모자이크Q(MosaiQ)

Quandela의 주력 광자 퀀텀 컴퓨팅 플랫폼으로 사용한 MosaiQ는 차세대 광자 퀀텀 컴퓨팅 알고리즘 및 프로토콜의 프로토타입 제작, 개발 및 구현을 위한 순수 고품질 주문형 광자 조작을 제공한다. 업그레이드할 수 있는 모듈식 MosaiQ 플랫폼은 eDelight 소스와 DMX 모듈의 능동 역다중화, 완전히 재구성할 수 있다. 실온에서 작동하는 집적회로 광 프로세서, 최고 성능의 나노와이어 감지기 및 빠른 전자 시간 태깅 모듈을 결합한다.

현재 Quandela 고객과 과학 협력자는 광범 위한 알고리즘과 프로토콜을 구현할 수 있도록 여러 MosaiQ QPU를 사용할 수 있다. 최초의 모듈형 퀀텀 컴퓨터인 MosaiQ는 흥미로운 연구가 될 것이다. 이를 통해서, Quandela는 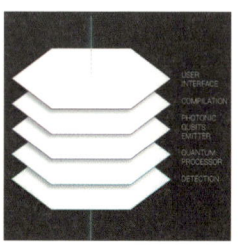 고객의 요구 사항을 충족할 맞춤형 퀀텀 컴퓨터를 구축할 준비가 되어 있으며, 퀀텀 컴퓨터를 구축하고 몇 달 내에 제공할 수 있다. 현재 리드타임은 약 8개월, 10개월 정도이며, 2큐비트에서 최대 12포토닉 큐비트까지 사용한다. MosaiQ는 모듈식이므로 업그레이드할 수 있고, MosaiQ의 용량은 Quandela가 제공하는 최신 기술에 따른다.

프로메테우스(Prometheus, 하늘에서 불을 훔쳐 인류에게 준 신)는 최초의 독립형 퀀텀 광원으로, 이는 구별할 수 없는 단일 광자의 주문형 결정론적 고효율 소스(On-demand Deterministic High-efficiency Source)가  된다. 이 광원은 퀀텀 컴퓨팅, 시뮬레이션, 퀀텀 통신, 계측 및 이미징에 이르기까지 대부분의 미래 퀀텀 광학 기술의 핵심 요소가 되며, 퀀텀 기술에 생명을 불어넣는 핵심이다.

또한, Quandela은 독특한 디자인과 광섬유 피그테일링(Fiber Optic

Pigtailing) 기술을 통해 필요한 모든 광전자, 극저온 및 고체 퀀텀 광원을 19인치 랙에 컴팩트하게 통합할 수 있다. 어떤 환경에서도 휴대성과 유용성이 향상된다. Prometheus는 전례 없는 속도로 고품질 광자 큐비트를 제공하여 학계와 산업계 모두 버튼 하나만 누르면 단일 광자의 성능에 액세스할 수 있다.

다. 콴델라의 응용 분야

Quandela의 전담 알고리즘 팀은 획기적인 애플리케이션을 실현하기 위해 광자의 정보학 잠재력을 완전히 활용하는 알고

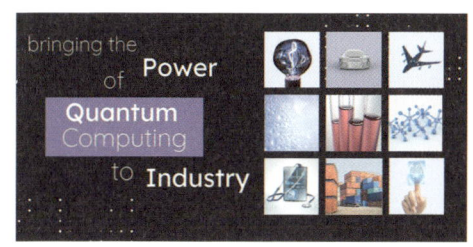

리즘 및 프로토콜 개발에 중점을 두고 있다. 이들은 프로토타입 제작부터 퍼시벌 시뮬레이터(Percival Simulator)까지 범용 칩을 구현하거나 최종적으로는 특수 목적으로 제작하여 최적화된 광 회로까지 설계한다. 또한, 제약 및 재료 설계에 유용한 물리적 시스템의 고급 시뮬레이션부터 네트워크 및 최적화에 대한 퀀텀 기계 학습 접근방식에 이르기까지 광범위한 응용 분야를 위한 응용솔루션을 설계하고 개발한다.

■ **에너지 분야**(Energy Field)

글로벌 에너지 수요는 빠르게 증가하고 있다. 독일 스타티스타(Statista, 자료수집 및 시각화를 전문으로 하는 독일 온라인 플랫폼)에 따르면 2050년에는 760엑사줄(EJ, 세계가 하루 쓰는 총 에너지가 1EJ)에 도달할 것으로 예상했다. 이는 1,550억 배럴의 석유에 해당하며 2019년보다 21% 증가한 것으로서, 사람들이 태양 전지와 자체 풍력 터빈을 사용하는 스마트 홈으로 이동함에 따라 전력 공급원이 늘어나고 있다. 이에 따라서, 새로운 유형의 전기차량이 등장하고 있으며 이에 따라 새로운 충전 방법도 등장하고 있다. 이 모든 것은 탄소 배출을 줄이면서 이루어져야 한다.

즉, 에너지 부문의 데이터양이 기하급수적으로 증가하는 동시에 전기 경로에 대한 조건도 점점 더 엄격해지고 있다. 이는 기존 컴퓨터가 해결할 수 없는 일반적인 유형의 문제이며, 퀀텀 컴퓨팅이 적합할 수 있다. 향후 해결책으로 퀀텀 컴퓨팅은 생성부터 전송까지 에너지 공급망의 모든 단계에 기술적인 영향을 미칠 수 있다.

먼저, 생성 단계에서 엔진의 연소 반응이나 풍력 에너지 생성을 높은 정밀도로 시뮬레이션하는 것은 오늘날 슈퍼컴퓨터의 성능을 뛰어넘는다. 비슷한 맥락에서, 거대한 발전소의 구조를 계산하여 안전하게 만드는 것은 극도로 계산 집약적이다. **둘째, 송전단계**에는 전기 계획 및 경로 최적화, 부족한 자원 할당, 스마트 그리드를 보다 안전하고 효율적으로 만드는 것은 에너지 송전을 크게 향상하게 시킬 수 있다. **셋째, 배포단계**에는 퀀텀 기계 학습(Quantum Machine Learning)을 사용하여 결함을 감지하거나 향상된 퀀텀 화학 기술을 사용하여 새로운 배터리를 설계함으로써 에너지 공급망의 배포단계를 개선할 수 있다.

에너지의 안전한 저장을 위한 구조 역학 문제와 에너지 흐름에 대한 Quandela는 미분 방정식 솔버(Quandela's Differential Equation Solver) 솔루션이 있다. 프랑스 스타트업 Quandela와 프랑스의 대표적인 에너지 기업 EDF는 더욱 안전한 구조를 위한 유지 관리 일정을 개선할 수 있는 전망을 두고 발전소의 기계 구조를 모형화하는 퀀텀 알고리즘을 개발했다. **변분 퀀텀 알고리즘(VQA: Variational Quantum Algorithms)을 사용하여 편미분 방정식 세트를 해결한다.**

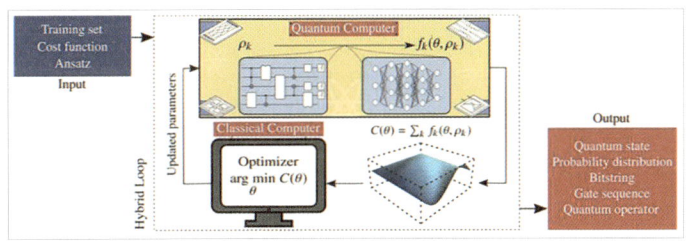

VQA는 양자 회로를 사용하여 PDE의 해를 효율적으로 구하는 방법을 제시한다. 이 알고리즘은 다양한 비선형 문제를 해결하는 데 사용되며, 양자 및 고전 컴퓨팅 프로토콜을 결합하여 양자 회로의 결과를 얻는다. 일련의 미분 방정식은 먼저 선형 방정식 시스템으로 변환되며,

그해는 관측할 수 있는 퀀텀의 최소 에너지로 표시된다. 이런 솔루션은 기존 아날로그에 비해 기하급수적인 속도 향상을 가져올 수 있다.[78]

C. 벤처기업 파트너와 이온 큐(IonQ)

IonQ는 세계에서 가장 복잡한 문제를 해결하기 위해 세계 최고의 퀀텀 컴퓨터를 구축한다. 본사는 미국  메릴랜드주, 칼리지파크에 있으며, 2015년에 설립된 퀀텀 컴퓨팅 하드웨어 및 소프트웨어 회사로서, **이들은 퀀텀 회로를 생성, 최적화 및 실행하기 위한 범용 트랩 이온 퀀텀 컴퓨터 및 소프트웨어를 개발한다.** 이온 큐(IonQ)는 메릴랜드 대학교와 듀크 대학교 교수인 크리스토퍼 먼로(Christopher Monroe)와 김정상 교수가 벤처기업 파트너인 해리 웰러(Harry Weller)와 앤드류 숀(Andrew Sean)의 도움으로 공동 창업했다.

IonQ는 퀀텀 정보 과학 분야에서 25년간 학술 연구를 진행한 공동 창

---

78 콴델라(Quandela), https://www.quandela.com/applications/

업자의 성과이며, 먼로(Monroe) 교수의 퀀텀 컴퓨팅 연구는 노벨상 수상 물리학자 데이비드 와인랜드(David Wineland)와 함께 국립 표준 기술 연구소(NIST)의 전임 연구원으로 시작되었다. 그는 실험에서 포획된 이온을 사용하여 최초의 제어 가능한 큐비트를 생성하는 팀을 이끌었다. 이에 따라, 제어할 수 있는 퀀텀 논리 게이트는 대규모 포획 이온 컴퓨터를 위한 제안된 아키텍처로 정점을 이루었다.[79]

가. 이온 큐(IonQ)의 미래 전망

2019년에 IonQ는 Samsung과 Mubadala가 주도한 라운드에서 추가로 5,500만 달러를 모금했으며, 클라우드를 통해 퀀텀 컴퓨터를 사용할 수 있도록 Microsoft 및 Amazon Web Services와의 파트너십을 발표했다. 2020년과 2021년에 추가 세대의 고성능 퀀텀 하드웨어를 구축하였고, Google Cloud Marketplace를 클라우드 파트너 명단에 추가했다. 또한, 주요 학계 및 상업 기관과의 일련의 협업 및 비즈니스 파트너십을 발표했다. 2021년 10월, IonQ는 뉴욕 증권 거래소에서 IonQ로 거래를 시작하여 세계 최초의 공개 순수 플레이 퀀텀 컴퓨팅 회사가 되었다.[80]

IonQ의 최신 시스템은 성능과 실용성을 고려하여 구축되어 파트너

---

79 https://en.wikipedia.org/wiki/IonQ
80 https://ionq.com/

가 가장 크고 복잡한 실제 비즈니스 문제를 해결할 수 있도록 지원한다. IonQ는 업계에서 가장 유용하고 성능이 뛰어난 퀀텀 컴퓨터를 제공하는 퀀텀 컴퓨팅 분야의 선두 주자였  다. Amazon Braket을 통해 퀀텀 하드웨어에 액세스할 수 있게 함으로써 조직과 개발자가 화학 및 재료 시뮬레이션, 물류 및 최적화, 제약 및 보안 애플리케이션 분야에서 세계에서 가장 복잡한 문제를 해결할 수 있도록 지원하고 있다.

이온 큐(IonQ)의 피터 채프먼(Peter Chapman) 사장 겸 CEO는 "우리의 이온 트랩 기술은 수십 년간의 과학적 진보를 뒷받침하고 있으며, 그 어느 때보다 더 많은 고객이 AWS를 통해 이온 기반 컴퓨터에 액세스하여 이 기술의 사용을 확장할 수 있게 되어 기쁘게 생각한다." 라고 전했다. IonQ는 최근 5가지의 상업용 제품을 출시했다.

나. 이온 큐의 상용화(Commercialization of IonQ)

■ 이온 큐 아리아(IonQ Aria)

IonQ Aria는 보편적으로 접근할 수 있는 고성능 플래그십 퀀텀 시스템이며, 강력하고 다재다능한 퀀텀 컴퓨터가 된다. IonQ Quantum

Cloud 및 일부 퍼블릭 클라우드에서 사용할 수 있다. #AQ 25(AQ: Algorithmic Qubits), 더 높은 큐비트 수, 최고의 게이트 충실도를 갖춘 IonQ Aria를 사용하면 더 크고 복잡한 문제를 탐색할 수 있다. IonQ Aria의 #AQ가 25로 높다는  것은 퀀텀 시스템의 잡음이 적다는 것을 의미한다. 노이즈가 적으면 가장 복잡한 문제라도 반복 횟수가 줄어들어 귀중한 시간과 비용이 절약된다.

■ **이온 큐 포르테**(IonQ Forte)

IonQ Forte는 가장 성능이 뛰어나고 상업적으로 이용할 수 있는 퀀텀 시스템이며, Forte는 소프트웨어로 구성할 수 있는 퀀텀 컴퓨터를 향한 최신 혁신이 되었다. Qubit 및 게이트 구성은 사용자 요구에 맞게 조정하여 진정으로 역동적이고 유연한 시스템을 만들 수 있다. 32 큐비트와 #AQ 29를 갖춘 Forte는 IonQ의 가장 큰 단일 코어 퀀텀 프로세서이자 현재까지 최고 성능의 시스템을 대표한다. Forte 고객은 이전에 물리적 QPU에서 실행된 적이 없는 퀀텀 프로그램을 성공적으로 실행할 수 있으며, 최고 성능의 퀀텀 시스템인 Forte는 수요가 증가한다. 2023년에는 제한된 수의 연구원과 고객이 Forte에 액세스할 수 있게 되었다.

■ IonQ Forte Enterprise

IonQ Forte Enterprise는 퀀텀 컴퓨터의 1세대인 IonQ Forte는 퀀텀 컴퓨팅을 프로덕션 하이브리드 컴퓨팅 환경에 통합하기 위한 첫 번째 단계였다. 이후, IonQ Forte Enterprise는 하이브리드를 위한 랙 장착형  온프레미스(On-premise) 시스템으로 사용되어서, 하이브리드 컴퓨팅을 위해 구축된 데이터 센터에 적용되었다. 또한, 다른 어떤 IonQ 시스템보다 더 큰 문제를 해결하기 위해 구축된 Forte Enterprise는 오늘날 퀀텀 컴퓨터의 한계를 재정의하기 위해 만들어졌다. 나아가, Forte Enterprise는 시스템 소형화, 모듈화 및 랙 장착형 구조화 형태에 대한 IonQ의 제품 로드맵 목표를 제공한다. 이는 IonQ 시스템 아키텍처의 새로운 시대를 열면서, IonQ Forte는 데이터 센터에 통합되어 즉시 생산할 수 있는 애플리케이션을 개발할 수 있게 되었다.

■ IonQ Tempo

IonQ Tempo는 생산 애플리케이션을 위한 상업적 이점을 갖춘 컴퓨터로서, 이는 더 빠른 게이트 속도, 중간 회로 측정 및 99.9% 충실도를 갖도록 설계되어 더 크고 복잡한 문제 클래스를 잠금 해제 하고 더 빠른 해결 시간을 제공하는 데 도움이 된다. Tempo는 역사상 어떤 컴퓨터보다 더 유용하고 유용한 계산 상태를 갖도록 설계되었다. 퀀텀 공간의 개척자(First Mover)는 퀀텀 시장에서 상업적 가치의 최대 80%를 차지할 것으로 추정된다. Tempo의 성능과 시스템 기능이 새로운 생산 준비 퀀텀 애플리케이션을 가능하게 할 것이라고 제안되었다.

■ IonQ 트랩형 이온 퀀텀 컴퓨팅

IonQ 트랩형 이온 퀀텀 컴퓨터는 공간에 정확하게 갇힌 개별 이온에 의해 구동되며, 이를 정밀한 레이저 펄스로 제어하여 퀀텀 게이트 작동 및 측정을 수행한다. 또한, 큐비트(갇힌 이온) 구축

IonQ QPU 내부 장착된 이온 트랩의 클로즈업

에 대한 이러한 접근방식이 퀀텀 투자에서 더 많은 가치를 실현할 수 있는 고유한 이점을 갖는다. 특히, 제어 및 작동 레이저를 체인 내의 특정 이온으로 안내하여 전체 연결을 가능하게 하는 음향 광학 변조기(AOM:Acoustic Optical Modulator)의 개념이 적용되었다. 주요 IonQ 트랩형 이온의 특성은 4가지가 있다.

첫째, 높은 게이트 충실도(High Gate Fidelity): 자연은 우리 주변의 원자 형태로 완벽하게 같으며, 자연적으로 퀀텀 시스템을 제공했다. 자연적으로 발생하는 이러한 퀀텀 시스템을 이온화하고 격리함으

로써 IonQ는 매우 안정적이고 정확한 큐비트를 생성할 수 있다. 또한, 정확도는 지정된 2QG(QG: Quantum Genomics) 충실도가 99.4%인 Braket 에서 사용할 수 있는 IonQ Aria가 포함되었으며, 현재 시판되는 가장 높은 게이트 충실도로 전망된다. 결과적으로, 큐비트 게이트 작동 오류(Qubit Gate Operation Error)는 퀀텀 알고리즘의 깊이를 통해 복잡해지므로 작은 오류라도 결과를 사용할 수 없게 만들 수 있다.

둘째, 전체 연결(All to All): 원자 큐비트가 컴퓨터 내의 정확한 3D 공간에 갇히면 고도로 보정된 레이저를 사용하여 게이트 작업, 상태 준비 및 측정을 수행한다. 이 레이저 기반 아키텍처의 이점은 컴퓨터 내의 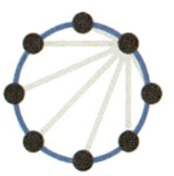 모든 큐비트 쌍에 대해 게이트 작업을 수행할 수 있는 높은 수준을 구성한다. 전체적으로 연결 그래프는 측정할 수 있는 결과로 더 깊고 복잡한 회로를 실행한다. 이로써, 회로에 필요한 얽힘(Entanglement)을 실행하는 데 필요한 스왑 게이트를 줄임으로써 가장 가까운 이웃 연결에 의존하는 다른 아키텍처에 비해 고유한 이점을 제공했다.

셋째, 긴 일관성 시간(Long Consistency Time): 퀀텀 컴퓨팅의 가장 큰 과제 중 하나는 종종 취약하고 민감한 큐비트의 퀀텀 상태를 처리하는 과정이 된다. 일관성 시간이 길수록 측정할 수 있는 결과로 더 깊은 회로  를 실행할 수 있다. 평균적으로 IonQ Aria의 T1 일관성 시간(큐비트의 '0' 또는 '1' 상태를 확인할 수 있는 시간)은 10~100초로 업계에서 가장 긴 일관

성 시간을 갖는다. Aria의 T2 일관성 시간(큐비트의 더 민감한 위상 상태를 측정할 수 있는 시간)은 1초가 된다.

넷째, 오류 완화(Error Mitigation): 마지막으로 낮은 게이트 오류율과 긴 일관성 시간의 조합은 오류 완화 기술을 적용하여 퀀텀 회로의 품질과 정확성을 향상할 수 있다. 큐비트의 긴 일관성 시간과 안정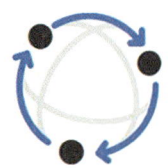
성은 기존 게이트 작동 오류의 대부분이 자체 제어 시스템에서 발생한다는 것을 의미한다. 예를 들어, IonQ 시스템의 일반적인 오류 원인인 큐비트의 약간의 과도한 회전이 있을 수 있다. 이것에 효과적인 소프트웨어 기술을 사용하면 계산 전반에 걸쳐 큐비트의 의도된 상태를 보존하기 위해 해당 큐비트를 약간 덜 회전함으로써 이 오류를 방지하고 제거할 수 있다.

D. 옥스퍼드 퀀텀 컴퓨터
(OQC: Oxford Quantum Circuits)

Oxford Quantum Circuits(OQC) 퀀텀 컴퓨터는 독점적 'Coaxmon' 기술을 사용하여 구축된 초전도 큐비트를 기반으로 하는 게이트 기반 범용 머신이었다. Coaxmon 설계의 확장 가능한 3차원 아키텍처에서 큐비트 제어 전자는 큐비트 영역과 핵심이 된다. 일라나 위스비(Ilana

Wisby) 박사는 OQC의 창립 CEO이며, 런던 대학교 로열 홀로웨이에서 퀀텀물리학 박사 학위를 받았으며 테딩턴 국립 물리연구소에서 대부분 시간을 보냈다.

딥 테크의 잠재력에 열정을 갖고 있지만 학계 속도에 좌절한 위스비는 OQC에서 새로운 임무를 시작하기 전에 여러 스타트업  과 협력하였다. 위스비는 옥스퍼드 대학교와 세계 최고의 물리학과에서 OQC의 핵심 특허를 개발한 피터 리크(Peter Leek) 박사의 연구를 기반으로 했다. 위스비는 NPL의 QMI(Quantum Metrology Institute)의 고문이자 세계 경제 포럼(World Economic Forum)의 퀀텀 미래 위원회(Future Council on Quantum) 회원이며, 또한 기술과 리더십 분야에서 여성 챔피언이 되었다.

OQC(Oxford Quantum Circuits)는 영국과 유럽의 퀀텀 컴퓨팅 분야 리더이며, 최근 OQC 양자 프로세서는 확장할 수 있는 Coaxmon 기술을 사용하여 구축된 범용 게이트 모델 시스템을 갖게 되었다.  최신 시스템인 'Lucy'를 통해 OQC는 전략적 파트너와 고객들에게 획기적인 발견을 할 수 있는 잠재력을 창출시켜서 세계에서 가장 어려운 문제를 해결할 수 있도록 했다. OQC의 퀀텀 컴퓨터를 Amazon Braket에 도입하는 것은 유럽에서의 리더십 확장을 위한 자연스러운 다음 단계였다. AWS와의 관계를 통해 유럽의 기업과 연구원이 퀀텀을 더욱 쉽고 편리하게 실험할 수 있었다.

가. OQC의 초전도 퀀텀 프로세서: 코악스몬(Coaxmon)

OQC의 시스템인 Lucy는 8-Qubit 퀀텀 컴퓨터로, 각각 가장 가까운 이웃 2개에 연결되는 링 모양의 토폴로지를 갖는다. 이는 독일의 물리학자이자 퀀텀 역학의 선구자인 루시 멘싱(Lucy Mensing)의 이름을 따서 명명되었다.

OQC의 핵심기술 혁신인 '코악스몬(Coaxmon)'은 상업적 확장성을 염두에 두고 개발된 큐비트로서, 퀀텀 계산을 위한 초전도 회로의 주요 과제는 상업적으로 유용한 처리 능력 수준에 도달하  기 위해 큐비트 품질과 제어를 유지하면서 큐비트 수를 확장하는 능력을 갖추었다. '전통적인' 2차원 장치는 칩 전체의 제어 배선을 각 큐비트로 라우팅하기 위해 점점 더 복잡한 엔지니어링이 필요했었다. 이는 큐비트의 품질을 저하하고 비용이 많이 드는 엔지니어링 오류의 가능성이 높아졌다.

그러나, 코악스몬(Coaxmon)은 이러한 과제를 해결한다. 즉, 단순성, 유연성, 엔지니어링 용이성 및 결정적으로 확장성을 높이기 위해 핵심 구성 요소를 칩 외부로 가져오는 3차원 아키텍처를 갖추고 있다. 이는 OQC의 모든 QPU가 긴 일관성 시간, 낮은 누화 및 충실도가 높은 초고속 게이트 작동 시간을 위해 설계되었음을 의미했다. 코악스몬(Coaxmon)의 독특한 디자인은 큐비트 배치나 큐비트 간 연결의 제한에 덜 민감하여 더 큰 2차원 큐비트 배열로 확장하는 데 도움이 되었다.[81]

나. 코악스몬(Coaxmon)의 특성

■ 구체적인 절차

먼저, 실행되기 전에 퀀텀 프로그램은 컴파일러 도구 체인을 통해 처리된다. 그런 다음 사용자가 결정한 수준으로 최적화하고, 기본 지침으로 조립하고, OQC의 자체 설계 및 구축 제어 하드웨어에 의한 실행을 위해 순서를 지정할  수 있다. OQC의 컴파일러는 회로를 실행하는 데 필요한 게이트 수를 최적화하도록 설계되었다. 게이트 수는 장치 고유의 소음으로 인해 결과 품질에 직접적인 영향을 미치므로, 통과하는 게이트 수가 적을수록 결과가 좋아진다.

---

81 https://aws.amazon.com

둘째, 그런 다음 최적화된 마이크로파 펄스 시퀀스를 사용하여 QPU에서 가장 적절한 큐비트 체인을 구동한다. 또한 OQC는 축어적(Verbatim) 컴파일을 지원한다. 이를 통해 고객은 최적화 컴파일러 패스를 중간에 거치지 않고도 장치에서 지원되는 기본 게이트 세트 및 토폴로지를 사용하여 회로를 직접 실행할 수 있는 옵션을 받는다.

■ **후단부 간 상호 운용성**(Interoperability Between Backends)

차세대 퀀텀 하드웨어가 개발됨에 따라 하드웨어 백엔드(Backends) 간의 퀀텀 명령 일치 및 상호 운용성에 대한 필요성이 중요해졌다. OQC는 퀀텀 프로그램을 다양한 게이트 기반 퀀텀 컴퓨터에서 실행할 수 있는 명령으로 표현하기 위한 중간, 장치 독립적 표현으로 OpenQASM 2.0을 지원한다. 나아가, OQC와 AWS는 OpenQASM 운영 위원회에 AWS가 참가하면서 OpenQASM 로드맵을 지원한다.

■ **Lucy를 퀀텀 백엔드로 활동**

하이브리드 퀀텀 고전 워크로드(Hybrid Quantum Classic Workloads)는 고객이 단기적으로 퀀텀 컴퓨터의 이점을 누릴 수 있다. 최근 Amazon Braket에서 하이브리드 작업이 출시됨에 따라 고객은 실험 동안 Lucy 장치에 대한 주문형 우선순위 액세스(On-demand Priority Access)와 같은 기능을 활용하여 하이브리드 퀀텀 고전 알고리즘을 실행할 수 있었다. 이에 따라, 클래식 컴퓨팅 자원에 대한 완전 관리형 액세

스가 가능해졌다.[82]

E. 미국 케라 퀀텀 컴퓨터
(QuEra Quantum Computers: Aquila)

가. QuEra Computing Inc. 소개

이는 매사추세츠주 보스턴에 본사를 둔 퀀텀 컴퓨팅 회사이며, 2018년 미하일 루킨(Mikhail Lukin), 블라단 불레티치(Vladan Vuletić), 마커스 그레이너(Markus Greiner), 더크 잉글런드(Dirk Englund), 네이선 게멜케(Nathan Gemelke) 및 존 페나(John Pena)에 의해 설립되었다. QuEra는 하버드 대학교와 MIT에서 진행된 연구를 바탕으로 중성 원자를 이용한 퀀텀 컴퓨터를 개발하고 있다. QuEra가 설립되기 전에도 중성 원자를 사용하고 제어하는 연구는 이미 2015년 Harvard와 MIT에서 시작되어 51큐비트 기계로 정점을 이루었고 나중에 256큐비트 기계의 개발로 이어졌다.

또한, QuEra는 또한 Rydberg 원자 시스템을 시뮬레이션하기 위한

---

[82] https://oxfordquantumcircuits.com/

소프트웨어를 개발했다. 이를 바탕으로, 조합 최적화 문제에 대한 해결책을 찾는 것이었다. 응집물질물리학(CMP: Condensed Matter Physics)는 기본적으로 물질에 존재하는 준입자의 거동과 상호 작용을 바탕으로 물질의 성질을 이해하는 학문 체계로서, QuEra는 응집물질물리학(CMP)과 중성 원자를 이용한 조합 최적화(Combinatorial Optimization)도 활발히 진행하고 있다. 또한, 2022년 11월 QuEra는 Amazon 클라우드 서비스인 Braket을 통해 256큐비트 머신 Aquila를 일반 대중에게 출시했다.

결론적으로, QuEra Computing은 고급 퀀텀 컴퓨팅 하드웨어, 소프트웨어 및 애플리케이션을 개발하여 정보 시스템의 미래를 형성하고 있다. 중성 원자 큐비트(Neutral Atomic Qubit)를 사용하는 확장 가능한 플랫폼을 활용하는 QuEra Computing 시스템을 통해 고객과 파트너는 수백 큐비트를 갖춘 퀀텀 프로세서의 성능을 탐색할 수 있다. QuEra의 하드웨어는 이 기능을 유연한 사용자 정의 큐비트 연결과 결합하여 고객이 하드웨어 효율적인 방식으로 문제를 직접 인코딩하여 퀀텀 리소스에 대한 오버헤드를 줄일 수 있도록 한다.

나. QuEra 주요 비즈니스 프로세서

■ QuEra 중성 원자를 이용한 퀀텀 컴퓨팅

QuEra의 퀀텀 컴퓨팅 기술은 레이저를 사용하여 개별 중성 원자를 매우 에너지적인 상태로 배열 후 여기 상태 (勵起狀態, Excited State, 기준 에너지 상태 위로 에너지 준위가 상승한 상태)로 되게 한다. 이러한 여기(勵起)된 원자 큐비트는 원거리에서 자연
스럽게 상호 작용 하여 얽힘과 마음대로 켜고 끌 수 있는 다중 큐비트 연결을 가능하게 한다. 이것은, 한 계산에서 다음 계산으로 원자 위치를 재배치할 수 있으므로 이러한 프로세서는 사용자에게 매우 유연하고 프로그래밍할 수 있는 배치를 제공한다. 조립 및 제어의 용이성과 중성 원자의 강력한 퀀텀 일관성 특성은 대규모 퀀텀 시스템 시뮬레이션, 퀀텀 최적화 탐색 및 표본화에서 새로운 영역에 접근할 수 있는 기술을 갖게 되었다.

■ QuEra의 Aquila 프로세서

Aquila는 Amazon Braket에서 사용할 수 있는 QuEra의 1세대 퀀텀 처리 장치(QPU)이며, 이것은 4가지 특징이 있다. 첫째, QuEra의 유연한 프로세서 기술을 통해 당사의 1세대 장치인 Aquila는 최대 256큐비트의 단일 프로세서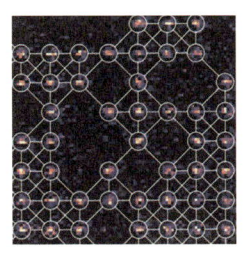
로 작동할 수 있다. 둘째, Aquila는 병렬로 작동하는 하위 프로세서에서 더 작은 작업 배치를 다중화하여 처리량을 늘릴 수 있다. 셋째, 프로세서는 고도로 프로그래밍할 수 있으므로 사용자는 주기적 또는 비주기적 형상을 정의할 수 있다. 넷째, 배치 재설계를 통해 사용자는 관심 있는 문제 인코딩을 선호하도록 다양한 큐비트 연결 패턴을 지정할 수 있다.

■ Aquila, 256큐비트 퀀텀 컴퓨터

QuEra의 Aquila는 현재 세계에서 공개적으로 접근할 수 있는 최대 규모의 기계이며, 이는 고밀도 집중된 레이저 빔에 의해 진공에 갇힌 중성 루비듐 원자(Neutral Rubidium Atom)를 프로그래밍할 수 있는 배열구조로 되어있다. 크고 강력한 256개의 중성 원자로 구성되어 유연하고 프로그래밍할 수 있는 기하학에 문제에 대응하여 복잡한 문제를 해결한다.

Aquila는 **소음에 강하므로**, 아날로그 퀀텀 처리 모드에서 작동하는 큐비트에 대해 지속적인 시간 제어를 수행한다. 이는 오늘날의 게이트 기반 컴퓨터의 주요 문제 중 하나인 게이트 오류의 복합화를 해결한다. 얽힘(Entanglement)은 Aquila의 천연 원자 해밀턴의 직접 설계를 통해 생성되고 조작된다. 또한, **유연한 프로그래밍이 가능한데**, 이는 고객이 정의한 큐비트 배치와 연결성을 통해 Aquila는 알고리즘 개발을 가능하게 한다. 결과적으로, Aquila는 퀀텀 시뮬레이션, 최적화 및 기계 학습 분야의 애플리케이션을 쉽게 배포할 준비가 되어있다.[83]

---

[83] https://www.quera.com/

Core Vision

By 창업 및 벤처 퀀텀 컴퓨팅(Funded & Venture Quantum Computing)

A. 캐나다 세계 최초의 퀀텀 컴퓨팅(Quantum Computing) : D-Wave Systems
 - D-Wave는 퀀텀 컴퓨팅 시스템, 소프트웨어 및 서비스 개발 및 제공 분야의 선두 주자이며, 세계 최초의 퀀텀 컴퓨터상용 공급업체이자 어닐링 퀀텀 컴퓨터와 게이트 모델 퀀텀 컴퓨터를 모두 개발하는 유일한 퀀텀 회사였다.

B. 프랑스 스타트업 콴델라(Quandela)
 - Quandela는 클라우드를 통해 퀀텀 컴퓨터에 액세스할 수 있도록 하는 전 세계적으로 몇 안 되는 기업 중 하나가 되었다.

C. 벤처기업 파트너와 이온큐 (IonQ)
 - 2015년에 설립된 퀀텀 컴퓨팅 하드웨어 및 소프트웨어 회사로써, 이들은 퀀텀 회로를 생성, 최적화 및 실행하기 위한 범용 트랩 이온 퀀텀 컴퓨터 및 소프트웨어를 개발한다.

D. 영국 옥스포트 퀀텀 컴퓨터(OQC :Oxford Quantum Circuits)
 - Oxford Quantum Circuits(OQC) 퀀텀 컴퓨터는 독점적 'Coaxmon' 기술을 사용하여 구축된 초전도 큐비트를 기반으로 하는 게이트 기반 범용 머신이었다.
 - 코악스몬(Coaxmon) 설계의 확장 가능한 3차원 아키텍처에서 큐비트 제어 전자는 큐비트 영역과 핵심이 된다.

E. 미국 캐라 퀀텀 컴퓨터(QuEra Quantum Computers : Aquila)
 - QuEra가 설립되기 전에도 중성 원자를 사용하고 제어하는 연구는 이미 2015년 Harvard와 MIT에서 시작되어 51큐비트 기계로 정점을 이루었고 나중에 256큐비트 기계의 개발로 이어졌다.

05

글로벌 퀀텀 컴퓨팅 메이커
(Quantum Computing Maker)

A. 리게티 퀀텀 컴퓨터(Rigetti Quantum Processors)

리게티(Rigetti)는 캘리포니아 버클리에 본사를 두고 있으며 워싱턴 DC, 호주 및 영국에 지사가 있다. Rigetti Computing, Inc.는 퀀텀 컴퓨터에 사용되는 퀀텀 집적회로 개발업체이며, 또한 프로그래머가 퀀텀 알고리즘을 작성할 수 있도록 하는 Forest라는 클라우드 플랫폼을 개발한다.

가. Rigetti의 퀀텀 솔루션의 개요

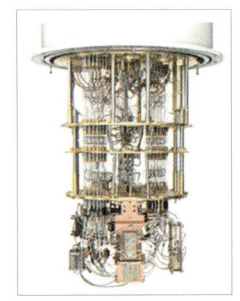

Rigetti Computing은 이전에 IBM에서 퀀텀 컴퓨터 분야에서 일했으며 Michel Devoret 밑에서 공부한 물리학자 채드 리게티(Chad Rigetti)가 2013년에 설립했다. 이후 2014년 스타트업 인큐베이터 Y Combinator에서 소위 'Spaceshot' 회사로 등장했다. 또한 2014년에 기업 수익 중심의 The Alchemist Accelerator를 진행했다.

2017년 봄까지 회사는 8큐비트 컴퓨터를 테스트했으며, 6월에는 개발자가 퀀텀 알고리즘을 작성할 수 있는 Forest 1.0이라는 퀀텀 클라우드 컴퓨팅 플랫폼의 공개 베타 가용성을 발표했다. 2022년 12월, Subodh Kulkarni가 회사의 사장 겸 CEO가 되었고, 2023년 7월 Rigetti는 더 큰 시스템으로 확장할 수 있는 단일 칩 84큐비트 퀀텀 프로세서를 출시했다. Rigetti는 시스템을 2024년까지 80큐비트에서 1,000큐비트로, 2026년까지 4,000큐비트로 확장할 계획이었다.[84]

Rigetti Computing은 초전도 큐비트 기술을 활용하여 통합 퀀텀 컴퓨팅 시스템을 구축하고 배포한다. 이러한 시스템을 통해 퀀텀 프로세서를 통해 기존 컴퓨팅 워크플로를 강화할 수 있다. Rigetti는 시뮬레

---

[84] 미국 증권거래위원회, 2023, https://www.sec.gov/

이션, 최적화 및 기계 학습 애플리케이션에 초점을 맞춘 맞춤형 소프트웨어와 풀 스택 솔루션(Full Stack Solution)을 통해 금융, 보험, 제약, 국방, 에너지 분야의 고객에게 서비스를 제공했다.

Rigetti Computing의 CEO, 수보드 쿨카르니(Subodh Kulkarni) 박사는 "AWS 고객에게 Rigetti QPU에 대한 액세스를 제공하는 것은 퀀텀 컴퓨팅의 상용화를 가속하는 데 중요한 부분이다. Rigetti의 AWS 협업을 통해 최종 사용자는 최첨단 퀀텀 하드웨어를 사용하여 퀀텀 알고리즘을 개발할 수 있으며, 이를 통해 업계를 발전시킬 광범위한 응용 및 연구 진행이 가능해졌다."라고 했다. Rigetti 퀀텀 프로세서는 초전도 큐비트를 기반으로 한 게이트 기반 범용 시스템이며, Rigetti Aspen 시리즈 칩은 확장할 수 있는 아키텍처 내에서 고정 주파수와 튜닝할 수 있는 초전도 큐비트를 교대로 배치하는 타일형 격자를 기반으로 한다.

나. Rigetti의 퀀텀 솔루션 주요 5가지

Rigetti는 모든 사람이 더 크게 생각하고, 더 빠르게 창조하고, 더 멀리 볼 수 있도록 돕는다. AI와 기계 학습을 융합함으로써 **Rigetti의 퀀텀 솔루션은 세계에서 가장 중요하고 시급한 문제를 해결할 수 있는**

기술을 제공했다. Rigetti의 퀀텀 솔루션 주요 5가지는 Shell(껍데기_외관), Nerves(신경_신호), Heart(마음_펌프), Skeleton(뼈대), Brain(머리_뇌)으로 구성되었다.

- **Shell**(껍데기_외관)

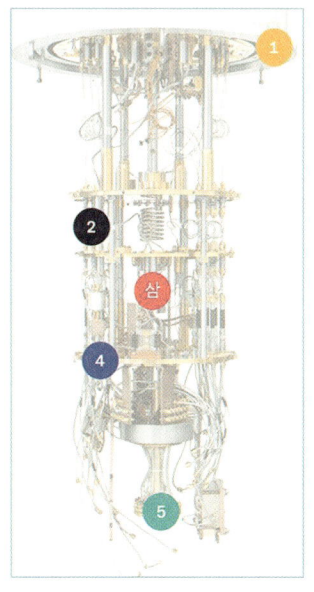

컴퓨터가 작동 중일 때 5개의 상자(이미지 상단에 표시된 흰색 경우)가 컴퓨터를 감싸고 있고, 이 캔은 서로 내부에 중첩되어 열 차폐 역할을 하여 모든 것을 매우 차갑게 유지하고 내부를 진공밀봉한다.

- **Nerves**(신경_신호)

광자 운반 케이블은 칩과 신호를 주고받아 큐비트 작업을 구동하고 측정된 결과를 반환한다.

- **Heart**(마음_펌프)

열교환기 아래에는 '혼합실'이 있으며, 내부에서는 다양한 형태의 액체 헬륨(헬륨-3과 헬륨-4)이 분리 및 증발하여 열을 확산시키는 역할을 한다.

- Skeleton(뼈대)

이런 금판은 냉각 구역을 분리하며, 바닥에서는 켈빈의 1/100까지 떨어지며, 이는 우주만큼 차가운 온도가 된다.

- Brain(머리_뇌)

QPU(퀀텀 처리 장치)는 내부에 기계의 두뇌가 들어있는 실리콘 칩이 있는 금도금 구리 디스크가 특징이다.[85]

다. Rigetti 초전도 퀀텀 프로세서

Rigetti 퀀텀 프로세서는 초전도 큐비트를 기반으로 하는 범용 게이트 모델 시스템이며, 범용 게이트 기반 퀀텀 컴퓨터는 화학 시뮬레이션, 조합 최적화, 기계 학습 등의 분야에 응용할 수 있다. 응집성 초전도 큐비트는 자연을 지배하는 동일한 퀀텀 역학적 원리로 작동하기 때문에 광합성 및 단백질 접힘과 같은 생화학적 메커니즘의 동작을 효율적으로 시뮬레이션하고 이해하는 데 사용할 수 있다. 또한 퀀텀 컴퓨터를 사용하면 기하급수적으로 더 많은 상태 공간을 탐색하여 예를 들어 글로벌 물류 관리와 같이 셀 수 없는 가능성 중에서 더 최적의 솔루

---

85 리게티 퀀텀 컴퓨터, https://www.rigetti.com/

션을 찾을 수 있다.

Rigetti Aspen 시리즈 칩은 큰 큐비트 수로 확장할 수 있는 시스템 아키텍처 내에서 교법은 고정 주파수 및 조정할 수 있는 초전도 큐비트의 타일형 격자를 특징으로 한다. 이런 칩의 파라 메트릭 얽힘 논리 게이트(Parametric Entangled Logic Gates)는 빠른 게이트 시간과 프로그램 실행 속도도 제공했다. 게이트 충실도 및 일관성 시간을 포함한 현재 Rigetti 시스템의 성능 측정 항목은 Rigetti의 QPU 페이지에서 확인할 수 있다.

또한, Rigetti 프로세서는 3가지 주요 하위 시스템으로 구성되었는데, 첫째, 사용자 프로그램은 컴파일러 도구 체인을 통해 기계 고유의 명령어로 최적화된다. 그런 다음 대기 시간이 짧은 하드웨어 컨트롤러는 이러한 명령을 보정된 전기 신호로 배열한다. 마지막으로 응집성 초전도 회로 요소로 만들어진 큐비트는 이러한 전기 신호를 논리적으로 디지털 퀀텀 게이트 및 측정 명령으로 변환한다.

라. Rigetti의 퀀텀 칩 정보

Rigetti의 Aspen 프로세서는 전반적인 회로 충실도를 높이는 데 이바지하는 향상된 판독 기능을 갖추고 있다. 추가적인 시스템 개선 및 장치 특성에는 퀀텀 처리 시간 단축, 다중 얽힘 게이트 계열의 빠른 게이트 시간, 활성 레지스터 재설정을 통한 신속한 표본이 포함된다.

또한, Aspen 칩 토폴로지는 3겹(가장자리의 경우 2겹) 연결성을 갖춘 팔각형이며 개발자가 성능을 위해 프로그램을 최적화하고 회로 깊이를 최소화할 수 있는 CPHASE 및 XY 얽힘 게이트를 모두 갖추고 있다. SWAP 게이트는 Aspen 프로세서 전체에 걸쳐 퀀텀 정보를 셔틀(Shuttle)하여 가장 가깝지 않은 이웃 큐비트를 연결한다. 이는 비용이 많이 드는 작업일 수 있으므로 기본 컴파일러는 '배치 문제'에 대해 고도로 최적화되어 있다.

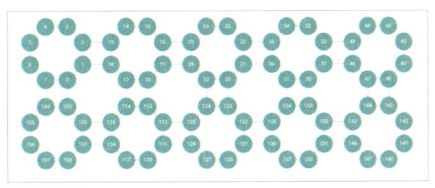

Rigetti Aspen-M 칩 아키텍처

Amazon Braket은 현재 Rigetti Computing의 2가지 QPU에 대한 액세스를 제공했다. Rigetti의 Aspen-M 프로세서는 확장할 수 있는 멀티칩 기술을 기반으로 하며, 2개의 40큐비트 칩으로 조립된다. 프로세서 토폴로지는 단일 큐비트와 3개의 가장 가까운 이웃 간의 직접 결합을 포함한다.

Rigetti의 2큐비트 얽힘 게이트 메커니즘(일반적으로 제어 위상 게이트 또는 'CPHASE' 게이트)은 전기 주파수 변조(FM) 제어 때문에 작동된다. 이러한 '파라 메트릭 게이트'가 이 명령을 실행하려면 한 큐비트의 무선 다이얼이 정확하게 정의되었던 동안 가장 가까운 이웃 큐비트와 공명하도록 전환된다. Aspen 그래프에서 이 체계를 사용하려면 큐비트의 절반 이상이 FM 조정이 가능해야 하기에, 집적회로는 큐비트 간의 누화(Crosstalk, XT: 회로 또는 회로의 일부분, 채널 등으로부터 원하지 않은 전하 커플링, 유도 커플링, 저항 커플링이 생기는 것)를 최소화하도록 설계되었다.

B. 퀀텀 머신(QM: Quantum Machines) - OPX1000

최초의 양자 기계는 2009년 아론 D. 오코넬(Aaron D. O'Connell)이 박사 학위를 취득  하는 동안 만들어졌다. 캘리포니아 대학교 산타바바라 캠퍼스의 앤드류 N. 클리랜드(Andrew N. Cleland)와 존 M. 마티니스(John M. Martinis)의 지도하에 오코넬(O'Connell)과 그의 동료들은 작은 스프링보드와 유사한 기계적 공진기와 동시에 2개의 양자 상태를 중첩할 수 있는 장치인 큐비트를 결합했다. 이것은 공진기를 소량과 대량으로 동시에 진동시킬 수 있었는데, 이는 고전물리학에서는 불가능한 효과였다. 기계식 공진은 육안으로 볼 수 있을 만큼 컸다. 길이는 사람 머리카락 굵기 정도였다.

가. 초기 퀀텀 머신(QM: Quantum Machines)의 성장

퀀텀 머신(QM: Quantum Machines)은 퀀텀 물리학자, 소프트웨어 및 시스템 엔지니어, 칩 디자이너로 구성된 팀으로, 모두 퀀텀 컴퓨팅 세계를 이전보다 더 발전시키기 위해 열정을 갖고 있었다. QM은 새로운 기술 시대를 상상하는데, 퀀텀 컴퓨팅이 전체 산업에 혁명을 일으키고 글로벌 문제를 해결하며 전례 없는 혁신을 촉진하는 시대라고 예측한다.

이에 따라, QM은 퀀텀 혁신을 지원하고 퀀텀 컴퓨팅의 새로운 시대를 향한 길을 가속하는 플랫폼인 'Quantum Orchestration'을 구축하는 것을 사명으로 선포했다. 초기의 '0' 또는 '1'과 같은 이진  상태로 제한되는 전통적인 비트 대신, 'Quantum Machines'라는 비전을 지닌 QM은 최신 혁신인 OPX1000을 통해 퀀텀 컴퓨터가 현실화할 가능성을 제시하며 미래로의 퀀텀 도약이 가능하다고 약속했다.

나. OPX1000이 제공하는 주요 이점

퀀텀 컴퓨팅 분야에서 선도적인 기업인 Quantum Machines는 최신 혁신인 OPX1000 제어 플랫폼을 통해 이런 변화의 앞장에 서고 있다. QM은 퀀텀 컴퓨팅 규모  에서 전례 없는 미래를 약속하며, 연구, 암호학, 그리고 복잡한 문제를

해결하는 데 있어 오랫동안 사람의 지적 능력으로는 풀 수 없었던 것에 대한 새로운 지평을 열어주었다.

■ OPX1000의 독보적인 특징

OPX1000은 퀀텀 세계의 기초 요소인 Qubit을 더불어 연결할 수 있는 고급 디자인으로 자신을 차별화하며, Qubit 컴퓨팅을 효율적으로 확장하는  데 중추적 역할을 했다. 일단, Qubit은 일반적인 Bit와 달리 '0' 또는 '1'의 이진 상태에 구속되지 않고, 슈퍼포지션 현상 덕분에 동시에 2가지 상태를 나타낼 수 있다. 게다가, Qubit은 퀀텀 입자들을 멀리 떨어진 곳에서도 서로 얽을 수 있는 현상인 '얽힘(엔탱글, Entangle)'을 할 수 있으며, 이는 퀀텀 처리 능력을 더욱 강화했다.

■ 중첩(Superposition)과 얽힘(Entangle) 문제에 대한 대응

Quantum Machines는 다양한 퀀텀 시스템과 Qubit 토폴로지에 대응할 수 있는 맞춤형 플랫폼인 OPX1000을 제공하여 또한, OPX1000는 중첩(Superposition)과 얽힘(Entangle)의 가능성을 확장하기 위해 빠른 속도와 정밀성으로 작동한다. 이러한 요소들은 견고한 퀀텀 컴퓨팅 장치에 필수적이며 유연한 해결책으로 주목받고 있다. 퀀텀 컴퓨팅의 복잡성에도 불구하고, OPX1000은 사용자 친화적인 성격을 갖고 있

다. 단순화된 인터페이스로 복잡한 퀀텀 제어와 더불어 이런 첨단 기술을 보다 접근할 수 있게 만들었으며, 이는 과학자와 엔지니어에게 혁신과 가속화를 끌어내고 있다.

■ 비교할 수 없는 처리 능력

최대 10개의 고급 필드 프로그래밍 가능 게이트 배열(FPGA: Field Programmable Gate Arrays)을 갖춘 OPX1000은 모든 전용 퀀텀 제어 솔루션에서 사용할 수 있는 최고 수준의 클래식 처리 리소스를 제공했다. 이를 통해 퀀텀 시퀀스 중에 강력한 계산이 가능하며 이는 VQA(Visual Question Answering), 오류 완화, 오류 수정 및 기타 복잡한 디코딩 체계와 같은 고급 퀀텀 알고리즘에 중요한 기능이다. 또한 이러한 처리 능력과 지속적인 펌웨어(로직) 업데이트의 조합을 통해 하드웨어를 수정하거나 교체할 필요 없이 퀀텀 일관성 시간 범위 내에서 작동하는 기능을 포함하여 향후 개선의 무한한 가능성이 가능해졌다.

혁신적인 OPX1000은 Qubit의 알 수 없는 신호 전달을 단숨에 수행하는 것에 그치지 않고, 그 속도는 빠르고 정밀성이 높다. OPX1000은 생각하는 속도로 동작하며 정교한 정확성으로 작동하는데, 퀀텀 컴퓨터가 고전적인 방식을 능가하고 앞서기 위한 열쇠 역할을 한다. 이는 다양한 퀀텀 시스템과 Qubit 구조를 수용하는 매우 유연한 인터페이스를 가능하게 되며, 퀀텀 응용 프로그램의 멀티 톨(Swiss Army Knives)로

지칭된다.[86] OPX1000은 사용자 친화적인 인터페이스를 제공함으로써 퀀텀 컴퓨팅 기술에 대한 접근성을 높여준다.[87]

■ 고객에게 가장 진보된 퀀텀 제어 솔루션!

QM의 최신 초고속 퀀텀 컨트롤러 OPX1000는 고객의 시스템을 1큐비트에서 1,000큐비트 이상으로 빠르게 확장할 수 있도록 OPX1000에 수많은 놀라운 기능을 탑재했다. 대규모 퀀텀 컴퓨터용으로 특별히 설계된 OPX1000은 획기적인 기능을 도입했다. 업계 최고의 채널 밀도, 실시간 처리 기능, 초저지연 피드백, 최첨단 아날로그 사양이 포함되어 일반 RF 장비가 아닌 퀀텀 제어 요구에 맞게 맞춤 제작되었다. 뛰어난 퀀텀 고전 통합 및 제어 채널 밀도를 갖춘 OPX1000은 퀀텀 컴퓨팅 성능에서 비교할 수 없는 벤치마크를 설정해 주었다.

C. 합병된 퀀티넘(Quantinuum)

퀀티넘(Quantinuum)은 영국 케임브리지 퀀텀(Cambridge Quantum)과 미

---

86 https://isp.page/news/ko/opx1000
87 퀀텀 머신, https://www.quantum-machines.co

국 하니웰 양자 솔루션(Honeywell Quantum Solutions)이 합병하여 형
성된 퀀텀 컴퓨팅 회사이며, 이 회사의 H-시리즈 트랩 이온 퀀텀 컴퓨터는 현재까지 가장 높은 퀀텀 볼륨인 524,288을 설정하고 있다. 이런 구조는 올투올(All-to-All) 큐비트 연결을 지원하여 모든 큐비트 간에 얽힘(Entangle) 상태를 생성할 수 있도록 하며 퀀텀 상태의 높은 충실도를 가능하게 한다.

또한, 퀀티넘(Quantinuum)은 퀀텀 화학, 퀀텀 기계 학습 및 퀀텀 인공지능을 위한 트랩 이온 및 기타 퀀텀 컴퓨팅 플랫폼에서 실행되는 미들웨어 및 소프트웨어 제품을 개발했다. 또한, 데이터 자산을 보호하고 암호화 방어를 강화하도록 설계된 퀀텀 컴퓨팅 강화 암호화 키를 제공했다. 이에 따라, 퀀텀 컴퓨터 회사인 퀀티넘(Quantinuum)은 3억 달러의 자금 조달 라운드를 통해 기업 가치가 50억 달러로 평가되었다.

JP모건(JP Morgan)이 참여가 포함된 모임에서, Quantinuum는 '세계 최초의 범용 내결함성 퀀텀 컴퓨터'를 개발하는 동시에 Quantinuum의 소프트웨어 제공을 확장하여 상업적 적용 가능
성을 향상하는 데 도움이 될 것이라고 Honeywell에서 밝혔다. 또한, Quantinuum는 JP Morgan과 2020년부터 협력해 왔다고 언급했다.

거대 은행의 최고 정보 책임자(CIO)인 로리 비어(Lori Beer)는 "금융 서비스는 퀀텀 기술의 혜택을 받을 수 있는 최초의 산업 중 하나로 확인되었다."라고 말했다.

가. 기존 레거시 프로세스(Legacy Process)의 취약성

2009년에 설립된 PYMNTS는 의사 결정권자들이 사람과 기업의 지불, 지급 수령, 상호 작용을 통한 수익화 방식을 혁신하는 지불, 연결된 기기 및 신기술의 역할에 대한 정보  를 제공한다. PYMNTS(위임 인증을 통해 비밀번호 없는 미래로의 전환을 추구하는 회사)는 "기존 많은 레거시 프로세스(Legacy Process, 낡은 프로세스)를 먼지 속에 남겨두고, 퀀텀 중첩을 통해 복잡한 문제를 해결하는 퀀티넘(Quantinuum)의 새로운 접근방식은 의료 및 금융과 같은 부문에서 보안에 중요한 운영에 대한 기회를 줄 것이다."라고 했다. 또한 이것은 민감한 정보와 귀중한 데이터를 보호하기 위해 현재 전 세계에서 사용되고 있는 모든 수학적 암호화 체계를 해결할 수 있는 능력을 갖추게 될 것을 예상한다.[88]

---

88 PYMNTS, 2024, https://www.pymnts.com/

나. 독특한 풀 스택이 지원된 퀀티넘(Quantinuum)

Quantinuum의 소프트웨어와 애플리케이션은 모든 퀀텀 하드웨어에서 보편적으로 작동하며, 모든 퀀텀 소프트웨어를 실행하도록 설계되었다. 향후 퀀텀 컴퓨팅은 신속한 의약품 개발, 새로운 분자와 재료 설계, 공급망 최적화 등 세계의 다루기 힘든 문제를 해결하는 데 사용이 될 것이다. 특히 Quantinuum은 이미 사이버 보안, 계산 화학, 구성 지능, 기계 학습, 최적화 및 시뮬레이션 분야에서 그 가치를 입증했다.

■ H 시리즈(H1-1, H2)

Quantinuum은 Honeywell이 구동하는 H 시리즈 퀀텀 컴퓨터를 개발할 때 확장할 수 있는 범용 퀀텀 컴퓨팅을 위한 경로로 QCCD(퀀텀 전하 결합 장치) 아키텍처를 선택했다. 이는 동일한 고충실도 큐비트(원자 이온) 간의 완전한 연결을 허용하기 때문이었다. Quantinuum은 2020년에 12큐비트에서 실행되는 트랩 이온 컴퓨터인 시스템 모델 H1-1을 갖춘 1세대 퀀텀 컴퓨터를 출시했다.

2023년 5월 Quantinuum은 최대 규모인 65,536(2의 16승)의 퀀텀 볼륨을 갖춘 시스템 모델 H2를 출시했다. H2는 퀀텀 컴퓨팅 내결함성을 만드는 데 도움이 될 수 있는 토폴로지 큐비트의 생성 및 제어에 대한 첫 번째 시연을 달성했다. 비아벨리안 애니온(Non-Abelian Anyons)이라고 불리는 준입자를 엮어 추적하는 경로는 오류에 더 강해 결국 위상학적(T topological) 퀀텀 컴퓨터의 개발로 이어질 수 있다.

H-시리즈 시스템은 퀀텀 볼륨에 대한 기록을 지속해서 깨뜨려 최근 2023년 7월에 퀀텀 볼륨 524,288(2의 19승)에 도달했다. Quantinuum은 퀀텀 하드웨어 실험의 데이터와 대략적인 소음을 비교하여 시뮬레이션 워크플로우를 가속할 수 있는 H-시리즈 에뮬레이터를 제공했다.

■ **퀀텀 사이버 보안: Quantum Origin**

Quantum Origin은 퀀텀 컴퓨팅을 사용하여 온라인 거래 및 식별 프로세스를 보호하는 암호화 키를 강화한다. 이 소프트웨어는 RSA 및 AES와 같은 기존 알고리즘과 퀀텀 후 암호화 알고리즘을 지원하기 위해 예측할 수 없는 암호화 키를 생성한다. Quantum Origin은 기존 컴퓨터가 달성할 수 없는 솔루션을 제공하는 퀀텀 컴퓨터의 최초 상용 응용 프로그램이라고 한다. 2022년 4월 Quantinuum은 PureVPN[89] 과 제휴하여 OpenVPN 프로토콜을 퀀텀 저항성으로 만들었다.

2023년 Quantinuum은 장치 자체 내에서 생성된 키의 강도를 최대화하여 퀀텀 강화 사이버 보호를 연결된 장치로 확

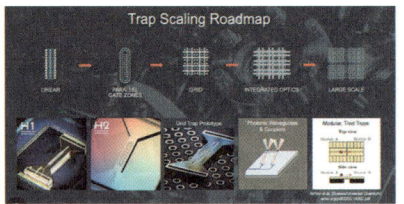

---

[89] PureVPN: PureSquare GZ Systems Ltd.

장하는 포스트 퀀텀 암호화의 혁신인 Quantum Origin Onboard를 출시했다. 또한 가입자가 필요에 따라 보안 키를 요청하거나 하드웨어 보안 모듈과 통합할 수 있는 Quantum Origin Cloud를 출시했다. Quantinuum의 Quantum Origin은 2022년 UK Business Tech에서 Best Use of Innovation 상을 받았다.

■ 퀀텀 전산화학 플랫폼: InQuanto

InQuanto는 퀀텀 계산 화학 소프트웨어 플랫폼이며, 이는 Quantinuum의 오픈 소스 Python 개발환경인 TKET를 사용하여 전자 구조 시뮬레이션을 통해 퀀텀 장치의 성능을 향상시켰다. 독립형 플랫폼은 전산화학자가 퀀텀 알고리즘을 실험하고 궁극적으로 퀀텀 컴퓨터를 사용하여 실제 문제의 프로토타입을 만들 수 있도록 설계되었다.

■ 유연하고, 사용하기 쉬운 소프트웨어 개발 플랫폼: TKET

TKET(Toolkit)는 퀀텀 알고리즘을 최적화하기 위한 플랫폼 독립적 컴파일러이자 게이

트 기반 퀀텀 컴퓨터용 프로그램을 구축하고 실행하기 위한 소프트웨어 개발키트였다. 이는 플랫폼을 포괄하며 최첨단 회로 최적화 루틴을 통해 사용자는 오늘날의 NISQ(Noisy Intermediate-Scale Quantum) 장치에서 최대한 많은 전력을 추출할 수 있다. TKET는 오픈 소스이며 PyTKET

Python 패키지를 통해 쉽게 액세스할 수 있다. 또한, 확장 모듈은 많은 양자 컴퓨터, 클래식 시뮬레이터 및 널리 사용되는 양자 소프트웨어 라이브러리와의 호환성을 제공한다.

D. 아마존 퀀텀 솔루션 연구소
(Amazon Quantum Solutions Lab)

가. 아마존 퀀텀 솔루션 연구소

미국의 아마존 연구소는 퀀텀 컴퓨팅, 기계 학습, 최적화 및 고성능 컴퓨팅 분야의 선도적인 전문가와 협력할 수 있는 공동 프로그램을 운영하며, 최근 비즈니스에 가장 유망한 퀀텀 컴퓨팅 애플리케이션을 연구하고 식별하는 등 퀀텀 솔루션을 갖추고 있다.

- **아마존 브라켓(Amazon Braket)이란 무엇인가?**

Amazon Braket은 다양한 유형의 퀀텀 컴퓨터에 대한 액세스를 제공하는 서비스이며, 정기적으로 새로운 퀀텀 장치를 여러 서비스에 추가하고 있다. 퀀텀 장치에 액세스하려면 Amazon Braket Python SDK1를 사용하거나 지원되는 플러그인을 통해 PennyLane 및 Qiskit과 같은 다른 개발자 프레임워크를 사용할 수 있다. **아마존 브라켓 퀀**

텀 컴퓨터는 AWS 고객에게 초전도, 트랩 이온, 중성 원자 및 광자 퀀텀 컴퓨터를 비롯한 여러 퀀텀 하드웨어 공급자의 퀀텀 컴퓨팅 기술에 대한 액세스를 제공했다.

나. Amazon Braket용 Wolfram Quantum 프레임워크

Amazon Braket은 차별화된 QPU(퀀텀 처리 장치) 및 최첨단 시뮬레이터에 대한 액세스를 제공하여 퀀텀 컴퓨팅 분야의 연구 및 애플리케이션 개발을 가속화하는 사명을 갖고 있다. 이 임무의 목적으로 Braket은 연구자들이 현재 시끄러운 퀀텀 장치의 한계를 뛰어넘을 수 있도록 펄스 제어와 같은 낮은 수준의 도구와 퀀텀 알고리즘을 더욱 쉽고 효율적으로 실행할 수 있는 하이브리드 작업과 같은 기능도 제공했다. Braket은 AWS의 나머지 부분과 통합함으로써 퀀텀 컴퓨팅이 결국 클라우드 기반 IT 인프라에 어떻게 하면 적합할지 탐색할 방법도 제공했다.

울프램(Wolfram) 언어는 Mathematica와 울프램 알파(Wolfram Alpha)에서 사용되는 기호형 프로그래밍 언어이다. 이는 고급 계산 기능, 포괄적인 내장 기능, 기호 계산 및 규칙 기반 프로그래밍으로 인정받고 있다. 또한, Wolfram 언어는 데이터 과학 및 기계 학습과 같은 모든 주요 계산 영역에 걸쳐 엄선된 데이터 및 알고리즘 저장소인 Wolfram Knowledgebase를 기반으로 한다.

다. AWS 퀀텀 기술

AWS ParallelCluster를 사용하여 퀀텀 화학 계산을 실행한다. 현대 화학 컴퓨터는 신약 발견부터 재료 설계까지 다양한 분야에서 혁신을 주도한다. 계산 화학에서 가장 널리 사용되는 전자 구조 모델링 기술 중 하나는 밀도 함수 이론(DFT: Density Functional Theory)으로 알려져 있다. DFT의 인기는 주로 계산 화학의 다른 전통적인 기술보다 계산적으로 더 효율적이며 실질적으로 흥미로운 많은 화학 시스템에 대해 합리적인 정확도를 달성할 수 있다.

DFT 및 관련 전자 구조 방법의 주요 강점은 화학 결합 및 반응에 대한 통찰력을 제공하기는 한다. 이는 분자 역학 또는 대략적인 시뮬레이션과 같은 경험적 방법을 사용하는 경우, 근사치를 통해서만 접근할 수 있다. 전자 구조 계산에 따른 문제는 비용과 시뮬레이션 시간은 일반적으로 N3(3승) 이하로 확장된다. 또한 대부분의 확립된 계산 화학 패키지는 병렬로 실행될 때 코어 간의 높은 수준의 통신을 요구하므로 효율적인 실행이 어렵다.

■ AWS의 고성능 컴퓨터(HPC) 환경 배포

AWS에서 HPC 환경 배포를 시작하는 가장 빠른 방법은 AWS

Parallel Cluster를 사용하는 것이며, Parallel Cluster 명령줄 도구를 사용하여 HPC 클러스터 생성에 적합한 VPC 및 부분망을 배포하거나 AWS Cloud Development Kit(CDK) 또는 CloudFormation을 이용하면 된다.

■ **Quantum Espresso 실행**

이제 Quantum Espresso와 해당 종속 항목이 설치된 클러스터가 있으므로 테스트 작업을 실행할 수 있다. 첫 번째 단계는 Quantum Espresso에 대한 입력, 즉 배치 작업 스크립트(스케줄러에 의해 해석되어 동적으로 생성된 컴퓨팅 리소스 세트에서 작업이 실행될 수 있도록 함), Quantum Espresso 입력 파일 또는 의사 전위 컬렉션을 준비하는 것이며, 시뮬레이션에 포함된 요소에 대한 파일이 된다. Quantum Espresso와 호환되는 유사 전위 파일은 Materials Cloud에서 다운로드할 수 있다. 라이센스 명시 사항을 확인하고 로컬 장치에 내려받고, 의사 전위 파일 번들을 S3에 업로드한 다음, 마지막으로 클러스터에 내려받아야 한다.

결론적으로, Quantum Espresso를 사용하여 DFT 계산을 수행하기 위해 AWS에서 HPC 환경을 설정할 수 있다. 이런 간단한 솔루션은 모든 연구 프로젝트에 필수적인 요구 사항인 재현 가능한 환경을 생성할 수 있다는 장점이 있다. **같은 절차를 사용하면 Amazon Braket에서 제공하는 퀀텀 컴퓨팅 기능을 활용하여 순수 기존 하드웨어를 넘어 퀀**

팀 하드웨어로 퀀텀 화학 계산을 확장할 수 있다.[90]

E. 카이스트(KAIST) 큐노바(QUNOVA)

큐노바는 2021년 한국과학기술원(KAIST) 교원창업으로 시작된 국내 1호 퀀텀 컴퓨팅 스타트업으로서, 일반 소프트웨어 개발자와 과학자들이 퀀텀 컴퓨팅을 쉽게 활용할 수 있게 하는 응용 소프트웨어를 개발하고 있다. 특히 신소재와 신약 분야에서 퀀텀 컴퓨팅을 활용한 퀀텀 신물질 디자인 플랫폼을 제공하는 사업을 진행하고 있다. 큐노바는 현재 퀀텀 시뮬레이션 및 퀀텀 AI 분야에 대한 13건의 특허를 보유하고 있다. 큐노바의 미션은 퀀텀 컴퓨팅의 무한한 가능성을 실현하여 인류의 기술, 경제, 사회 분야에서 새로운 컴퓨팅 혁신을 시작하는 것이었다. 큐노바의 첫 번째 사업 영역은 양자컴퓨팅의 파격적인 연산 능력을 최적화하여 신약 및 신소재 디자이너들에게 물질 해석에 있어 새로운 턴키 솔루션을 제공하는 것을 목표로 하고 있다.

퀀텀 컴퓨팅 시대의 통합 컴퓨팅 솔루션으로 큐노바의 첫 번째 사업

---

90 Amazon Braket, Amazon Quantum Solutions Lab, HPC

영역은 퀀텀 컴퓨팅의 파격적인 연산 능력을 최적화하여 신약 및 신소재 디자이너들에게 물질 해석에 있어 새로운 턴키 솔루션을 제공하는 것을 목표로 하고 있  다. 큐노바 솔루션으로 물질 디자인에 있어 방대의 연산 능력을 요구하는 분자 전자 구조나 구조-활성 분석과 같은 계산화학적 해석이 가능해졌다.

가. 큐노바의 Managed Quantum Cloud Platform

이것은 사용자들에게는 다양한 퀀텀 컴퓨팅 하드웨어를 마치 하나의 클라우드를 사용하는 것과 같은 환경이 제공되어 손쉽고 더욱 정확한 퀀텀 컴퓨팅 계산을 구현할 수 있게 제공한다. 큐노바의 퀀텀 AI와 퀀텀 시뮬레이션 핵심기술은 핀테크, 첨단 제품 설계, 대규모 물류 최적화, AI 애플리케이션을 포함하는 다양한 응용 분야로 확산할 수 있다.

나. 큐노바는 사업의 국제화

2022년 캐나다 토론토 지역 Creative Destruction Lab의 퀀텀 기술벤처 액셀러레이터 프로그램을 완료했다. 또한 국내 퀀텀 분야 최대

행사인 '퀀텀코리아 2023'에서 포스코홀딩스(PPOSCO Holdings), 메가존 클라우드와 신소재 개발 퀀텀 소프트웨어 기술과 퀀텀 인공지능(AI) 클라우드 서비스 기술 공동 연구개발 협력에 관한 업무협약을 맺었고, 포스코, 파스칼(Pasqal)·쿠노바와 양자컴퓨팅 기술을 개발한다.

포스코홀딩스(POSCO Holdings)는 현재 정부 지원 3개년 사업인 양자컴퓨팅 기반 친환경 소재 설계 시뮬레이션 프로그램 개발 컨소시

엄을 주도하고 있다. 파스칼(Pasqal)은 노벨 물리학상 수상자 알랭 아스페(Alain Aspect)가 2019년에 설립한 양자 컴퓨터 스타트업으로 양자컴퓨팅을 위한 하드웨어와 소프트웨어를 개발했다. 나아가, 2022년에 설립된 큐노바 컴퓨터(Qunova Computing)는 약물 및 재료 설계를 위한 양자컴퓨팅 소프트웨어 전문으로서, 포스코홀딩스는 이들과 함께 인공지능 역량과 파스칼의 양자컴퓨팅 기술을 활용해 수소 생산을 최적화하고 전기차 배터리용 소재를 개발할 계획이었다.[91]

---

[91] The Stock, http://www.the-stock.kr

Core Vision

킹덤 비즈니스(Kingdom Business)

By 글로벌 퀀텀 컴퓨팅 메이커(Quantum Computing Maker)

A. 리게티 퀀텀 컴퓨터(Rigetti Quantum Processors)
   - Rigetti Computing은 이전에 IBM에서 퀀텀 컴퓨터 분야에서 일했으며 Michel Devoret 밑에서 공부한 물리학자 채드 리게티(Chad Rigetti)가 2013년에 설립했다.
   - Rigetti의 퀀텀 솔루션 주요 다섯 가지는 Shell(껍데기_외관), Nerves (신경_신호), Heart (마음_펌프), Skeleton (뼈대), Brain (머리_뇌)로 구성되었다.

B. 퀀텀 머신 (QM : Quantum Machines) : OPX1000
   - Quantum Machines라는 비전을 지닌 기업은 최신 혁신인 OPX1000을 통해 양자 컴퓨터가 현실화될 수 있는 가능성을 제시하며 미래로의 양자 도약이 가능하다고 약속한다.

C. 합병된 Quantinuum
   - Quantinuum은 퀀텀(Quantum) 화학, 퀀텀(Quantum) 기계 학습 및 퀀텀(Quantum) 인공 지능을 위한 트랩 이온 및 기타 퀀텀(Quantum) 컴퓨팅 플랫폼에서 실행되는 미들웨어 및 소프트웨어 제품을 개발했다.

D. 아마존(Amazon) 퀀텀 솔루션 연구소
   - Amazon Braket은 AWS 고객에게 초전도, 트랩 이온, 중성 원자 및 광자 양자 컴퓨터를 비롯한 여러 양자 하드웨어 공급자의 양자 컴퓨팅 기술에 대한 액세스를 제공한다.

E. 카이스트(KAIST) 큐노바(QUNOVA)
   - 큐노바는 2021년 한국과학기술원(KAIST) 교원창업으로 시작된 국내 1호 퀀텀 컴퓨팅 스타트업으로써, 일반 소프트웨어 개발자와 과학자들이 퀀텀 컴퓨팅을 쉽게 활용할 수 있게 하는 응용소프트웨어를 개발하고 있다.

Subject 3.

퀀텀 컴퓨터의 비즈니스
(Quantum Computer Business)

FOR KINGDOM FAMILY BUSINESS

06
미래 퀀텀 컴퓨팅(Quantum Computing)의 성장 잠재력

A. 퀀텀 컴퓨터가 고전 컴퓨터와 차별화되는 4가지 기능

가. 고전 컴퓨터의 성능 향상 요구

퀀텀 컴퓨터가 복잡한 분자를 모델링하는 퀀텀 시뮬레이션, 최적화 (즉, 전례 없는 속도로 다변수 문제 해결) 제약 및 자동차와 같은 다양한 산업에서 기계 학습을 변환할 수 있는 더 나은 알고리즘을 갖춘 미래 퀀텀 인공지능 암호화(QAIC: Quantum Artificial Intelligence Cryptography)에 혁명을 일으킬 수 있다.

퀀텀 컴퓨팅의 비즈니스 잠재력을 이해하는 가장 좋은 방법은 이러한 기능이 다양한 사용 사례를 어떻게 처리할 수 있는지 확인하는 것이 될 수 있다. 제약, 사이버 보안, 금융, 재료 과학 및 통신을 포함하여 광범위한 문제와 부문을 다루고 있음을 발견했다. 이러한 응용 프로그램의 개발 수명 주기와 이들이 제공할 수 있는 비즈니스 이점의 특성에서 상당한 다양성을 시사했다. 작동 중인 이러한 역학 관계를 더 풍부하게 파악하기 위해 잠재력이 높은 4가지 애플리케이션을 고려해 보았다.[92]

나. 퀀텀 컴퓨터의 4가지 기능

■ 시뮬레이션으로 화학 및 제약 개발 시간 단축

새로운 약물과 물질을 개발하려는 과학자들은 분자의 특성을 결정하고 다른 분자와 어떻게 상호 작용 할 수 있는지 이해하기 위해 종종 분자의 정확한 구조를 조사해야 한다. 불행하게도 상대적으로 작은 분자조차도 고전적인 컴퓨터를 사용하여 정확하게 모델링하기가 매우 어렵다. 각 원자는 다른 원자와 복잡한 방식으로 상호 작용 하기 때문

---

92 Quantum Artificial Intelligence(AI) Global Market Report 2024

이었다. 현재 컴퓨터가 상대적으로 원자가 적은 기본 분자를 시뮬레이션하는 것은 거의 불가능하다.

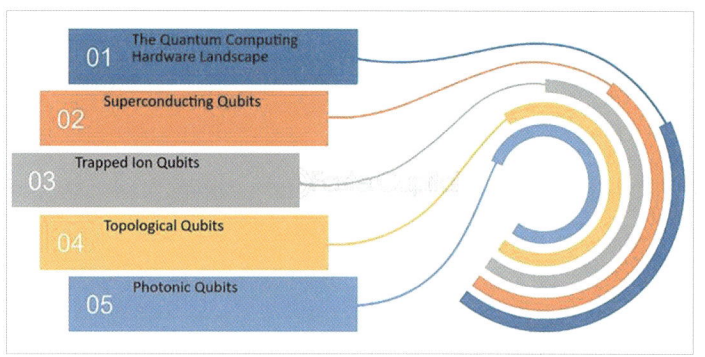

예를 들면 단백질에는 원자가 수천 개 있다. 그래서 오늘날의 과학자들은 해당분자의 특성을 물리적으로 측정하기 위해 합성 화학(Synthetic Chemistry)을 사용하여 해당분자를 실제로 생성해야 한다. 종종 분자가 예상대로 작동하지 않아 더 많은 합성과 테스트가 필요했다. 각 최적화 주기는 비용과 시간이 많이 든다.

분자 내 원자의 상호 작용 자체가 퀀텀 시스템이기 때문에 퀀텀 컴퓨터는 본질적으로 이 문제를 해결하는 데 매우 적합하다. 실제로 전문가들은 퀀텀 컴퓨터가 우리 몸에서 가장 복잡한 분자도 모델링할 수 있다고 믿는다. 이 방향의 모든 진전은 신약 및 기타 제품의 더 빠른 개발을 촉진하고 잠재적으로 혁신적인 새로운 치료법으로 이어질 것이다. 오늘날의 컴퓨터가 상대적으로 원자 수가 적은 기본 분자를 시뮬레이션하는 것은 거의 불가능하다. 퀀텀 컴퓨터는 가장 복잡한 분자도 모델링할 수 있다.

■ 전례 없는 속도로 최적화(Optimization) 문제 해결

모든 산업에서 많은 복잡한 비즈니스 문제에는 다양한 변수가 관련되어 있다. 공장 바닥의 어디에 로봇을 배치해야 하는가? 배달 트럭의 최단 경로는 무엇인가? 자동차, 오토바이, 스쿠터를 배치하여 사용자 수요를 맞추는 운송 네트워크를 만드는 가장 효율적인 방법은 무엇인가? 재무 포트폴리오의 성과와 위험을 어떻게 최적화(Optimization)할 수 있는가? 이들은 비즈니스 리더가 직면하는 많은 예 중 4가지에 불과하다.

고전적인 컴퓨팅으로 이러한 문제를 해결하는 것은 힘든 프로세스가 될 수 있다. 성능 향상 또는 손실을 유발하는 입력을 분리하려면 모든 계산에서 이동할 수 있는 변수의 수를 심각하게 제한해야 한다. 하지만 퀀텀 컴퓨터는 여러 변수를 동시에 다루기 때문에 매우 짧은 시간에 가능한 답변의 범위를 획기적으로 좁히는 데 먼저 사용할 수 있다. **퀀텀에는 많은 가능성을 제거했기 때문에 이 하이브리드 접근방식은 최상의 솔루션을 찾는 데 걸리는 시간을 크게 단축한다.**

■ 퀀텀 AI로 자율주행차 가속화

퀀텀 컴퓨터가 자율주행차량의 도착을 가속할 수 있다. Ford, GM, Volkswagen 및 기타 자동차 제조업체와 새로운 모빌리티 부문의 수

많은 신생 기업에서 엔지니어는 복잡한 신경망을 통해 몇 시간 동안 비디오, 이미지 및 LiDAR 데이터를 실행하고 있다. 그들의 목표는 AI를 사용하여 방향 전환 방법, 속도를 높이거나 낮추는 위치, 결정적으로 보행자는 말할 것도 없고 다른 차량을 피하는 방법과 같은 중요한 운전 결정을 내리도록  자동차를 가르치는 것이지만, 이러한 방식으로 AI 알고리즘을 교육하려면 일련의 계산 집약적인 계산이 필요하며 변수 내에서 더 많은 데이터와 더 복잡한 관계가 추가됨에 따라 점점 더 어려워진다. 이런 교육은 세계에서 가장 빠른 컴퓨터에 며칠 또는 몇 달 동안 부담을 줄 수 있다. **퀀텀 컴퓨터는 여러 변수를 사용하여 여러 복잡한 계산을 동시에 수행할 수 있으므로 이러한 퀀텀 AI 자율주행차 시스템의 교육을 기하급수적으로 가속할 수 있다.**

■ **사이버 보안 혁신**(Cybersecurity Innovation)

퀀텀 컴퓨팅은 거의 모든 회사가 의존하는 사이버 보안 시스템에 심각한 위협이 된다. 오늘날 대부분의 온라인 계정 암호와 보안 트랜잭션 및 통신은 RSA 또는 SSL/TLS와 같은 암호화 알고리즘을 통해 보호된다. 이러한 시스템을 통해 기업은 승인된 사용자가 공유할 수 있는 데이터를 쉽게 생성하는 동시에 외부인으로부터 보호할 수 있다. 그 암호화를 뚫기 위해서는 엄청난 계산 능력이 필요하다. 오늘날의 컴퓨터가 실용적으로 사용할 수 있을 만큼 잘 설계된 암호화 뒤에 있는 수학 문제를 신속하게 해결하는 것은 사실상 불가능하다. 암호화는 소인수 분해로 진행되어야 하며, 또한 데이터 절도가 발생하는 경우는 종종 사이버 보안 프로토콜이 제대로 구현되지 않았기 때문이다.

퀀텀 컴퓨터는 여러 계산을 동시에 수행할 수 있으므로 기존 암호화 시스템을 깨뜨릴 수 있는 잠재력이 있다. 실제로 이를 수행하는 퀀텀 알고리즘은 이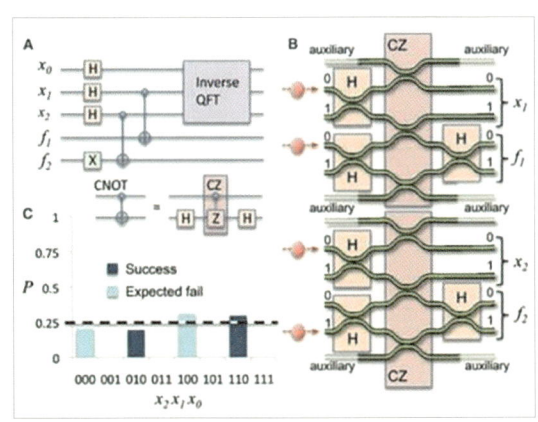

미 존재한다. **쇼어 알고리즘(Shor's Algorithm)은 다항 시간 안에 소인수 분해를 할 수 있는 양자 알고리즘이다.** 다행스럽게도 쇼어(Shor)의 알고리즘을 실행하는 데 필요한 수십만에서 수백만 큐비트를 관리할 수 있는 퀀텀 컴퓨터는 없다. 앞서 말했듯이 오늘날의 버전은 12개 정도의 큐비트를 처리할 수 있다. 그러나 지금부터 10년에서 20년 사이에 상황이 바뀔 수 있으며, 그 시점에서 가장 기본적인 온라인 서비스를 보호하기 위해 퀀텀 암호화 기술의 새로운 물결이 필요할 것으로 예상된다. 미래를 생각하는 정책 입안자들뿐만 아니라 과학자들은 이미 이 퀀텀 암호화 작업에 착수하여 이 전환점에 대비하기 위해 노력하고 있다.

B. 퀀텀 컴퓨팅(Quantum Computing) 생태계 구성

기술 혁신 가속화, 투자 흐름 증가, 스타트업 확산은 2030년까지 가능한 퀀텀 시스템에 대한 비즈니스 리더들의 전략을 수립하기 시작할 때라는 신호가 된다. 또한, 일부 퀀텀 컴퓨팅의 가속화된 발전은 기술의 상업적 실행 가능성을 향해 빠르게 발전하고 있음을 강력하게 상기시켜 준다. 예를 들어 불과 몇 달 만에 일본의 한 연구 센터는 퀀텀 시스템의 오류 수정을 개선할 수 있는 규모의 퀀텀 컴퓨터를 개발했고, 호주의 한 회사는 퀀텀 컴퓨팅 하드웨어의 성능을 향상하는 것으로 나타난 소프트웨어를 개발했다.

가. 글로벌 비즈니스 퀀텀 컴퓨팅(Quantum Computing)

혁신이 가속화되면서 투자금이 쏟아지고 퀀텀 컴퓨팅 스타트업이 급증하고 있고, 주요 기술 회사들도 계속해서 퀀텀 역량을 개발하고 있다. Alibaba, Amazon, IBM, Google 및 Microsoft와 같은 회사는 이미 상용 퀀텀 컴퓨팅 클라우드 서비스를 시작했다. 물론 이 모든 활동이 반드시 상업적 결과로 이어지는 것은 아닐 수 있다. 퀀텀 컴퓨팅은 기업이 기존 고성능 컴퓨터의 범위와 속도를 넘어서는 문제를 해결하는 데 도움이 될 것이라고 약속하지만 사용 사례는 초기 단계로 주로 실험적이고 가설적일 수 있다. 실제로 전문가들은 여전히 이 분야의 가장 기초적인 주제를 토론하고 있다.[93]

나. 미래 퀀텀 컴퓨팅(Quantum Computing) 3가지 생태계

이미 퀀텀 컴퓨팅 산업을 지탱할 수 있는 생태계가 펼쳐지기 시작했다. 퀀텀 컴퓨팅 가치는 거의 800억 달러에 이를 것으로 보이지만, 아직 초기 단계이기 때문에 이 분야의 기본 연구 자금의 대부분은 여전히 공공 출처에서 나왔다. 그러나 민간 자금이 빠르게 증가하고 있어서, 2021년에만 퀀텀 컴퓨팅 스타트업에 대한 발표된 투자가 17억 달러를 넘어섰으며, 이는 2020년에 모금한 금액의 2배 이상이 되었다. 이후로, 미래 퀀텀 컴퓨팅 상용화(Quantum Computing Commercialization)가 견인력을 얻으면서 민간 자금이 계속해서 많이 증가할 것으로 기대한다. 주요 하드웨어, 소프트웨어, 클라우드 분야에서 일어날 것으로 추정된다.

먼저, 하드웨어는 생태계에서 중요한 병목 현상이다. 충분한 수준의 큐비트 품질을 달성하면서 퀀텀 컴퓨터의 큐비트 수를 확장하는 문제가 있다. 하드웨어는 또한 자본, 실험적 및 이론적 퀀텀 물리학 경험,

---

93　맥킨지, 2023, https://www.mckinsey.com

깊은 지식, 특히 관련 구현 옵션에 대한 도메인 지식의 드문 조합이 필요하므로 진입 장벽이 높을 수 있다. 현재, 여러 퀀텀 컴퓨팅 하드웨어 플랫폼이 개발 중이며, 가장 중요한 이정표는 퀀텀 컴퓨터가 정확하고 수학적으로 정확한 결과를 제공할 수 있는 완전한 오류 수정, 내결함성(FT: Fault Tolerance) 퀀텀 컴퓨팅의 달성하는 것을 목표로 한다.

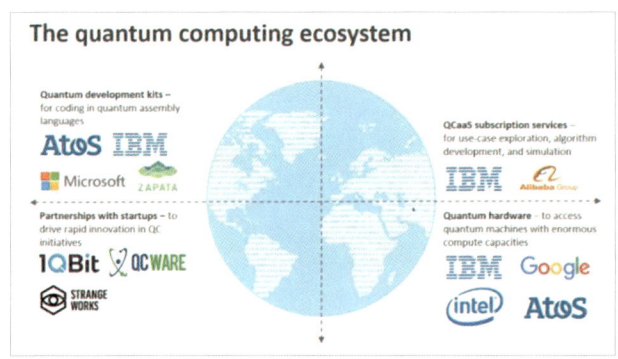

둘째, 소프트웨어 중심 스타트업의 수는 퀀텀 컴퓨팅 가치사슬의 다른 어떤 부분보다 빠르게 증가하고 있다. 소프트웨어에서 업계 참여자들은 현재 맞춤형 서비스를 제공하고 있으며 업계가 더 성숙해지면 턴키 서비스를 개발하는 것을 목표로 하고 있다. 퀀텀 컴퓨팅 소프트웨어가 계속 발전함에 따라 스타트업 조직은 소프트웨어 도구를 업그레이드하고 궁극적으로 완전한 퀀텀 도구를 사용할 수 있다. 그동안 퀀텀 컴퓨팅에는 새로운 프로그래밍 패러다임과 소프트웨어 스택이 필요할 수 있다. 제품을 중심으로 개발자 커뮤니티(Developer Community)를 구축하기 위해 더 큰 대기업 참가자는 소프트웨어 개발키트를 무료로 제공하는 경우가 많다.

셋째, 클라우드 기반 퀀텀 컴퓨팅 서비스(Cloud-based Quantum Computing Service)는 생태계에서 가장 가치 있는 부분이 될 수 있으며 이를 제어하는 사람들에게 막대한 보상을 제공할 수 있다. 대부분의 클라우드 컴퓨팅 서비스 공급자는 이제 잠재 사용자가 기술을 실험할 수 있도록 플랫폼에서 퀀텀 컴퓨터에 대한 액세스를 제공했다. 초기 개인 또는 모바일 퀀텀 컴퓨팅은 지난 10년 동안 가능성이 작았지만, 클라우드는 더 큰 생태계가 성숙할 때까지 초기 사용자가 기술을 경험하는 주요 방법일 수 있다.

C. 퀀텀 컴퓨팅(Quantum Computing)의 신산업 적용사례 등장: 한일 제7광구 자원을 탐사하라

가장 잘 알려진 사용 사례는 퀀텀 시뮬레이션, AI 및 기계 학습을 위한 퀀텀 선형 대수학, 퀀텀 최적화 및 검색, 퀀텀 인수분해의 4가지 원형에 적합할 수 있다. 제약, 화학, 자동차 및 금융과 같은 연구에서 가장 큰 단기적 이점을 얻을 수 있다고 제안했다.

가. 제약 분야(Pharmaceutical Field)

제약에서 퀀텀 컴퓨팅은 바이오 제약 산업에서 분자 구조의 연구 및 개발을 혁신할 뿐만 아니라 생산 및 가치사슬에서 가치를 제공할 수 있는 잠재력을 가지고 있다. 예를 들어 R&D에서 신약은 발견 후 시장에 도달하는 데 평균 20억 달러와 10년 이상이 걸린다. 퀀텀 컴퓨팅은 R&D를 훨씬 더 빠르고 더 표적화할 수 있다. 표적 식별, 약물 설계 및 독성 시험을 시행착오에 덜 의존하게 하여 더 효율적으로 만들어 정밀하게 된다. 더 빠른 R&D 타임라인은 올바른 환자에게 제품을 더 빠르고 효율적으로 제공할 수 있다.

Conservatively, we estimate that the value at stake in pharmaceuticals, chemicals, automotive, and finance use cases could be up to nearly $700 billion.

즉, 더 많은 환자의 삶의 질을 향상하게 시킬 수 있다. 또한, 생산, 물류 및 공급망도 퀀텀 컴퓨팅의 이점을 누릴 수 있다. 이러한 발전이 얼마나 많은 수익 또는 환자에게 미치는 영향을 예측하기는 어렵지만, 1조 5천억 달러 규모의 산업에서 평균 이자 및 세금 차감 전 이익(EBIT: Earnings Before Interest and Taxes) 마진이 16%, 심지어 1~5%의 수익도 가능했다. 증가는 150억 달러에서 750억 달러의 추가 수익과 20억 달러에서 120억 달러의 EBIT로 이어질 것이다.

- **제약 물질 개발**(Pharmaceutical Material Development)

퀀텀 컴퓨팅 때문에 열린 설계 잠재력은 배터리 재료, 반도체, 자석 및 초전도체와 같은 여러 첨단 부문을 위한 새로운 재료 개발을 도울 수 있다. 유사하게, OLED용 발광 분자로 디스플레이를 사용하면 오늘날 여전히 시행착오 과정을 거쳤지만, 그것을 만들기 전에 추구했던 색상의 밝기와 색조를 제공할 수 있는 새로운 분자를 높은 정밀도로 모델링하는 것이 가능할 수 있다.

이는 단백질과 작은 기질의 도킹 에너지에 맞춰 단백질과 가장 잘 상호 작용 하는 분자 표적을 식별하고 설계하는 데 새로운 가능성을 열어 놓았다. 오늘날의 컴퓨터는 단백질 구조를 예측하는 능력이 제한적이지만, 퀀텀 컴퓨팅의 힘을 사용하면 작물 보호 화학물질, 살생물제 및 기타 특수 화학 산업 분야의 개발에서 중요한 응용 프로그램을 통해 이러한 종류의 표적 식별에서 진전을 이루는 것이 가능할 수 있다.

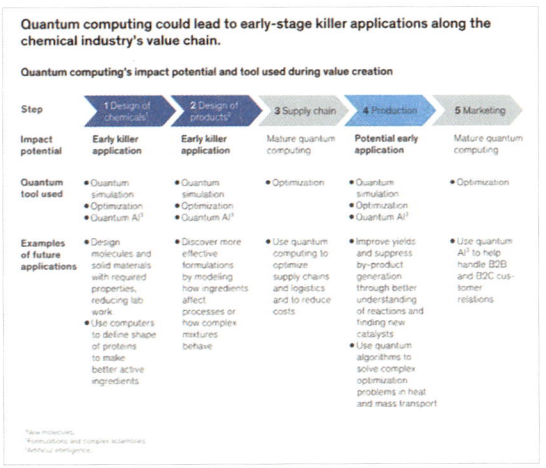

- **큐팜**(QuPharm)

큐팜(QuPharm)은 2019년 후반에 주요 제약회사가 QC 사용 사례에 대한 아이디어와 전문 지식을 모으기 위해 결성되었다. QuPharm은 2018년 미국 정부가 National Quantum Initiative Act의 목적으로 창설한 QED-C(Quantum Economic Development Consortium)와 협력하고 있으며, 상업적 QC 사용을 지원하는 것을 목표로 한다. 또한 피스토이아 동맹(Pistoia Alliance)은 사전 경쟁 협력을 촉진하고 R&D 혁신을 촉진하기 위해 조직된 생명 과학 회원 조직으로 활동한다.

순수한 퀀텀 플레이어와 협력하면 기존 전문 지식을 활용하여 초기 사용 사례를 테스트하고 개발을 촉진할 수 있다. 현재 전 세계적으로 소프트웨어, 하드웨어 또는 지원 서비스에 중점을 둔 100개 이상의 QC 중심 기업이 있다. 약 25개 회사가 제약 산업의 애플리케이션을 목표로 하고 있다. 15개 미만이 제약업체를 위한 알고리즘 또는 솔루션에 중점을 두고 있으며 제약업체의 요구 사항에만 집중하는 업체는 거의 없다.

퀀텀 컴퓨팅은 기하급수적으로 더 효율적인 제약 치료법 및 치료법의 발견과 제약 산업에 수천억 달러의 가치를 창출하는 열쇠가 될 수 있다. 예를 들어, 전문가들은 오늘날 2,000억 달러 규모의 단백질 기반 약물 시장이 더 나은 개발 도구를 사용할 수 있게 된다면 중기적으로 50~100% 성장할 수 있다고 예측한다. QC의 막대한 잠재력을 감안할 때, 2030년까지 R&D에서 QC에 대한 전 세계 제약업체의 지출이 수십억 달러에 달할 것으로 예상한다.[94]

나. 화학 분야(Chemical Field)

퀀텀 컴퓨팅은 화학 분야의 R&D, 생산 및 공급망 최적화를 개선할 수 있다. 특히, 촉매 설계를 개선하기 위해 생산에 퀀텀 컴퓨팅을 사용할 수 있다. 예를 들어, 새롭게 개선된 촉매는 기존 생산 공정에서 에너지 절약이 가능한데, 단일 촉매는 효율성을 최대 15%까지 향상할 수 있다. 매년 생산에 8,000억 달러를 소비하는 화학 산업의 맥락에서, 현실적인

---

[94] Matthias Evers, Anna Heid, Ivan Ostojic, 2021. 6.

5~10%의 효율 향상은 200억~400억 달러의 가치 증가를 의미한다.

화학 산업, 특히 R&D 실험실의 분자 및 화학 반응을 설명하기 위해 퀀텀 역학을 사용한다. 초기에 퀀텀 컴퓨팅의 개념은 노벨상을 받은 물리학자 리처드 파인먼(Richard Feynman)이 1982년에 제안했다. 그러나 실제 산업용 컴퓨팅 응용 프로그램을 위해 퀀텀 역학적으로 생각한다는 개념은 비교적 새로운 것으로 남아있다.

화학 산업의 기회는 무엇인가? 컴퓨팅에 대한 새로운 접근방식을 기반으로 구축된 퀀텀 컴퓨팅은 퀀텀 역학의 법칙을 사용하여 특정 계산 속도를 기존 컴퓨터의 기능을 훨씬 뛰어넘는 속도로 높인다. 화학 산업의 경우 새로운 퀀텀 컴퓨팅 기능은 분자, 고분자 및 고체와 같은 퀀텀 역학 시스템을 완전히 다른 수준의 정밀도로 모델링할 가능성을 열어준다. 따라서 실험실에서 단일 분자를 합성하기 전에 특정 작업을 수행하고 필요한 효과를 달성하기 위해 가장 효과적인 분자 설계 또는 구조를 식별하는 것이 가능할 것으로 전망한다. 이러한 종류의 컴퓨팅 리소스에 대한 액세스는 R&D 부서의 효율성을 극적으로 높이고 신제품 개발 방식을 변화시켜 전체 화학 산업에 영향을 미칠 수 있다.

다. 신제품 제형 개발(Development of New Product Formulations)

퀀텀 컴퓨팅은 관련된 복잡한 분자 수준 프로세스에 대한 이해를 높이고 이러한 혼합물의 최적화를 지원하여 화학물질이 지원하는 모든 응용 분야보다 효과적인 제품을 만들 수 있도록 함으로써 혼합물의 공식화에 도움이 될 수 있다.

예를 들어, 새로운 청소 제품 제형을 개발하는 것은 오늘날 기술자의 경험, 본질적으로 시행착오 실험 및 이론적 모델 삼각 측량을 기반으로 한다. 퀀텀 컴퓨팅은 예를 들어 세제 분자가 섬유의 와인 얼룩과 어떻게 상호 작용 하는지 정확히 이해하고 이를 제거하기 위한 최상의 활성 성분 및 제제를 식별하는 최적화 계산을 통해 이 프로세스를 도울 수 있다. 퀀텀 컴퓨터와 적절한 알고리즘을 사용하면, 최적의 계산 시간을 몇 초로 줄일 수 있다. 퀀텀 컴퓨팅은 또한 복합재, 효과 안료 및 디스플레이용 광전자 장치와 같은 복잡한 어셈블리 관련 영역의 개발 작업을 도울 수 있다.

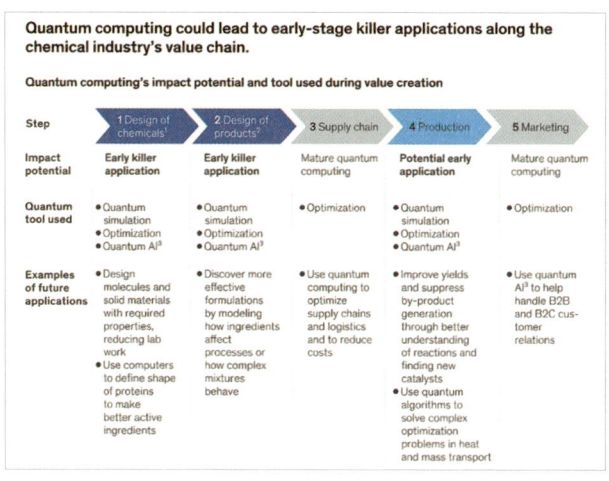

라. 자원 탐사 산업(Automobile Industry)

■ 한일 7광구 인근서 가스전 자원 가치 9,000조 원 추정도

2024년 6월, 윤석열 대통령은 정부가 막대한 양의 석유와 가스가 매장돼 있을 가능성이 있다고 발표했다. 이곳 경북 포항시 영일만 일대는 박정희 전 대통령 때도 '석유 발견 해프닝'이 있었던 곳이었다. 박 전 대통령은 1976년 1월 기자회견에서 "작년(1975년) 12월에 영일만 부근에서 우리나라 처음으로 석유가 발견됐다."고 발표했다. 하지만 해당 기름을 분석해 보니 인위적인 정제 과정을 거쳐야 나오는 '경유' 비중이 지나치게 높다는 결론이 나왔다. 휘발유, 경유, 등유, 가스 등의 여러 물질이 골고루 섞여있는 원유가 아니었다는 얘기였다.

한국의 첫 번째 석유 탐사는 1959년으로 거슬러 올라간다. 당시 국립지질조사소가 전남 해남군 우항리 일대에서 탐사를 벌였지만 석유를 발견하진 못했다. 또한, 정부는 제주 남쪽 200km 지점에 위치한 대륙붕 '제7광구'에 대한 관심도 높았다. 한국과 일본은 1978년 '한일 공동개발구역(JDZ)' 협정을 맺고 그해 6월부터 50년간 7광구에서 석유 등을 함께 개발, 탐사하기로 합의했다. 하지만 1980년대 중반 일본의 일방적 개발 중단으로 지금까지 방치돼 있다.

2005년 미국 우드로윌슨연구소는 7광구 일대 석유 매장량이 미국 내 매장량의 4.5배, 천연가스 매장량은 사우디아라비아 매장량의 10배가량 될 것으로 추산했다. 이 추산이 맞는다면 7광구 석유 매장량의 가

치는 현재 유가(배럴당 70~80달러) 기준 9,000조 원에 달한다. 1995년 7광구 해역에서 불과 800여 m 떨어진 곳에서 천연가스 9,200만 배럴이 매장된 것으로 추정되는 중국의 '춘샤오 가스전'이 발견되기도 했다.

1978년 JDZ 협정을 체결한 한일 양국은 1987년 1차 탐사를 진행하고 광구 7개를 살폈지만 당시엔 큰 성과가 없었다. 2차 탐사(1991~1993년) 시도도 흐지부지 끝났다. 한동안 중단됐던 탐사는 2002년 한국석유공사와 일본석유공사(JNOC)가 공동으로 석유 매장 가능성이 가장 높다고 평가되는 7광구 내 2소구(小區) 일대를 3차원으로 조사하며 재개됐는데, 한일 양국의 입장은 엇갈렸다. 한국 측은 "자원 부존 가능성이 높아 보이므로 시추공까지 뚫어보자."고 했지만, 일본 측은 "경제성이 없다."며 공동 탐사 중단을 선언했다. 이후에도 일본 측은 소극적 태도로 일관했다.

일본 측 추정치는 명확하게 나온 게 없다. 에토 히로아키 니혼대학 교수는 〈7광구의 석유·천연가스에 대한 조사 연구〉 논문에서 영국 BP사의 〈세계 에너지 리뷰〉(2021년)를 인용해 800조엔(약 7,340조 원) 가치의 자원이 있을 것으로 추정된다고 밝혔다. **7광구 가치에 대한 연구와 탐사활동은 퀀텀 기술을 통한 퀀텀센싱(Quantum Sensing), 초정밀 중력 센서 기술을 지하자원 탐사와 재난 예측, Free GPS(Global Positioning System 글로벌 포지셔닝 시스템) 항업 등에 활용할 수 있다.**[95]

---

95 https://www.msn.com/

D. 지구를 구할 수 있는 퀀텀 컴퓨팅: 호주 FMG의 그린수소 생산 FFI

가. 그린수소 활성화(Green Hydrogen Activation)

호주 원료 공급사 FMG의 그린수소 생산 자회사인 FFI(Fortescue Future Industries)가 미국 퀀텀 컴퓨터 회사 PsiQuantum의 이니셔티브 그룹 'Qlimate'에 가입한다고 밝혔다. 퀀텀 컴퓨터는 반도체가 아닌 원자를 기억소자로 활용하여 슈퍼컴퓨터의 한계를 뛰어넘는 미래형 컴퓨터로 주목받고 있다. 퀀텀 컴퓨터를 이용하면 '화석연료 대안 찾기, 수소 생산 비용 낮추기' 등 그동안 난제로 여겨졌던 기후 변화 대응 솔루션을 얻을 수 있다고 기대감을 드러낸 바 있다. 새로운 퀀텀 컴퓨팅 기술은 기후 변화와의 싸움에 혁명을 일으켜 탈탄소화의 경제학을 변화시키고 지구 온난화를 목표 온도인 1.5℃로 제한하는 주요 요인이 될 수 있다.[96]

퀀텀 컴퓨팅 기술은 개발 초기 단계에 있지만 전문가들은 1세대 내 결함성 퀀텀 컴퓨팅을 추정한다. 혁신이 가속화되고 투자 자금이 쏟아져 들어오며 신생 기업이 급증하고 있고, 주요 기술 회사는 이미 작은 소위 노이즈 중간 규모 퀀텀(NISQ) 기계를 개발했지만, 이는 완전한 기

---

[96] https://www.afr.com

능을 갖춘 퀀텀 컴퓨터가 수행할 것으로 예상되는 유형의 계산을 수행할 수는 없다.

나. 배터리 에너지 저장 장치

글로벌 국가들과 기업은 2021년 유엔 기후 변화 회의(COP26)에서 배출 감소를 위한 야심 찬 새로운 목표를 설정했다. 이러한 목표가 완전히 달성된다면 2030년까지 연간 4조 달러의 엄청난 투자가 이루어질 것이며, 이는 인류 역사상 가장 큰 자본 재분배가 될 것으로 전망한다. 그러나 이 조치는 2050년까지 온난화를 1.7℃에서 1.8℃ 사이로 줄일 뿐이며, 이는 파국적이고 폭주하는 기후 변화를 피하는 데 필요하다고 생각되는 1.5℃ 수준에 훨씬 못 미친다.

오늘날 달성할 수 없는 기후 기술의 엄청난 발전 없이는 국가와 일부 산업이 약속한 순 제로 배출(Net Zero Emissions)목표를 달성하는 것이 불가능할 수 있다. 현재 사용할 수 있는 가장 강력한 슈퍼컴퓨터도 이러한 문제 중 일부를 해결할 수 없다. 퀀텀 컴퓨팅은 이러한 영역에서 게임 체인저가 될 수 있다. **대체로 퀀텀 컴퓨팅이 2035년까지 연간 7기가톤의 추가 CO_2 영향으로 탄소를 줄일 수 있는 기후 기술을 개발**

하는 데 도움이 될 수 있다고 생각하며, 세계를 1.5℃ 목표에 맞출 수 있는 잠재력을 가지고 있다. 퀀텀 컴퓨팅은 농업이나 직접 공기 포집과 같이 가장 까다롭거나 배출 집약적인 일부 영역에서 배출량을 줄이는 데 도움이 될 수 있으며 태양열 패널이나 배터리와 같이 대규모로 필요한 기술의 개선을 가속할 수 있다.

■ 배터리의 화학 시뮬레이션 계산

배터리는 제로 탄소 전기화를 달성하는 데 중요한 요소인데, 운송에서 발생하는 CO_2 배출량을 줄이고 태양광 전지 또는 바람과 같은 간헐적 에너지원을 위한 그리드 규모의 에너지 저장을 확보할 수 있다. 리튬 이온(Li-ion) 배터리의 에너지 밀도를 개선하면 저렴한 비용으로 전기 자동차 및 에너지 저장에 응용할 수 있다. 그러나 지난 10년 동안 혁신은 정체되었다. 배터리 에너지 밀도는 2011년에서 2016년 사이에 50% 향상되었지만 2016년에서 2020년 사이에는 25%에 불과했고 2020년에서 2025년 사이에는 17%만 향상될 것으로 예상된다.

최근 퀀텀 컴퓨팅이 현재 달성할 수 없는 방식으로 배터리의 화학을 시뮬레이션할 수 있음을 보여주었다. 퀀텀 컴퓨팅은 전해질 복합체 형성에 대한 더 나은 이해를 제공하고, 같은 속성을 가진 음극/양극의 대체 물질을 찾도록 돕고/하거나 배터리 분리막을 제거함으로써 획기적인 발전을 가능하게 할 수 있다. 그 결과 중량물 전기 자동차에 사용하기 위해 에너지 밀도가 50% 더 높은 배터리를 만들 수 있어 경제적 사용을 크게 앞당길 수 있다.

■ 전력 및 연료 탈탄소화: 태양전지, 수소, 암모니아

첫째, 태양전지는 넷제로 경제(Net Zero Economy)에서 핵심 전력 생산원 중 하나가 될 수 있다. 그러나 점점 더 저렴해지고 있지만 여전히 이론적 최대 효율과는

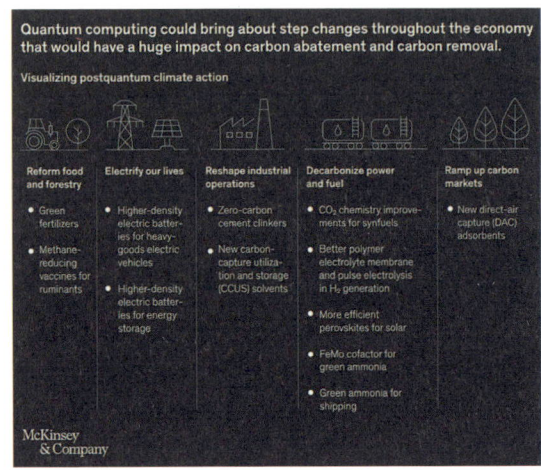

거리가 멀다. 오늘날의 태양전지는 결정질 실리콘에 의존하며 약 20%의 효율성을 가지고 있다. 이론적 효율이 최대 40%인 페로브스카이트(Perovskite) 결정 구조를 기반으로 하는 태양전지가 더 나은 대안이 될 수 있다. 그러나 그들은 장기적인 안정성이 부족하고 일부 품종에서는 더 독성이 있을 수 있으므로 문제를 제시한다. 게다가 이 기술은 아직 양산되지 않았다.

퀀텀 컴퓨팅은 이론적인 효율성 증가에 도달할 수 있다면 균등화 전기 비용(LCOE: Levelized Cost of Electricity)은 50% 감소한다. 이는 더 저렴하고 더 효율적인 퀀텀 기반 태양광 패널의 영향을 시뮬레이션함으로

써 탄소 가격이 낮은 지역(예: 중국)에서 사용이 매우 증가하는 것을 볼 수 있다. 이는 일사량이 높은 유럽 국가(스페인, 그리스) 또는 풍력 에너지에 대한 열악한 조건(헝가리)에서도 마찬가지 될 수 있다. 이것은 값싼 배터리 공간과 결합하면 그 영향이 확대될 수 있다. 이 기술은 2035년까지 추가로 0.4기가톤의 CO_2 배출량을 줄일 수 있다.

둘째, 수소는 경제의 많은 부분, 특히 고온이 필요하고 전기화가 가능하거나 충분하지 않거나 수소가 공급 원료로 필요한 철강 제조 또는 에틸렌과 같은 산업에서 화석연료를 대체할 수 있는 것으로 널리 간주한다. 2022년 휘발유 가격이 급등하기 전에 녹색 수소는 천연가스보다 약 60% 더 비쌌다. 그러나 전기분해를 개선하면 수소 비용을 크게 줄일 수 있다. 고분자 전해질막(PEM: Polymer Electrolyte Membrane) 전해조는 물을 분해하여 녹색 수소를 만드는 한 가지 방법인데, 이는 최근에 개선되었지만, 여전히 2가지 주요 과제에 직면해 있다.

먼저, 그들은 가능한 한 효율적이지 않다. 둘째는, 전류를 지속해서 실행하는 것보다 전류를 '펄싱(Pulsing, 주기적인 펄스를 음성 신호나 기타 신호파에 의해서 변조하는 것)'하는 것이 실험실 환경에서 효율성을 향상한다는 것을 알고 있지만 규모에 맞게 작동할 만큼 충분히 이해하지 못하고 있다. 전해조에는 분리된 수소가 양극에서 음극으로 통과하도록 허용하는 섬세한 멤브레인(Membrane: 분리 기술)이 있어 다양한 사용처에 따라서 유기물, 액체, 용질, 증기, 기체, 이온 또는 전자 등 다양한 물질을 선택적으로 분리할 수 있다.

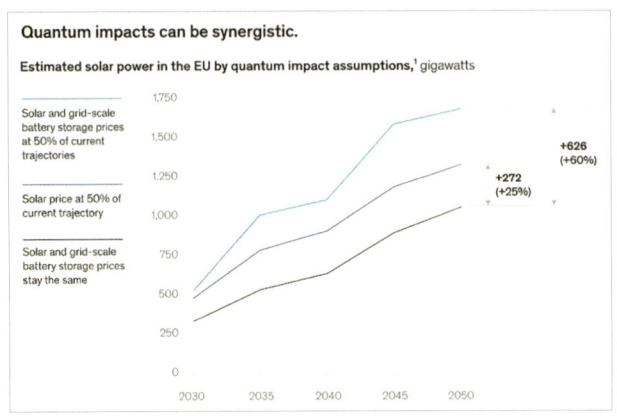

셋째, 암모니아는 비료로 가장 잘 알려졌지만 연료로도 사용할 수 있으므로 잠재적으로 세계 선박을 위한 최고의 탈탄소 솔루션 중 하나가 될 수 있다. 오늘날 전 세계 최종 에너지 소비량의 2%를 차지한다. 현재 암모니아는 천연가스를 사용하는 에너지 집약적인 Haber-Bosch 공정을 통해 만들어진다. 녹색 암모니아를 생성하기 위한 몇 가지 옵션이 있지만 유사한 프로세스에 의존한다. 예를 들어 녹색 수소를 공급 원료로 사용하거나 공정에서 발생하는 이산화탄소 배출을 포착하여 저장할 수 있다.

퀀텀 컴퓨팅은 효소의 안정성을 강화하고 산소로부터 효소를 보호하며 질소 분해 효소에 의한 암모니아 생산 속도를 개선하는 과정을 시뮬레이션하는 데 도움이 될 수 있다. 그것은 전기분해를 통해 생산되는 오늘날의 녹색 암모니아보다 67%의 비용 절감을 가져올 것이며, 이는 녹색 암모니아를 전통적으로 생산된 암모니아보다 훨씬 저렴하게 만들 수 있다.

이러한 비용 절감은 농업용 암모니아 생산의 CO2 영향을 줄일 수 있을 뿐만 아니라 주요 탈탄소화 옵션이 될 것으로 예상되는 운송에서 암모니아의 손익분기점을 10년 앞당길 수 있다. **퀀텀 컴퓨팅을 사용하여 더 저렴한 녹색 암모니아를 운송 연료로 사용하면 2035년까지 추가 CO2를 0.4기가톤 줄일 수 있다.**

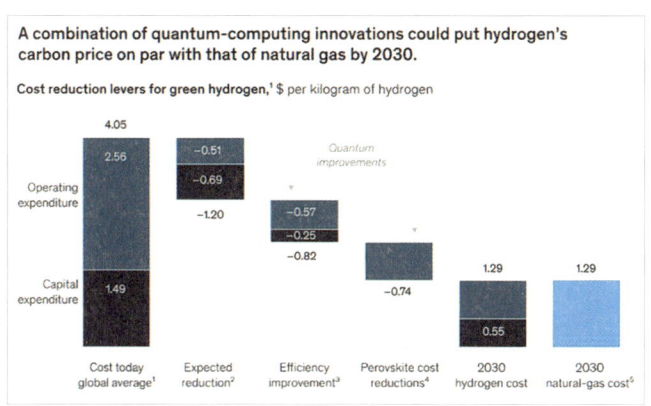

다. 탄소 감소 및 탄소 제거

퀀텀 컴퓨팅은 경제 전반에 걸쳐 단계적 변화를 가져올 수 있으며, 이는 농업에서 생산되는 메탄 억제, 시멘트 배출 없는 생산, 전기 개선과 같은 지속적인 지속 가능성 문제를 해결하는 데 도움을 주는 것을 포함하여 탄소 감소 및 탄소 제거에 큰 영향을 미칠 수 있다. 차량용 배터리, 훨씬 더 나은 재생 가능한 태양열 기술 개발, 수소 비용을 낮추어 화석연료에 대한 실행 가능한 대안으로 만드는 더 빠른 방법 찾기, 녹색 암모니아를 연료 및 비료로 사용한다.

우리는 기후 수학 보고서에서 탈탄소화의 핵심으로 지정된 5가지 영역을 다루면서 넷제로 탄소 경제(Net Zero Economy)로 가는 길을 닦을 수 있는 퀀텀 컴퓨팅 사용 사례를 확인했다. 2035년까지 나열된 사용 사례를 통해 현재 궤도와 비교하여 연간 대기에서 7기가톤 이상의 CO_2 등가물(CO_2 e)을 제거할 수 있거나 총 150기가톤 이상을 제거할 수 있을 것으로 예상한다.

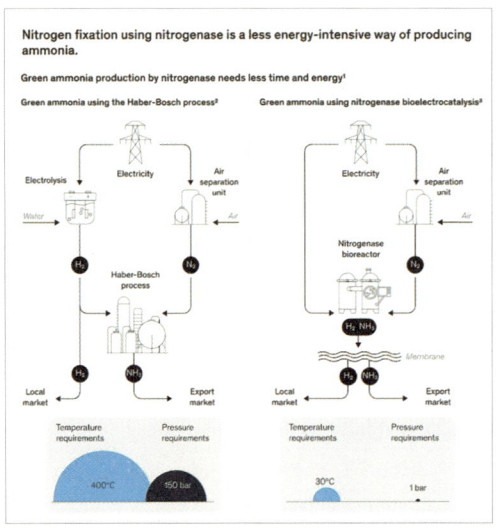

■ 탄소 포집 및 탄소 격리 활동 강화

넷제로 경제(Net Zero Economy)를 달성하려면 탄소 포집이 필요한데, 포인트 소스(Point Source)와 직접 탄소 포집 2가지 유형 모두 퀀텀 컴퓨팅의 도움을 받을 수 있다.

첫째, 포인트 소스 캡처에서 포인트 소스 탄소 포집을 통해 시멘트 또는 철강 용광로와 같은 산업 소스에서 CO2를 직접 포집할 수 있다. 그러나 대부분의 CO2 포집은 주로 에너지 집약적이기 때문에 현재 실행하기에는 너무 비싸다. 한 가지 가능한 해결책은 낮은 에너지 요구사항을 제공할 수 있는 물 희박(Water Rarefaction) 및 다상 용매(Multi-phase Solvent)와 같은 새로운 용매가 있지만 분자 수준에서 잠재적인 재료의 특성을 예측하기는 어렵다.

퀀텀 컴퓨팅은 분자 구조의 보다 정확한 모델링을 가능하게 하여 다양한 CO2 소스에 대해 새롭고 효과적인 용매를 설계하여 프로세스 비용을 30~50%까지 줄일 수 있다. 이것은 시멘트를 포함하여 연간 최대 1.5기가톤의 추가 탈탄소화로 이어질 수 있는 산업 공정을 탈탄소화(Decarbonization)할 대단한 잠재력이 있다. 시멘트 클링커 접근방식이 성공하더라도 연료 배출로 인해 여전히 연간 0.5기가톤의 효과가 있을 것이지만, 또한 일부 지역에서는 대체 클링커를 사용하지 못할 수도 있다.

둘째, 직접 공기를 캡처하는 방법이 있다. 공기에서 CO2를 빨아들이는 직접 공기 포집은 탄소 제거를 다루는 또 다른 방법이다. 기후 변화에 관한 정부 간 패널은 넷제로(Net Zero)를 달성하기 위해 이 접근방식이 필요하다고 말하지만, 이는 비용이 매우 비싸고(오늘날 하루 톤당 250~600달러 범위) 오염원 포집보다 훨씬 더 에너지 집약적일 수 있다. 흡착제는 효과적인 직접 공기 포집에 가장 적합하며 금속 유기 프레임워크(MOF: Metal-Organic Frameworks)와 같은 새로운 접근방식은 인프라의 에너지 요구 사항과 자본 비용을 크게 줄일 수 있는 잠재력을 가지고 있다. MOF는 거대한 스펀지와 같은 역할을 하며 기존 기술보다 훨씬 낮은 온도 변화에서 CO_2를 흡수하고 방출할 수 있다.

퀀텀 컴퓨팅은 MOF와 같은 새로운 흡착제에 관한 연구를 발전시키고 문제를 해결하는 데 도움이 될 수 있다. 흡착률이 더 높은 새로운 흡착제는 포집된 CO_2톤당 기술 비용을 100달러로 줄일 수 있다. Microsoft와 같은 기업 기후 리더가 최고 품질의 탄소 제거를 위해 장기적으로 톤당 100달러를 지급할 것으로 예상한다고 공개적으로 발표했다. 이는 2035년까지 연간 0.7기가톤의 추가 CO_2 감소로 이어질 것으로 예상된다.

E. 앞으로의 퀀텀 컴퓨팅의 궤적

앞으로의 퀀텀 컴퓨팅의 궤적을 볼 때, 퀀텀 컴퓨팅의 앞길은 확실하지 않지만, 기업은 지속적인 발전을 위해 필요한 자원을 갖게 될 것이다. 퀀텀 컴퓨팅의 막대한 파괴 가능성은 전통적으로 확장된 개발 일정으로 인해 누그러졌다. **대규모로 작동할 수 있는 퀀텀 컴퓨터는 2040년 이전 또는 그 이후에도 실행하기 어려울 수 있다.**

한편으로 글로벌 기술 회사는 퀀텀 컴퓨팅에서 우위를 점하기 위해 수십억 달러를 지출하고 있으며, 국가 정부는 과학 커뮤니티를 동원하기 위해 상당한 금액을 할당했다. 반면 높은 금리는 스타트업에 대한 자금 조달 흐름을 강화해 투자가 고갈되고 혁신이 질식하는 '퀀텀 겨울(Quantum Winter)'의 유령을 불러일으켰다. **중요한 질문은 퀀텀 컴퓨팅이 우주 탐사(투자 집중과 명확한 목표를 통해 상대적으로 단기간에 달 착륙으로 이어짐) 또는 핵융합(최근의 돌파구가 아직 남아있는 기반을 강화하기만 함)과 유사한 궤적을 따를 것인지 아닌지다.**[97]

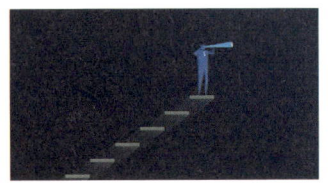

가. 대규모 퀀텀 컴퓨팅 달성의 과제

퀀텀 컴퓨팅의 개발 경로를 도표화하는 것은 흥미롭지만 복잡한 요소 중 하나가 된다. 그러나, **초전도 회로, 광자 네트워크, 스핀 큐비트, 2개의 중성 원자 및 포획된 이온과 같은 여러 기술을 하드웨어에 사용할 수 있다.** 각각의 기술에는 장단점이 있으며, 스타트업부터 글로벌 기술 리더에 이르기까지 다양한 기업들이 시장에서의 입지를 확보하기 위해 실험을 진행하고 있다. 이러한 모든 기술은 하나 이상의 주요 과제를 극복해야 한다. 충실도(Fidelity)가 높은 대규모 2큐비트 게이트가 높은 충실도(일반적으로 99.99% 이상)를 유지하는 것은 내결함성(Fault Tolerance) 퀀텀 컴퓨터가 가져야 할 필수 항목이 된다.

---

97 Scarlett Gao, Martina Gschwendtner, Hussein Hijazi, Nicole Morgan, 2023. 5.

또한, 계산속도와 제한된 큐비트 '수명(일관성 시간)'은 게이트 작업이 복잡한 계산을 가능하게 하고 합리적이고 의미 있는 시간 내에 전체 계산을 실행할 수 있을 만큼 적당히 높은 속도로 발생해야 한다. 나아가, 다중 큐빗 네트워킹과 범용 퀀텀 컴퓨터에서 큐비트는 원칙적으로 장치의 다른 큐비트에 연결하여 직접 또는 SWAP 게이트를 통해 게이트 작업을 수행할 수 있어야 한다.

나. 글로벌 퀀텀 시장 투자 전망

앞으로 몇 년 동안 대규모로 작동하는 퀀텀 컴퓨터를 향한 추진력을 얻을 수 있다. 그러나 정확한 시기는 여전히 파악하기 어렵다. 앞에 놓여있는 장애물에도 불구하고 2가지 지표가 낙관적인 이유를 제공했다. 다양한 회사가 퀀텀 컴퓨터, 알고리즘 및 응용 프로그램 개발에 상당한 자금을 투입했다.

민간 부문 투자는 퀀텀 컴퓨팅 우위를 확립하기 위한 연구에 참여하는 전 세계 정부의 자금 지원으로 보완되었다. 총 340억 달러의 정부 투자가 발표되었지만, 자금 분배 일정은 국가마다 다르다. 중국과 유럽연합이 전체의 2/3 이상을 차지한다. 미국 정부는 퀀텀 컴퓨팅(2022년에 발표된 18억 달러 포함)에 대한 자금 지원을 늘려 총 37억 달러의 투자를 발표했다.

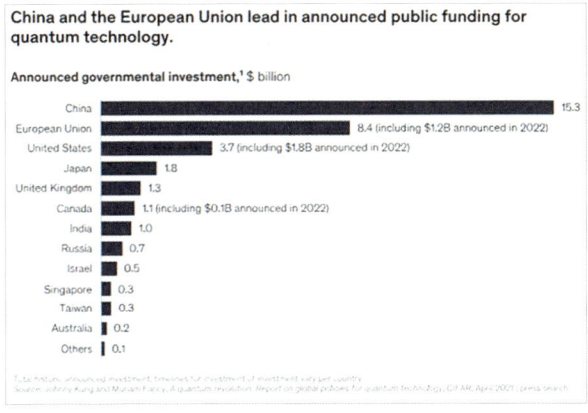

공공 및 민간 부문에 걸친 퀀텀 컴퓨팅을 위한 자금과 자원의 이러한 집중은 향후 12~15년 안에 상당한 발전을 이룰 수 있다. **퀀텀 컴퓨팅 분야의 기술 경영진, 투자자 및 학계와의 대화에서 72%는 2035년까지 완전한 내결함성 퀀텀 컴퓨터를 볼 것으로 예상한다.** 나머지 28%의 응답자는 2040년 이후까지 이 이정표에 도달하지 못할 수도 있다.

다. 퀀텀 컴퓨팅의 도래: 어떻게 준비할 수 있는가?

퀀텀 컴퓨팅은 아직 초기 단계이지만 비즈니스 문제를 해결할 수 있는 잠재력은 상당할 수 있다. 1950년대부터 과학계에서는 퀀텀 컴퓨팅의 가능성이 논의됐다. 그 잠재력은 중요한데, 기존 컴퓨터는 복잡한 문제를 해결하는 데 몇 년이 걸릴 수 있지만 퀀텀 컴퓨터는 큐비트(퀀텀 기계 비트)를 사용하여 같은 문제를 몇 시간 만에 해결할 수 있다. 그러나 퀀텀 컴퓨팅을 대규모로 현실화하려는 수많은 노력에도 불구하고 비즈니스 환경에서 퀀텀 컴퓨팅을 사용하려면 수십 년이 더 걸릴 수 있다.

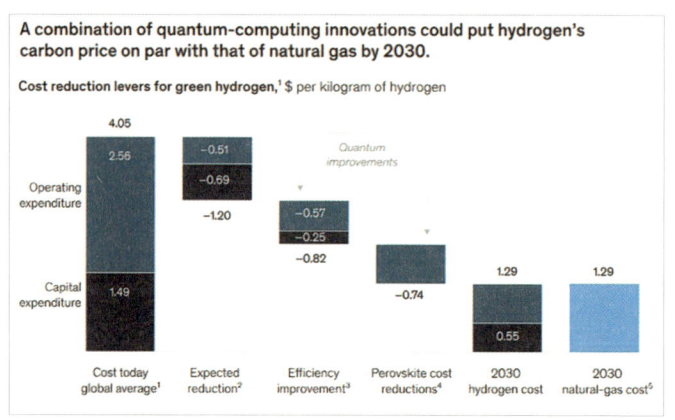

퀀텀 컴퓨팅의 막대한 잠재력은 많은 입자가 공통의 파동 함수를 형성하여서 한 입자의 변화가 다른 모든 입자에 즉각적이고 질서 있는 방식으로 영향을 미칠 가능성을 의미하는 '얽힘(Entanglement)'으로 알려진 현상을 통해 이해할 수 있다. 이에 따라 현재 사용할 수 있는 멀티코어 시스템을 쉽게 능가할 수 있는 대규모 병렬 컴퓨팅의 가능성이 생겼다.

더 많은 입자가 추가됨에 따라 스토리지 및 컴퓨팅 성능이 기하급수적으로 확장되므로 이 프로세스를 통해 방대한 양의 정보를 저장하고 처리할 수 있다. 기존 스토리지 및 계산은 선형 방식으로 증가한다. 퀀텀 컴퓨팅은 데이터를 처리하고 복잡하고 새로운 문제를 해결하는 방법에 대해 새롭고 흥미로운 가능성을 업계에 제공한다. 그러나 기업은 데이터 자원을 보호하기를 원하는지 아닌지에 관계없이 표적화(標的化,

Targeting)된 조기 준비가 필수사항이 된다.[98]

라. 초기 가치: 퀀텀 옵티마이저(Quantum Optimizer)

퀀텀 옵티마이저는 회사의 조직에 현재 퀀텀 컴퓨팅의 일부 이점을 포착하도록 도울 수 있다. 퀀텀 컴퓨팅은 놀라운 발전을 약속하며 2035년까지 거의 1조 3천억 달러의 경제적 영향을 미칠 것으로 예상된다. 그러나 그 가치는 아직 도달할 수 없다. 중요한 비즈니스 가치를 생성할 수 있는 완전한 내결함성 퀀텀 컴퓨터는 아직 몇 년이 지나야 한다. 우리가 기다리는 동안 퀀텀 옵티마이저는 브릿지(Bridge) 기술일 수 있다. 퀀텀 옵티마이저는 퀀텀 컴퓨터가 해결할 것으로 예상되는 만큼 많은 문제를 해결할 수는 없지만 적어도 일부 최적화 문제는 구축하기 쉽고 기존 컴퓨터보다 계산적으로 우수하다.[99]

퀀텀 옵티마이저가 산업, 예측 및 재료 과학에서 최적화 문제를 해결하는 데 상업적 가치를 제공할 수 있다. 퀀텀 옵티마이저의 모든 잠재력은 학계 및 산업계에서 더 많은 사용자가 실험하고 다양한 사용 사례에 적용함에 따라 명확해질 수 있다. 이것은 퀀텀 컴퓨팅을 준비하는 데 빠른 출발점을 제공할 수 있다.[100]

---

98 Sven Blumberg, 2020.6., Duygu öztürk 및 Henning Soller
99 Isler, Henning Soler, Mattia Jesko, 2023.6.
100 Nathan Gemelke et al., 2022.5., "Industry applications of neutral-atom quantum computing solve independent set problems", Cornell University

■ 기술적 이점 및 고려 사항

기술적인 측면에서 퀀텀 옵티마이저는 기존 컴퓨터로는 어려운 문제를 해결할 수 있다. 퀀텀 옵티마이저는 중성 원자를 기반으로 하는 기술을 사용하여 그리드에 원자를 배열하고 여기(勵起狀態, Eexcited State: 기준 에너지 상태 위로 에너지 준위가 상승한 상태)하여 계산 문제를 시뮬레이션한다.

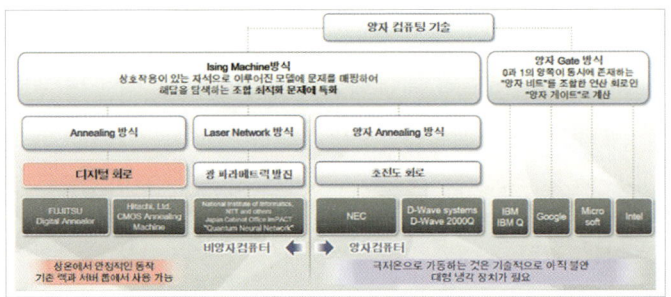

상업적으로 퀀텀 옵티마이저는 범용 퀀텀 컴퓨터보다 확장 가능하고 비용이 효율적일 수 있다. 이러한 이점은 범용 퀀텀 컴퓨터가 실행 가능해진 후에도 기존 컴퓨터와 퀀텀 컴퓨터 모두에 대해 경쟁력을 유지할 가능성이 있음을 의미한다. 물론 범용 퀀텀 컴퓨터는 옵티마이저보다 더 광범위한 문제를 해결할 수 있지만 퀀텀 옵티마이저는 훨씬 더 빠르게 확장할 수 있다. 퀀텀 옵티마이저에 대해 구현할 수 있는 사용 사례의 종류는 현재 장치에서 사용할 수 있는 큐비트 수(2023년 초 기준 최대 약 250개)에 의해 제한된다.[101]

---

101 B. Barak et al., "Quantum optimization" of maximum independent set using Rydberg atom arrays, Science, May 2022, Volume 376, Number 6598

Core Vision

By 미래 퀀텀 컴퓨팅(Quantum Computing)의 성장 잠재력

A. 퀀텀(Quantum) 컴퓨터와 고전 컴퓨터와 차별화되는 4 가지
- 퀀텀 컴퓨터가 복잡한 분자를 모델링하는 퀀텀 시뮬레이션, 최적화(즉, 전례 없는 속도로 다변수 문제 해결) 제약 및 자동차와 같은 다양한 산업에서 기계 학습을 변환할 수 있는 더 나은 알고리즘을 갖춘 퀀텀 인공 지능(AI) 암호화에 혁명을 일으킬 수 있다.

B. 퀀텀 컴퓨팅(Quantum Computing) 생태계 구성
- 혁신이 가속화되면서 투자금이 쏟아지고 퀀텀 컴퓨팅 스타트업이 급증하고 있고, 주요 기술 회사들도 계속해서 퀀텀 역량을 개발하고 있다. Alibaba, Amazon, IBM, Google 및 Microsoft와 같은 회사는 이미 상용 퀀텀 컴퓨팅 클라우드 서비스를 시작했다.

C. 퀀텀 컴퓨팅(Quantum Computing)의 산산업 적용 사례 등장
- 사용 사례는 퀀텀 시뮬레이션, AI 및 기계 학습을 위한 퀀텀 선형 대수학, 퀀텀 최적화 및 검색, 퀀텀 인수분해의 네 가지 원형에 적합할 수 있다. 제약, 화학, 자동차 및 금융과 같은 연구에서 가장 큰 단기적 이점을 얻을 수 있다

D. 지구를 구할 수 있는 퀀텀(Quantum) 컴퓨팅 : 호주 FMG의 그린수소 생산 FFI
- 호주 원료 공급사 FMG의 그린수소 생산 자회사인 FFI(Fortescue Future Industries)가 미국 퀀텀 컴퓨터 회사 PsiQuantum의 이니셔티브 그룹 'Qlimate'에 가입한다고 밝혔다. 또한, 퀀텀 컴퓨팅은 경제 전반에 걸쳐 단계적 변화를 가져올 수 있으며, 이는 농업에서 생산되는 메탄 억제, 시멘트 배출 없는 생산, 전기개선과 같은 지속적인 지속 가능성 문제를 해결하는 데 도움을 주는 것을 포함하여 탄소 감소 및 탄소 제거에 큰 영향을 미칠 수 있다.

E. 앞으로의 퀀텀(Quantum) 컴퓨팅의 궤적
- 퀀텀 컴퓨팅이 우주 탐사(투자 집중과 명확한 목표를 통해 상대적으로 단기간에 달 착륙으로 이어짐) 또는 핵융합(최근의 돌파구가 아직 남아 있는 기반을 강화하기만 함)과 유사한 궤적을 따를 것인지 아닌지이다.

경답 비즈니스(Kingdom Business)

07
너무 늦기 전에 퀀텀의 인재 격차 해소에 대한 AI의 4가지 교훈

A. 명확한 퀀텀 비즈니스 정의

■ 퀀텀 컴퓨팅이 귀하와 관련이 있는가?

퀀텀 컴퓨팅의 비즈니스를 위해서 몇 가지 질문이 필요할 수 있다. 먼저, 퀀텀 컴퓨팅의 잠재적 영향을 보여주기 위해 여러 범주에서 사용 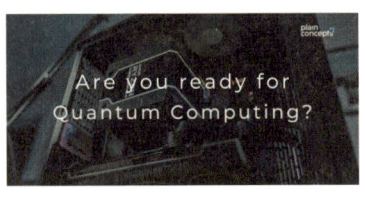 사례를 확인 후에 퀀텀 컴퓨팅의 중요한 역할을 할 수 있는 지속 가능성

관련 비즈니스 사례를 식별해야 한다. 적용할 수 있는 사용 사례를 신속하게 인지하고 이를 해결하는 방법을 결정하는 것은 향후 10여 년 동안 비즈니스 재능과 역량이 부족할 것이기 때문에 매우 중요할 수 있다.

■ 지금 퀀텀 컴퓨팅에 어떻게 접근해야 하는가?

퀀텀 컴퓨팅에 참여하고 나면 올바른 접근방식을 구축하고 위험을 완화하며 인재와 역량에 대한 액세스를 확보하는 것이 핵심이 될 수 있다. 퀀텀 연구의 비용이 비싸므로 기업은 가치사슬에서 다른 플레이어와 파트너십을 형성하고 비용과 인재를 공동으로 사용하여 영향력을 극대화할 수 있다.

■ 언제쯤 시작해야 하는가?

최초의 내결함성 퀀텀 컴퓨터는 몇 년 뒤에 나오겠지만 지금 개발 작업을 시작하는 것이 중요할 수 있다. 퀀텀 컴퓨팅을 적용하는 데 필요한 상당한 투자에 대한 최대 이익을 얻으려면 상당한 사전 작업을 수행해야 한다. 주어진 문제의 정확한 매개변수를 결정하고 가능한 최상의 응용 프로그램을 찾는 것은 응용 프로그램 전문가와 알고리즘 개발에 정통한 퀀텀 컴퓨팅 기술자 간의 협력을 의미한다. 알고리즘 개발은 복잡성에 따라 최대 18개월이 소요될 것으로 예상된다.[102]

---

102 Ivo Langhans, Molly Tinker, https://www.mckinsey.com

B. 퀀텀 분석가에 조기 투자를 준비하라

　AI에 관한 관심이 높아짐에 따라 퀀텀 분석가의 역할이 커졌다. 퀀텀 분야에서 조직이 빠르게 확장되는 기회와 참여자의 생태계를 이해하도록 도울 수 있는 엔지니어링, 응용 및 과학적 배경을 가진 분석가가 필수가 된다. 도메인 지식을 갖춘 퀀텀 인재의 숙련도를 높이는 것이 이상적이지만 퀀텀 인재가 부족하다는 점을 감안할 때, 기업들은 일반 퀀텀 교육을 통해 컴퓨터 엔지니어, 응용 프로그램 개발자 및 화학 연구원과 같은 인접 역할의 숙련도를 높일 수 있다.

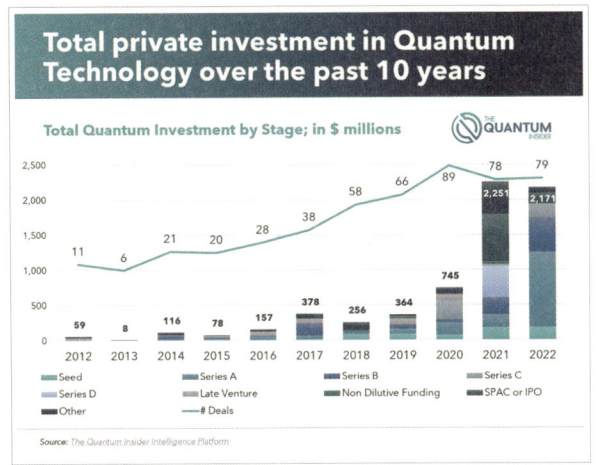

　소프트웨어 측면에서 퀀텀 응용 프로그램에 관한 연구를 수행하는 조직과의 파트너십을 식별하고 협상하는 것이 포함되어야 한다. **하드웨어 측면**에서도 조직의 전문가가 구축하는 초기 단계 알고리즘에 가

장 적합한 퀀텀 기술을 식별하기 위해 퀀텀 분석가(Quantum Analyst)가 필수 인재가 된다.

왜냐하면, 큐비트에 갇힌 이온 대 초저온 원자를 사용하는 것과 같은 다양한 플랫폼 접근방식은 퀀텀 구성 요소에서 알고리즘 속도, 연결성 및 결과에 영향을 미치는 다양한 수준의 기술적 노이즈를 초래할 수 있기 때문이다. **엔지니어, 응용 프로그램 개발자 및 통계, 컴퓨터 과학 및 화학과 같은 인접 분야의 사람들은 단 3~6개월 만에 필요한 기본 지식을 얻을 수 있다.**

C. 퀀텀 인재를 위한 기술 리터러시(Literacy)를 구축하라 - 퀀텀 얽힘 분야의 노벨 물리학상

리터러시(Literacy)는 '읽고 쓸 수 있는 능력'을 의미한다. 오늘날, AI 미디어 시대에는 리터러시의 관점을 AI 미디어 시대에 맞게 확장하여, AI 미디어 리터러시(AI Media Literacy) 영역으로 변환(DX)하는 신비즈니스를 준비해야 한다. AI 시대에 접어들면서 조직은 비즈니스 전반의 모든 사람이 기술의 작동 방식과 수행할 수 있는 작업에 대한 기본적인 이해가 필요하다는 사실을 알게 되었다.

이러한 지식이 없으면 의사 결정자들은 종종 기술에 대해 회의적이었고 그 결과와 혁신은 어려움을 겪는다. 퀀텀 기술도 마찬가지로, 비즈니스 리더는 퀀텀 시대에 회사와 투자를 능숙하게 운영하기 위해 기술에 대한 근본적인 이해가 필수가 된다. 마찬가지로 공급망, 마케팅, IT 인프라, 재무 및 기타 핵심 영역 및 기능의 작업자는 복잡한 비즈니스 문제를 해결하기 위해 작업할 때 퀀텀 전문가와 협력하기 위해 퀀텀 주제에 대한 기본적인 유창함이 충분해야 한다.

가. 인재 개발 전략(Human Development Strategy)

종종 새로운 기술이 등장함에 따라 기업은 필요한 새로운 기술과 지식을 결합하기 위해 쟁탈전에서 인재 유치에 중점을 둔다. 전례 없는 기술 발전과 글로벌 상호 연결성의 시대에 양자 정보 과학 및 기술(QIST: Quantum Information Science and Technology)은 핵심적인 게임 체인저로 부상하여 산업에 혁명을 일으키고 혁신을 촉진하며 국가의 국제적 입지를 강화할 잠재력을 제공한다.

양자 과학 및 기술 분야에서 국가가 리더십을 확립하지 못하면 상당한 경제적 위협에 노출될 수 있다. 그러나 회사가 선도할 수 있는 능력은 양자 및 양자 인접 분야의 인재 가용성에 크게 달려 있다. 다른 기술 발전에 대한 경험과 마찬가지로 기술을 개발, 적용 및 사용하는 데 필요한 전문 지식과 이해력을 갖춘 인력은 혁신, 새로운 역량 도입 및 위험 완화에 필수이다.[103]

---

103 https://www.fdd.org

나. Quantum 기술은 기록적 투자격차의 진전이 예상

2023년 Quantum Technology에 따르면 자동차, 화학, 금융 서비스 및 생명 과학과 같이 퀀텀 컴퓨팅의 **가장 빠른 경제적 영향을 볼 가능성이 있는 4개 산업**은 2035년까지 잠재적으로 최대 1조 3,000억 달러의 가치를 얻을 수 있다. 그 가치의 일부를 추구하면서 2022년 투자자들은 퀀텀 컴퓨팅, 통신 및 감지 분야의 회사를 포함하는 퀀텀 기술 신생 기업에 23억 5,000만 달러를 투자했다.

많은 퀀텀 기술 스타트업 뒤에는 기술 혁신이 있으며 2022년에는 몇 가지 주목할 만한 기술 혁신이 있었다. 몇 가지 예로는 **퀀텀 얽힘 분야의 선구적인 연구자들에게 노벨 물리학상이 수여되었다.** 또한, 수백 개의 퀀텀 비트(큐비트)를 갖춘 퀀텀 프로세서를 제시한 회사, 2025년까지 수천 큐비트를 가진 프로세서를 구축하기 위한 로드맵 등이 있다. 나아가, 광자 퀀텀 컴퓨터를 사용하여 샘플링 문제에서 퀀텀 이점을 입증한 회사가 있는데, 이들 관련 전문 지식을 갖춘 인재는 업계를 미래의 기술 혁신으로 이끌 수 있다.

퀀텀 기술은 2022년에 세간의 이목을 끈 덕분에 승리를 거둘 수 있었다. 연구 그룹에서 퀀텀 얽힘에 대해 연구한 Alain Aspect, John Clauser, Anton Zeilinger는 2022년에 노벨 물리학상을 받았다. 2022년에도 기술 진보가 발생하였으며, IBM은 433큐비트 퀀텀 프로세서를 공개했다. 2025년까지 4,000큐비트 프로세서를 구축할 계획이었다. 또 다른 예에서 Xanadu는 다른 두 팀이 설정한 선례에 따라 가우시안 보손 샘플링(Gaussian Boson Sampling)의 확률-분포 샘플링 문제(Probability-Distribution Sampling Problem)에서 퀀텀 이점을 입증하기 위해 광자 퀀텀 컴퓨터를 사용했다.

한국과학기술연구원(KIST)은 적은 자원으로도 원자 간 결합거리와 바닥 상태 에너지를 높은 화학적 정확도로 추정할 수 있는 양자컴퓨팅 알고리즘을 구현했다. 기존 퀀텀 컴퓨터는 큐비트 연산을 반복하면 오류가 급격히 증가하는 단점이 있다. 이를 극복하기 위해 고전 컴퓨터와 양자컴퓨터의 장점을 결합한 '변분 양자 고윳값 계산기(VQE, Variational Quantum Eigensolver)'라는 방식이 등장했다. 즉, 큐비트 대신 큐디트라는 고차원 양자 정보 활용 방식을 도입했다. 큐디트는 큐비트가 표현하는 0과 1 외에도 0, 1, 2 등 한 번에 더 많은 값을 표현할 수 있는 양자 정보 단위다. 복잡한 계산에 더 유리하다는 평가를 받는다.[104]

D. 중소기업은 퀀텀 컴퓨팅 시대를 어떻게 준비할 수 있나?

퀀텀 기술과 퀀텀 컴퓨팅을 대기업과 글로벌 대기업이 맞서 싸워

---

[104] 한국과학기술연구원(KIST), 2024. 10. 23., Qudit-based, https://quantum.kist.re.kr

야 하는 기술 트렌드의 물결로 생각하는 경향이 있다. 중소/중견기업(SME: Small and Medium Enterprise)은 대략 500명의 직원을 보유한 기업을 말하지만, 그 기준은 지역과

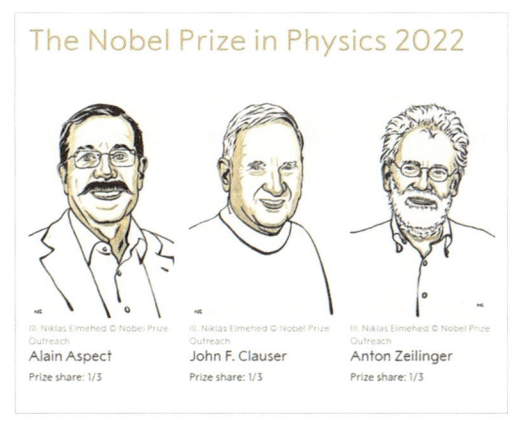

산업 분야에 따라 다르다. 중소기업(SME)도 퀀텀과 같은 도전과 기회에 직면할 수 있다. 중소기업이 퀀텀의 혁신적인 힘을 활용하려면 교육과 준비가 중요할 것이다.

가. 퀀텀 생태계 접근: 얼리어답터부터 협력자까지

한때 학계와 SF 소설에만 국한되었던 퀀텀 컴퓨팅의 개념은 이제 기술 매체로 옮겨갔다. 향후 퀀텀

기술이 어떻게 채택되는지 예측하는 것은 불가능하지만 퀀텀 기술이 여기에 있다는 것은 분명하며 신약 발견에서 재료 과학에 이르기까지 모든 것에 혁명을 일으킬 준비가 되어있는 것 같다.

이에 따라서, 퀀텀 컴퓨팅 자원에 대한 액세스를 제공하는 스타트업, 연구 기관, 클라우드 거대 기업의 네트워크가 성장하면서 퀀텀 생태계는 급성장하고 있다. 이는 중소기업이 다음 2가지를 수행할 수 있음을 의미한다. 첫째, **얼리어답터 프로그램 활용 측면**에서 퀀텀 컴퓨팅 솔루션을 가장 먼저 실험하여 귀중한 통찰력을 얻고 퀀텀 기술의 미래를 형성할 수 있다.

둘째, **퀀텀 스타트업과의 파트너십 측면**에서 민첩하고 혁신적인 기업과 협력하여 특정 비즈니스 요구 사항에 맞는 맞춤형 퀀텀 솔루션을 개발하거나 퀀텀이 비즈니스 환경에 어떤 영향을 미칠 수 있다. 셋째, **클라우드 기반 퀀텀 컴퓨팅 활용**에서 하드웨어에 대한 막대한 초기 투자 없이 클라우드를 통해 강력한 퀀텀 프로세서에 액세스하여 그 어느 때보다 기술에 더 쉽게 접근할 수 있다.

얼리어답터 이점:
현재 소규모, 대규모, 중간 규모를 막론하고 많은 기업(일부 연구에서는 약 80%에 달함)이 퀀텀 컴퓨팅 및 기타 퀀텀 기술에 대해 생각조차 하지 않고 있다. 조기에 채택하는 중소기업은 기술을 채택하지 못하는 대기업에 대해서도 경쟁 우위를 확보할 수 있다.

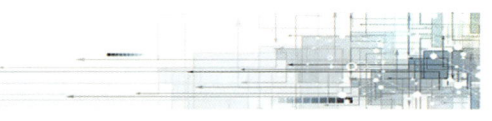
Quantum Computing Early Adopters: Strong Prospects For Future Impact

나. 비즈니스의 미래 보장: 퀀텀 혁명 준비

■ 경쟁 우위를 피하고 조기 채택 이점을 확보하라

중소기업은 새롭고 공격적인 스타트업과 기존의 기업과 치열한 경쟁을 벌이고 있다. 그러나, 퀀텀 컴퓨팅의 얼리어답터는 중소기업이 퀀텀 시대의 경쟁을 준비하는 데 도움이 된다. 퀀텀 혁명의 완전한 효과는 아직 몇 년이 걸릴 것으로 보이지만, 퀀텀의 혁신적인 변화와 초기 파도는 이미 해안에 닿았다. 퀀텀 기술에 대해 배우면 이제 퀀텀 비즈니스는 다음과 같은 차별화가 될 것이다.

먼저, '인재 자석'과 같이, 혁신과 호기심의 문화를 조성하고 최첨단 기술에 대한 헌신을 보여줌으로써 최고의 인재를 유치하고 유지한다. 그런데 퀀텀에 준비된 인재를 유치하는 데는 시간이 걸리며, 이는 전체 퀀텀 비즈니스 전략에 추가하는 또 다른 이유가 된다.

둘째, 사고의 리더로서, 퀀텀 추세에 앞서 나가고 고객 및 파트너와 신뢰를 쌓아 업계 리더로 자리매김하게 된다. 셋째, 미래를 준비하는 조직으로, 퀀텀 개념과 응용 프로그램을 숙지함으로써 비즈니스가 변화하는 퀀텀 시대에 적응하고 성공할 수 있도록 준비할 수 있다.[105]

결론적으로, 2025년까지 상당한 개입이 발생하지 않는 한 퀀텀 컴

---

[105] Matt Swayne, January 3, 2024, https://thequantuminsider.com

퓨팅 작업의 50% 미만이 채워질 것으로 예상된다. 그러나 이를 넘어 기업이 AI 팀을 성공적으로 구축하기 위해 사용한 것과 같은 많은 전략과 투자(예: 직원 기술 향상 및 새로운 인재를 위한 경로 생성)는 퀀텀 팀을 구축할 때도 도움이 될 수 있다.

Core Vision

By 너무 늦기 전에 퀀텀의 인재 격차 해소에 대한 AI의 4가지 교훈

킹덤 비즈니스(Kingdom Business)

A. 명확한 퀀텀 비즈니스 정의
 - 퀀텀 컴퓨팅에 참여하고 나면 올바른 접근 방식을 구축하고 위험을 완화하며 인재와 역량에 대한 액세스를 확보하는 것이 핵심이 될 수 있다.

B. 퀀텀 분석가에 조기 투자를 준비하라.
 - 퀀텀 분석가의 즉각적인 초점 영역 중 하나는 회사가 산업 발전에 적응하고 뛰어들 방법과 시기를 식별하도록 도와준다.

C. 퀀텀 인재 개발을 위한 기술 리터러시(literacy) 구축하라 : 퀀텀얽힘 분야의 노벨 물리학상.
 - 리터러시(literacy)는 "읽고 쓸 수 있는 능력"을 의미한다. 오늘날, AI 미디어 시대에는 리터러시의 관점을 AI 미디어 시대에 맞게 확장하여, AI 미디어 리터러시(AI Media literacy)영역으로 변환(DX)하는 신 비즈니스를 준비해야 한다.

D. 중기업은 퀀텀(Quantum) 컴퓨팅 시대를 어떻게 준비할 수 있나요?
 - 중소기업(SME)도 퀀텀과 같은 도전과 기회에 직면할 수 있다. 중소기업이 퀀텀의 혁신적인 힘을 활용하려면 교육과 준비가 중요할 것이다
 - 결론적으로, 2025년까지 상당한 개입이 발생하지 않는 한 퀀텀 컴퓨팅 작업의 50% 미만이 채워질 것으로 예상된다.

FOR
KINGDOM
FAMILY
BUSINESS

3장

Expectation:
우주탐험(Space Exploration) – 킹덤 패밀리(Kingdom Family)

Subject 1.

알파(Alpha, α') 세대의 우주 항해 여행
(Space Voyage Travel)

FOR KINGDOM FAMILY BUSINESS

01
우주 휴가의 미래:
세상 밖의 휴가는 의문의 여지가 없다

A. 우주의 암흑물질과 암흑(에너지

인간은 우주의 겨우 4%밖에 이해하지 못한다. 나머지 23%는 암흑물질, 73%는 암흑에너지로 채워져 있다. 이들 3가지 우주의 구성 중에 먼저, 가시광선(Visible Light)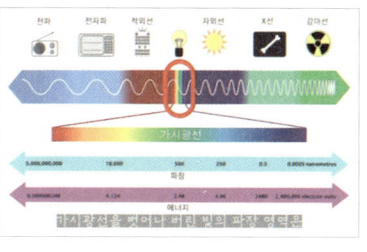
에 의한 인간이 볼 수 있는 것이 있다. 둘째, 보이지는 않지만, 암흑물질(暗黑物質, Dark Matter)이라 하여 별과 행성, 은하 등등 우리 인간이 볼 수 있는 물질들보다 5배나 더 많이 존재하는 그것이 있다고 예측된다. 마지막 셋째로 암흑에너지(Dark Energy)는 아직 밝혀지지 않은 우주공간의 에너지를 명명한다.

가. 먼저, 가시광선(Visible Light) 스펙트럼은 무엇인가?

가시광선 스펙트럼은 인간의 눈으로 볼 수 있는 전자기 스펙트럼 일부가 된다. 더 간단히 말하면, 이 파장 범위를 가시광선이라고 한다. 일반적으로 인간의 눈은 380~700nm의 파장을 감지할 수 있는데, 가시광선의 파장은 모든 전자기 방사선은 빛이지만 우리는 이 방사선의 작은 부분, 즉 가시광선이라고 부르는 부분만 볼 수 있다. 우리 눈의 원뿔 모양 세포는 이 좁은 스펙트럼 대역의 파장에 맞춰진 수신기 역할을 한다.

스펙트럼의 다른 부분은 우리 인식의 생물학적 한계에 비해 너무 크거나 너무 작은 파장과 에너지를 가지고 있다. 가시광선의 전체 스펙트럼이 프리즘을 통과하면 각 색상의 파장이 다르므로 파장이 무지개 색상으로 분리된다. 보라색은 약 380nm로 가장 짧은 파장을 가지며, 빨간색은 약 700nm로 가장 긴 파장을 갖는다. 1665년 아이작 뉴턴의 실험은 프리즘이 가시광선을 휘게 하고 각 색상이 색상의 파장에 따라 조금씩 다른 각도로 굴절된다는 것을 보여주었다.[106]

---

106 미국 NASA, https://science.nasa.gov

나. 암흑물질(Dark Matter)은 도대체 무엇일까?

과학자들은 아직도 이 암흑물질의 정체를 찾아내지 못한다. **원래 '잃어버린 질량'으로 알려**

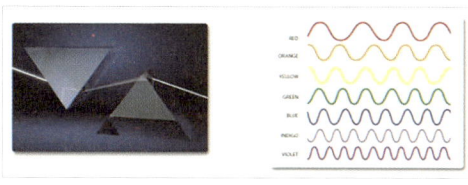

졌던 암흑물질의 존재는 스위스계 미국인 천문학자에 의해 처음으로 추론되었다. 1933년 프리츠 츠비키(Fritz Zwicky)는 머리털자리(Coma Berenices)에 있는 모든 별의 질량이 다음과 같다는 것을 발견했다. 은하들은 은하단의 중력을 벗어나는 데 필요한 질량의 약 1%만을 제공했다. 이 사라진 질량의 실체는 1970년대에 미국 천문학자인 베라 루빈(Vera Rubin)과 윌리엄 켄트 포드(W. Kent Ford)가 비슷한 현상을 관찰하여 그 존재를 확인했다.

이들은 일반적인 은하 내에서 볼 수 있는 별의 질량은 해당 별이 은하 중심을 공전하는 데 필요한 질량의 약 10%에 불과하다고 보았다. 그래서, 일반적으로

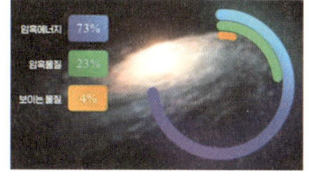

별이 은하 중심을 공전하는 속도는 중심으로부터의 분리와 무관하다

고 인식했다. 물론, 궤도 속도는 예상대로 떨어지지 않고 거리에 따라 일정하거나 약간 증가할 수 있었다. 이를 설명하기 위해서는 별의 궤도 안에 있는 은하의 질량이 은하 중심에서 별까지의 거리에 따라 선형적으로 증가해야 했었다. 그러나 이 내부 덩어리에서는 빛이 보이지 않았다. 따라서 이들은 무언가의 존재를 '**암흑물질**'이라고 명명했다. 물질은 우주 물질-에너지 구성의 4%만이 별의 질량을 이루고 있으며, 일부는 수소 더 무거운 원소의 형태로 존재하고 있었다. **나머지 약 23%는 암흑물질이다.**

■ 암흑물질의 특성 3가지

암흑물질은 첫째, 어두워서 우리가 볼 수 있는 별이나 행성의 형태가 아니다. 관측에 따르면 우주에는 관측에 필요한 27%를 구성하기에는 눈에 보이는 물질이 너무 적을 수 있다.

둘째, 그것은 중입자(Baryon)라고 불리는 입자로, 중입자(Baryon)는 원자보다 작은 입자(Subatomic Particle)의 한 종류로서 3개의 쿼크로 이루어진 '강입자(Hadron)'를 뜻한다. 중입자의 대표적인 예로는 양성자, 중성자가 있으며, 이 밖에도 람다 입자(Lambda Baryon), 시그마 입자(Sigma Reaction) 등이 있다. 우리는 중입자 구름을 통과하는 방사선의 흡수를 통해 중입자 구름을 감지할 수 있다.

셋째, 암흑물질은 반물질이 아니다. 왜냐하면 반물질이 물질과 함께 소멸할 때 생성되는 독특한 감마선을 우리가 볼 수 없기 때문이다. 마지막으로 우리는 우리가 보는 중력렌즈의 수에 따라 은하 크기의 대형 블랙홀을 배제할 수 있다. 물질의 농도가 높으면 근처를 통과하는 빛이 더 멀리 떨어져 있는 물체에서 굴절되지만, 그러한 물체가 필요한 암흑물질 기여도 약 25%를 구성한다고 제안할 만큼 렌즈 효과가 충분하지 않다.

■ 예상되는 암흑물질

현시점에서는 여전히 예상할 수 있는 암흑물질 가능성이 몇 가지 남아있다. **중입자 물질이 갈색 왜성이나 작고 조밀한 무거운 원소 덩어리로 묶여있다면 여전히 암흑물질을 구성할 수 있다.** 이러한 가능성은 거대하고 컴팩트한 후광 물체 또는 '마초(MACHO, MAssive Compact Halo Object)'로 알려져 있다. 그러나 가장 일반적인 견해는 암흑물질이 전혀 중입자가 아니며 액시온이나 WIMPS(Weakly Interacting Massive Particles)와 같은 더 이국적인 입자로 구성되어 있다는 것이다. 이론적 암흑물질의 구성에서, 암흑물질의 정확한 정체는 알려지지 않았지만, 암흑물질이 무엇으로 구성될 수 있는지에 대한 많은 가설이 있다.[107] 이후에, 암흑물질은 두 종류의 존재하는 것으로 밝혀졌다.

1) 중입자(Baryon) 물질

암흑물질은 주로 중력을 통해 눈에 보이는 물질(예: 별 및 행성)과 상호

---

[107] 네덜란드, 암스테르담 대학교, "암흑물질 탐구의 새로운 시대", http://www.phys.org

작용 하는 모든 물질을 의미할 수 있다. 따라서 원칙적으로 새로운 유형의 기본 입자로 구성될 필요는 없지만 적어도 부분적으로는 **양성자나 중성자와 같은 표준 중입자 물질**로 구성될 수 있다. 행성, 갈색 왜성, 적색왜성, 눈에 보이는 별, 백색왜성, 중성자별, 블랙홀 등 천문학자들에게 친숙한 대부분의 일반적인 물질이 이 범주에 속한다. 고독한 블랙홀, 중성자별, 타버린 왜성, 기타 감지하기 어려운 거대한 물체를 총칭하여 'MACHO'라고 한다. 일부 과학자들은 처음에 중입자 MACHO가 모든 암흑물질을 설명하고 설명할 수 있기를 바랬지만, 그러나 여러 증거에 따르면 암흑물질 대부분은 중입자가 아닐 수도 있다.

2) 비중입자(Non-Baryon) 물질

비바리온(Virizion) 암흑물질에는 주요 후보가 있다. 즉, **액시온, 멸균 중성미자, 약하게 상호 작용 하는 거대 입자(WIMP), 초대칭 입자 또는 지구와 같은 가상 입자, 그리고 원시 블랙홀**이다. 블랙홀이 중입자든 아니든, 어떤 종류의 물질이든 섭취하면 구별이 사라진다.

중입자 물질과 달리 비중입자는 초기 우주의 원소 형성(빅뱅 핵 합성)에 이바지하지 않으므로, 그 존재는 중력 효과 또는 약한 렌즈 작용을 통해서만 드러난다. 또한, 이를 구성하는 입자가 초대칭이면 입자 자체가 소멸 상호 작용을 겪을 수 있다. 이에 따라 감마선(Gamma) 및 중성미자(中性微子, Neutrino 뉴트리노, 간접 검출)[108]와 같은 관찰 가능한 부산물

---

[108] 중성미자(Neutrino): 약력과 중력에만 반응하는 작은 질량을 가진 입자

이 생성될 수 있다.

다. 암흑에너지(Dark Energy)는 무엇인가?

1990년대 초에는 우주 팽창에 관해 한 가지 확실한 사실이 있었다. 팽창과 재붕괴를 멈출 만큼 충분한 에너지 밀도를 가질 수도 있고, 에너지 밀도가 너무 낮아 결코 팽창을 멈추지 않을 수도 있지만, 중력은 시간이 지남에 따라 팽창을 늦추는 것이 확실할 수 있다. 물론, 느려지는 현상은 관찰되지 않았지만, 이론적으로 우주는 느려져야 했다. 우주는 물질로 가득 차있으며 중력의 인력이 모든 물질을 하나로 끌어당긴다.

그러다가 1998년에 허블 우주 망원경(HST)이 매우 먼 초신성(超新星, Supernova)을 관측하여 오래전에 우주가 실제로 오늘날보다 더 느리게 팽창하고 있음을 보여주었다. 그래서 우주의 팽창은 중력으로 인해 느려진 것이 아니라 모두가 생각했던 것처럼 가속됐었다. 아무도 예상하지 못했고, 그것을 설명하는 방법을 아는 사람도 없었다.

결국 이론가들은 3가지 종류의 설명을 내놓았다. 어쩌면 그것은 오랫동안 폐기된 아인슈타인의 중력 이론, 즉 '우주 상수'라고 불리는 것이 포함된 결과였을 수도 있다. 우주 상수(宇宙 常數, Cosmological Constant, 기호 Λ)는 물리 우주론에서, 진공의 에너지 밀도를 나타내는 기본 물리 상수다. 어쩌면 공간을 가득 채우는 이상한 종류의 에너지 유체가 있었을 수도 있다. 아인슈타인의 중력 이론에 뭔가 문제가 있을 수도 있고, 새로운 이론에는 이러한 우주 가속을 생성하는 일종의 장(Field)이 포함될 수도 있다. 이론가들은 아직 정확한 설명이 무엇인지 모르지만, 해법에 이것을 '암흑에너지'라고 이름을 붙였다.

암흑에너지는 알려진 것보다 알려지지 않은 것이 더 많다. 우리는 암흑에너지가 우주 팽창에 어떤 영향을 미치는지 알기 때문에 암흑에너지가 얼마나 많은지 알고 있다.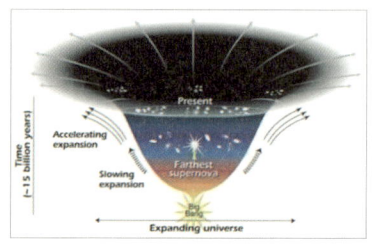
그 외에는 완전한 미스터리로 있다. 그러나 그것은 중요한 미스터리이다. 우주의 **약 73%가 암흑에너지**인 것으로 밝혀졌고, **암흑물질은 약 23%**를 차지한다. 나머지, 즉 지구상의 모든 것, 우리가 사용하는 모든 도구로 관찰한 모든 것, 모든 **일반 물질은 우주의 4% 미만**에 불과하다. 생각해 보면, **그것은 우주의 아주 작은 부분이기 때문에 전혀 '정상' 물질이라고 불러서는 안 된다.**

■ **우주 암흑에너지: 팽창하는 우주**(Expanding Universe)

그림은 150억 년 전 우주 탄생 이후 팽창 속도의 변화를 보여주며, 곡선이 얕을수록 확장 속도가 빨라진다. 이 곡선은 약 75억 년 전 눈에 띄게 바뀌었으며, 이때 우주의 물체가 더 빠른 속도로 날아가기 시작했다. 천문학자들은 더 빠른 팽창 속도는 은하계를 잡아당기는 신비

하고 어두운 힘 때문이라는 이론을 세웠다.[109]

암흑에너지에 대한 특성은 그것이 공간의 속성이라는 것이다. **알베르트 아인슈타인은 빈 공간이 아무것도 아니라는 사실을 최초로 깨달은 사람이다.** 우주에는 놀라운 특성이 있으며 그중 많은 부분이 이제 막 이해되기 시작했다. 아인슈타인이 발견한 첫 번째 특성은 더 많은 공간이 존재할 수 있다는 것이다. 그런 다음 아인슈타인 중력 이론의 한 버전인 우주 상수를 포함하는 것은 예측을 내릴 수 있다. '**빈 공간**'은 자체 에너지를 가질 수 있고, 이 에너지는 공간 자체의 속성이기 때문에 공간이 팽창해도 희석되지 않는다. **결과적으로 이러한 형태의 에너지는 우주를 점점 더 빠르게 팽창하게 만든다.**

암흑물질 핵

■ 암흑에너지의 3가지 가설

먼저, 공간이 어떻게 에너지를 획득하는지에 대한 또 다른 설명은 물질의 양자 이론에서 나온다. 이 이론에서 '**빈 공간**'은 실제로 지속해서 형성되고 사라지는 일시적인(가상) 입자로 가득 차있다. 그러나 물리학자들이 이것이 빈 공간에 얼마나 많은 에너지를 제공할 것인지 계산하려고 시도했을 때, 그 대답은 많이 틀렸다. 숫자가 10의 120승 배

---

109 NASA, 2004, Dark Energy Changes the Universe

로 너무 크게 나왔다.

둘째, 암흑에너지에 대한 또 다른 설명은 **이것이 새로운 종류의 동적 에너지 유체 또는 장**으로, 공간 전체를 채우지만, 우주 팽창에 미치는 영향은 물질과 일반 에너지의 효과와 반대라는 주장이 있다. 일부 이론가들은 그리스 철학자들의 다섯 번째 요소의 이름을 따서 이것을 '정수'라고 명명했다. 하지만 정수가 답이라면, 우리는 그것이 어떤 것인지, 어떤 상호 작용 하는지, 왜 존재하는지 여전히 모른다. 그래서 미스터리는 계속된다.

셋째, 마지막 가능성은 **아인슈타인의 중력 이론** (Theories of Gravitation)이 정확하지 않다는 가설로, 이것은 우주의 팽창에 영향을 미칠 뿐만 아

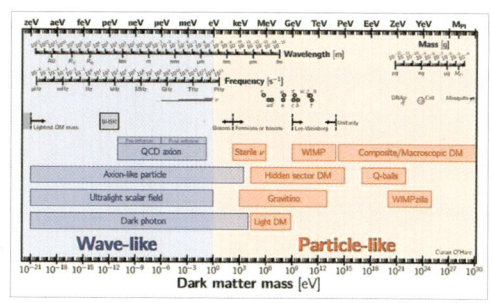

니라 은하와 은하단의 정상적인 물질이 행동하는 방식에도 영향을 미칠 것이다. 또한, 암흑에너지 문제에 대한 해결책이 새로운 중력 이론인지 아닌지를 결정하는 방법을 제공할 것이다. 나아가, 우리는 은하계가 어떻게 클러스터(Cluster)로 모이는지 관찰할 수 있다. 하지만 만약 새로운 중력 이론이 필요하다는 것이 밝혀진다면 그것은 어떤 종류의 이론이겠는가? 아인슈타인의 이론이 알려진 것처럼 태양계 물체의 움직임을 어떻게 정확하게 설명하면서도 우리에게 필요한 우주에 대한

다른 예측을 제공할 수 있을까? 이런 후보 이론들은 있지만 설득력 있는 이론은 아직 없다. 그래서 암흑에너지의 미스터리는 계속된다.

2030년에는 점점 더 많은 산업이 우주와 비즈니스의 관련성을 인식하면서 우주 경제 생태계가 형성되기 시작할 것이다. 저궤도(LEO), 중지구궤도(MEO), 정지궤도(GEO) 위성이 국방, 통신, 환경 모니터링 및 통신 분야에서 활용 사례를 찾음에 따라 위성 시장의 확장은 더 가속화될 것이다. 이에 따라, 처음에는 우주 경제의 성장을 촉진할 것이고, 또한, 물류 센터, 우주 쓰레기는 세계의 다음 환경 문제가 될 것이다. 많은 우주 기술들과 글로벌 정책들이 이를 해결하는 데 중요한 역할을 할 것이다.[110]

B. 유럽 연합(EU: European Union) 우주정책: 영국, 이탈리아, 벨기에

유럽 연합 우주 프로그램은 유럽 연합 시민들이 지구상에서 일상 활동을 수행하도록 돕는다. EU가 궤도에 보내는 위성을 통해 수백만 명의 사람들은 새로운 기술을 사용하여 통신하고 육지, 바다, 공중을 여행하고 지구의 건강을 개선하는 방법을 개발할 수 있다.

---

110 미국, NASA, https://science.nasa.gov

가. 유럽 우주정책(ESP: European Space Policy)

ESP(European Space Policy, 유럽 우주정책)는 유럽 수준에서 우주활동을 수행하는 총괄적인 바탕을 제공한다. 또한, ESA(European Space Agency)와 EU(European Union) 회원국 각자가 유럽 수준에서 활동과 함께 계속 국가 우주활동을 가지고 있다. 그중 몇몇 국가는 ESA에 우주 관련 국가 예산을 투입하고 있는데, 이들 국가로는 스위스, 그리스와 아일랜드가 있다. 이와 반면에 다른 국가들은 대부분의 국가 예산을 자국의 국가 우주활동에 사용하고 있으며, 이들 나라로는 프랑스와 이탈리아를 들 수 있다.

첫째, 영국은 최초로 2008년부터 2012년까지 민간 우주 전략을 채택하였다. 이 문서는 5가지의 광범위한 목표를 가지고 있다. ① 우주시스템과 활용 분야에서 전 세계 시장을 점진적으로 공유한다. ② 우주시스템을 전 세계적으로 이용한다. ③ 전 세계 탐사 임무를 선택의 파트너로 선정한다. ④ 혁신 강화와 우주 기반 활용을 증진함으로써 사회에 이바지한다. ⑤ 숙련도 개발과 교육을 개발한다.

그러나, 전략 자체가 목표에 도달하게 하는 상세한 수행계획 또는 특수한 조치사항을 제공하지는 않는다. 한편 2010년 새로 설립된 영국 우주청(UKSA: United Kingdom Space Agency)은 민간 우주활동을 조정할 수 있도록 임무를 부여받았다. 민간 우주 전략뿐만 아니라, 영국은 2009년 공해와 우주 강국 주의에 관한 최신 버전뿐만 아니라, 운용개념인 미래 공해와 우주 운용개념을 발표하였다.

둘째, 이탈리아는 2년마다 국가 우주 계획을 발표한다. 이 계획은 이들 활동이 일어나는 국내·외 기반의 구축과 전략적 접근을 정의함으로써 이탈리아의 우주활동을 위한 일반 방향을 제시한다. 이러한 지침문서는 3년간 활동 계획에 의하여 보완되며, 매년 갱신되고, 구체적인 운용과 수행 조치를 제공한다.

셋째, 벨기에는 2005년 포괄적인 우주정책을 발표했다. 이 정책은 전략적 목표, 운용 목표뿐만 아니라 목표를 실현하는 데 필요한 도구와 재정적 수단을 정의한다. 이 기반 문서는 2개의 다른 문서에 의하여 최종 완료되며, 이 문서는 2006년부터 2010년까지의 방향과 상기 기간에 비전, 전략적 목표와 운용 목표를 각각 제시하고 있다.

유럽에서의 다양한 우주활동은 미국에 대하여 의미를 부여하고 있다. 개별 유럽 국가와 연합 EU가 중요한 세계적인 우주활동 주체로 부상하지만, 미국은 **우주 분야에서 각자의 회원국들과 함께 상호 기반을 둔 협력을 수행할 것이다.** 특히, 유럽의 우주 강국인 프랑스, 독일과 이탈리아는 지속해서 중요한 우주 프로그램을 수행하고 커다란 협력 사업을 이행할 것이다.[111]

---

111 한국항공우주연구원, https://www.kari.re.kr

나. 왜 EU 연합 우주정책인가?

EU는 유럽인의 일상생활을 돕고 오늘날의 글로벌 과제를 해결하는 우주활동에 투자하고 있다. 이는 전체 EU의 일자리를 창출하고 유럽의 성장과 투자를 촉진하는 데 도움이 된다. 또한, **녹색 및 디지털 경제 모델로의 쌍둥이 전환(Twin Transition)을 지원하는 데 중요한 역할을 한다.** 이에 따라, EU의 전략적 자율성을 강화한다. 그것은 과학과 연구의 경계를 허물고, 나아가 보안, 방위, 산업과 같은 분야의 기타 정책을 촉진한다. EU의 고품질 안전한 최신 우주 데이터는 다음을 수행할 수 있다. 자연재해가 발생한 지역에서 구조대를 안내하고, 농업 분야의 토지 이용·개선·운송 및 에너지 인프라를 더욱 안전하게 만든다.

다. 경제적 차원의 유럽 우주정책과 전략

EU의 상업활동에 대한 지원과 강력한 유럽 우주산업의 구축은 초기 정책의 목표였다. 이러한 점에서, 전략은 2가지 축을 가지고 있으며, 하나는 제조산업을 강화하는 것이고 또 다른 하나는 강력한 후속 산업의 부상을 지원하는 것이다. 이것은 경제적이고 전략적인 우주정책 차원 간에 강력한 상호 연관성이 있다. 우주발사체 분야의 경우, 우주에 대한 독립적 접근이 ESP를 위한 전략적 선결 조건이다. 이러한 이유로, 유럽 우주국(ESA: European Space Agency)이 개발한 인공위성 발사용 로켓, 아리안(Ariane) 계열의 발사체 지원은 항상 ESA 정책의 기둥이 되어왔으며, 아울러 ESP의 주요 쟁점이 되었다. 이러한 전략적 이점을 유지하는 필요성은 아리안스페이스사(Arianespace)의 상업적 활동 때문이며, 이는 발사 비용을 감소하고 신뢰성을 증가시키기 위함에 있다.

마지막으로, 2030년대, 알파(Alpha, α')세대의 우주 향해 여행(Space Voyage Travel)으로 미래를 준비하는 EU는 상업활동의 우주여행을 통해서 우주선 호텔에서 단기 체류하는 것, 달에서의 주말을 보내는 것, 화성에서 여름 보내기 등 확신하는 사업에서 로켓 발사 비용이 훨씬 저렴해졌기 때문에 더 많은 사람이 우주로 모험을 떠날 것으로 예상한다. 또한, 수만 개의 위성도 거기에 있어, 지구상의 모든 사람이 어디에서나 인터넷에 연결할 수 있게 되어 일기 예보가 훨씬 더 정확해지고, 서로 부딪히지 않도록 노력할 것이다.[112]

---

112   EU 우주정책, https://www.consilium.europa.eu

C. 미국(USA)의 미항공우주국(NASA) 우주비행

가. 미항공우주국(NASA) 우주비행

NASA의 우주정책 및 전략센터는 미국 및 국제 우주정책, 법률 및 규정에 관한 현재 및 역사적 문서의 광범위한 컬렉션을 편집한다. 미국과 구소련 간의 냉전 시대 때, 우주 경쟁과 전례 없는 과학 탐사 프로그램을 탄생시켰다. 소련은 1961년 4월 12일에 최초의 사람을 우주로 보냈다. 이에 대해 존 F. 케네디 대통령은 **"이 10년이 지나기 전에 사람을 달에 착륙시키고 안전하게 지구로 귀환시키는 목표를 달성해야 한다."**라고 도전했다. 이후, 미국의 NASA는 머큐리(Mercury), 제미니(Gemini), 아폴로(Apollo)라는 3개의 NASA 프로그램을 위해서 8년이 걸렸지만, 결과적으로 NASA는 달에 도착했다.

나. 주요 NASA 우주 프로젝트

- **머큐리(Mercury) 프로젝트**

인간을 우주에 보내는 최초의 미국 프로그램인 머큐리 프로젝트(Project Mercury)는 25번의 비행을 했으며, 그중 6번은 1961년부터 1963년 사이에 우주비행사를 태웠다. 이 프로그램의 목적은 우주비행사와 우주선을 안전하게 구출하는 것이었다. 미국 정부 기관과 항공우주 업계의 200만 명 이상의 사람들이 자기 기술, 주도권 및 경험을 결합하여 프로젝트  를 가능하게 했다. 머큐리는 인간이 최대 34시간 동안 무중력 비행을 할 수 있다는 것을 보여주었다.[113]

■ **쌍둥이자리**(Gemini) **프로그램**

NASA는 '쌍둥이'를 의미하는 라틴어인 'Gemini'를 선택했으며, Gemini는 두 사람을 위해 만들어진 캡슐이었다. Gemini 프로그램은 주로 장비와 임무 절차를 테스트하고 미래의 달 탐사 임무를 위해 우주비행사와 지상 승무원을 훈련했다. 프로그램의 주요 목표는 우주비행사의 장거리 비행(14일) 비행 능력을 테스트하고, 우주선이 지구궤도에 있는 다른 차량과 어떻게 만나서 도킹할 수 있는지와 재진입 착륙 방법을 완성하는 것이었다. 우주비행사에게 더 긴 우주비행이 미치는 영향을 더 깊이 실험했다.

---

113 USA, NASA, https://www.nasa.gov

■ 아폴로(Apollo) 프로그램

케네디 대통령이 미국인들에게 달에 도달하라고 도전한 지 정확히 8년 1개월 26일 후, 아폴로 프로젝트는 최초의 인류를 달 표면에 착륙시켜 안전하게 지구로 귀환시켰다.

아폴로 프로그램은 또한 우주에 대한 다른 국가적 이익을 충족시키기 위한 기술을 개발하고, 달에 관한 과학적 탐사를 수행하고, 달 환경에서 작업할 수 있는 인류의 능력을 개발했다.

아폴로 프로그램은 첫 번째 승무원이 비행을 준비하면서 비극을 겪었다. 1967년 1월 27일, 케이프 케네디 발사대에서 비행 전 테스트를 하던 중 화재로 아폴로 1호 명령 모듈은 소실되었다. 또한, 우주비행사 거스 그리섬(Gus Grissom), 에드 화이트(Ed White), 로저 채피(Roger Chaffee)가 목숨을 잃었다. NASA는 단념하지 않고 향후 임무의 안전과 성공을 보장하기 위해 작업 수행 방식을 변경했다.

이후, 1968년 10월 19일, 아폴로 7호 지구궤도 임무의 사령관 기지 앞에서 랑데부 창밖을 바라보고 있는 월리 시라(Wally Schirra) 사령관은 아폴로 7호의 미국 인간 우주선에서 최초로 생방송 TV 방송을 전송했다. 이후 1969년 아폴로 11호(Apollo 11)는 처음으로 달에 착륙한

유인 우주선이었다. 아폴로 계획의 다섯 번째 유인 우주비행인 동시에 세 번째 유인 달 탐사이기도 했다. 이는 1969년 7월 16일에 발사되었으며 선장 닐 암스트롱(Neil Armstrong), 사령선 조종사 마이클 콜린스(Michael Collins), 달 착륙선 조종사 버즈 올드린(Buzz Aldrin)이 탔다. 7월 20일 이들은 달에 발을 디딘 최초의 인류가 되었다.

아폴로 11호의 탐사 성공으로, 존 F. 케네디가 주장했던 '1960년대가 끝나기 전에 인간을 달에 착륙시키는 것'은 달성되었다. **"나는 이 나라가 1960년대가 지나가기 전에 달에 인간을 착륙시킨 뒤 지구로 무사히 귀환시키는 목표를 달성해야 함을 믿었다."** 라며, 존 F. 케네디가 1961년에 연설했었다. 60년 전, 1961년 4월 인류 우주비행 시대가 열렸을 때 민간 기업이 우주 탐사 벤처를 주도하는 것은 공상 과학 소설의 일이었다. 그러나 개인 우주 항공편 제공 계획이 현실화하고 있다. 그렇다면 미래는 어떻게 될까?

D. 2030년 알파(Alpha, α')세대의 우주탐험 휴가

항공우주 전문가들인 크리스 대닉(Chris Daehnick), 제시 해링턴(Jess Harrington), 제시 클렘프너(Jesse Klempner)는 미래의 우주 경제를 상상한다. 앞으로 다가올 미래의 우주활동이 지구상의 사람들에게 어떤 혜택을 줄 수 있는지, 그리고 그 과정에서 발생할 수 있는 몇 가지 문제에 관해 설명한다. 이들은 향후 10년 동안 우주공간에서 거대한 도약을 기대하며, "지금은 우주산업에 흥미로운 시기"라고 말했다. 항공우주 분야의 리더들은 정부와 기업이 우주에서 더 많은 일을 하고자 함에 따라 2035년까지 획기적인 발견과 급성장의 우주 경제를 예측했다.

미국 우주시스템 책임자(Airbus US Space&Defense) 데브라 팩터(Debra Facktor)는 "우리가 할 수 있는 가장 중요한 일 중 하나는 젊은 사람들, 특히 여성과 소외된 소수 민족이 항공우주와 같은 분야에 진출하도록 우주기술 경력을 추구하도록 격려하기 위해 인재에 계속 투자하는 것입니다."라고 했다.

미국의 보잉(Boeing), 노스롭 그루먼(Northrop Grumman)과 함께 미국의 3대 항공우주 산업기업인 록히드 마틴(Lockheed Martin Space)의 고급 프로그램 개발 부사장 조 랜든(Joe Landon)은 "미래에 우리가 보게 될 것은 '우주를 위한 공간'이라고 생각한다. 따라서 달에는 우주에서 공간을 이어주기 위한 우주정거장 트랜잭션이 발생하는 서비스가 있을 것이다. 예를 들어 우주에서 연료를 보급받는 우주선을 가질 수 있다."라고 전했다.[114]

---

114   미국, 노스롭그루먼(NOC), https://www.northropgrumman.com/

예를 들면, 스파이어 글로벌(Spire Global, Inc.)
은 해상, 항공 및 날씨 패턴 추적과 같이 대규모 나노 위성 집합을 통해 구동되는 글로벌 데이터 세트 추적을 전문으로 하는 공간-클라우드 데이터 및 분석 회사다. 이 회사는 현재 110개가 넘는 CubeSats(A standard, Low-cost, Miniature Satellite Format)를 운영하고 있는데, 큐브위성 또는 큐브샛(Cubesat)은 부피 1ℓ (10cm×10cm×10cm), 질량 1.33kg을 넘지 않는 초소형 인공위성을 말한다.

창설 이래로 140개 이상의 위성을 궤도에 발사했었다. 스파이어(Spire)의 공동 창립자(CEO, Spire Global) **피터 플래처(Peter Platzer)는 "나는 15년 후에 우리가 정부 소유가 아니라 상업적으로 소유하고, 운영하는 우주 구조물을 갖게 될 것이라고 믿습니다. 그리고 그것들은 단지 연구를 위한 것이 아니라 관광을 위한 것이기도 할 것입니다."**라고 전했다.[115]

우주선 디자인, 로봇 우주선, 지구관측위성 및 이미지 처리 전문회사인 플래닛 립스(Planet Labs PBC)는 캘리포니아주 샌프란시스코에 본사를 둔 미국의 공공 지구 이미징 회사

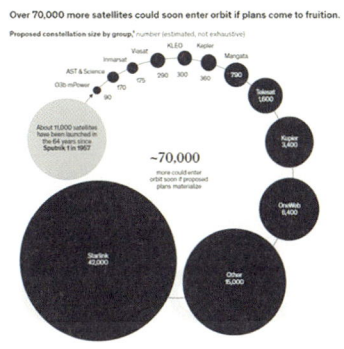

---
115   스파이어 글로벌, https://spire.com/

로, 매일 지구 전체를 이미지화하여 변화를 모니터링하고 추세를 정확히 찾아내는 것이 목표다. 또한, 다른 로켓 발사 임무에서 보조 페이로드로 궤도에 전달되는 'Doves'라고 불리는 Triple-CubeSat 소형위성을 설계 및 제조한다.

각 Dove에는 다양한 지구의 모습을 포착하도록 프로그래밍한 고성능 망원경과 카메라가 장착되어 있다. 각 Dove 지구 관측 위성은 프레임 이미지 센서를 통해 지구를 지속해서 스캔하여 지상국을 통과하면 데이터를 보낸다. 이제 그들이 제안한 계획이 실현된다면 약 7만 개의 위성이 궤도에 진입할 수 있는 시점이 올 것이다.

플래닛 립스(Planet Labs)의 공동 창립자 겸 최고 전략 책임자 로비 싱글러(Robbie Schingler)는 "**향후 10년, 즉 2030년경에 일어날 일이 몇 가지 있다. 정기적인 우주여행이 있을 것인데, 우리는 달에 착륙한 인간을 보게 될 것이다.** 그리고 나는 우리가  생명체를 발견(식별)할 것이라고 장담한다."라고 선포했다.[116]

---

116 플래닛 립스(Planet Labs), https://www.planet.com

E. 우주여행 비즈니스는 어디까지 준비되었는가?
- 8대 우주여행 기업

가. 우주 비즈니스 산업

COVID-19 팬데믹에도 불구하고 투자자들이 사기업에 거의 90억 달러를 쏟아부으면서 2020년에 기록적인 성장을 보였다. 이러한 기업 중 일부는 단순히 NASA와 같은 정부 기관에 부품과 서비스를 제공하는 반면, 다른 기업은 자체 승무원과 로켓을 가지고 우주로 모험을 떠나기를 원한다. 여러 회사가 현재 추구하고 있는 야심 찬 목표 중 하나는 막대한 비용을 기꺼이 지급하려는 민간 시민을 위한 우주 관광과 관련이 있다.

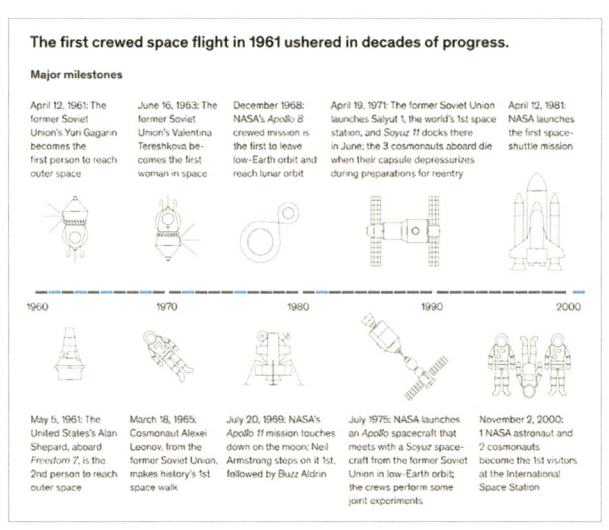

나. 2,000만 달러 우주여행

미국 정부는 엄청난 투자와 높은 위험 때문에 초기에 우주 탐사를 독점했다. 초기 국제 우주 정거장의 자원이 훨씬 적은 민간 기업은 정부의 승인을 받고 상당한 이익을 얻을 가능성이 희박했기 때문에 승무원 임무를 조사할 이유가 거의 없었다.

그러나 지난 20년 동안 몇 가지 중요한 변화가 있었다. 2001년부터 2009년까지 미국의 민간 기업인 Space Adventures는 7명의 우주 관광객을 러시아 소유의 우주선에 태우고, 국제우주정거장으로 수송하여 계획된 임무를 수행했다. 승객 요금은 2,000만 달러 범위인 것으로 알려졌다. Space Adventures는 우주 관광객을 운송하는 유일한 회사로 남아있지만 최근 기술 발전과 풍부한 자본 덕분에 다른 많은 경쟁자가 등장했다.

다. 우주 관광: 주요 우주선 5개 사(5 Major Spaceships)

- **버진 갤럭틱**(Virgin Galactic)

버진 그룹의 회장인 리처드 브랜슨이 설립한 우주여행 사업 회사이다. 스케일드 컴포지트 사로부터 기술을 받아 스페이스십 2를

이용해 VSS 엔터프라이즈를 개발하고 미국 뉴멕시코주와 스웨덴 북부에 스페이스 포트를 건설하고 있다. 2011년 11월 현재 우주여행자를 모집 중이며, 400명이 돈을 지급하고 우주여행을 갈 날을 기다리고 있다.

미국의 버진 갤럭틱(Virgin Galactic)은 세계 최초의 우주 관광객 100명이 설립자로 되어있다. 그중에 일본, 인도인 3명이 포함되어 있다. 2020년 시험 비행 중에 로켓 모터가 점화되지 않아 첫 발사를 2022년까지 연기해야 할 때까지 우주 관광객에게 준궤도 비행을 제공하는 경쟁에서 선두를 달리고 있었다.

현재로는 우주를 경험한 사람이 700명도 안 되지만, Virgin Galactic 우주비행 회사로서 새로운 우주 시대의 시작을 알리는 것이며, 지구 대기권을 떠나는 것은 더 이상 전문 우주비행 회사에만 국한된 경험이 아니다. 선구적인 모험가들로 구성된 글로벌 우주 관광객 커뮤니티에 가입하는 순간부터 우주비행의 날개를 획득하는 날이며, 지구에서 가장 위대한 이야기를 전하며, 우주 이야기를 새롭게 그려갈 수 있다. 스티븐 호킹(Stephen William Hawking) 교수는 "점점 더 많은 승객을 우주로 데려가면 그들과 우리가 모두 바깥쪽과 뒤를 모두 볼 수 있을 뿐만 아니라 양방향에서 새로운 관점을 갖게 될 것입니다."라고 전했다.[117]

---

117 버진 갤럭틱(Virgin Galactic), https://www.virgingalactic.com/

■ 블루 오리진(Blue Origin)의 달 여행(Moon Race: 문 레이스)

제프 베이조스(Jeff Bezos) 아마존 CEO가 2000년 설립한 민간 우주기업의 블루 오리진(Blue Origin)은 2015년 5월에 자체 개발한 우주 여객선인 뉴 셰퍼드(New Shepherd)의 시험 발사에 성공했다. 2017년 전문 조종사의 시험 비행을 마쳤으며 2019년부터 일반인을 대상으로 우주비행 티켓을 판매할 예정이었다. 현재 재사용할 수 있는 발사체인 New Shepherd에서 11분 준궤도 비행을 위해 민간인 좌석을 예약하고 있다. 2021년 예정된 항공편의 좌석 1개를 경매에 부칠 계획까지 했었다.[118]

지구의 이익을 위해 블루 오리진은 수백만 명의 사람들이 지구의 이익을 위해 우주에서 살고 일하는 비전을 바탕으로 설립되었다. 블루 오리진은 사람들이 우주의 무한한 자원을 활용하고 파괴적인 산업을 우주로 이동시켜 인류의 블루 기원인 지구를 보존할 수 있는 시대를 상상한다. 화성에 유인 도시를 건설하겠다는 꿈도 머스크 CEO와 똑같다. 그가 우주에 수백만 명이 거주할 수 있는 도시를 만들겠다고 처음 선언한 것은 고등학교 졸업 연설 때였다. 베이조스는 미국 언론들과의 인터뷰에서 **"우주산업은 어린 시절부터 품어온 오랜**

118　Jeff Bezos, Blue Origin, https://www.blueorigin.com/

꿈"이라며 "지금은 (적자가 나더라도) 미래를 위한 기반을 다져두는 단계"라고 말했다.

그들의 미션은 **재사용할 수 있는 로켓을 통해 우주에 대한 접근성을 더 향상하는 것이다(Increase Access to Space Through Reusable Rockets).** 이를 위해서, 블루 오리진은 안전하고 저렴하며 모든 민간, 상업 및 국방 고객의 요구 사항을 충족하는 재사용 가능한 발사체와 우주 내 시스템을 개발하여 미래를 창조하기 위해 노력하고 있다. 이들의

블루 오리진의 Blue Moon 착륙선

노력에는 첫째, 뉴 셰퍼드(New Shepard)를 타고 우주비행사를 우주로 비행하고, 둘째, 재사용할 수 있는 액체 로켓 엔진을 생산하고, 셋째, 뉴 글렌(New Glenn)과 함께 궤도 발사체를 개발하고, 넷째, 차세대 우주 서식지를 구축하고, 다섯째, 달 표면으로 복귀하는 등의 노력이 포함되었다.

이러한 노력은 우주비행 역사에 새로운 장을 추가하고 모든 인류가 창립 비전에 더 가까이 다가갈 것이다. 블루 오리진의 생존방식은 스페이스X와 사뭇 다르다. 스페이스X가 NASA와의 계약을 통해 성장했다면 블루 오리진은 다른 민간업체들과 적극적으로 손잡는 방식을 택했다. 미국 록히드 마틴과 보잉 등 다른 민간 기업들에 로켓을 판매하고 있다. 또한, 유럽의 에어버스와 공동으로 달 탐사 경연대회인 **'문 레이스(Moon Race)'**를 개최했었다. 이것은 NASA의 아르테미스 프

로그램의 목적으로 우주비행사를 달로 돌려보낼 블루 오리진의 Blue Moon 착륙선의 렌더링 도전이었다.[119]

블루 오리진은 **뉴 셰퍼드 로켓과 우주 캡슐 세트**를 이용해 고도 100km에서 무중력 체험을 하는 우주여행 프로그램을 시험 중이며, 고전적 로켓의 형식이지만 캡슐은 재활용이 된다. 로켓은 스페이스X 처럼 착륙 후 재사용하여 실질적으로 폐기되는 부분 없이 모든 우주선의 부품들이 알뜰하게 사용된다. 이에 따라, 우주여행의 가격은 7,000만 원에서 1억 원 사이로 추산된다. 2021년 7월, 이들은 본격적인 우주여행 시대를 시작하였다.

■ **스페이스엑스**(SpaceX: Space Exploration Technologies)

우주 운송 비용을 줄이고 화성을 식민지화하려는 목표로 일론 머스크(Elon Musk)가 2002년에 설립했다. 그는 "아침에 일어나서 미래가 멋있으리라 생각하고 싶다. 그것이 바로 우주여행 문명이 되는 것의 전부다. 미래를 믿고, 과거보다 미래가 더 나아질 것으로 생각하는 것이다. 그리고 나가서 별들 사이에 있는 것보다 더 흥미로운 것은 없다고 생각한다."라고 말했다. 현재 Dragon 우주선과 함께 Falcon 9 및 Falcon

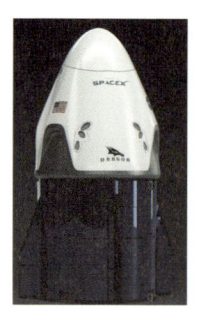

SpaceX의 드래곤

---

119 Blue Origin, 2023. 5. 19., 뉴 글렌(New Glenn) 로켓

Heavy 로켓을 운영하고 있다. 2021년 말에 최초의 상업 궤도 비행 임무인 Inspiration 4를 발사했으며, Axiom Space 및 NASA와 파트너십을 맺어 역시 2021년 말에 국제 우주 정거장에 대한 최초의 상업 우주비행사 임무를 수행했다.[120]

SpaceX(Space Exploration Technologies Corp)는 캘리포니아주 호손(Hawthorne)에 본사를 둔 미국의 우주선 제조업체로, 발사 서비스 제공업체, 국방 계약자 및 위성 통신 회사였다. 2020년 1월에 사상 최대 규모의 위성군(衛星群, Satellite Constellation)이 되었으며 2023년 6월 현재 궤도에 4,300개 이상의 소형위성으로 구성된 Starlink 위성을 통해 인터넷 서비스를 제공한다. Starlink는 우크라이나 전쟁에서도 두드러지게 사용되었다.

한편, 회사는 행성 간 및 궤도 우주비행을 위한 인간평가, 완전 재사용이 가능한 초중량 화물 발사 시스템인 Starship을 개발하고 있다. 궁극적으로 화성에 착륙하는 것을 목표로 하는 강력한 발사체로, 2023년 4월 첫 비행에 실패했지만, 지금까지 비행한 로켓 중 가장 크고 강력한 로켓이 되었다. 일론 머스크(Elon Musk)는 2026년까지 화성에 착륙하는 우주선에 승무원이 탑승

120 일론 머스크의 스페이스X, https://www.spacex.com/

하기를 원한다.

2024년 10월 SpaceX는 '메카질라(Mechazilla)'로 Starship 부스터를 공중에서 잡아 역사적인 공학적 경이로움을 달성했다. 로켓 재사용성(Rocket Reusability)에서 이 획기적인 진전은 정비 시간을 크게 줄이고 SpaceX가 행성 간 임무라는 목표에 더 가까이 다가가게 했다.

'메카질라'는 SpaceX의 발사대에 부착된 거대한 기계 팔에 붙은 별명으로, Starship 로켓의 1단계 부스터를 공중에서 잡아서 바다에 곤두박질치거나 땅에 딱딱하게 착륙하는 것을 피하도록 설계되었다. 이 기술은 부스터를 손상으로부터 보호할 뿐만 아니라 수리하는 데 필요한 시간을 줄여 재사용 프로세스를 가속화한다. **SpaceX의 설립자인 일론 머스크는 로켓을 재사용 가능하게 만드는 개념을 옹호했는데, "이는 우주 임무 비용을 줄이는 데 있어 중요한 단계"라고 했다.**[121]

■ 액시엄스페이스(Axiom Space)

액시엄스페이스는 텍사스주 휴스턴에 본사를 두고, 미국의 민간 자금을 지원받는 우주 인프라 개발업체 회사였다. 2016년 마이클 T. 서프레디니(Michael T. Suffredini)와 캄 가파리안(Kam Ghaffarian)이 설립한 후 2022년에 처음으로 우주 비행선을 비행했다. 2020년대 후반에 세계 최초의 상업용 우주 정거장을 소유하고 운영하는 것을 목표로 하고 있다.

---

[121] https://yourstory.com

현재 세계 최초의 상업용 우주 정거장 건설이 진행 중인데, NASA와 협력하여 예비 및 중요 설계 검토를 마친 후 Thales Alenia Space의 파트너는 Axiom Station의 첫 번째 모듈의 기본 구조에 대한 용접 및 가공 활동을 시작했다. 제작된 비행 하드웨어의 첫 번째 부품이 함께 모이기 시작했으며 조립된 모듈은 곧 휴스턴에서 합류하여 최종 조립 및 통합을 완료한다. Axiom Space는 지구 저궤도에서 작동할 차세대 플랫폼의 첫 번째 섹션을 2026년에 출시할 준비를 하고 있다.

액시엄스페이스는 모듈을 국제 우주 정거장에 연결할 수 있는 특권을 가진 유일한 우주여행 사업을 한다. 이러한 파트너십과 전략적 연결을 통해 액시엄스페이스는 ISS(International Space Station) 국립 연구소의 다국적 사용자 기반을 효과적으로 채택하고, 서비스하여 연구 및 제조 이니셔티브를 원활하게 계속할 수 있다. 또한, 액시엄스페이스는 미세 중력에서만 사용할 수 있는 기술을 사용하여 수많은 산업의 발전을 이끌 인력, 연구 및 제조를 유치할 계획이었다.[122]

- **보잉**(Boeing)

NASA의 상업 승무원 프로그램(Commercial Crew Program)의 목적으로 개

---

122 액시엄스페이스(Axiom Space), https://www.axiomspace.com/

발 중인 Starliner 캡슐로 상용 비행을 제공할 수 있다. 이러한 최근의 우주여행 모험은 전 세계적으로 흥분을 불러일으키고 헤드라인을 장식하며, 민간 우주 회사에  대한 더 많은 투자를 유도한다. 예를 들어, 많은 특수 목적 인수 회사 SPAC(Special Purpose Acquisition Company)은 예상되는 미래 수익을 기반으로 우주 회사를 인수 대상으로 삼아 기업 공개를 허용하고 있다.

F. 달나라 여행을 위한 경제
(Cislunar Economy: 시스루나 이코노믹)

가. 최장 371일 우주 머무른 미국인 우주인

글로벌 상업용 우주 시장의 정확한 규모와 내구성에 대한 의문이 남아있지만 상당한 성장을 할 것으로 보인다. 나아가, 우주 관광을 넘어 **우주에서 경제 활동(예: 소행성 채굴 또는 제조(For Instance, Asteroid Mining or Manufacturing))**을 볼 수 있을지에 달려있다. **달나라 여행의 경**

제(Cislunar Economy, 시스루나 이코노믹)가 실현되면 자랑할 권리를 넘어 우주로 가는 환경을 제공할 것이며, 이는 2030년 이후에 상업 비행을 위한 강력하고 지속적인 시장으로 가는 티켓이 될 수 있다.[123]

미국인 중 가장 오래 우주에 머무른 NASA 우주비행사 프랭크 루비오(Frank Rubio)는 미국 항공우주국(NASA) 우주비행사로 371일간의 우주여행을 마치고, 2023년 9월 27일 지구로 귀환했다. 당초 루비오 우주비행사는 2023년 3월 지구로 귀환할 예정이었지만, ISS에 도킹돼 있던 MS-22 우주선에서 냉각수가 누출하는 사고가 발생했다. 냉각수는 우주선 온도를 조절하고 압력을 유지하는 등의 역할을 한다. 그는 러시아의 소유즈 'MS-22' 우주선을 타고 국제우주정거장(ISS)으로 향했다.

이후, MS-22를 개발한 러시아 연방우주공사(RSA, Roscosmos, 로스코스모스)는 우주비행사가 탑승하기에 위험하다고 판단해 MS-22를 지구로 귀환시키고, 우주비행사를 태워 올 MS-23 우주선을 발사했다. 이 과정에서 루비오 우주비행사의 귀환 시점이 3월에서 9월로 연기됐다. 이번 귀환으로 루비오 우주비행사는 미국인 중에서는 단일 체재 기준으로 ISS에 가장 오래 머문 기록을 세웠다.

러시아에서는 그보다 더 오래 우주에 머물렀던 인물도 있다. 1994년 1월부터 1995년 3월까지 러시아(구 소련)의 미르 국제우주정거장

---

123 맥캔지, Chris Daehnick, 2021, https://www.mckinsey.com

에 437일 머물렀던 고(故) 발레리 폴리 야코프(Valeri Vladimirovich Polyakov)였다. 당시 소련이 붕괴하고 러시아가 세워지며 정치적, 경제적으로 불안정한 시기였기 때문에 우주비행사를 귀환시키기 위해 자주 우주선을 발사할 수 없었다. 폴리 야코프는 이런 정
세에 따라 400일 이상을 우주에 머무르며 중력이 적은 우주환경에서 인체의 변화 등을 연구하는 데 많은 발자취를 남겼다.[124]

앞으로 다가올 알파(Alpha, α')세대의 비즈(Bz) 에는 NASA의 유인 화성(Mars) 탐사가 있다. 처음 탑승한 우주인들은 2034년에 그곳에 도착할 계획이 있다. 화성은 우리가 태양계에서 생
명체가 존재했을 수 있는 유일한 장소 중 하나이기 때문에 인간 탐사의 지평선 목표로 남아있다. 붉은 행성에 대해 알게 된 사실은 지구의 과거와 미래에 대해 더 많이 알려주고, 우리의 고향 행성 너머에 생명체가 존재하는지를 알아내는 데 도움이 될 수 있다. 화성 탐사 우주인 선발과 함께 준비해야 할 많은 부분에서 있어서, 여러 가지 연구 분야가 있을 수 있다.

달과 마찬가지로 화성은 과학적 발견을 위한 풍부한 목적지이며, 인간이 지구에서 멀리 여행하고 탐험할 수 있도록 하는 기술의 원동력이

---

124 Donga, 2023. 9., https://www.donga.com

다. 그들은 달에서 훈련받을 수 있다. 팀을 화성으로 수송하는 데 사용된 일부 시스템은 달에서 제조될 수 있다. ISRU(In Situ Resource Utilization)는 달이나 화  성에서 현지의 자원을 활용하여 필요한 물자를 생산하는 시설을 말한다. 전형적인 원통형 거주지는 ISRU 시스템과 마찬가지로 물과 산소 생산을 시작하기 위해 사전에 화성으로 보낼 계획을 세우고 있다. 우주인들이 화성까지 여행하고 돌아올 때, 그들이 탄 우주선은 주행거리계에 10억 마일이 넘는 거리를 달릴 것이며, 이는 아르테미스 1세가 여행한 거리의 1,000배 이상이 된다.

화성 산소 현장 자원 활용 실험은 '목시(MOXIE: Mars Oxygen In-Situ Resource Utilization Experiment)'라고 한다. 이것은 화성 대기에서 연료를 연소시키고 호흡하는 데 필요한 산소를 생산하는 기술을 시연하여 NASA가 인간이 화성에 탐사를 떠날 수 있도록 준비하는 데 도움을 주고 있다. 화성으로의 왕복 임무를 수행하는 우주인들은 신선한 음식을 배달할 재공급 임무를 수행하지 못할 것이므로, NASA는 이러한 장기 임무를 위해 품질, 다양성 및 영양가를 보장하기 위해 식품 시스템을 연구하고 있다. 국제 우주 정거장의 식물 성장은 우주 내 작물 관리에도 도움이 된다.

NASA는 음식, 공기, 물과 같은 소모품을 재생하거나 재활용할 수 있는 생명 지원 시스템을 개발하고 있으며, 국제 우주 정거장에서 이를 테스트하고 있다. 지구에서 전기를 사용하여 기기를 충전하는 것처럼, 우주인은 화성을 탐사하기 위해 안정적인 전원 공급이 필요할 수 있다. 이 시스템은 가볍고 화성의 위치나 날씨와 관계없이 작동할 수 있어야 한다. NASA는 핵분열 표면 전력을 포함한 전력 시스템에 대한 옵션을 조사하고 있다.[125]

Core Vision

왕림 패밀리(Kingdom Family)

By 우주 휴가의 미래 : 세상 밖의 휴가는 의문의 여지가 없다.

A. 우주의 암흑물질과 암흑에너지
  - 인간은 우주의 겨우 4%밖에 이해하지 못한다. 나머지 23%는 암흑물질, 73%는 암흑에너지로 채워져 있다.
  - 이들 세 가지 우주의 구성 중에 가시광선에 의한 인간이 볼 수 있는 것도, 보이지는 않지만 암흑물질이라 하여 별과 행성, 은하 등등 우리 인간이 볼 수 있는 물질들보다 5배나 더 많이 존재하는 그것이 있다고 예측된다.

B. 유럽연합(EU:European Union) 우주 정책 : 영국, 이탈리아, 벨기에
  - ESP(European Space Policy: 유럽우주정책)은 유럽 수준에서 우주활동을 수행하는 총괄적인 바탕을 제공한다.

C. 미국(USA)의 미항공우주국(NASA) 우주비행
  - 아폴로(Apollo) 프로그램 : 케네디 대통령이 미국인들에게 달에 도달하라고 도전한 지 정확히 8년 1개월 26일 후, 아폴로 프로젝트는 최초의 인류를 달 표면에 착륙시켜 안전하게 지구로 귀환시켰다.

D. 2030년 알파(Alpa, α')세대의 우주 탐험 휴가의 전망은 ?
  - 항공우주 분야의 리더들은 정부와 기업이 우주에서 더 많은 일을 하고자 함에 따라 2035년까지 획기적인 발견과 급성장의 우주 경제를 예측했다.

E. 우주 여행 비즈니스는 어디까지 준비되었는가? : 8대 우주 여행 컴퍼니
  - 2001년부터 2009년까지 미국의 민간 기업인 Space Adventures는 7명의 우주 관광객을 러시아 소유즈 우주선을 타우고, 국제우주정거장으로 수송하여 계획된 임무를 수행했다. 승객 요금은 2,000만 달러 범위.

F. 달나라 여행을 위한 경제(CE : Cislunar Economy, 시스루나 이코노믹)
  - 우주에서 경제 활동(예: 소행성 채굴 또는 제조: for instance, asteroid mining or manufacturing)을 예상되며, 특히 달나라 여행의 경제(Cislunar Economy : 시스루나 이코노믹)가 실현되면 자량한 권리를 넘어 우주로 가는 환경을 제공할 것이며, 이는 2030년 이후에 상업 비행을 위한 강력하고 지속적인 시장으로 같수 있다.

---

125   미항공우주국, https://www.nasa.gov

02
미래 항공 모빌리티
(AAM: Advanced Air Mobility)

　도시 이동성(City Mobility)의 미래에 대해 생각할 때, 대부분은 이 용어를 전기 자동차, 전자 자전거 공유, 전자 스쿠터 및 대중교통을 위한 전기 버스 채택과 연관시킬 수 있다. 그러나 자율 비행 기술과 5G 무선 통신 네트워크의 발전과 함께 인구 밀도가 높은 도시에서 탄소를 줄이고, 도로 혼잡을 완화해야 하는 필요성으로 인해 도시 항공 이동성(UAM: Urban Air Mobility)의 가능성이 도입되었다.

　대체 교통수단에 대한 수요 증가는 도심 항공 이동수단(UAM: Urban Air Mobility)의 예상되는 성장을 이끄는 핵심 요소가 된다. 2020년 26억 달러에서 2030년까지 약 90억 달러로 성장할 것으로 예상했다. 다른 더욱더 낙관적 예측은 시장은 2027년까지 124억 달러까지 성장할 수 있다. 향후 전기 수직 이착륙 차량(eVOTL) 개발에 참여하는 약 200개 회사와 함께 UAM은 더욱 저렴하고 신속하게 성장할 것이다. 지속 가능한 도시 간 여행을 위한 미래 옵션으로 점점 더 주목받고 있으며, 일부 회사는 조기 서비스 출시를 모색하고 있다.[126]

A. NASA 항공 연구임무국
(ARMD: About Aeronautics Research Mission Directorate)

ARMD는 미국 NASA 내의 5개 임무국 중 하나이며, 나머지 4개는 탐사 시스템 개발 임무국, 우주 작전 임무국, 과학 임무국, 우주 기술 임무국이 있다. ARMD는 상업, 군사 및 일반 항공 부문에 혜택을 주는 NASA의 항공 연구를 담당한다. 또한, 차세대 항공 운송 시스템(Next Gen) 개발에 참여하고 있다. ARMD는 캘리포니아의 AMES 연구 센터와 암스트롱 비행 연구 센터, 오하이오의 Glenn 연구 센터, 버지니아의 Langley 연구 센터 등 4개의 NASA 시설에서 항공 연구를 수행한다.

ARMD는 첨단 항공 모빌리티(AAM: Advanced Air Mobility) 임무 성공을 촉진하는 동시에 유연성과 민첩성을 촉진한다. AAM 임무에 이바지하

---

126 GREEN Biz, https://www.greenbiz.com

는 ARMD 프로젝트 전반의 팀워크를 촉진한다는 목표로 2020 회계연도에 AAM 임무 통합 사무국을 시작했다. AAM 임무는 AAM을 활성화하는 데 필요한 광범위한 장벽을 해결할 것이며 임무 부서 전반에 걸쳐 프로젝트를 통해 달성할 수 있는 기여를 준다.[127]

도시 내 항공 택시 애플리케이션과 같은 도시 항공 모빌리티는 항공 모빌리티 부문 전반에서 중대한 변화의 시작이 될 것이다. 특히, 도시 애플리케이션의 디지털화 및 전기화는 궁극적으로 대륙에서 대륙으로 100% 지속할 수 있는 비행 수단을 개발할 때까지 다른 장거리 미션으로 확산할 것이다. 30년 안에 첨단 항공 모빌리티(AAM: Advanced Air Mobility)는 다른 운송 수단만큼 유비쿼터스 하게 될 것이다.

첨단 항공 모빌리티(AAM: Advanced Air Mobility) 임무에 대한 NASA의 비전은 신흥 항공 시장이 혁신적인 새 항공기를 사용하여 이전에 항공 서비스가 제공되지 않거나 서비스가 충분하지 않은 장소(지역, 지역, 지역 내, 도시) 간에 사람과 화물을 이동하는 항공 운송 시스템을 안전하게 개발하도록 돕는 것이다. 이것에는 NASA의 Urban Air Mobility에 대한 작업이 포함되어 있으며, 미국 산업계와 대중에게 상당한 이점을 제공할 것이다.

127　미항공우주국, 2022.6., https://www.nasa.gov

　첨단 항공 모빌리티(AAM: Advanced Air Mobility)는 유망할 뿐만 아니라 이미 효과가 있음을 실제로 보여주었다. 헬싱키, 싱가포르, 파리, 위스콘신주 오쉬코시 등 여러 곳에서 공개 시연과 시험 비행을 했기 때문에 수천 명의 사람이 차량이 나는 것을 목격했다. 오늘날 도시가 혼잡하기 쉬울수록 항공 옵션의 영향이 더 커지며, **가장 큰 요구 사항은 확실히 인프라가 미개발된 거대 도시, 특히 아시아의 도시에 있을 수 있다.**

B. 미래 글로벌 모빌리티 비즈니스 전망: 7대 도시 항공

가. 하늘을 나는 모빌리티 비즈니스

- **볼로콥터**(Volocopter)

　독일 브루흐잘(Bruchsal)에 본사를 두고 설립한 독일 항공기 제조업 회사로, 항공 택시용으로 설계된 개

인용 항공기 형태의 전기 멀티로터 헬리콥터 설계를 전문으로 한다. 플로리안 로이터(Florian Reuter) 최고 경영자는 "**바라보다! 하늘 위에! 새도 아니고 비행기도 아니고 eVTOL(Electric Vertical Take-Off and Landing)이다. eVTOL은 전기 수직 이착륙 항공기이며 2030년까지 수천 대의 항공기가 도시 상공을 비행할 수 있다.**"라고 했다. "하늘을 나는 택시가 일어날 것입니다. 그것은 '만약'이 아니라 '언제'의 문제입니다."라며 그들의 전기 항공기가 안전하고 조용하며 저렴하고 환경친화적이고 2028년에 비행기를 탈 수 있다고 말한다.

자전거와 자동차는 브루흐잘(Bruchsal)시 근처의 남부 독일에서 발명되었다고 한다. 머지않아 또 다른 운송 국면 전환 요소가 세계의 해당 지역에서 나타날 수 있다. 독일의 Volocopter가 만든 VoloCity와 같은 전기 항공 택시는 도시 여행뿐만 아니라 전 세계 모빌리티 산업에 혁명을 일으킬 준비가 되어 있다고 플로리안 로이터(Florian Reuter)는 말한다. 그의 회사는 멀티로터 전기 수직 이착륙(eVTOL) 항공기를 제작하고 있으며 2024년에 상업용으로 제공한다. 또한 2030년까지 승객과 상품 모두에 대해 광범위한 AAM 옵션이 제공될 것으로 예상한다. 소비자로서 스마트폰을 탭하기만 하면 다양한 옵션이 모두 표시될 것이다. 그리고 그 시점에 내 특정 요구 사항을 가장 잘 충족하는 것을 선택할 수 있다.

볼로콥터는 3가지 유형의 eVTOL 차량을 연구하고 있다. 도시와 교외를 여행하기 위한 **볼로컨텍션(VoloConnect)**과 화물 운송을 위한 **볼로드론(VoloDrone)** 및 회사의 디지털 플랫폼인 **볼로아이큐(VoloIQ)**가 있다. 이러한  모든 서비스를 연결하고 소비자가 항공편을 쉽게 예약할 수 있도록 설계되었다. 볼로콥터는 최근 투자자 커뮤니티에서 상당한 관심을 받는 여러 eVTOL 회사로, 이 회사는 3억 5,000만 달러 이상의 자본을 조달했으며 로스앤젤레스와 파리를 포함한 여러 도시에 서비스를 제공하기 위해 파트너십을 형성했다. 2021년 10월, **볼로콥터**는 대형 볼로드론(VoloDrone)의 최초 공개 시험 비행을 통해 독일 함부르크의 하늘을 날았다. 3분간의 이정표 비행은 독일 물류 회사 DB Schenker와 함께 수행되었으며 함부르크의 homePORT 혁신 캠퍼스에서 이륙하여 고도 72피트에 도달했다.

2030년대에 eVTOL은 일상적으로 반경 100마일 내에서 사람과 화물을 운송할 것이며, 일부 eVTOL은 조종석에 앉아있는 조종사가 조종한다. **볼로드론**  **(VoloDrone)**은 기존 물류 프로세스를 위해 더욱 강력하고 효율적이며 지속할 수 있는 솔루션을 만들어야 한다. 드론은 18개의 로터, 배터리 및 전기 모터를 사용하여 공중으로 끌어 올려 착륙 장치 사이에 레일 부착 시스템을 사용하여 25마일 범위에서 최대 441파운드의 하중을 운반한다. 볼로콥터는 2019년 볼로드론(VoloDrone)을 출시한 이후 독일

전역의 폐쇄된 테스트 지역에서 여러 차례 비행을 수행했다.

■ **에어버스**(Airbus)

유럽 우주정책(ESP: European Space Policy)은 유럽 수준에서 우주활동을 수행하는 총괄적인 정책을 제공한다. 그러나, 유럽 우주 에이전시(ESA: European Space Agency)와 EU(European Union) 회원국 각자가 유럽 수준에서 활동과 함께 계속하여 국가 우주활동을 가지고 있다. 그중 몇몇 국가는 ESA에 우주 관련 국가 예산을 투입하고 있으며, 이들 국가로는 스위스, 그리스와 아일랜드가 있다. 반면에 다른 국가들은 대부분의 국가 예산을 국가 우주활동에 사용하고 있으며, 이들 나라로는 프랑스와 이탈리아를 들 수 있다.[128]

European Space Operations Centre, Darmstadt, Ger

유럽 항공우주 회사는 9월 말 **시티에어버스(CityAirbus) NextGen**이라는 새로운 비행 택시를 공개했다. 완전 전기식 4인승 CityAirbus NextGen UAM 항공기의 목표는 2가지가 있다. 조용하게 달리고 짧은 거리를 빠르게 이동하는 것이다.

---

128   ESA: European Space Agency, https://www.esa.int/

차세대 시티에어버스(CityAirbus)를 선도하는 이 차량에는 고유하게 설계된 분산 추진 시스템의 일부로 고정 날개, V자형 꼬리 및 8개의 전기 구동 프로펠러가 장착되어 있다. 배출가스 제로 비행에 최대 4명의 승객을 태울 수 있게 설계되었다.

2030년에는 세계 인구의 60%가 도시에 거주하게 될 것이다. 이러한 상당한 인구 증가로 인해 지상 인프라가 점점 혼잡해짐에 따라 혁신적인 이동성 옵션에 대한 실질적인 필요성이 발생할 것으로 예상된다. 도시 상공의 영공을 활용하는 안전하고 저탄소이며 편리한 솔루션을 사람들에게 제공하는 것이 해결책이 될 수 있다. 2014년부터 Airbus는 배터리 용량, 자율성, 전기 추진력 등 최신 기술 발전이 새로운 종류의 항공기 개발을 촉진하는 데 도움이 될 수 있는지 탐구해 왔다. 2018년 최첨단 상업용 도시 항공 모빌리티 솔루션 및 서비스에 대한 탐구를 한 단계 더 발전시키기 위해 에어버스 어반 모빌리티(Airbus Urban Mobility)를 설립했다.

Airbus Urban Mobility는 도시 주민들에게 비행의 안전, 편리함, 즐거움을 선사함으로써 사람들을 더 효과적으로 연결하는 데 중점을 두고 있다. 이

를 위해서는 다양한 핵심 구성 요소를 원활하게 통합하는 도시 항공 이동성에 대한 전체적인 접근방식이 필요하다. UAM(Urban Air Mobility)은 도시를 변화시키고 생활방식을 바꿀 수 있는 잠재력을 가지고 있다. 가장 흥미로운 잠재적 응용 분야 중 하나는 생명을 구하는 임무를 지원하는 것으로, 중요한 '골든아워(Golden Hour)'에 사람들에게 의료 서비스를 제공할 수 있도록 돕는다.[129]

- **조비 항공**(Joby Aviation)

2020년 말, 캘리포니아에 본사를 둔 이 비밀 전기 항공 택시 개발업체는 Uber Technologies로부터 7,500만 달러를 투자한 후 Uber Elevate를 인수한다고 발표했다. 이번 거래에서 두 회사는 각자의 서비스를 통합하여 2023년 초에 하늘로 날아갈 수 있는 전동 수직 이착륙기(eVTOL) 여객기 개발을 지원하고 있다. Joby는 시리즈 C 자금 조달 라운드를 위해 2020년 1월 Uber가 이전에 공개하지 않은 5,000만 달러를 투자했다. 합병 발표 당시 Joby Aviation의 총자금은 8억 2,000만 달러에 달했고, 그리고 조비 항공은 특수목적인수법인(SPAC) 거래를 통해 주식시장에 상장한 최초의 eVOTL 회사가 됐다.

---

[129] Air Bus, https://www.airbus.com/en

■ 릴리움(Lilium)

UAM 여행 산업의 선두 주자로 여겨지는 회사 중 하나로 독일의 전기 항공기 개발사인 릴리움이 있다. 뮌헨에 본사를 둔 이 회사는 바이에른(Bayern)에서 7인승 eVTOL Lilium Jet를 사용하고, 또

릴리움 제트(Lilium Jet) 5인승

한 플로리다주 올랜도에서는 5인승 eVOTL Lilium Jet를 사용하여 지역 항공 이동 직항을 출시할 준비를 하고 있다. 특히 바이에른(Bayern)에 기반을 둔 직항은 뒤셀도르프 공항과 쾰른/본 공항에 건설되어 이 두 공항을 독일의 또 다른 주인 노르트라인베스트팔렌(Land Nordrhein-Westfalen)에 걸쳐있는 지역 항공 이동 네트워크의 허브로 자리매김할 것이다.

릴리움의 플로리다 항공 이동 네트워크는 Sunshine State의 관광 중심지인 도시 간 교통 네트워크를 위한 허브를 올랜도(Orlando)에 건설할 예정인 다국적 인프라 운영업체인 페로비알(Ferrovial)과 파트너십을 맺고 있다. 페로비알(Ferrovial)은 교통 인프라와 도시 서비스의 설계, 건설, 자금 조달, 운영 및 유지 관리를 담당하는 스페인의 다국적 기업이다. 이 파트너십은 매년 올랜도 국제공항을 통과하는 5,000만 명의 여행자가 탬파(Tampa), 세인트피터즈버그(St. Petersburg), 포트로더데일(Fort Lauderdale) 및 마이애미(Miami)를 여행하는 선택지가 되기를 희망하고 있다. 시속 186마일로 이동하는 5인승 항공기인 스타트업의 릴리움

제트(Lilium Jet)는 올랜도와 탬파 간 이동 시간을 자동차로는 2시간 이동하는 데 비해 30분으로 단축한다.[130]

■ **테라푸지아**(Terrafugia)

테라푸지아는 2021년에 'Roadable Aircraft'에 대한 FAA 특별 경 스포츠 감항성 인  증서를 받았을 뿐만 아니라 새로운 드론인 Commaris Seeker로 새로운 브랜드를 출시했다.

Seeker는 자율 상업용 항공 응용 분야를 위해 설계된 전기 고정익/VTOL 하이브리드 항공기다. 배터리 교체 없이 3시간 이상 비행할 수 있는 장기 내구성을 갖추고 있으며, 다양한 페이로드 구성을 지원하고 시속 60마일이 넘는 최고 속도로 이동할 수 있다. 드론은 최대 10파운드의 대형 페이로드 운반 능력을 갖추고 있다. 검사용 30배 광학 줌 EO/IR 카메라, 대치용 1억 2,000만 픽셀 고해상도 카메라, 정밀 농업용 6 밴드 다중 스펙트럼 카메라, LiDAR 시스템, 레이저 메탄 및 코로나 방전 센서가 포함되어 전력선, 철도, 해상 수색 및 구조 분야, 검사에 적합한 기능을 갖는다.

---

130 릴리움(Lilium), https://lilium.com/

■ 테트라(Tetra)

일본 도쿄에 본사를 둔 스타트업 테트라(Tetra)는 상업적 개인용 eVTOL Mk-5 항공기 개발에 착수했다. 불특정 다수의 주문을 받았지만, 고객에게는 개인 조종사 면허가 필요하다고 한다. 각 제작품은 자체 제작/실험용 항공기로 등록되므로 FAA의 검사 및 등록 받아야 한다.

Mk-5는 200파운드 미만의 조종사를 위한 경량 개인용 항공기로, 2개의 넓은 날개 사이에 슬림한 캐빈을 배치한다. 전면 및 후면 윙에는 총 16개의 추진 포드가 부착되어 있으며, 각각 앞뒤에 2개의 수직 리프트 로터가 있다. VTOL 작동을 위한 총 32개의 리프트 팬이 있고, 뒷면에 있는 단일 크루즈 프로펠러는 최대 100mph의 크루즈 속도를 가능하게 하며, 13.5kWh 배터리는 최대 99.4마일의 비행 범위를 제공한다. Tetra는 또한 캘리포니아에서 Mk-5 SN2 프로토타입이 무인 비행 하는 모습을 보여주는 시험 비행 영상을 공개했다.

나. 하늘을 나는 날개 없는 eVTOL 차량

■ 도시 항공(Urban Aeronautics)

세계 최초의 소형 날개 없는 eVTOL 차량의 개발자로 알려진 Urban Aeronautics는 계속해서 한계를 뛰어넘고 있다. 새로운 투자 이후 CityHawk 항공기를 통해 획기적인 개념을 현실화하는데 점점 더 가까워지고 있다. 얼마 전, 캘리포니아에 본사를 둔 하이포인트(Hypoint)와의 파트너십을 통해 도시 항공(Urban Aeronautics)은 항공기의 첫 비행 테스트를 성공적으로 수행했다. 두 회사는 또한 수소로 구동되도록 설계된 CityHawk에 연료 전지 기술을 적용했다.

CityHawk 비행 차량은 혁신적인 팬크래프트(Fancraft) 기반 수직 이착륙 기술과 이중 밀폐형 덕트 로터를 통합하여 안정성을 높이고 소음을 크게 줄였다. 소형 항공기에는  교통, 전력선 및 기타 도시 구조물을 감지하고 회피할 수 있는 자율 시스템이 통합되어 있다. CityHawk는 야간 및 모든 기상 조건에서도 안전하게 작동할 수 있다.

콤팩트한 디자인의 또 다른 이점은 건물 옥상에 위치한 수직 포트에 착륙할 수 있다는 것이다. 이는 특히 긴급 상황에서 시간을 절약하고 효율성을 높였다. 내부는 편안한 좌석, Wi-Fi 및 터치스크린 덕분에

프리미엄 자동차만큼 환영받을 것이다. 항공우주 회사의 다음 목표는 수소 연료를 사용하는 팬크래프트(Fancraft) 기술을 더욱 개발하기 위해 1억 달러를 펀딩받기를 기대한다.

C. 2030년 하늘을 나는 자율주행 비행 택시 등장

향후 10년 동안 성공하기 위해 어떤 다른 최첨단 기술이 필요할까? 먼저, 항공기가 가능한 가벼워지기를 원한다. 동시에 배터리의 에너지 및 전력 밀도와 전체 전기 구동계의 효율성과 직접적으로 관련된 가능한 '성능'을 개발한다. 그래서 항공 분야에서 가장 높은 기준을 충족하고 항공기 인증을 받는 것을 목표로 이 2가지 요소를 강력하게 추진하고 가능한 것을 탐색하고 있다.

그 후, 다음 프론티어 기술은 자율주행 항공기(Autonomy Aircraft)다. 자율성에 관해 이야기할 때 대부분의 사람은 차량에 탑재된 정교한 컴퓨터 센서와 알고리즘

을 생각하지만, 서비스를 10의 마이너스 9제곱 또는 하나의 무사고 서비스로 제공할 수 있는지 확인하는 것이 될 수 있다. 이러면 안전에 대

한 유럽항공안전청(EASA: European Aviation Safety Agency)이 제시한 안전 목표인 10억 비행시간을 달성하는 목표가 중요하다.

자율 항공기를 보기까지 얼마나 걸릴까? 많은 사람이 자율주행차가 지금쯤 존재할 것이라고 예상했다. 그러나 지상보다 공중에서 자율 기능이 훨씬 더 빨리 채택  될 것이라고 믿는 데에는 2가지 이유가 있다. 첫째, **여객기는 수십 년 동안 자동 조종 장치(Autopilot)로 비행해 왔기 때문에 우리는 이미 매우 익숙하고 공중에서 매우 안전하게 숙달한 수준의 자율 주행성을 갖고 있다.** 둘째, **공기는 지상보다 제어하기 훨씬 쉬운 공간이다.** 물론 우리는 공중의 새, 불법 드론과 같은 영공의 '비협조적인 구성원(Uncooperative Member)'을 인식해야 하므로 이들을 처리하는 방법에 대한 계획이 있어야 한다. 그러나 일반적으로 영공 참가자들은 교통량이 많지 않기 때문에 지상 참가자보다 훨씬 더 많은 기술을 갖추고 교육을 더 잘 받는다.

게다가, **자율성 로드맵(AR: Autonomy Roadmap)**은 전 세계 규제 기관에서도 채택되고 있다. 그들은 자율주행 항공기를 현실로 만들기 위해 업계 참여자들이 작업 그룹에 참가하도록 적극적으로 권장하고 있다. 그리고 **5년에서 10년 사이, 즉 2030년대에 전 세계적으로 완전 자동화된 비행이 처음으로 채택될 것으로 예상한다.**

가. 자율주행 하늘 택시를 만난다

- JSX(JetSuiteX)

JSX는 미국과 멕시코의 미국 항공사이며, 규제 목적으로 JSX는 공공 전세 운영자로 설정되었으며 항공기를 직접 운영하지 않는다. JSX는 자회사 Delux Public Charter(JSX Air)가 운영하는 30석 Embraer 지역 제트기를 전세 낸 다음 해당 항공기의 좌석을 대중에게 재판매한다. JSX는 Embraer ERJ-135 및 ERJ-145 항공기를 운영하고 있으며 각각 30개의 좌석을 갖추고, 머리 위 선반이 제거되었으며 내부 전력이 공급된다.

2028년부터 배송을 위해 300대 이상의 하이브리드 전기 항공기 인수 계획을 발표했다. 미국 지역 항공사인 JSX는 Electra, Aura  Aero 및 Heart Aerospace 제조업체로부터 최대 332대의 하이브리드 전기 항공기를 인수하겠다는 의사를 발표하여 '소규모 지역 사회 항공 서비스를 위한 환경적으로 지속 가능한 미래를 개척'하겠다고 다짐했다. JSX는 30석의 Heart Aerospace ES-30 중 100개는 확정 주문 50개와 옵션 50개로 북미 지역의 영향이 적은 지역 운송을 갱신하겠다고 약속했다. JSX는 2028년에 최초의 하이브리드 전기 항공기를 인

도받을 것으로 예상한다.[131]

■ 현대차 '하늘을 나는 자동차': 슈퍼널(Supernal)

슈퍼널(Supernal)은 현대차그룹의 '미래 항공 모빌리티(AAM: Advanced Air Mobility)' 사업을 맡은 미국 법인으로, 미국 라스베이거스 '소비자가전쇼(CES)

2024'에서 슈퍼널이 자체 개발한 차세대 기체 'S-A2'의 실물 모형을 최초로 공개했다. **S-A2는 현대차그룹이 2028년 상용화를 목표로 개발 중인 수직 이착륙기(eVTOL)다.** 지난 2020년 CES에서 현대차그룹이 첫 비전 콘셉트 S-A1을 제시한 이후 4년 만에 새 버전을 공개했다. AAM에 대한 높은 관심을 반영하듯 이날 현장에는 내외신 기자와 업계 관계자 등 참관객 600여 명이 몰려들었다. 신재원 현대차·기아AAM본부장(사장·슈퍼널 CEO)은 "교통 체증으로 꽉 막힌 길에 1시간씩 갇히는 일 없이 단 몇 분 안에 도심 내에서 이동하고자 하는 상상이 현실이 될 것"이라고 운을 뗐다. 그는 "기존에 없던 기체를 개발해야 한다는 점이 매우 어려웠다."면서도 "이번 신규 기체 공개는 미래 모빌리티 패러다임 전환을 선도하겠다는 슈퍼널과 현대차그룹의 의지"라고 말했다.

---

131 JSX, 2023. 12. 19., 미국 지역항공사 2028년 전망, https://www.urbanairmobilitynews.com

슈퍼널(Supernal)은 상용 항공기체 수준의 안전 기준을 충족하겠다고 밝혔다. 벤 다이어친(Ben Diachun) 슈퍼널 최고기술관리자(CTO)는 "S-A2는 100개 이상의 디자인 아이디어를 검토해 얻어낸, 종합적인 공학 분석의 산물"이라며 "안전을 최우선 목표로 연구 개발을 지속하고 있다."고 설명했다. 슈퍼널과 현대차·기아 글로벌디자인본부가 협업해 만든 세련된 디자인도 돋보인다. 루크 동 커볼케 현대차·기아 글로벌디자인본부장(사장)은 "내·외관 스타일링을 하며 장식적 요소를 최소화하고 공기 역학 성능을 고려해 역동적 형상을 담았다."고 말했다. 수직 이착륙기의 도심 내 운항 시 우려 사항으로 꼽히는 소음도 식기세척기 수준(45~65dB)으로 낮췄다고 소개했다.

D. 첨단 항공 모빌리티 시장은 얼마나 커질까?

볼로콥터 CEO, Florian Reuter

미래 도시의 모빌리티 옵션에 참여하려면 100% 지속 가능성(Sustainability)이 필수라는 점은 분명해야 한다. 오늘날 그 방향으로 향하는 유일한 방법은 모든 전기를 사용하는 것이며, 장기적으로 연료 전지가 역할을 할 수는 있지만 아직은 그렇지 않다. 그리고 100% 재생 가능 에너지를 사용하는 충전식 배터리를 사용하는 것만으로는 충분하지 않다. 차량 운영뿐만 아니라 차량 생산도 완전히 지속 가능해야 하며, 아직 그 방향으로 갈 길이 멀다. 그러나 전체 산업과 사회 전체가 올바른 솔루션을 찾고 있다.

많은 미래항공 모빌리티(AAA: Advanced Air Mobility) 플레이어가 최근 상당한 자금을 지원받고 있다. 2030년엔 얼마나 많은 사람들이 여전히 사업을 하고 있을까? 전체 10조 달러 규모의 모빌리티 시장 잠재력에 관하여 전망한다. **AAM는 향후 10년에서 15년 안에 3,000억 달러를 얻을 수 있다면 그것은 거대한 시장 기회이지만, 여전히 현재의 전체 시장규모는 아주 작은 부분에 불과하다.**

공급망 측면에서 매우 명확한 제조 또는 구매 전략을 가져야 할 것이며, 항공 분야에서 막대한 자산을 보유한 부품 공급업체와 협력해야 할 것이다. 생태계 측면에는 AAM의 잠재력을 최대한 발휘하기 전에  변경해야 하는 특정 요소가 있다. 이러한 요소는 주로 AAA의 랜딩 사이트와 충전의 가용성과 관련이 있다. 이를 위해서, 영공 관리를 위한 인프라 및 차세대 기술 구현은 기존 영공 관리 기술로 시작하게 되지만, 서비스가 진정으로 확장되기 위해서는 전통적인 항공 교통 관리에

서 보편적인 교통 관리로의 기술 전환이 필요하다.[132]

Core Vision

킹덤 패밀리(Kingdom Family)	By 미래 항공 모빌리티(AAM: Advanced Air Mobility)
	A. NASA 항공 연구임무국(ARMD : About Aeronautics Research Mission Directorate) 　- ARMD는 미국 NASA 내의 5개 임무국 중 하나이며, 나머지 4개는 탐사 시스템 개발 임무국, 우주 작전 임무국, 과학 임무국, 우주 기술 임무국이 있다. B. 미래 글로벌 모빌리티 비즈니스 전망 : 8대 도시 항공 여행사 　- 플로리안 로이터(Florian Reuter) 최고 경영자는 "바라보다! 하늘 위에! 새도 아니고 비행기도 아니고 eVTOL입니다! eVTOL은 전기 수직 이착륙 항공기이며 2030년까지 수천 대의 항공기가 도시 상공을 비행할 수 있다."라고 했다. C. 2030년 하늘의 나는 자율주행 비행 택시 등장 　- 자율주행 항공기(Autonomy Aircraft)입니다. 자율성에 관해 이야기할 때 대부분의 사람은 차량에 탑재된 정교한 컴퓨터 센서와 알고리즘을 생각하지만, 서비스를 10의 마이너스 9제곱 또는 하나의 무사고 서비스로 제공할 수 있는지 확인하는 것이 될 수 있다. 　- 이러면 안전에 대한 유럽항공안전청(EASA:European Aviation Safety Agency)가 제시한 안전 목표인 10억 비행시간을 달성하는 목표가 중요하다. D. 첨단 항공 모빌리티 시장은 얼마나 커질까요? 　- 많은 미래항공 모빌리티(AAA:Advanced Air Mobility) 플레이어가 최근 상당한 자금을 지원받고 있다. 　- 2030년에도 얼마나 많은 사람들이 여전히 사업을 하고 있을까요? 전체 10조 달러 규모의 모빌리티 시장 잠재력에 관하여 전망한다. AAM는 향후 10년에서 15년 안에 3,000억 달러를 얻을 수 있다면 그것은 거대한 시장 기회이지만, 여전히 현재의 전체 시장규모는 아주 작은 부분에 불과하다.

132　URBAN Air Mobility, 2022, https://www.urbanairmobilitynews.com

Subject 2.

알파(Alpha, α')세대의 맞춤형 웰빙라이프(Wellbeing Life)

FOR KINGDOM FAMILY BUSINESS

03
스마트 식용의 미래
(The Future of Smart Edibles)

A. 재사용할(RE100) 수 있는 상자,
병, 가방은 '스마트'하고 지속할 수 있다

 미래의 알파(Alpha, α')세대는 자신이 좋아할 칵테일을 만들고 싶다면 음료수병을 스캔하기만 하면 맞춤형 레시피 추천을 받을 수 있다. 요구르트 용기에는 요구르트가 상했을 때 알려주는 센서가 있을 것이다. 또한, 식품 저장실에 있는 감자칩 봉지,

칩을 먹은 후에는 봉지를 재사용하거나 먹을 수 있다. 이들은 야채 기반이며 실제로 꽤 맛있게 만들 수 있다. 또한, 센서가 있는 우유 주전자, 개인화된 와인병, 식용 상자 또는 가방 등, 이것은 패키징에서 The Next Normal의 몇 가지 아이템일 뿐이다. 지금은 눈속임처럼 들릴지 모르지만 앞으로 몇 년 동안은 흔한 일이 될 수 있으며, **패키징의 미래(The future of Packaging)는 스마트하고 개인화되며 재사용이 가능할 것으로 기대한다.**

가. 포장은 어떻게 바뀔까?

맥킨지의 리더 데이비드 페버(David Feber, McKinsey)는 "포장은 어디에나 있으며, 그것은 지구상의 거의 모든 사람에게 영향을 준다."라고 말했다. 또한, 그것은 인간이 생존하는 데 필요한 음식, 건강 관리, 개인 관리에 영향을 미친다. 오늘날 그중 어느 것도 많은 생존지능을 가지고 있지 않다. 그래서, 많은 제품에 대한 실질적인 우려가 있는데, 부패에 대한 우려, 진정성에 대한 우려 및 원산지에 대한 우려가 있다. 다양한 유형의 인텔리전스 및 감지(Intelligence and Sensing)를 통해 이러한 패키지는 훨씬 더 역동적일 수 있으며 2가지 방식으로 도움이 될 수 있다. 첫 번째 방법은 **"유통기한이 지났어도 버리지 마세요."**다. 또는 다른 한편으로 **"방금 구입한 요거트 용기는 2주 동안 사용할 수 있는 온도에 도달하여 상했다. 먹지 마세요."**로 알려줄 수 있다.

나. 포장의 미래: 스마트 병, 먹을 수 있는 상자

현재 이미 테스트되는 것은 디지털 인쇄인데, 음료수병에 내 이름을 어떻게 새길 수 있는가? 아니면 잼 같은 것을 살 때 어떻게 내 이름을 적거나 맞춤형 프로모션을 할 수 있을까? 특히 매장 내 판매의 경우 이러한 종류의 개인화가 상품 판매를 촉진하는 데 중요할 것으로 생각한다. 미래에는 쇼핑객은 재사용할 수 있는 개인화된 용기를 가진 소비자로서 포장이 바뀌는 것을 상상할 수 있다. 더 나아가 소비자 개인화에 대한 요구가 더 높거나 지속할 수 있는 재사용 가능한 포장에 대한 요구 사항이 있는 특정 커뮤니티에서 더 많은 소규모 공급망이 설정되는 것을 볼 수 있을 것이다.

사람들이 말하는 좋은 예는 야채 기반 포장이다. 어린이들이 햄버거를 사러 가서 상자를 버린다. 상자를 먹을 수 있다면 어떻게 될까? 상자를 데워서 수프에 넣으면 어떻게 될까? 조류 기반이거나 단백질 기반이라면 어떨까? 그런 다음 재사용할 수 있다. 만약 다른 패키지로 재사용할 수는 없다면 다른 용도로 재사용할 수 있다. 예를 들면, 집 안에 있는 당신의 개가 결국 그것을 먹을 수 있다. 이러한 종류의 혁신을 **앞으로 5년, 10년, 15년 안에 당신이 보게 될 것이라고 믿는다.**

우리는 고객들이 와서 뭔가 다른 것을 요구하기를 기다리고 있는 포장 회사들을 많이 보고 있다. **문제는 종종 이러한 고객이 다른 것을 요구할 때 새로운 변혁(DX: Digital Transformation)의 기회가 될 수 있다.** 이에 따라, 패키징 가공업체가 한 걸음 더 나아가 이러한 트렌드가 소비자와 고객에게 어떤 영향을 미치는지 이해하고 솔루션을 제시할 진정한 기회가 있다. 앞으로 브랜드 소유자, 소매업체, 업스트림 재활용 업체, 심지어 알파(Alpha, α')세대와 전자 소매업체 등과 함께 새로운 유형의 고객과 함께 다운스트림(Downstream)과 훨씬 더 긴밀한 파트너십을 맺어야 한다.

변혁(DX)의 요점은 먼저, 미국의 Cal Tech(California Institute of Technology)에서 10명의 박사 학위를 유치하여 실리콘 밸리에 배치하는 것이 아니라, 고객이 해결할 수 없는 가장 큰 문제가 무엇인지 찾는 것이다. 둘째, 어떻게 해결하는가? 그러나 혼자가 아니라 생태계에서 해결하는 것으로, 파트너와 함께 해결해야 한다. 셋째, 조직이 행동하도록 해야 하는데, 조직을 민첩하게 만들고 고객에게 다시 돌아오도록 하는 것이다. 실패해도 괜찮은 것은 그것으로부터 배우고 빠르게 움직이면 다음 실패 확률을 줄일 수 있다.[133]

B. AI(Artificial Intelligence)를 활용한 식품 세계

가. 친환경 유기농 제품의 미래

---

[133] McKinsey 디트로이드, 2019. 10. 28., Daniel Nordigarden and 실리콘 밸리, Nick Santhanam

오늘날 미국인의 82%가 정기적으로 유기농 제품을 구매하는데, 이는 50년 전 45%에 불과했던 것과 비교가 된다. 그리고 2/3는 자기 신체와 지구 모두의 건강을 증진하기 위해 고기를 덜 먹고 있다고 말한다.

인공지능(AI), 로봇공학, 빅 데이터와 같은 기술은 일반적으로 '자연' 또는 '건강' 식품 운동과 연관되지 않을 수 있다. 그러나 실제로 이러한 고급 기술을 통해 우리는 이전보다 더 깨끗하고 지역적으로 더 지속할 수 있게 먹을 수 있다. 예전의 유전자 변형 유기체(GMO) 식품과 유전자 변형에 관한 것은 아니며, 자연이 제공하는 것을 최대한 활용하여 더 건강하고 풍부한 음식을 우리 접시에 담는 기술을 사용하는 것에 관한 것이다. 미래의 기술이 이미 우리가 먹는 방식을 어떻게 변화시키고 있는지 살펴볼 수 있다.

나. 세계에서 가장 정교한 로봇은 농부가 될 수도 있다

예를 들어, 농부의 밭은 세계에서 가장 정교한 로봇을 찾을 수 있는 첫 번째 장소가 아닐 수도 있지만, **MIT의 학자들이 최신 발명품을 목표로 삼는 곳은 바로 농부의 밭이다.** 최근 공장에서 직접 식품을 선택할 수 있는 스마트 로봇의 개발은 음식물 쓰레기, 농장 노동력

부족 등 만성적인 문제에 대한 첨단 솔루션을 제공한다. 과거의 자동화된 수확기와 달리 이 로봇은 기계 학습을 사용하여 과일과 포도나무의 차이를 식별하므로 더 많은 음식을 더 빠르고 섬세하게 수확할 수 있다.[134]

C. 미래 식품 비즈니스는 기술에 달려있다
- 3대 미래 식품 비즈니스

가. 글로벌 미래 식품 비즈니스: 아이언 옥스(Iron Ox)

아이언 옥스(Iron Ox)에서는 농업이 환경에 미치는 영향을 줄이기 위해 로봇공학과 식물 과학을 사용하여 신선 농산물을 재배하는 지속 가능하고 정확한 방법을 개척하고 있다. 이들은 맛있고 신선한 농산물을 지

아이언 옥스(Iron Ox) 로봇 온실재배

속할 수 있게 재배하기 위해 전체 재배 과정을 재설계했다. 이에 따라서, **로봇공학과 기술을 사용하면 농업의 물, 토지, 에너지에 대한 역사적 의존도를 줄일 수 있다.** 로봇의 사용은 정밀 농업에 대한 당사의 접

---

134 그린 비즈니스, 2019, https://www.greenbiz.com

근방식에서 독특하며 식물 수확량을 최적화하고 성장 주기 시간을 단축하며 작물 품질을 극대화하는 폐쇄 루프 시스템인 광범위한 농업 생태계의 중요한 구성 요소이다.

한편, **아이언 옥스(Iron Ox)**와 같은 스타트업은 인건비 절감과 기후변화 등으로 인한 작물 손실 최소화를 목표로 로봇공학을 기반으로 전체 재배 시스템을 개발했다. 들판과 온실의 효율성을 높이기 위해 드론 수분 매개기, 자율주행 트랙터와 같은 기술도 등장하고 있다. 결과적으로, 당신의 샐러드에 있는 맛있는 유기농 토마토가 점점 더 첨단 기술의 도움을 통해 도착하게 될 것이다.[135]

데이터는 현장에서 무슨 일이 일어나고 있는지 알려주고, AI는 **인텔로 무엇을 해야 할지 알려준다. 예를 들어 파머스 에지(Farmer's Edge)는 데이터 주도 결정 지원에 중점을 둔 90여 개의 신규 디지털 농업 혁신을 담은 종합적인 2018년 연구 개발 로드맵을 발표했다. 이는 위성과 스마트 센서에서 나오는 데이터와 정보를 수집하여 기상 조건의 미세한 변화를 지켜본다.** 다른 회사들은 토양 수분부터 비료 루틴까지 모든 것에 대한 방대한 양의 자료를 수집하는 반면 날씨 모니터와 소프트웨어는 정확한 정밀도로 강수량을 예측한다.[136]

---

135 아이언 옥스(Iron Ox), 2023. 9., https://support.ironox.com
136 파머스 에지, Farmer's Edge, https://farmersedge.ca/

나. 생명기술공학: 애그테크(AgTech)

애그테크(AgTech)는 농업(Agriculture)과 첨단 기술(Technology)을 결합한 합성어로 통용된다. 광의적으로는 농업 생명공학 기술(Ag Biotechnology), 정보통신기술(ICT), 나노 기술 등을 통한 스마트한 농업을 실현하는 기술들을 총칭하는 개념으로 통칭하고 있다. 사물인터넷(IoT), 자동화 기술, 바이오 기술 등 중장기적인 유망 기술 분야나 단기적인 기술 트렌드에서 농업기술 분야의 기술들과 연관된 핵심적인 기술들이 언급되고 있다. 핵심적인 키워드는 생산성 향상과 자원 투입 최적화를 통한 지속 가능성 향상과 자율주행과 같은 첨단 기술과의 융·복합화(Convergence)다.

소비자가 Beyond Meat 및 흥미로운 새로운 농산물 옵션(케일 새싹 등)과 같은 혼합물에 더욱 익숙해짐에 따라 **AgTech는 스마트한 데이터 기반 기술을 적용한다. 재배자가 위험, 질병 및 손실을 최소화하고 식물의 잠재력과 자연적 특성을 강조할 수 있도록 하는 것이다.** 예를 들어 LED 조명을 사용하는 특정 조명 주파수는 토마토의 맛과 냄새를 바꿀 수 있지만, 루콜라(Rucola)는 받는 영양분에 따라 다소 후추 맛이 날 수 있다. 실내 농업, 수직 밭 및 자동화된 재배실을 통해 식물의 재배 환경을 더 잘 제어할 수 있다. 이에 따라, 대자연의 기존 잠재력을 극대화하는 비침습적이고 윤리적인 입력을 통해 작물별로 맛을 맞춤화할 수 있는 환경으로 들어서고 있다.

식품 생산자와 서버로부터 투명성이 향상되는 것을 목격하고 있다. 식당에서 닭 농장의 경로를 자주 추적하는 방법을 생각해 볼 수 있다. 그러나 식품을 더 자세히 추적하는 것은 단지 윤리적으로 먹는 것에 관한 것이 아니라 안전과 관련된다. 식품의 이동 경로에 대해 더 많이 알수록 오염 및 대장균과 같은 식인성 질병(Foodborne Disease, as Food Poisoning)에 맞서 싸울 수 있다. 운 좋게도 AgTech는 더 큰 지속 가능성, 더 깨끗한 식품, 풍부한 케일 새싹 및 다가올 미래의 미식 트렌드를 만드는 데 도움을 줄 수 있는 좋은 기술이 있다.[137]

다. 핀테크(FinTech): 애그리디지털(AgriDigital)

호주의 애그리디지털은 최첨단 핀테크(FinTech 또는 Financial Technology) 회사로, 수천 명의 농부가 곡물 공급망을 관리할 수 있다. 애그리디지털은 농업 디지털화에 대한 플랫폼과 커뮤니티 접근방식을 제공하며, 2015년에 설립된 이후 농업 공급망 전반에 걸쳐 디지털 신뢰를 구축하기 위해 **기술 스택의 일부로 블록체인 기술**을 사용해 왔다. 특별히, 애그리디지

137　애그리디지털(AgriDigital), https://www.agtech.com/

털의 블록체인 솔루션과 여러 시제품으로 구성되었으며, 이를 이용해서 지급을 위해 곡물 자산의 소유권을 이전하고 공급망 출처와 유기농 귀리의 추적성을 위해 사용되는 기술적 시험 시스템을 사용한다.

애그리디지털은 클라우드 기반 상품 관리 플랫폼(Cloud-based Product Management Platform)으로, 그 상품은 곡물이다. 이 회사는 현장에서 80년의 경험을 쌓은 농업 전문가들로 구성된 헌신적인 그룹이 주도하고 설립했다. 팀은 오늘날의 기술과 개인 지식을 사용하여 농부와 상인이 자신 있게 상호 작용 할 수 있는 디지털 생태계를 만들었다. 특히 농산물 거래 및 정산을 지원하기 위해 블록체인 소프트웨어와 플랫폼을 사용하는 소수 중 하나이기 때문에 업계 지도자가 되는 것을 목표로 하고 있다. 블록체인 기술을 사용하면 분산 원장, 익명성 및 스마트 계약에 액세스할 수 있다.

호주 농업혁신의 애그리디지털은 농업(Agriculture)과 기술(Tech)이 합쳐진 농업기술로 이 기술을 활용하여 농부들이 성장하고, 즉시 대금을 받고, 중개 비용과 시간을 절약하고, 목장에서 소비자를 위한 투명성을 제공하도록 돕는다. 애그리디지털 플랫폼은 농부와 재배자뿐만 아니라 농산물 구매, 판매 또는 보관과 관련된 모든 사람을 대상으로 한다. 주요 상품은 곡물로, 미래 지향적인 농부, 역동적인 코더, 데이터 전문가, 금융 혁신가 및 창조적으로 구성된다. 이들은 곡물의 가치를 높여 농촌 지역 사회가 더욱 강해지도록 돕는다.

또한, AgriDigital 및 Bext360과 같은 일부 회사는 블록체인 기술의 초정밀성을 활용하여 음식이 어디서 왔는지, 그 과정에서 무엇이 들어왔는지 감시할 수 있도록 돕고 있다. 궁극적으로 블록체인은 들판에서 프라페까지 개별 커피 원두의 여정을 추적하는 것과 같이 이전에는 인간이 실제로 할 수 없었던 규모로 작업을 추적할 수 있는 분산 원장 역할을 한다. 추적성은 최종 소비자와 재배자에 대한 책임을 의미한다.

이는 알파(Alpha, α')세대의 글로벌 환경 문제가 다가올 때도 농업 디지털 가게로 저장된 곡물을 추적하고 관리로 인해 우리가 먹는 식품에 대해 계속해서 안전하다고 느낄 수 있음을 의미한다. 마지막으로, 기술이 앞으로 몇 년 동안 식량 재배 방식에 혁명을 일으킬 준비가 되어 있는 또 다른 이유가 있다. 전 세계 인구가 급격히 증가함에 따라 소비자가 요구하는 규모와 다양성의 천연 식품을 제공하기 위해 지금까지 해왔던 방식에 의존할 수는 없다.

D. 식용 포장은 폐기물 제로 포장 재료 (Zero Waste Packaging Materials)로 활용

가. 플라스틱이 세계를 어떻게 변화시켰는지에 대한 역사

매년 전 세계적으로 생산되는 7,800만 미터톤(mT, 1,000kg)의 플라스틱 포장 중 재활용되는 양은 14%에 불과하다. 가볍고 부유할 수 있는 플라스틱은 매년 900만 톤에 달하며, 대부분은 이를 관리할 인프라가 부족한 개발도상국에서 바다로 유입된다. 이들 국가가 더 부유해지며 필연적으로 더 많은 포장 식품을 소비하기 시작했다. 점점 더 편리함에 집착하는 세계의 많은 다른 국가들이 계속해서 밀키트, 식료품 서비스 및 포장 식품을 구매함에 따라 문제는 더욱 악화할 것으로 예상된다.

오늘날, 알파(Alpha, α')세대는 플라스틱에 중독되어 있을 수 있다. 재활용에는 에너지, 물, 재료 운송이 필요하며, 대부분의 재활용 플라스틱은 파쇄되고 녹아서 목재, 양털, 카펫과 같은 제품으로 변형되지만 결국 매립지로 보내진다. 제조업체는 계속해서 병과 수축 포장재를 더욱 얇게 만들고 있지만 사실은 여전히 남아있다. 플라스틱은 석유나 천연가스 등 재생 불가능한 자원으로 만들어지며 대부분은 두 번째 수명까지만 다하는 것을 볼 수 없다.

나. 일회용 문화의 탄생

20세기에 접어들면서 식품 회사들은 식물로 만든 셀로판(Cellophane)이라는 유연한 랩을 사용하기 시작했다. 나중에 화학자들은 폴리염화비닐과 독성이 적은 폴리에틸렌을 사용하여 바이오 기반 폴리머를 모방하여 Saran Wrap을 만들었다. 셀로판은 퇴비화가 가능하지만, 유성 필름과 그에 따른 단단한 플라스틱 용기는 퇴비화가 가능하지 않았다. Saran Wrap으로 인해서, 일회용 미래를 위한 무대가 마련되었다.

1970년대에 카프리션(Capri-Sun)은 독일의 Wild 사의 과즙 음료 브랜드로, 명칭은 이탈리아의 유명한 섬 카프리와 태양을 조합하여 만든 것이다.  1969년부터 생산되고 있으며, 주로 파우치에 담겨 판매된다. 카프리션(Capri-Sun)은 같은 용량의 플라스틱병보다 가벼운 거싯 파우치(Gusset Pouch)에 주스 음료를 붓기 시작했다. 매우 얇은 플라스틱과 알루미늄 포일을 섞어 만든 파우치는 편평하게 배송할 수 있어 공간을 절약할 수 있으며 냉장 보관 하지 않고도 음식을 신선하게 보관할 수 있다. 오늘날 파우치는 참치부터 토마토 페이스트, 애완동물 사료, 피클까지 모든 것을 담아 어디에서나 볼 수 있다.

다. 지속 가능한 연속순환(Sustainable Continuous Cycle)

종종 디자이너, 엔지니어, 생물학자, 투자자와 재활용업체가 협력하여 순환 경제라는 규정에 맞는 포장재를 개발하기 위해 노력하고 있다. 이는 유정에서 정유소, 제조 공장에서 슈퍼마켓, 소비자에서 매립지로 이어지는 선형적인 과정 '수취, 제조, 폐기물(Receiving, Manufacturing, Waste)' 모델을 피하는 설계 체제가 된다. 대신, 오래 지속되는 설계, 재제조 및 재사용에 중점을 두고 오래된 자재를 고부가가치 제품으로 지속해서 순환시키는 공급망과 소유보다는 공유 및 임대(세탁기, 자동차)를 선호하는 비즈니스 모델을 구상한다. 순환 경제에서 물질적 상품은 2개의 개별 루프로 순환되는데, 하나는 재사용을 위해 금속, 광물, 폴리머와 같은 기술적 영양소를 회수하고, 다른 하나는 퇴비화 프로그램을 통해 생물학적 물질(섬유, 목재)을 자연으로 반환하거나 혐기성 소화를 통해 탄소 중립 에너지로 전환한다.

■ **유럽, 스웨덴 연구 기관인 RISE**

(Research Institute of Sweden, 전자통신연구원)

미래의 패키지를 상상하기 위해 많은 디자이너는 과거에서 영감을 찾고 있다. **스웨덴 연구 기관인 RISE(Research Institute of Sweden, 전자통신연구원)**는 수프 제조업체가 동결 건조된 야채와 향신료를 채울 수 있는 거의 평평한 셀룰로스 기반 용기의 프로토타입을 만들었다. 식사하는 사람이 뜨거운 물을 추가하면 용기의 종이가 접힌 부분 본격적인 퇴비화 가능한 그릇으로 전환된다.

■ **미국, 하버드 대학교**(Harvard University)

하버드 대학교의 Wyss Institute는 완전히 퇴비화할 수 있는 저가의 투명 플라스틱인 'Shrilk'를 만들었다. 새우 껍질에서 추출한 키토산과 곤충에서 추출한 실크 단백질로 만들어진 슈릴크는 필름이나 단단한 모양의 투명 플라스틱을 만드는 데 사용할 수 있다. 그러나 아쉽게도 제조업체가 설비 기계를 변경해야 하므로 아직 식품 포장에 적용되지 않았다. 또한, 퇴비화 가능한 미래는 비료나 에너지로 전환하기 위해 유기 물질을 수집하는 국가 및 시립 퇴비 시스템에 대한 보편적인 접근과 소비자 참여가 필요하다.

스웨덴의 제품 개발자이자 음식 및 디자인 웹사이트 아테리엣(Ateriet)의 창립자인 프레드 스케버그(Fred Skeberg)는 상인들이 퇴비 통에 버리기 위한 '식용' 옥수수 전분 기반 접시에 음식을 제공하는 음악 축제에 참석한 적이 있다. 그러나 사람들은 그릇과 접시가 자연 속에서 사라질 것으로 생각하고 그것을 모든 곳에 던졌다고 스케버그는 말한다. 그것은 역효과를 냈었다. UN에서 진지하게 언급했듯이, "제품에 생분해성 라벨을 붙이는 것은 단순히 개인의 책임을 없애기 위한 기술적 해결책으로만 보일 수 있고, 오염은 계속될 것이다."라고 전했다.

시스템과 사람이 조화를 이룰 때까지 많은 양의 퇴비화 가능한 포장재는 매립지로 보내져 온실가스를 발생시킬 수 있다. 퇴비화 물질이 재활용 공장에 실수로 도착하면(많은 식물성 플라스틱이 석유 기반 플라스틱과 비슷함) 오염 물질로 간주한다. 그리고 그들이 바다로 표류한다면, 퇴비화 가능한 플라스틱(Compostable Plastic)은 약 135°F의 온도와 자외선에 노출되면 분해되도록 설계되었다. 그러나, 분해성 물질은 석유 기반 플라스틱보다 무겁기에 가라앉아 수년 동안 머무를 가능성이 크다.

라. 더 나은 플라스틱은 없는가?

■ 스타벅스 재활용 빨대

한편, 일부 디자이너들은 일회용 포장을 완전히 없애려고 한다. 플라스틱 빨대를 생각해 볼 때, 스타벅스는 2020년까지 이를 단계적으로 폐지하고 뚜껑에 길쭉한 음료 추출구를 도입하기로 약속했다. 새 뚜껑의 무게는 이전 뚜껑보다 무겁지만, 더 큰 플라스틱 덩어리가 재활용 공장을 통과할 가능성이 더 크다.

■ 미국 회사인 모노솔(MonoSol)

미국 회사인 MonoSol은 물에 용해되는 다양한 투명 에틸렌 기반 폴리머(Polymer)를 생산한다. 유럽 및 미국 규제 기관에 따르면 식기 세척기나 세탁 포드에 가장 일반적으로 사용되는 이 폴리머는 음식을 담는 데에도 안전하게 사용할 수 있으며 냄새, 질감 또는 맛에 영향을 미치지 않는다. 식품 서비스 산업에서는 이미 녹는 포장을 사용하고 있다.

MonoSol은 뜨거운 코코아, 오트밀, 쌀, 파스타 또는 뜨거운 물로 조리된 기타 식품의 소매 부분이 일반화되는 미래를 구상하고 있다.

■ 스웨덴 디자인 스튜디오인 투모로우 머신(Tomorrow Machine)

마찬가지로, 스웨덴 디자인 스튜디오인 투모로우 머신(Tomorrow Machine)은 왁스로 코팅된 캐러멜 처리가 된 설탕으로 만든 작은 식용 유 병이 포함된 'This Too Shall Pass'라는 식품 포장 라인을 개발했다. 병은 달걀처럼 깨져서 기름을 반출하고 왁스 껍질은 퇴비화될 수 있다. 그러나 왁스가 분해되는 데 수년이 걸린다. 냉장 액체의 경우, 회사는 "내용물과 같은 속도로 시들어진다."라고 주장하면서 해초로 파우치를 디자인했다. 쌀과 기타 건조식품의 경우 유색 밀랍으로 만든 피라미드 모양의 패키지를 만들어 오렌지처럼 벗겨낸다. 디자인은 그 아름다움과 희망으로 많은 주목을 받았지만, 아직은 단지 콘셉트일 뿐이다.

■ 미국, 롤리웨어(Loliware)

미국에 본사를 둔 Loliware는 해초에 유기 감미료, 향료 및 착색제를 혼합하여 FDA 승인을 받은 식용(따라서 퇴비화 가능) 컵을 만들었다. 각각 135 칼로리를 함유하고 있어 차가운 음료

나 상온 음료를 담을 수 있으며 가격은 개당 1달러다. 아이스크림콘과 마찬가지로 '사용자를 편안하게 만들기 위해' 종이 슬리브가 함께 제공된다고 Loliware의 공동 창업자인 첼시 브리간티(Chelsea Briganti)는 말했다. 이 회사는 또한 다시마를 기반으로 한 식용 빨대를 만들었다. 주요 식음료 소매업체와의 협의를 통해 Loliware는 가격을 낮추고 연간 10억 개의 플라스틱 빨대를 교체할 계획을 세우고 빠르게 규모를 확장하고 있다.

- **영국, 스키핑 락스 랩**(Skipping Rocks Lab)

자연이 내부와 외부를 분리하는 방식(예: 포도 껍질)에서 영감을 받아 과학자들은 액체를 담는 식용 막을 실험하고 있다. **스타트업 Skipping Rocks Lab은 물이 새지 않는 막을 형성하는 식물과 갈조류 추출물에 얼음 공을 담가서 '우호(Ooho)'라고 불리는 포장이 필요 없는 물 한 모금을 만들었다.** 소비자는 공을 물고 찬물을 몇 번 삼킨 다음 막 자체를 삼킨다. 볼은 판매 시점에 소형 기계로 생산되므로 컵이 필요하지 않다.

- **미국, Stonyfield, 하버드 대학교의 David Edwards**

David Edwards는 위키 셀(WikiCells)이라고 불리는 자신만의 식용 피부 버전을 만들었다. 과일과 기타 유기 분자를 사용하여 부드럽고 부패하기 쉬운 제품을 한입에 먹을 수 있는 공으로 코팅했다. Stonyfield는 2014년에 데뷔한 Frozen Yogurt Pearls에 이 기술을 사용했지만, 판매가 저조했다. Stonyfield CEO 게리 허쉬 버그(Gary Hirshberg)는 "훌륭한 시도였다. 그러나 소비자들은 세탁할 수 있음에도 불구하고 포장되지 않은 제품을 잡는다는 것이 이해할 수 없는 일이라고 생각한다."라고 말했다. 그러나, 이 회사는 현재에도 퇴비 더미에서 분해되는 대나무 기반 요구르트 컵을 실험하고 있는데, 이는 산업 시설에서만 퇴비화하는 재료보다 발전된 것이었다.

Core Vision

By 스마트 식용의 미래(The Future of Smart Edibles)

킹덤 패밀리(Kingdom Family)

A. 재사용(RE 100)가능한 상자, 병, 가방은 '스마트'하고 지속 가능하다.
 - 미래의 알파(Alpa, α') 세대는 자신이 좋아할 칵테일을 만들고 싶다면 음료수병을 스캔하기만 하면 맞춤형 레시피 추천을 받을 수 있다. 요거트 용기에는 요거트가 상했을 때 알려주는 센서가 있을 것이다.
 - 페키징의 미래(The future of packaging)는 스마트하고 개인화되며 재사용이 가능할 것으로 기대한다.

B. AI(Artificial intelligence)을 활용한 식품 세계
 - 농부의 밭은 세계에서 가장 정교한 로봇을 찾을 수 있는 첫 번째 장소가 아닐 수도 있지만, MIT의 학자들이 최신 발명품을 목표로 삼는 곳은 바로 농부의 밭입니다.
 - 최근 공장에서 직접 식품을 선택할 수 있는 스마트 로봇의 개발은 음식물 쓰레기, 농장 노동력 부족 등 만성적인 문제에 대한 첨단 솔루션을 제공한다.

C. 미래 식품 비지니스는 기술에 달려 있다 : 3대 미래 식품 비즈니스
 - 애그테크(AgTech)는 농업(Agriculture)과 첨단 기술(Technology)을 결합한 합성어로 통용된다.
 - AgTech는 스마트한 데이터 기반 기술을 적용한다. 재배자가 위험, 질병 및 손실을 최소화하고 식물의 잠재력과 자연적 특성을 강조할 수 있도록 하는 것입니다.

D. 식용 포장은 폐기물 제로 포장 재료(Zero Waste Packaging Materials)로 활용
 - 1970년대에 카프리썬(Capri-Sun)은 독일의 Wild사의 과즙 음료 브랜드로, 명칭은 이탈리아의 유명한 섬 카프리와 태양을 조합하여 만든 것이다.
 - 1969년부터 생산되고 있으며, 주로 파우치에 담겨 판매된다. Capri Sun은 같은 용량의 플라스틱병보다 가벼운 거싯 파우치(Gusset pouch)에 주스 음료를 붓기 시작했다.

04
웰빙의 미래: 연결된 장치는 건강과 웰빙을 추적한다

A. 2030년 웰빙의 세계

알파(Alpha, α')세대의 냉장고는 그날 얼마나 많은 수면, 운동, 영양분을 섭
취했는지에 따라 무엇을 먹고 마셔야 하는지 제안한다. 물론 냉장고는 매트리스 아래의 수면 센서, 웨어러블 체력단련에 연결되기 때문이다. 그들은 대부분 식단을 식물성 식품이나 무설탕 제품으로 구성하고 싶을 때 선택의 폭을 넓힐 수 있다. 이에 따라, 웰빙 시장이 급성장하고 있다. 소비자는 건강, 건강단련, 영양, 외모, 수면 및 마음 챙김을 개선하는 제품에 계속해서 더 큰 비용을 지출하려고 한다. The Next Normal은 빠르게 변화하고 빠르게 성장하는 웰니스 산업을 향한다.

소비자들은 이전보다 웰빙에 더 큰 비용을 지출하고 있다. 웰빙은 현재 전 세계적으로 1조 5,000억 달러 규모의 시장이며 매년 5~10%씩 성장하고 있다. **맥킨지(McKinsey) 연구에 따르면 소비자는 건강(Health), 건강단련(Fitness), 영양물 섭취(Nutrition), 외모(Appearance), 수면(Sleep), 마음 챙김(Mindfulness) 등 6가지 웰빙 카테고리에 가장 관심이 많다.**[138]

B. 웰빙의 6가지 카테고리

각 범주의 미래 웰빙 카테고리와 기업에 미치는 영향을 구상할 수 있다. 이에 따라서, 새로운 웰빙 제품과 서비스가 매일 시장에 출시되고 있다. 그렇다면 2030년의 웰빙은 어떤 모습일까?

- **건강**(Health)

안나 피오네(Anna Pione)는 "소비자가 의학적 문제를 분류하고 대부분

---

[138] Mckinsey, Manish Chopra, Eric Falardeau, 등, 2030년의 웰빙

스스로 처리할 수 있도록 훨씬 더 많은 서비스가 제공되고 있으므로 절대적으로 필요할 때만 의사를 불러야 한다."라고 했다. 또한 진료실에서 가
정으로 이동하는 장치의 개념을 설명했다. "오늘날의 의약품은 미래에는 처방전 없이 쉽게 구할 수 있는 제품이 될 것이다."라고 표현했다.

■ **건강단련**(Fitness)

에릭 팔라고(Eric Falardeau)는 체육관이나 스튜디오 없이 집에서 솔루션만 제공하는 세상은 절대 없을 것 같다고 했다. 그는 "체육관이 '제3의 장소'가 될 수 있다고 생각한다면, 그렇다면 스타벅스도 제3의 장소가 될 수 있다."라고 했으며, 또한 사람들에게 자신의 체력을 추적할 수 있는 기능을 제공하는 다음 단계에 대해서도 말했다. "내가 향상되고 있는지 어떻게 알 수 있나요?"라면서, 추적은 동기부여(Motivation), 안내 및 코칭에 매우 강력한 역할을 할 수 있다.

■ **영양물 섭취**(Nutrition)

제시카 몰튼(Jessica Moulton)은 "사람들은 훨씬 더 많은 상표의 라벨을 읽고 있다. 우리는 그것이 계속될 것으로 생각한다. 그들은 설탕을 줄이려고 노력하고 있고, 또한 더 지속할 수 있는 식사를 찾고 있다."라고 했다. 실제로 영국, 미국, 독일 소비자의 약 35%가 일정 기간 식물성 우유를 마시고 있으며, 그중 절반은 수년 전에 시작했다. 이는 알파(Alpha, α')세대가 먹는 방식에 있어서 일반적으로 보는 것보다 훨씬 빠른 엄청난 변화 속도이며, 이것이 계속될 것으로 생각한다.

■ **외모**(Appearance)

엠마 스파뉴올로(Emma Spagnuolo)에 의하면, 2030년에는 미용 소매업체가 제공하는 서비스가 엄청나게 많아질 것으로 생각했다. 볼이나 입술을 통통하게 만들고 싶다면 주사 서비스를 받을 기회가 있다. 미세박피술(Microdermabrasion) 등 지금까지 피부과나 의료온천에서만 가능했던 임상 치료를 받을 수 있다. 메이크업을 구매하는 곳에서 문신을 할 수도 있다. 이것은 자신을 표현하고 싶은 방식이 모두 중요하기 때문일 것이다.

■ **수면**(Sleep)

스캇 헤이튼(Scott Hayton)는 "새로운 혁신이 있다."고 했다. 매트리스 아래에 센서가 있어 잠자는 동안 얼마나 많이 움직이고 있는지, 침대에서 얼마나 많은 시간을 보냈는지 알 수 있다. 수면 데이터가 운동 서비스 또는 운동용 자전거에 연결되어 자전거를 탈 때 밤에 잠을 잘 자지 못하는 사람을 위해 사용될 수 있다. 또는 냉장고가 (수면 데이터를 기반으로) 제안하기 시작했다고 상상해 보면, 예를 들어 "커피 마시지 마세요."라고 권면할 수 있다.

■ 마음 챙김(Mindfulness)

매니 쉬 초프라(Manish Chopra)는 마음 챙김 추구가 삶의 필수적인 측면이 될 것이라고 믿는다. 일부 마음 챙김이 지나치게 상업화될 위험이 있  고, 약간의 눈속임이 될 위험이 있다. 그러나 적어도 일어나고 있는 일은 사람들이 이제 마음 챙김을 제공 및 서비스로 더 많이 인식하고 있다. 기술과 웨어러블이 여기에 큰 역할을 할 것으로 생각한다. 2030년에는 전문가의 일반적인 하루가 오프라인 또는 온라인 요가 또는 명상 수업, 새벽기도 등으로 시작될 수 있다. 나아가 잠자기 전 저녁 시간에 상관없이 웨어러블 장치는 "들어봐, 지금 마음을 가라앉혀야 해."라고 말하기 시작할 것이다. 이러한 가능성을 꿈꾸는 것은 쉽다.[139]

C. 웰빙의 미래: 연결 및 맞춤화(Connect and Personalize)

가. 연결 및 맞춤화(Connect and Personalize)

2030년의 웰빙이 실제로 더 많은 기술을 사용하고, 개인화되고, 상

---

[139] Manish Chopra, "The Equanimous Mind"

호 연결 될 것이라면 이것이 기업에 의 미하는 바는 무엇일까? 2030년에 경제 적으로 성공하기 위해 오늘날 기업은 무엇을 해야 하는가? **첫째, 안나 피오네**

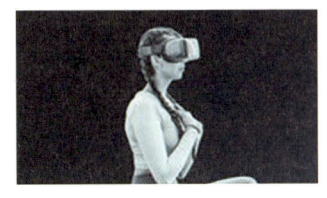

(Anna Pione)는 넓은 의미에서 '디지털 전략'을 생각하는 것의 중요성을 강조했다. 또한 다양한 채널 관점에서 특히 전자상거래에서 "성공할 준비가 되셨습니까?" 마케팅 관점에서 "소셜 미디어와 인플루언서의 힘을 활용하고 있습니까?"라고 질문할 수 있다.

둘째, 스캇 헤이튼(Scott Hayton)은 '데이터 파트너십 추구'로 데이터가 핵심이 될 것이라 했다. 이러한 서로 다른 데이터 시스템을 함께 묶는 방법을 갖는 것이 아마도 최고의 효과를 얻을 수 있다. 데이터의 상호 연결성, 파트너십의 상호 연결성 등이 진정한 비즈니스의 기회가 될 것이다.

셋째, 엠마 스파뉴올로(Emma Spagnuolo)는 쇼핑을 신나게 하려고 2030년까지 완전히 다른 매장 경험을 보게 될 것이라 했다. 이는 서비스, 수업 또는 소비자를 끌어들이는 큐레이션이 되고 흥미롭고 게임화된 경험을 통해 발견의 개념을 포착하는 것이다. 예를 들어 얼굴의 3D 버전을 볼 수 있고, 다양한 화장품에 색을 입혀 구매 버튼을 누르기만 하면 모든 제품이 집으로 배송되도록 할 수 있다.

**넷째로, 에릭 팔라도(Eric Falardeau)는 가치 제안 업데이트(Value

Proposition Updates)를 통해서 가치 제안이 어떻게 변경되었는지 이해할 수 있다고 했다. 예를 들어, 체육관에서 사람들이 더 다양한 건강단련 루틴을 가지고 있고 심장 강화 운동하는 방법에 대해 더 창의적이라는 사실을 깨닫는다면, 스스로 현재의 솔루션에 대해 업데이팅을 위한 물음을 해볼 필요가 있다.

다섯째, 2030년대에는 '작은 것을 잘하자(Let's do small things well).'라는 경향이 될 수 있다. 우리는 소비재 회사가 해당 범주에서 '소형'의 폭발적 증가를 소유해야 한다고 생각한다. 많은 성장은 더 작은 틈새 제품에서 이루어지며 소비재 회사는 이러한 제품에서 탁월한 성과를 거두는 데 필요한 모든 전문 지식을 보유하고 있다. 그들은 항상 큰 경제를 좋아하지 않는다. 작은 것에서 성공할 방법을 계속 실험할 것이다.[140]

D. 음식의 웰빙: 대체 단백질과 고기는 없는가?

사람들이 대체 단백질을 섭취하는 이유는 다양하다고 생각한다. 미국에 대해 생각해 보면 주요 이유로 보는 것은 건강이다. 또한, 환경 문제, 동물 복지 등

---

[140] McKinsey: Manish Chopra, Anna Pione, Eric Falardeau, Scott Hayton, Jessica Moulton

은 사람들이 나열하는 원인이지만 부차적인 문제도 있다. 영국에 가면 사람들이 고기를 덜 먹고 대체 단백질을 먹고 싶어 하는 이유의 우선순위가 역전된다. 또한, 아시아에서는 대체 단백질이 훨씬 더 광범위하게 수용되고 있다고 생각한다. 수 세기 동안 아시아 인구는 식물 단백질을 먹어왔기 때문일 수도 있다.

가. 주요 대체 단백질 공급원

비욘드 버거(Beyond Burger)는 쇠고기처럼 보이고, 요리되고, 만족스러운 식물성 버거다. 전통적인 버거의 육즙이 많고 고기가 풍부한 맛을 모두 갖고 있지만 식물성 식사의 장점도 함께 제공되었다. 2016년 비욘드 미트 버거(Beyond Meat Burger)가 출시되자 큰 파장을 일으켰다. 비욘드 버거(Beyond Burger)는 최초 기업공개(IPO)를 시작한 최초의 비건 육류 생산업체가 되었으며, 거래 개시 가격은 초기 주가보다 84% 높은 주당 46달러였다. 그리고 수많은 경쟁업체가 뒤쫓고 있는 가운데 Beyond Meat가 트렌드를 주도하고 있다.

■ **음식의 미래: 고기가 없는가?**

전통적인 육류나 동물성 단백질이 향후 10년 안에 사라질 것이라고 믿지 않지만, 이것이 미국, 서유럽, 신흥 시장 등 시장 전반에 걸쳐 식단의 의미 있는 변화가 될 것이다. 대체 단백질의 소비는 대체 유제품에서 보거나 유기농 육류에서 본 것과 같은 궤적을 더 많이 취할 수 있다. 계속해서 틈새시장으로 빠르게 성장할 것이나, 실제로는 미래 총 소비량의 10~15%에 불과할 것이다. 그러나, 이것이 식품 시스템의 중요한 부분이 될 것으로 생각한다. 하지만 햄버거가 식단에서 사라지거나 치킨 스트립이 샐러드에 들어가지 않는 세상은 보지 않을 것이다. 아마도 이것은 다가올 알파(Alpha, α')세대의 삶일 것이다.

대안은 식물, 곤충, 균류 또는 기존의 동물 기반 공급원을 대체하기 위한 조직 배양을 통해 공급되는 단백질이 풍부한 성분이다. 소비재 패키지 물품(CPG: Consumer Packaged Goods)은 식료품, 잡화 등 소비자가 대형할인점이나 소매점에서 구매하는 생활 소비재를 뜻하는데, 이들 중에 주요 4가지 대체 단백질 프로필이 있다.

■ 식물성 단백질

식물성 단백질(Vegetable Protein) 재료는 물, 완두콩 단백질, 압착 캐놀라유, 정제 코코넛오일, 쌀 단백질, 천연 향료, 건조 효모, 코코아 버터, 메틸셀룰로스, 감자 전분 1% 미만, 소금, 염화칼륨, 비트 주스 색소, 사과 추출물, 석류 농축액, 해바라기 레시틴, 식초, 레몬즙 농축액, 비타민 및 미네랄로 구성되었다. 어떤 면에서 이 차세대 육류 대체품은 식물성 단백질로만 만들어진 초자연적인 에너지원이 될 수 있다.[141]

---

141 Beyond Burger, 식물성 단백질, https://www.beyondmeat.co

소비자에게 가장 인기 있는 유형은 콩이고 그다음이 완두콩과 병아리콩, 유채씨, 루핀과 같은 틈새 유형이 있다. **완두콩 단백질은 단기 및 중기적으로 대체 단백질 시장을 주도할 것으로 예상되지만 제품은 특정 문제에 직면해 있다. 지난 몇 년 동안 처리 능력 부족으로 인해 완두콩 단백질 공급이 제한되었다.**

경제적으로 실현할 수 있는 생산을 위해 식품 개발자는 완두 부피의 60%를 차지하지만, 완두 단백질 기반 제품(Pea Protein Based Products)에는 사용되지 않는 완두 전분에 대한 고부가가치 응용 분야를 식별해야 한다. 단백질만 팔고 전분은 팔지 않거나, 전분을 싸게 팔면 경제적으로 공정이 어려워진다. 따라서 생산자들은 전분에서 손해를 보지 않는다면 이런 단백질을 판매함으로써 이익을 얻을 수 있다. 대두 단백질에 의존하는 채식 버거와 같은 주류 제품의 생산자는 투입 비용이 낮고 공급원료 공급이 더 안정적일 가능성이 크다. 그러나 특정 제품군에서 가장 높은 수준의 성능, 디자인, 품질, 가격을 갖춘 하이엔드(High-end) 제품은 틈새 성분에 대한 소비자의 기대에 부응하기 위해 완두콩 단백질을 사용할 가능성이 크다.

■ **곤충**(Insect)

귀뚜라미는 식용 곤충의 가장 흔한 공급원이자 좋은 단백질 공급원이다. 사실, 일부 생산자들은 이미 귀뚜라미를 제분하여 밀가루를 만들고 있다. 그러나 귀뚜라미의 가격이 비싸 공정 규모를 확장하기 어렵기 때문에 밀가루에서 단백질을 분리하는 것은 현재 엄청난 비용이 든다. 식품 생산자들도 메뚜기를 식용 곤충원으로 사용하는 방법을 모색하고 있지만, 개발은 아직 초기 단계에 있다. 다른 곤충은 사료 산업에 더 일반적으로 사용되고 있다.

2020년 유엔식량농업기구(Food and Agriculture Organization)에서 OECD Agricultureal 2020~2029년에서 개발도상국의 가파른 인구 증가율로 인  해 육류 소비 증가율도 급격히 증가할 것이라고 우려되고 있다. 이에 대하여, 많은 글로벌 회사 중에 Ynsect는 모두가 먹을 수 있는 단백질 대체식품으로 거저리(Mealworm)곤충을 사용하고 있으며, Protix 회사는 크기가 20~30mm이며 맨 끝이 고리 모양인 3분절의 더듬이가 달려 있는 검은색 동애등(BSF: Black Soldier Fly) 곤충을 사용한다.[142]

■ 마이코프로테인(Mycoprotein)

이 단백질 공급원은 일반적으로 곰팡이로 알려진 처리되지 않은 필라멘트 곰팡이 바이오매스(Filamentous Fungal Biomass)로 구성된다. 1980년대부터 존재해 왔으며 생물학적 공급원료의 발효를 통해 생산된다. **곰팡이는 약 40%의 단백질을 함유하고 섬유질이 풍부하고 탄수화물**

---

[142] Ynsect, https://www.ynsect.com/

이 제한적이며 콜레스테롤이 없다.

검색어 데이터 분석에 따르면 마이코프로테인과 식용 곤충에 대한 소비자의 관심은 변함이 없다. 대체 단백질의 초기 리더였던 대두 단백질은 복합 연간 성장률
(CAGR)이 6% 감소했다. 이러한 경향은 부분적으로 다른 생산 옵션(예: 완두콩 단백질)의 개발과 대두의 알레르기 및 에스트로겐 효과(Estrogen Effect)에 대한 우려 때문이다. 그러나 최근 연구에 따르면 이러한 우려는 소수의 대중에게만 국한된 것으로 나타났다. 대조적으로 배양육에 관한 관심은 2004년부터 2019년까지 CAGR 16%, 완두콩 단백질에 관한 관심은 CAGR 30% 증가했다. 이러한 성장은 소비자가 식물성 식단과 일치하는 단백질 공급원에 관심이 있다는 신호다.

- **배양육**(培養肉, Cultured Meat)

배양육은 살아있는 동물의 줄기세포를 채취하고 배양하여 축산농가 없이 고기를 배양하는 세포공학 기술로 생산하는 살코기이다. 과학자들은 최초의 실험실 재배 버거가 공개된 2013년부터 배양육에 관해 연구해 왔다. 배양육은 조직 배양 기술(단일 세포를 원료로 하여 동물 세포를 재생시키는 과정)을 사용하여 시험관 내에서 동물 세포를 번식시키는 것이다. 이 과정은 동물의 근육을 모방하고 같은 단백질 프로필을 가진 근육 조직을 생성한다.

배양육 산업은 불멸 세포주 개발의 어려움, 배양 배지(세포 생산에 사용되는 혈장)**의 재활용, 성장 인자를 대체하는 소분자 및 다양한 설계 반응기 등이 있었지만, 지난 5년 동안 큰 진전이 있었다.** 업계는 혁신가(Bill Gates 및 Richard Branson 포함)와 업계 참여자(Tyson Foods 및 Cargill 등)로부터 지원받았다.

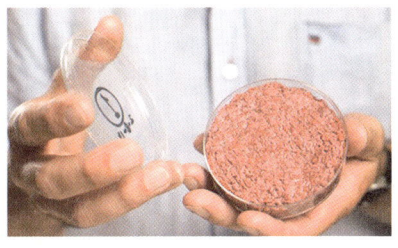

그러나 배양육의 가격은 이미 지난 9년 동안 크게 하락했다(최초의 실험실 배양 햄버거 가격은 2015년에는 약 11달러로 떨어졌다). 업계 리더들은 이 제품이 향후 3~5년 이내에 고급 레스토랑을 통해 소비자에게 사전 소개되면서 소매시장에 진입할 것으로 예상한다. 그러나 건강보다는 주로 동물 복지 및 환경과 관련된 제한된 부문에 어필할 수 있어 잠재적인 소비자 시장을 제한할 수 있다. 대량 생산이 성공한다면 이 기술은 기존 닭, 기러기류 등 현존하는 조류 분류군인 가금류(Poultry) 생산만큼 비용이 효율적이기 때문에 쇠고기를 대체할 수 있는 최적의 위치에 있다.

나. 미래의 단백질 공급원의 기회

각 단백질이 제공하는 가치는 가격과 영양의 함수는 킬로그램당 가격과 단백질 소화율 보정 아미노산 점수(PDCAAS: Protein Digestibility 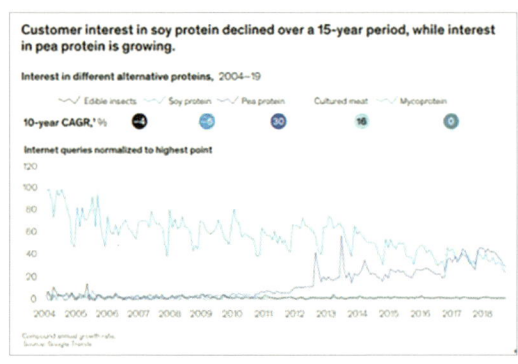 Corrected Amino Acid Score)로 측정한 특정 단백질 공급원의 생존 가능성을 보여준다. PDCAAS는 단백질의 아미노산 요구량과 인간의 소화 능력으로 단백질을 측정하는 데 사용되는 지표로 사용된다. 콩과 완두콩 단백질은 가격 면에서 선두를 달리고 있지만, 배양육과 귀뚜라미 가루는 아직 대규모로 경제적으로 실행할 수 있지 않다.

- 대체 단백질의 기술 개발과 공급은 어떻게 진화할 것인가?

완두콩 단백질 시장에 진입하려는 회사는 최소한의 맛과 색상 프로필을 가진 고품질 제품을 생산하는 데 집중해야 한다. 개선된 가공 기술과 신중하게 개발된 완두콩 단백질 공급원(Developed Pea Protein Source)은 시장 점유율을 확보하는 데 집중해야 한다. 실제로 일부 업계 참여자들은 단백질 함량을 높이기 위해 이미 혁신적인 종자 기술에 투자하고 있다. 완두콩 단백질에 대한 수요는 계속 증가할 것으로 예상된다. 완두콩 단백질은 2004년부터 2019년까지 30%의 CAGR을 경험했으며, 이는 이 단백질 대안에 대한 투자가 노력할 가치가 있음을 시사한다.

기업들은 이미 대체 단백질 기술에 투자하고 있으며 앞으로도 계속 그렇게 증가할 것이다. 그리고 콩으로 만든 가짜 고기와 글루텐(Gluten)이라는 밀

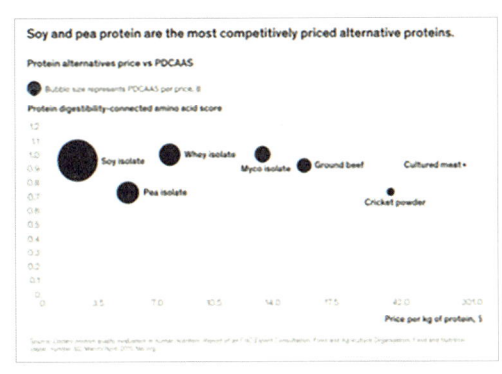

에서 추출한 단백질을 사용해서, 이를 삶아서 간 콩 또는 비지를 굳혀 햄처럼 만든 것을 대두 단백질(Soy Protein)이라 한다. 이런 대두 단백질(Soy Protein)로 만든 고급 제품을 판매할 수 있는 플레이어는 가장 큰 이윤을 얻을 가능성이 크다. 소비재 패키지 물품(CPG: Consumer Packaged Goods)은 장기적으로 시장 점유율을 확보하려면 마케팅 전략과 대상 소비자 세그먼트를 충족하는 데 필요한 기능에 배팅하고 투자해야 한다. **전반적으로 대체 단백질은 전체 식품 산업에서 흥미로운 발전을 보여준다.**[143]

---

143 대체 단백질의 미래, 맥킨지, https://www.mckinsey.com/industries

Core Vision

> By 웰빙의 미래 : 연결된 장치는 건강과 웰빙을 추적합니다.

영원 벨리킨(Kingdom Family)

A. 2030년의 웰빙의 세계
- 알파(Alpa, α') 세대의 냉장고는 그날 얼마나 많은 수면, 운동, 영양분을 섭취했는지에 따라 무엇을 먹고 마셔야 하는지 제안한다.
- 웰빙은 현재 전 세계적으로 1조 5천억 달러 규모의 시장이며 매년 5~10%씩 성장하고 있다.

B. 여섯 가지 웰빙 카테고리
- 맥켄지(McKinsey) 연구에 따르면 소비자는 건강(Health), 건강단련(Fitness), 영양물 섭취(Nutrition), 외모(Appearance), 수면(Sleep), 마음 챙김(Mindfulness) 등 6가지 웰빙 카테고리에 가장 관심이 많습니다.

C. 웰빙의 미래: 연결 및 맞춤화(Connect and personalize)
- 첫째, 안나 피오네(Anna Pione)는 넓은 의미에서 "디지털 전략"을 생각하는 것이 중요성을 강조했다.
- 둘째, 스캇 헤이튼(Scott Hayton)는 "데이터 파트너십 추구"로 데이터가 핵심이 될 것이라 했다.
- 셋째, 쇼핑을 신나게 하려고 엠마 스파뉴올로(Emma Spagnuolo)는 2030년까지 완전히 다른 매장 경험할 것이다.
- 넷째로, 에릭 팔라도(Eric Falardeau)는 가치 제안 업데이트(Value Proposition Updates)를 통해서 이해한다.
- 다섯째, 2030년대에는 '작은 것을 잘하자'라는 경향이 될 수 있다.

D. 음식의 웰빙 : 대체 단백질과 고기는 없는가? : 4대 대체 단백질
- 정밀 농업은 지속 가능성을 향상하게 시키고, 유전체학(遺傳體學, Genomics)은 기후변화의 영향에 대한 작물의 탄력성을 더욱 높여줄 수 있다.
- 식물성 단백질(Vegetable Protein) 재료는 물, 완두콩 단백질, 압착 캐놀라유, 정제 코코넛 오일, 쌀 단백질, 천연 향료, 건조 효모, 코코아 버터, 메틸셀룰로스, 감자 전분 1% 미만, 소금, 염화칼륨, 비트 주스 색소, 사과 추출물, 석류 농축액, 해바라기 레시틴, 식초, 레몬즙 농축액, 비타민 및 미네랄로 구성이 되었다.

05
라스트 마일 패키지 배송의 미래: 드론이 패키지를 배달한다

A. 2030년 라스트 마일 패키지 배송

라스트 마일 딜리버리(Last Mile Delivery)란 '물류업체가 상품을 개인 소비자에게 직접 전달하기 위한 배송 마지막 구간'을 뜻한다. 과거에는 택배업체에서 물류 운송 비용을 절약하기 위한 기술적 방안을 의미했으나, 최근에는 유통기업이 제품을 주문받아 최종 소비자에게 배송하는 개념까지 확장되었다.

가. 알파(Alpha, α')세대의 패키지 배송

2030년 알파(Alpha, α')세대에는 약 2,000억 개의 소포가 배달될 것으로 예상된다. **패키지는 드론, 로봇 또는 자율주행차량**을 통해 문 앞 또는 때로는 창

가에 도착한다. 일부 소포는 지하로 운송될 것이며, 또한, 밀도가 높은 도시에서는 터널을 통해 물류 센터에서 아파트 건물 지하실로 소포를 직접 운반될 수 있다. 2020년에는 1,000억 개 이상을 보낼 것이며 2030년에는 그 수가 2배가 될 것이다.

공급망의 마지막 단계인 라스트 마일 배송은 오늘날 **빠르게** 발전하는 비즈니스 환경에서 수많은 과제에 직면해 있다. 주로 전자상거래에 대한 수요 증가, 교통 혼잡 및 도시화, 높은 배송 비용 및 비효율성, 고객 기대 및 수요로 인해 문제들이 발생한다.

전자상거래의 증가는 라스트 마일 배송 산업에 큰 영향을 미쳤다. 온라인 쇼핑을 선택하는 소비자가 늘어나면서 배송되는 패키지의 양이 급증했다. 이러한 수요 급증으로 인해 배송 회사는 시기적절하고 효율적인 배송을 보장해야 한다는 엄청난 압력을 받고 있다. 당일 또는 익일 배송과 같은 더 빠른 배송 옵션에 대한 필요성이 고객 기대를 충족하는 데 중요해졌다.

나. 라스트 마일 배송(Last Mile Delivery)의 현재 과제

라스트 마일 배송은 공급망에서 가장 비용이 많이 든다. 운전자 고용, 차량 유지, 물류 관리 비용은 상당할 수 있다. 또한 비효율적인 경로 계획 및 배송 일정으로 인해 비용이 증가하고 배송 시간이 길어진다. 이러한 문제를 해결하기 위해 기업에서는 **경로 최적화 소프트웨어(ROS: Route Optimization Software) 및 자동화된 배송 시스템과 같은 고급 기술을 채택하여 운영을 간소화하고 비용을 절감하고 있다.**

오늘날 고객은 라스트 마일 배송에 대해 높은 기대치를 갖고 있다. 그들은 실시간 추적, 유연한 배송 옵션, 탁월한 고객 서비스를

기대한다. 이러한 요구를 충족하려면 배송 회사가 정확한 추적 정보(Accurate Tracking Information)를 제공하고 보관함이나 픽업 지점으로 배송하는 등 편리한 배송 선택을 제공할 수 있는 기술과 인프라에 투자해야 한다. 고객의 기대에 부응하지 못하면 부정적인 평가를 받고 비즈니스에 손실을 볼 수 있다. 결론적으로 현재 라스트 마일 배송의 과제는 다면적이며 혁신적인 솔루션이 필요하다.[144]

---

[144] 영국, Modernretail, 연구논문, 2023. 7., https://modernretail.co.uk

B. 라스트 마일 배송의 기술 혁신: 인공지능(AI) 드론, 로봇공학, 자율주행차

가. 배송 프로세스 환경에 미치는 기술

배송 프로세스의 마지막 단계인 라스트 마일 배송은 공급망 업계의 중요한 측면이 되었다. 라스트 마일 배송(Last Mile Delivery)의 기술 혁신은 더 빠르고 효율적인 라스트 마일 배송 솔루션에 대한 수요가 계속 증가함에 따라 기술 발전은 업계를 변화시키는 데 중요한 역할을 하고 있다. 드론 배송부터 경로 최적화까지 라스트 마일 배송 환경을 재편하는 가장 유망한 혁신은 다음과 같다. 라스트 마일 배송의 미래는 **인공지능(AI) 드론, 로봇공학, 자율주행차** 등 첨단 기술의 통합에 달려있다. 이러한 기술은 배송 프로세스를 간소화하고 비용을 절감하며 전반적인 효율성을 향상할 것을 약속한다.

나. 주요 배송 혁신 기술 4가지

- **드론 배달**(Drone delivery)

일반적으로 드론으로 알려진 무인 항공기는 라스트 마일 배송에 혁명을 일으킬 수 있는 잠재력으로 최근 몇 년간 상당한 주목을 받아왔다. 드론은 혼잡한 도시 지역을 탐색하고 고객의 문 앞까지 직접 패키지를 배달하여 교통을 우회하고 배달 시간을 단축할 수 있다. 배터리 수명  과 탑재량 용량이 향상됨에 따라 다양한 제품과 산업에서 드론 배송이 점점 더 실현 가능해진다.

'무인기(UAV, Unmanned Aerial Vehicle)'와 '드론(Drone)'이 라스트 마일 배송을 위한 잠재적인 솔루션으로 주목받고 있다. 교통 혼잡을 우회하고 패키지를 고객의 문 앞까지 직접 배달할 수 있는 능력을 갖춘 드론은 기존 배송 방법보다 더 빠르고 환경친화적인 대안을 제공한다.

드론 패키지 배송 시장은 솔루션을 기준으로 플랫폼, 소프트웨어, 인프라, 서비스로 분류됐다. 드론은 식품, 제품 패키지, 의료용품 등의 배송에 점점 더 많이 채택되고 있다. 배달 드론의 사용이 증가함에 따라 이를 지원하는 적절한 소프트웨어와 인프라가 필요하게 되었다. 플랫폼 부문은 예측 동안 드론 패키지 배송 시장을 주도할 것으로 예상된다. 2030년까지 55억 5,600만 달러 규모의 드론 패키지 배송 산업이 전망된다.

드론 패키지 배송 시장의 주요 업체로는 Amazon.com, Inc.(미국), DHL International GmbH(독일), United Parcel Service of America, Inc.(미국), Zipline(미국), Matternet Inc.(미국), Airbus SAS(네덜란드), FedEx(미국), Matternet(미국), EHang(중국), Wing Aviation(미국),

Boeing(미국) 등이 있다. 이들 회사는 북미, 유럽, 아시아 태평양 및 기타 지역의 물류 비즈니스에서 강력한 유통 네트워크를 보유하고 있으며, 이에 따라 라스트 마일 배송 및 드론 패키지 배송에 대한 수요를 주도하고 있다.[145]

■ **자율주행차**(ADC: Autonomous Driving Car)

자율주행차와 배달 로봇을 포함한 마지막 마일 배송의 또 다른 흥미로운 혁신이 될 것이다. 이 차량은 사람의 개입을 최소화하면서 교통 체증을 피하고 패키지를 배달하면서 도시 거리를 탐색할 수 있다. 안전성을 높이고 운영 비용을 절감할 수 있는 잠재력을 갖춘 자율주행차는 미래의 라스트 마일 배송에서 중요한 역할을 할 것으로 예상된다.

소프트웨어 정의 차량(SDV: Software-defined Vehicle)을 통해서, 많은 자동차 운전자는 자신의 차량이 디지털 생활에 완전히 통합되기를 기대한다. 또한 앞으로는 새로운 연결성, 자동화, 개인화 기능이 소프트웨어를 통해 점점 더 많이 구현될 것이다. 과거에는 자동차에 대한 고객의 경험이 주로 하드웨어로 정의되었지만, 이제는 소프트웨어가 훨씬

---

145 Aashish Mehra, USA, 2022, https://www.marketsandmarkets.com

더 중요한 역할을 맡고 있다.

고객 경험의 때에 따라 소프트웨어 사양까지 대대적으로 형성하는 이러한 소프트웨어 추세를 '**소프트웨어 정의 차량(SDV)**'이라고 한다. 이러한 진화는 개발과 운영에 영향을 미칠 뿐만 아니라 새로운 비즈니스 모델과 협업 유형을 가능하게 한다. SDV의 장점은 운전자의 필요에 따라 새로운 기능을 개별적으로 활성화할 수 있는데, 예로는 임시 서비스, 기능, 앱 등이 있다. 따라서 소프트웨어 업데이트는 새로운 기능이 서비스로 제공되는 계약 및 가격 모델을 허용한다.

■ **로봇 솔루션**(Robot Solutions)

주문 이행 프로세스(OFP: Order Fulfillment Process)를 간소화하기 위해 자동화된 분류 시스템 및 로봇 팔과 같은 로봇 솔루션이 창고 및 주문 처리 센터에 배포되고 있다. 이러한 로봇은 더 빠른 속도와 정확성으로 패키지를 선택, 포장 및 분류할 수 있어 더 빠르고 효율적인 라스트 마일 배송이 가능하다. 또한 인도를 탐색하고 고객의 집으로 직접 패키지를 배달하는 배달 로봇이 개발되어, 라스트 마일 작업의 효율성이 더욱 향상될 전망이다. 로봇 솔루션(Robot Solutions)은 크게 2가지 특성을 갖고 있다.

먼저, **스마트 사물함과 픽업 지점**(Smart Lockers and Pick-up Points)은 기존 택배에 대한 편리한 대안을 제공한다. 이러한 보안 보관 장치는 교통량이 많은 구역에 전략적으로 배치되어 고객이 편리할 때 패키지를 받을 수 있다. 스마트 사물함과 픽업 지점을 통해 여러 번 배송을 시도하거나 택배사를 기다릴 필요가 없어 배송 비용을 절감하고 고객 만족도를 높일 수 있다.

둘째, **경로 최적화 및 예측 분석(Route Optimization and Predictive Analytics) 기술은 기업이 라스트 마일 배송 운영을 최적화하는 데 도움이 된다.** 이 도구는  과거 데이터, 기상 조건, 실시간 교통 정보를 분석하여 배달 운전자에게 가장 효율적인 경로를 결정할 수 있다. 이는 배송 시간을 단축할 뿐만 아니라 연료 소비와 환경에 미치는 영향도 최소화한다. 또한 예측 분석을 통해 기업은 수요를 예측하고 자원을 보다 효과적으로 할당하여 시기적절하고 정확한 배송을 보장할 수 있다.

C. 지속 가능한 배송 솔루션 (Sustainable Shipping Solutions)

가. 라스트 마일 배송이 환경에 미치는 영향

제품이 유통 센터에서 목적지까지 운송되는 공급망의 마지막 구간인 라스트 마일 배송은 환경에 상당한 영향을 미친다. 이 섹션에서는 **탄소**

배출, 대기 오염, 폐기물 생성 및 포장에 초점을 맞춰 라스트 마일 배송이 환경에 미치는 영향을 논의한다. 라스트 마일 배송은 **탄소 배출과 대기 오염**(Carbon Emissions and Air Pollution)에 기여하는 트럭이나 밴과 같은 화석연료 구동 차량에 크게 의존한다. 이러한 배출은 기후 변화의 주요 원인이며 인간과 생태계 모두에 건강 위험을 초래한다.

그러나 이러한 환경 영향을 완화하는 것을 목표로 하는 새로운 추세가 있다. 그러한 추세 중 하나는 라스트 마일 배송을 위해 전기 자동차(EV)를 채택하는 것이다. 전기 자동차는 배기관 배출을 전혀 발생시키지 않으며 탄소 배출과 대기 오염을 크게 줄일 수 있는 잠재력을 가지고 있다. 또한 바이오디젤이나 수소(Bio-diesel or Hydrogen)와 같은 대체 연료를 사용하면 라스트 마일 배송이 환경에 미치는 영향을 줄이는 데 도움이 될 수 있다. 지속할 수 있는 라스트 마일 배송을 달성하는 데 도움이 될 수 있는 몇 가지 혁신적인 접근방식이 있다.

나. 자전거나 보행자 배송(Bicycle or Pedestrian Delivery)

도시 지역에서는 **자전거나 보행자 배송**이 라스트 마일 배송을 위한 지속할 수 있는 옵션이 될 수 있다. 자전거와 걷기는 배출가스를 배출하지 않는 교통수단으로, 도로의 오염과 혼잡을 줄여준다. 이 접근방식은 특히 단거리

거리에 효과적이며 배달 직원의 전반적인 건강과 복지를 개선하는 데도 도움이 될 수 있다. 자전거와 보행자(Bicycle or Pedestrian delivery)를 배송 프로세스에 통합함으로써 기업은 더 지속할 수 있고 효율적인 라스트 마일 배송 네트워크를 구축할 수 있다. 미국 시애틀은 인구 밀도가 높고 배송지 거리가 짧은 도시에 자전거나 전기자동차로 제품을 배송하는 '마이크로 허브'를 구상했다.

다. 마이크로 허브와 통합 센터
(Microhubs and Integration Centers)

마이크로 허브와 통합 센터는 라스트 마일 배송을 위해 상품을 저장하고 배포할 수 있는 전략적 위치에 설립한다. 이러한 시설은 배달 차량의 이동 거리를 줄이기 위해 도시 지  역 근처에 전략적으로 배치된다. 기업은 배송을 통합하고 경로를 최적화함으로써 연료 소비와 배출을 최소화할 수 있다. 또한 마이크로 허브와 통합 센터(Microhubs and Integration Centers)를 통해 전기 밴이나 화물 자전거와 같은 라스트 마일 배송을 위한 더 작고 지속이 가능한 차량을 사용할 수 있다.

시애틀의 마이크로 허브는 상업 및 주거 시설이 혼합된 벨타운

(Belltown) 시내에 자리 잡고 있다. 이전 주차장 부지의 약 1/4 크기이며, 현재는 이곳에서 택배를 보내고 받을 수 있다. 물류업체 중에서 근거리 배송업체 액슬레하이어(AxleHire)가 이 프로젝트에 가장 먼저 참여했다. 액슬레하이어는 미국 밀키트 기업 헬로프레시(Hello Fresh), 블루 에이프런(Blue Apron) 등을 대상으로 상품을 발송하고 있다.[146]

배송 차량은 도심 내 고객 배송지에 직접 제품을 배달하지 않고 인근 지역의 배송 상품을 모두 허브에 넣는다. 이후 자전거, 전기자동차를 이용해 허브에서부터 고객의 배송지로 상품을 배달하는 방식으로 이루어진다. 마이크로 허브는 다양한 파트너와 함께 구상 및 운영된다. 액슬레하이어(AxleHire)가 제공하는 전기자동차나 화물용 자전거로 배송한다. 일부 배송은 도보로 이루어지기도 하며, 전기 자전거 업체 코스터 사이클(Coaster Cycle)이 전기 보조 자전거를 제공한다.

라. 협업 배송 네트워크(Collaborative Delivery Network)

협업 배송 네트워크에는 여러 회사 간의 협력을 통해 자원을 공유하고 배송 경로를 최적화하는 것이 포함된다. 기업은 다른 기

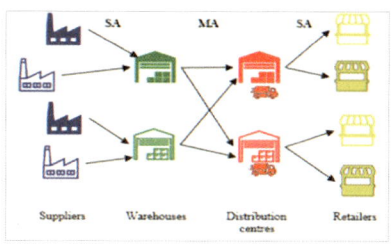

---
146 미국, 시애틀, 마이크로 허브. http://www.impacton.net

업과 협력함으로써 도로 위의 차량 수를 줄이고 배송 효율성을 높일 수 있다. 이러한 접근방식은 배출량을 줄일 뿐만 아니라 교통 혼잡을 완화하고 전반적인 도시 지속 가능성을 향상하는 데 도움이 된다. 원활한 조정과 자원 공유를 가능하게 하는 기술 플랫폼을 통해 협업 전달 네트워크를 촉진할 수 있다.

라스트 마일 배송을 위해 이러한 지속 가능한 솔루션을 채택함으로써 기업은 환경에 미치는 영향을 줄일 수 있을 뿐만 아니라 운영 효율성과 고객 만족도를 향상할 수 있다. 전자상거래에 대한 수요가 계속 증가함에 따라 물류 산업이 지속할 수 있는 관행을 수용하고 보다 친환경적인 미래에 이바지하는 것이 중요하다.

크라우드십핑(Crowdshipping): 협업 제공 모델인 크라우드십핑은 공유 경제의 힘을 활용한다. 이미 특정 방향으로 여행하고 있는 개인과 같은 목적지로 배송되는 패키지가 필요한 개인을 연결한다. 이러한 비용 효율적이고 친환경적인 접근방식은 배송 경로를 최적화하고 운송 관련 배출량을 줄인다.[147]

---

147 Wilson, L, 2019, "라스트 마일: 상품 배송을 위한 전략 및 혁신", 런던

마. 인공지능(AI) 기반 배송 관리 시스템

라스트 마일 배송에서 인공지능의 역할은 인공지능(AI)이 라스트 마일 배송 업계의 판도를 바꿀 새로운 기술로 떠올랐다. 방대한 양의 데이터를 분석하고 지능적인 결정을 내릴 수 있는 능력을 갖춘 AI 기반 시스템은 상품이 운송되고 고객에게 전달되는 방식을 혁신하고 있다. 라스트 마일 배송에서 AI가 중요한 역할을 하는 몇 가지 주요 영역은 다음과 같다.

AI 기반 배송 관리 시스템(AI-based Delivery Management System)은 물류 회사의 운영 관리 방식을 변화시키고 있다. 이러한 시스템은 기계 학습 알고리즘을 사용하여 교통 상황, 배송 기간 및 고객 선호도와 같은 요소를 고려하여 배송 경로를 최적화한다. AI 기반 시스템은 가장 효율적인 경로를 자동으로 생성함으로써 배송 비용을 절감하고 전반적인 고객 만족도를 높이는 데 도움이 된다.

수요예측(Demand Forecasting)을 위한 분석은 라스트 마일 배송의 가장 큰 과제 중 고객 수요를 정확하게 예측하는 것이다. AI 기반 예측 분석 도구는 과거 데이터, 시장 동향, 심지어 날씨 패턴까지 분석하여 미래 수요를 예측한다. 물류 회사는 수요를 정확하게 예측함으로써 재고 관리를 최적화하고 재고 부족을 줄이며 적시 배송을 보장할 수 있다.

인공지능(AI) 기반의 실시간 추적 시스템(RTLS, Real-Time Locating

Service(System))은 물류업체와 고객에게 배송 상태와 위치에 대한 최신 정보를 제공한다. 이러한 시스템은 GPS 기술과 기계 학습 알고리즘을 사용하여 상품의 이동을 실시간으로 추적한다. AI 기반 추적 시스템은 정확하고 투명한 가시성을 제공함으로써 고객 만족도를 높이고 지연이나 문제가 발생할 때 사전에 문제를 해결할 수 있도록 지원한다.

AI 기반 챗봇과 가상 비서(假想祕書, Virtual Assistant)는 물류 회사가 고객과 상호 작용 하는 방식을 변화시키고 있다. 이러한 자동화된 시스템은 고

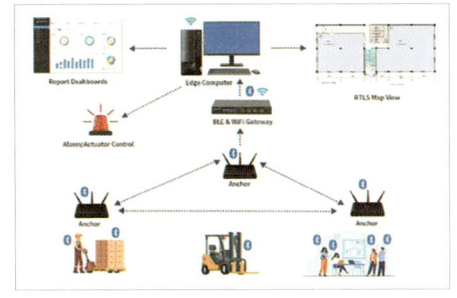

객 문의를 처리하고, 주문 업데이트를 제공하며, 사람의 개입 없이도 간단한 문제를 해결할 수도 있다. 고객 지원을 자동화함으로써 물류 회사는 효율성을 높이고, 응답시간을 단축하며, 고객에게 24시간 지원을 제공할 수 있다.

결론적으로 AI는 더 효율적인 배송 관리, 정확한 수요예측, 실시간 추적 및 가시성, 자동화된 고객 지원을 지원함으로써 라스트 마일 배송에 혁신을 일으키고 있다. 기술이 계속 발전함에 따라 AI 기반 시스템은 라스트 마일 배송의 미래를 형성하는 데 훨씬 더 중요한 역할을 할 것이다.

D. 라스트 마일 배송(Last Mile Delivery)의 미래 동향

동네 생활권 배송(Hyperlocal Delivery)

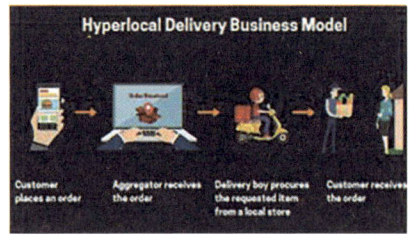

 이는 디지털 플랫폼을 통해, 지역 오프라인 매장을 통해 고객의 주문형 요구를 충족시키는 온라인 비즈니스 모델이다. 특정 지역의 고객에게 상품을 배송하는 데 중점을 두어 라스트 마일 배송 프로세스를 혁신하고 있다. 주문형 서비스가 증가함에 따라 지역별 배송 서비스 제공업체는 단 몇 시간 내에 더 빠르고 효율적인 배송을 제공할 수 있게 되었다. 이러한 추세는 소비자의 편의성과 즉각적인 만족에 대한 수요가 증가함에 따라 주도된다.

 동네 생활권 배송 회사는 첨단 물류 시스템과 알고리즘을 활용하여 경로를 최적화하고 효율성을 극대화한다. 그들은 종종 지역 기업과 협력하여 전략적 위치에 주문 처리 센터(Fulfillment Center)를 설립하고 배송 거리를 줄이고 적시 배송을 보장한다. 이러한 접근방식은 고객 만족도를 향상하게 시킬 뿐만 아니라 불필요한 운송을 최소화하여 탄소 배출을 줄인다.

- **증강 현실**(AR: Augmented Reality)

고객이 소포와 상호 작용 하는 방식을 향상하게 시켜 라스트 마일 배송 경험을 변화시키고 있다. AR 기술을 통해 고객은 제품이 도착하기 전에 시각화하고 경험할 수 있으므로 정보에 입각한 결정을 내리고 반품 가능성을 줄일 수 있다. AR을 활용하면 배송업체는 고객에게 배송물 위치와 상태에 대한 실시간 업데이트를 제공할 수 있다. 또한 이 기술을 통해 고객은 소포를 추적하고, 배송 경로를 확인하고, 가상 통신 채널(VCC: Virtual Communication Channel)을 통해 배송 직원과 상호 작용 할 수도 있다. 이는 투명성을 향상할 뿐만 아니라 전반적인 고객 경험도 향상한다.

- **블록체인**(Block Chain)

블록체인은 관리 대상 데이터를 '블록'이라고 하는 소규모 데이터들의 P2P 방식이 기반이다. 생성된 체인 형태의 연결고리 기반 분산 데이터 저장 환경에 저장하여 누구라도 임의로 수정할 수 없고 누구나 변경의 결과를 열람할 수 있는 분산 컴퓨팅 기술 기반의 원장 관리 기술이다. 이것은 투명성, 보안 및 효율성을 높여 라스트 마일 배송에 혁명을 일으킬 수 있는 잠재력을 가지고 있다. 블록체인은 추적 데이터, 배송 증명, 결제 세부 정보 등 모든 배송 관련 정보를 안전하게 기록할 수 있는 분산형 불변 원장(DIL: Decentralized Immutable Ledger)을 제공한다.[148]

---

[148] McKinsey&Company, 2019, "라스트 마일 배송의 미래: 맥킨지 관점"

■ 스마트 계약(Smart Contract)

이더리움(Etherium)과 같은 '스마트 계약(Smart Contract)'은 블록체인 기술(Blockchain Technology)을 이용하여 체결뿐 아니라 이행까지도 고도로 자동화된 계약의 개념을 제시한 바 있다. 스마트 계약은 사전 정의된 규칙에 따라 자체 실행되는 계약으로 라스트 마일 배송 프로세스의 다양한 측면을 자동화할 수 있다. 예를 들어, 스마트 계약은 패키지가 성공적으로 배송되고 고객이 확인하면 배송 직원에게 자동으로 지불금을 지급할 수 있다. 이를 통해 중개자가 필요 없으며 사기 위험이 줄어든다.

결론적으로, 라스트 마일 배송의 미래는 다양한 기술 발전 때문에 형성되고 있다. 동네 생활권 배송, 증강 현실, 블록체인 및 스마트 계약, 배송 로봇과 드론은 모두 보다 효율적이고 투명하며 고객 중심의 라스트 마일 배송 경험에 기여하고 있다. 라스트 마일 배송 산업은 기술 발전과 소비자 기대치 변화로 인해 급격한 변화를 겪고 있다. 전자 상거래가 지속해서 성장함에 따라 기업은 상품을 고객의 문 앞까지 빠르고 효율적으로 배송해야 하는 과제에 직면해 있다.[149]

---

149 세계 경제 포럼, 2020, "라스트 마일 배송의 미래: 지속 가능한 도시 물류를 향한 길"

Core Vision

By 라스트마일 패키지 배송의 미래 : 드론이 패키지를 배달합니다.

A. 2030년 라스트마일 패키지 배송
- 라스트마일 딜리버리(Last mile Delivery)란 '물류업체가 상품을 개인 소비자에게 직접 전달하기 위한 배송 마지막 구간'을 뜻한다. 과거에는 택배업체에서 물류 운송비용을 절약하기 위한 기술적 방안을 의미했으나, 최근에는 유통기업이 제품을 주문 받아 최종 소비자에게 배송하는 개념까지 확장되었다.

B. 라스트 마일 배송의 기술 혁신 -인공지능 (AI) 드론, 로봇공학, 자율주행차
- 드론 패키지 배송 시장의 주요 업체로는 Amazon.com, Inc. (미국), DHL International GmbH(독일), United Parcel Service of America, Inc. (미국), Zipline(미국), Matternet Inc. (미국) 등이 있습니다. , Airbus SAS(네덜란드), FedEx(미국), Matternet(미국), EHang(중국), Wing Aviation(미국), Boeing(미국) 등이 있다.

C. 지속 가능한 배송 솔루션(Sustainable Shipping Solutions)
- 지속할 수 있는 라스트 마일 배송을 위한 가장 유망한 솔루션 중 하나는 전기 및 하이브리드 차량을 사용하는 것이 될 수 있다.
- 마이크로허브와 통합 센터는 라스트 마일 배송을 위해 상품을 저장하고 배포할 수 있는 전략적 위치한다.

D. 라스트 마일 배송(Last Mile Delivery)의 미래 동향
- 동네 생활권 배송, 증강 현실, 블록체인 및 스마트 계약, 배송 로봇과 드론은 모두 보다 효율적이고 투명하며 고객 중심의 라스트 마일 배송 경험에 기여하고 있다.

왕된 패밀리(Kingdom Family)

Subject 3.

알파(Alpha, α') 세대의 피지탈(Phygital) 세계

FOR KINGDOM FAMILY BUSINESS

06

엔터테인먼트의 미래: 영화는 상호 작용 하고 몰입할 것이다

    2030년 엔터테인먼트 부문은 클라우드 기술, 5G, AR 및 VR, AI, AI 기반 블록체인이라는 5가지 기술에 기반을 둔다. 메타버스는 엔터테인먼트의 개발, 소비, 수익화 방식을 변화시킬 것이며, 클라우드 기술은 특히 게임 산업에서 콘텐츠 소비와 생산을 더욱 쉽게 만들 것이다. 더욱이 웨어러블 기술은 엔터테인먼트에 현실감과 몰입감을 더욱 더해줄 것이며, 또한 e스포츠는 기술 발전과 게임 콘텐츠에 대한 소비자 수요에 힘입어 2030년까지 모든 지역에서 거대해질 것이다.

A. 비디오 엔터테인먼트의 미래:
몰입감, 게임화, 다양성

영화를 보면서 동시에 친구들과 게임을 할 수 있는데, 왜냐하면 영화는 게임이기 때문이다. 나는 집에 있고 친구는 영화관에 있어도 친구와 함께 영화를 즐길 수 있다. 화면에 겨울 장면이 있으면 모두 얼굴에 찬 바람이 부는 것을 느낄 것이다. 그리고 선택할 수 있는 다양한 영화와 프로그램이 많이 있을 것이다. 하지만 알고리즘이 사용자가 언제, 누구와 보고 싶은지 정확하게 파악하기 때문에 선택이 쉬울 것이다. 친구와 함께 영화를 보고 있지만 영화는 내러티브(Narrative)가 있는 게임에 가깝다. 화면에 불이 들어오면 자리가 뜨거워져, 마치 영화 속에 있는 것 같은 기분이 든다. 그리고 모든 사람이 선택한 언어로 영화를 보고 들을 수 있다.

■ 보는 것과 하는 것 사이의 경계가 흐려질 것이다

VHS에서 가상 현실로 비디오 엔터테인먼트는 빠르게 변화하고 있다. 지금부터 10년 후, 우리가 보는 것, 보는 방법과 장소는 완전히 다를 수 있다. 알파(Alpha, α')세대의 **비디오 엔터테인먼트는 몰입도가 높아질 것이다.** 사람들이 경험하는 방식을 바꾸거나 오늘날의 극장 경험과는 매우 다른 느낌을 주는 이야기를 만드는 감각적 경험이 있을 것이다.

B. 고급화된 비디오 엔터테인먼트의 기술변화: 햅틱(Haptics)기술

햅틱과 증강 현실(Haptics and Augmented Reality) 덕분에 사람들은 같은 것을 경험하고 같은 공간을 차지할 수 있다. 영상에 폭발음이 있으면 모두가 폭발의 위력이나 심지어는 바람까지 얼굴에 와 닿는다. 공포 영화에서 바로 지금 누군가가 화면 위로 뛰어오르는 것에 겁을 먹는다. 하지만 미래에 그 영화를 볼 때 실제로 그 사람이 뒤에 서있는 것을 느낄 수 있다면 어떨까? 오늘날 우리가 실제로 하는 것보다 더 많이 배우들과 함께 영화에 참여하고 그들과 함께 경험하고 있다.

가. 햅틱(Haptics)기술

햅틱기술(운동감각 통신 또는 3D 터치라고도 함)은 사용자에게 힘, 진동 또는 동작을 가하여 터치 경험을 만들 수 있는 최첨단 기술이다. 이러한 기술은 컴퓨터 시뮬레이션에서 가상 객체를 생성하고, 가상 객체를 제어하고, 기계와 장치의 원격 제어를 향상하게 시키는 데 사용될 수 있다(Telerobotics, 텔레로보틱스). 햅틱 장치에는 사용자가 인터페이스에 가하는 힘을 측정하는 촉각 센서가 포함될 수 있다. **햅틱(Haptic)이라는 단어는 그리스어 άπτικός(haptikos)에서 유래한 것으로 '촉각, 촉각과 관련된'을 의미한다.** 간단한 촉각 장치는 게임 컨트롤러, 조이스틱, 스티어링 휠 같은 것으로 일반적인 형태가 있다.

■ 햅틱의 기술변화

햅틱기술은 제어된 햅틱 가상 물체를 생성함으로써 인간의 촉감이 어떻게 작동하는지 조사하는 것을 쉽게 한다. 대부분 연구자는 인간의 촉각과 관련된 3가지 감각 시스템, 즉 피부, 운동감각 및 촉각으로 구별한다. 피부 및 운동감각에 의해 매개되는 모든 지각을 촉각 지각이라고 하는데, 촉각은 수동형과 능동형으로 분류될 수 있다. '햅틱'이라는 용어는 종종 물체를 전달하거나 인식하기 위한 능동형 터치와 연관되는데, 1980년대 NASA Ames 연구 센터의 헤드마운트 디스플레이와 유선 장갑을 사용했다.[150]

햅틱기술이 최초로 적용된 사례 중 하나는 제어 표면을 작동하기 위해 서보 메커니즘 시스템을 사용하는 대형 항공기였다. 서보 시스템이

---

150 '증강 현실(PDF)', 2019.3., https://www.nasa.gov/ames/

없는 가벼운 항공기에서는 항공기가 실제 속도에 접근할 때 조종사의 조종 장치에서 공기역학적 흔들림(진동)이 느껴졌다. 이는 위험한 비행 상황에 대한 유용한 경고였다. 즉, 제어 표면에 공기역학적으로 가해지는 외부 힘이 제어 장치에서 감지되지 않아 중요한 감각 신호가 부족하다는 의미였다. 이 문제를 해결하기 위해 스프링과 추를 사용하여 누락된 수직력을 시뮬레이션했다.

유체역학에서 유체 속을 움직이는 물체의 받음각(Angle of Attack)은 물체 내부의 어떤 기준선

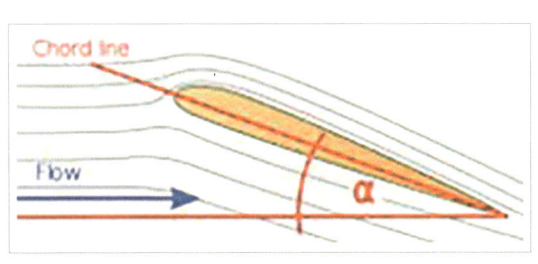

과 그 물체에 대한 유체의 상대적인 운동 방향이 이루는 각이다. 운행 중인 비행 기체에서 받음각이 측정되고 임계 정지 지점에 접근하면 간단한 제어 시스템의 반응을 시뮬레이션하는 스틱 셰이커가 작동된다. 대안으로, 서보 힘이 측정될 수 있으며 신호는 힘 피드백(Force Feedback)이라고도 알려진 제어 장치의 서보 시스템으로 전달된다. 적용사례로, 힘 피드백은 일부 굴삭기에서 실험적으로 구현되었으며 미사 또는 점토에 묻힌 큰 암석과 같은 혼합 재료를 굴착할 때 유용하다. 이를 통해 운영자는 보이지 않는 장애물을 '느끼고' 작업할 수 있다.

1960년대에 폴 바크이 리타(Paul Bach-y-Rita)는 화면의 픽셀과 유사한 촉각적 '점'을 생성하여 올리고 내릴 수 있는 20×20 배열의 금속

막대를 사용하여 시각 대체 시스템을 개발했다. 이 장치가 장착된 의자에 앉은 사람들은 등에 찔린 점들의 패턴으로 사진을 식별할 수 있었다. 촉각 전화기에 대한 최초의 미국 특허는 1973년 토마스 D. 섀넌(Thomas D. Shannon)에게 부여되었다. 초기 촉각 인간-기계 통신 시스템은 1970년대 초 벨 전화 연구소(Bell Telephone Laboratories, Inc.)의 마이클 놀(Michael Noll)에 의해 구축되었다. 그리고 1975년에 그의 발명품에 대한 특허가 발행되었다.

1995년에 노르웨이의 게이르 젠슨(Geir Jensen)은 탭인(Tap-in)이라는 피부 탭 메커니즘을 갖춘 손목시계 햅틱 장치를 설명했다. 손목시계는 블루투스를 통해 휴대전화에 연결되며, 두드리는 빈도 패턴을 통해 착용자는 선택한 짧은 메시지로 발신자에게 응답할 수 있다. 2015년에는 애플워치가 출시되었는데, 피부 탭 감지를 사용하여 시계 착용자의 휴대전화에서 알림 및 경고를 전달했다.

- **햅틱 피드백**(Haptic Feedback)

이것은 설정된 주파수 및 간격으로 진동을 제어하여 게임 내 동작을 나타내는 감각을 제공한다. 여기에는 손이나 손가락의 '충돌', '두드리기', '두드림'이 포함된다. 햅틱 피드백을 제공하는 대부분의 전자 장치는 진동을 사용하며 대부분 모터 샤프트에 부착된 불균형 중량으로 구성된 ERM(편심 회전 질량) 액추에이터 유형을 사용한다. 샤프트가 회전함에 따라 이 불규칙한 질량의 회전으로 인해 액추에이터와 부착된 장치가 흔들리게 된다. 또한 압전 액추에이터(TULA: Tiny Ultrasonic Linear Actuator)는 진동을 생성하는 데 사용되며 LRA보다 훨씬 더 정밀한 동작을 제공한다. 이것은 소음이 적으며 더 작은 플랫폼에서 가능하지만 ERM 및 LRA보다 더 높은 전압이 필요하다.[151]

나. 햅틱의 비즈니스 (The Business of Haptics)

■ 자동차 분야

차량 대시보드에 대형 터치스크린 제어판이 도입됨에 따라 촉각 피드백 기술을 사용하여 운전자가 도로에서 눈을 떼지 않고도 터치 명령을 확인할 수 있다. 예를 들어 스티어링 휠이나 시트와 같은 추가 접촉 표면도 운전자에게 촉각 정보(예: 다른 차량에 가까울 때 경고 진동 패턴)를 제공할 수 있다.

■ 예술 분야

햅틱기술은 사운드 합성이나 그래픽 디자인과 같은 가상 예술에서 탐구되어 일부 느슨한 비전과 애니메이션을 만든다. **햅틱기술은 2015년 Tate Sensorium 전시회에서 기존 예술 작품을 향상하게 시키는**

---

[151] 햅틱 피드백(Haptic Feedback), https://2024.hapticssymposium.org/

데 사용되었다. 음악 제작에서 스웨덴 신디사이저 제조업체인 Teen Engineering은 악기에 직접적으로 음악가가 베이스 주파수를 느낄 수 있도록 OP-Z 신디사이저용 햅틱 서브 우퍼 모듈을 도입했다.

■ 의학 및 치과 분야

의료 시뮬레이션을 위한 햅틱 인터페이스는 복강경 및 중재적 방사선과(Interventional Radiology)과 같은 최소 침습 절차 교육과 치과

학생 교육을 위해 개발되고 있다. VHB(Virtual Haptic Back)는 오하이오대학교 정골의학대학(OCO: Osteopathic College)의 커리큘럼에 성공적으로 통합되었다.

햅틱기술은 전문 외과의가 멀리서 환자를 수술할 수 있는 텔레프레즌스(Telepresence) 수술을 개발할 수 있게 했다. 외과 의사가 절개할 때, 마치 환자에게 직접 수술을 하는 것처럼 촉각과 저항 피드백을 느낀다. 촉각 기술은 또한 감각 피드백을 제공하여 균형 조절에서 나이 관련 장애를 개선하고 노인 및 균형 장애인의 낙상을 예방할 수 있다. 또한, 햅틱 소와 말은 수의학 훈련에 사용된다.

상지 운동 장애가 있는 개인의 경우 촉각 피드백을 활용하는 로봇 장치를 신경 재활에 사용할 수 있다. 이것은 엔드 이펙터EOAT(End-Of-Arm Tooling)라고도 하는 로봇 팔 종단 장치는 로봇 팔 또는 조작기

끝에 장착되는 장치 및 부착물을 말한다. 엔드 이펙터와 같은 로봇 장치와 접지 및 비접지 외골격은 여러 근육 그룹에 대한 제어를 복원하는 데 도움을 주도록 설계되었다. 이러한 로봇 장치에 적용되는 촉각 피드백은 몰입도가 높아 감각 기능 회복에 도움이 된다.

■ 모바일 기기 분야

LG 옵티머스 L7 II의 진동모터 촉각적 햅틱 피드백은 셀룰러 장치에서 일반적으로 사용되었다. 대부분은 터치에 대한 진동 반응의 형태를 취한다. 알파인 전자(Alpine Electronics)는 많은 터치스크린 자동차 내 비게이션 및 스테레오 장치에 PulseTouch라는 햅틱 피드백 기술을 사용한다. 넥서스원(Nexus One)은 사양에 따라 햅틱 피드백을 제공하고, 삼성은 2007년에 햅틱 기능이 탑재된 휴대전화를 처음 출시했다.

■ 가상 현실 분야

햅틱은 가상 현실 시스템의 핵심 부분으로 널리 받아들여지고 있으며, 이전에는 시각적으로만 사용되었던 인터페이스에 촉각을 더해준다. 홀로그램을 보고 느낄 수 있는 시스템을 포함하여 3D 모델링 및 설계에 촉각 인터페이스를 사용하기 위한 시스템이 개발되고 있다. 몇몇 회사에서는 사용자가 폭발과 총알 충격을 느낄 수 있도록 몰입형 가상 현실에 사용할 전신 또는 몸통 햅틱 조끼 또는 햅틱 슈트를 만들고 있다.

다. 오늘날 기업이 해야 할 일

비디오 엔터테인먼트 회사가 성공하려면 기술 회사처럼 생각해야 한다. 데이터는 매우 중요할 것이며 이러한 자료를 수집하면 미래의 모든 AI가 가능해질 것이다. AI는 절대 스크립트를 작성하지 않고, 자체 영화를 제작하지 않는다. 그러나 청중의 선호도를 이해하고 그것을 사용하여 창작 과정을 촉진하는 데 도움을 줄 수 있다. **2030년에 우리가 이야기하는 대부분의 스토리텔러(Storyteller)는 다양한 지리적 배경, 다양한 경제적 배경, 다양한 인구 배경에서 나올 것이다.**

먼저, 의사 결정자 자체가 다양해야 하고, 조직의 의사 결정권자를 변경해야 한다. 둘째, 기술과 분석이 현재 시스템이 식별하지 못하는 스토리텔러를 식별하는 데 도움이 될 수 있다고 믿어야 한다. 셋째, 변화의 속도가 빨라짐에 따라 편안하고 주도적이어야 한다. 이 3가지는 업계 리더들에게 그들이 다음에 일어날 일의 승자의 거대한 **킹덤 항공모함(Kingdom Aircraft Crrier)이 되고 싶다면 해야 할 일**이라고 말할 수 있다.[152]

---

152   Jacomo Corbo, etc., 맥킨지, https://www.mckinsey.com/

C. 2030년 엔터테인먼트에 대한 10가지 예측
(10 Predictions for Entertainment in 2030)

알파(Alpha, α')세대 대부분의 삶에는 일과 여가라는 2가지 주요 오락이 있다. 미국의 평균적인 사람은 TV, 스트리밍, 게임, 음악, 소셜 미디어 등 디지털 엔터테인먼트에 매일 4.5시간을 소비한다. '엔터테인먼트의 미래'가 얼마나 거대한 주제인지를 인식해야 한다.

가. 2030년 엔터테인먼트에 대한 10가지 예측

- TikTok과 YouTube는
  지배적 비디오공유 플랫폼을 제공한다

오늘날과 같이 2030년에는 온라인 비디오 공유 분야에서 2개의 거대 기업이 탄생할 것이다. YouTube는 긴 형식의 동영상을 소유하고, Tiktok은 짧은 형식의 비디오를 소유한다. 둘 다 콘텐츠를 제작하고 수익을 창출하는 정규직 직업을 가진 온라인 제작자('인플루언서'라는 용어는 사라지고 '크리에이터'로 대체됨)의 광범위한 네트워크를 갖게 될 것이다.

- **인스타그램은 Amazon 및 Shopify과 더 많이 경쟁한다**

 인스타그램은 소셜 미디어 회사가 아닌 전자상거래 회사로 인식되기 시작할 때까지 점점 더 많은 쇼핑 기능을 미묘하게 추가할 것이다. 누구든지 Instagram에서 자신의 온라인 상점을 쉽게 열 수 있다. IGTV는 결코 인기를 끌지 못할 것이며 인스타그램 라이브는 여전히 중요하겠다.

- **Twitch와 Caffeine은 라이브 스트리밍을 지배한다**

 사람들은 하루에 몇 시간씩 자신이 좋아하는 온라인 크리에이터의 실시간 스트리밍을 시청하며 시간을 보낸다. 좋아하는 유명인의 라이브 스트리밍에 참여하고 함께 시간을 보내는 것은 일반적인 금요일 밤 활동이 될 것이다. 게임을 넘어 콘서트, 요리, 패션 등 새로운 카테고리가 등장할 것이며, 라이브스트리머(Live Streamer)는 광고보다는 주로 기부와 구독을 통해 수익을 창출한다.

- **게임은 본격적인 소셜 네트워크가 될 것이며
  가상 세계와 통합된다**

 간단한 퀴즈: 블록버스터 영화인 〈어벤져스: 인피니티 워(Avengers: Infinity War)〉와 〈레드 데드 리뎀션 2(Red Dead Redemption 2)〉라는 게임 중 개봉 주말이 더 컸던 것은 무엇인가? 대답은 후자다. 어벤져스는 Red

Dead의 7억 2,500만 달러 수익에 비해 6억 4,000만 달러의 수익을 올렸다. 게임 산업은 이미 글로벌 박스오피스 산업보다 3배, 글로벌 음악 산업보다 4배 더 크다. 2030년에는 그 배수가 10배가 될 것이다.

게임 또한 빠르게 소셜 네트워크로 자리를 잡고 있으며, 미국의 9~16세 어린이 중 75%가 로블록스(Roblox)를 플레이했다. 10대들은 포트나이트(Fortnite)에서 한 달에 10억 시간 이상을 보내며, 그리고 그 10대들은 포트나이트를 '플레이'하는 것이 아니라 가상 세계에서 친구들과 어울리고 있다. 차세대 게임 거대 기업은 Roblox, Manticore Games 또는 Epic Games Publishing과 같이 개발자가 자신만의 게임을 구축할 수 있는 플랫폼이 될 것이다. 그리고 게임은 최종 목표를 위해 '플레이'하는 게임이 아니라 함께 어울릴 수 있는 가상 세계가 될 것이다. 게임은 AR/VR을 대중화하는 최초의 산업이 될 것이다.

■ **AR/VR은 모바일에 이어 차세대 주요 소비자 플랫폼이 될 것이다**

사람들은 AR/VR의 주류 채택이 2~3년 정도 걸릴 것이라고 말한다. 문제는 사람들이 지난 5년 동안 그런 말을 해왔다는 것이지만, 2030년에는 AR/VR이 엔터테인먼트를 재창조하게 될 것이다. 예를 들어 지금도 그렇지  만, 테마파크와 같은 오프라인 엔터테인먼트에서는 기술을 사용하여

환상적인 경험을 만들어 낼 것이다. 디즈니월드에서는 거대한 빈방에 들어가서, AR 안경을 착용하면 우주공간에 있는 것이다. 스타워즈에 나오는 폭풍우 조종사와 우주선이 여러분 주위에 나타날 것이다. Ubiquity(뜻은 '모든 곳에 존재하거나 나타나거나 벌어지는')와 같은 스타트업은 이를 가능하게 하는 기술을 구축하고 있다. Sandbox VR과 같은 회사는 20분 동안 VR 경험을 경험할 수 있는 인기 있는 목적지를 만들 것이다.

■ 스트리밍 전쟁은 끝날 것이고, 넷플릭스와 디즈니가 큰 승자

스트리밍 전쟁은 본격적으로 시작될 것이며 Netflix는 주로 라이센스 콘텐츠의 본거지로서 시작된 곳으로 끝날 것이다. Peacock 및 Quibi와 같은 신흥 경쟁자들은 허둥대며 궁극적으로 그들의 콘텐츠를 Netflix에 다시 판매할 것이다. Netflix는 업계의 통합자일뿐만 아니라 자체 콘텐츠를 생산하게 될 것이다. 이에 따라, 콘텐츠에 대한 중앙 집중식 허브를 갖는 것은 소비자와 콘텐츠 생산자 모두에게 최고의 경제적 이익이 된다.

Disney+는 주로 생태계 플레이로 번창할 것이며, 이들은 고객이 공원, 크루즈, 호텔, 영화 및 상품 등 수익성이 높은 디즈니 플라이휠에 계속 머물게 하는 데 있을 것이다. HBO Max는 틈새시장에서 성공할 것이지만 HBO의 상표 가치를 크게 파괴할 것이다. Amazon과 Apple은 일부 독창적인 콘텐츠를 제공할 예정이지만 영화와 프로그램의 일회성 대여 및 구매인 '주문형 비디오 주문형 거래(TVOD: Transactional VOD)'가 대부분을 차지할 것이다.

■ **영화관은 여전히 있지만 극장 창문은 축소될 것이다**

알파(Alpha, α)세대의 사람들은 여전히 영화를 보기 위해 극장에 가겠지만, 1년에 2번 정도만 간다. 이것은 큰 경험이 될 것이다. 막대한 억눌린 수요가 있는 블록버스터 '텐트폴' 영화(어벤져스, 스타워즈 등). 극장에서는 2~3주의 '독점' 기간만 있을 것이며 그 이후에는 영화가 스트리밍 서비스에 제공될 것이다. 드라마, 코미디, 인디 영화 등 모두 스트리밍 서비스로 바로 이동된다.

■ **OTT 서비스(Over-the-top Media Service)가 더욱 활성화된다**

케이블TV에서 여러 채널을 묶어서 패키지로 공급하는 TV 번들의 경제성은 유지될 수 없으며, 젊은 세대 사이에는 코드 절단이 만연할 것이다. 궁극적으로 TV는 스트리밍 서비스로는 잘 전달되지 않는 뉴스와 스포츠만을 위한 것이 될 것이다. 유료 TV 가구 수가 줄어들고 같은 가격을 지급하게 되며 해당 소비자는 여전히 서비스(뉴스 중독자, ESPN 팬 등)로부터 높은 효용을 얻을 것이다. 앞으로, 인터넷을 통해 방송 프로그램 · 영화 · 교육 등 각종 미디어 콘텐츠를 제공하는 서비스를 말하는 **OTT 서비스(Over-the-top Media Service)가 더욱 활성화될 것이다.**

■ 음성 및 오디오는 규모가 크지만 비디오에 의해 가려진다

팟캐스팅은 호황을 누리고 있는데, 미국에는 70만 개의 무료 팟캐스트가 있다. 청취자는 1억 4,400만 명에 달하며 평균 청취자는 매주 6시간의 팟캐스트 콘텐츠를 소비한다. 팟캐스팅은 계속해서 성장할 것이지만(그리고 더 많은 사람이 자신의 팟캐스트를 시작할 것이다), 경제는 주로 스포티파이(Spotify)로 흘러갈 것이다. 무언가를 발견한다는 뜻의 'Spot'과 식별한다는 뜻의 'Identify'가 조합된 의미인 Spotify는 오디오 콘텐츠를 위한 원스톱 상점이 될 것이다. 정신 건강(Calm), 건강단련(Aaptiv), 종교(Hallow)와 같은 틈새시장에서도 승자가 있을 것이다. Amazon, Google 및 Apple은 오디오 배포 채널을 소유하게 되지만, 가장 중요한 것은 오디오 붐이 비디오에 의해 가려질 것이라는 점이다. 예를 들어 무인 자동차는 오디오를 희생하면서 비디오 콘텐츠에 도움이 될 것이다.

■ 음악은 아티스트에게 권력을 주고 음반사는 어려움을 겪는다

아티스트는 음악 산업 수익의 약 12%를 받으며, 그중 대부분은 라이브 이벤트에서 발생한다. 아티스트가 최저 임금을 받으려면 매달 Spotify에서 약 40만 개의 스트리밍이 필요하기에 이것은 지속되지 않을 것이다. 기술은 창작자에게 근본적인 권력 이동을 만들고 있다. 2030년대의 알파(Alpha, α')세대 동안 Spotify는 음반사 중개인을 배제하고 아티스트에게 더 나은 조건을 직접 제공할 것이다. 새로 출시된

패트리온 캐피탈(Patreon Capital)과 같은 사이트는 아티스트가 틈새시장이지만 열정적인 팬 기반을 통해 성공할 수 있도록 할 것이다. 2030년에는 음악 수익의 대부분이 아티스트에게 돌아간다.[153]

D. 엔터테인먼트 마케팅의 미래를 준비하는 Meta의 오마르 자야트(Omar Zayat)

가. 업계를 변화시키는 2가지 요소

2004년 Facebook이 출시되면서 사람들이 연결되는 방식이 바뀌었다. Messenger, Instagram, WhatsApp과  같은 앱은 전 세계 수십억 명의 사용자에게 더욱 큰 힘을 실어주었다. 이제 Meta는 2D 화면을 넘어 증강 현실, 가상 현실, 혼합 현실과 같은 몰입형 경험으로 나아가 소셜 기술의 차세대 진화를 구축하는 데 도움을 주고 있다.

Meta는 사람들을 연결하고, 커뮤니티를 찾고, 비즈니스를 성장시키는 데 도움이 되는 기술을 구축한다. 이에 따라, 사람들에게 커뮤니티

---

153 디지털 네이티브, https://www.digitalnative.tech

를 구축하고 세상을 더 가깝게 만드는 힘을 제공한다. Meta 제품은 전 세계 30억 명 이상의 사람들이 아이디어를 공유하고 지원을 제공할 수 있도록 지원한다. Meta의 엔터테인먼트 부문 수석 책임자인 오마르 자야트(Omar Zayat)는 예술 분야에서 사용될 때는 주로 '글, 그림, 음악 등을 만드는 것에 영감을 주는 존재 또는 그 힘'의 뜻인 뮤즈(Muse)에게 엔터테인먼트 마케팅의 미래와 가장 기대되는 부분에 관해 설명한다. **우리 산업의 변화와 앞으로 펼쳐질 광대한 가능성을 구현하는 2가지 중요한 요소가 있다.**

나. 팬과 콘텐츠의 관계(Fan-Content Relationship)

먼저, 무엇보다도 팬과 콘텐츠의 관계는 놀라운 발전을 경험하고 있다. 이제 팬들은 일방적인 소비에 국한되지 않고 자신이 좋아하는 콘텐츠와 역동적인 양방향 상호 작용에 참여하는 힘을 갖게

되었다. 메신저, AR, VR과 같은 신기술과 물리적 설치 및 팝업을 통해 제공되는 몰입형 경험을 통해 이러한 양방향 연결(Bidirectional)은 그 어느 때보다 빠르게 접근 가능해지고 있다. 우리는 팬들이 테마파크나 다른 물리적 장소를 방문할 필요 없이 자신이 좋아하는 콘텐츠를 적극적으로 형성하고 영향을 미칠 수 있는 더욱 참여적인 팬 경험으로의 전환을 목격하고 있다.

예를 들어, 미국 유니버설 픽처스(Universal Pictures)는 최근 혁신적인 팬-콘텐츠 관계를 결합하여 뛰어난 결과를 달성하는 전략으로 Meta와 파트너십을 맺었다. Universal Pictures는 블룸하우스(Blum House) 킬러 인형 스릴러 〈메간(M3GAN)〉이 2023년 1월 출시되기 전에 화제를 모으고 싶었다. 그래서, 유니버설 픽처스는 타이틀 캐릭터가 입소문을 타고 있다는 점을 이해하고 티켓 판매를 장려하기 위해 입소문을 불러 일으키는 멀티미디어 경험을 만들어 팬들과의 관계를 유지하기 위해 열정이었다.

둘째, 디지털 스토리텔링(Digital Storytelling)은 1995년 미국 콜로라도에서 열린 디지털 스토리텔링 페스티벌에서 처음 사용된 개념이며 디지털 매체 기반의 콘텐츠 제작을 위한 스토리 창작 기술을 말한다. 유니버설 픽처스는 디지털 스토리텔링 회사인 Addison와 제휴하여 치명적인 인형을 중심으로 한 독특한 멀티미디어 캠페인을 만들었다. Addison Interactive는 제3자와 제휴하여 영화의 주제를 반영한 Messenger, Instagram 및 WhatsApp의 마케팅 메시지를 통해 팬 참여에 대한 다단계 접근방식을 만들었다. 영화 첫 번째 예고편의 입소문 성공을 바탕으로 〈메간(M3GAN)〉이 시그니처 바람개비 춤을 추는 모습이 담긴 게시물을 좋아한 팬들은 〈메간(M3GAN)〉이 직접 보낸 메시지를 통해 오싹한 기쁨을 주었다.

다. 영화 예고편(Movie Trailer)의 재창조

팬과 콘텐츠의 관계가 발전하는 것 외에도 영화 예고편(Movie Trailer)의 재창조는 고무적(Inspiring)이다. 앞서서 시청하는 고정식 예고편의 전통적인 공식은 릴과 짧은 형식의 비디오 시대에 혁명을 일으켰다. 이러한 변화는 예고편 제작 기술에 새로운 생명을 불어넣어 오늘날 콘텐츠를 소비하는 청중의 마음을 사로잡을 수 있는 흥미롭고 빠른 속도의 매체를 제공한다.

예를 들어, 우리는 사람들이 Instagram과 Facebook에서 비디오 콘텐츠를 시청하는 데 시간의 절반 이상을 보내고 있다는 것을 알고 있다. 그뿐만 아니라 하루에 190억 번 이상 동영상(좋아요, 공유, 댓글)과 상호 작용 하고 있다. 모바일 장치를 비디오 편집 스튜디오로 사용하여 시청자가 더 많은 것을 갈망하게 만드는 매력적이고 작은 콘텐츠를 제작할 수 있는 잠재력은 창의성을 위한 비옥한 기반이다. 이러한 새로운 형식을 수용함으로써 우리는 참신하고 매력적인 방식으로 팬들과 소통할 기회를 포착할 수 있으며 궁극적으로 향후 개봉작에 대한 더 큰 흥미와 기대를 불러일으킬 수 있다.

이 모든 것을 하나로 묶는 역동적인 팬-콘텐츠 관계(Fan-Content Relationship)와 영화 예고편의 재창조는 우리를 흥미진진한 엔터테인먼트 마케팅의 미래로 이끄는 촉매제다. 이러한 기회를 활용함으로써 우리는 몰입형 경험을 창출하고, 청중을 사로잡고, 끊임없이 진화하는

엔터테인먼트 환경에서 수익성 있는 성장을 촉진할 수 있다.[154]

Core Vision

	By 엔터테인먼트의 미래 : 영화는 상호 작용하고 몰입할 것입니다.
경쟁 패밀리(Kingdom Family)	**A. 비디오 엔터테인먼트의 미래: 몰입감, 게임화, 다양성** - 2030년 엔터테인먼트 부문은 클라우드 기술, 5G, AR 및 VR, AI, AI 기반 블록체인이라는 5가지 기술에 기반을 둔다. - 알파(Alpa, α') 세대의 비디오 엔터테인먼트는 몰입도가 높아질 것입니다. 사람들이 경험하는 방식을 바꾸거나 오늘날의 극장 경험과는 매우 다른 느낌을 주는 이야기를 만드는 감각적 경험이 있을 것입니다. **B. 고급화된 비디오 엔터테인먼트의 기술변화 : 햅틱(Haptics)기술** - 햅틱과 증강 현실(Haptics and Augmented Reality) 덕분에 사람들은 같은 것을 경험하고 같은 공간을 차지할 수 있다. - 햅틱(haptic)이라는 단어는 그리스어 ἁπτικός (haptikos) 에서 유래한 것으로 "촉각, 촉각과 관련된"을 의미한다. 간단한 촉각 장치는 게임 컨트롤러, 조이스틱, 스티어링 휠 같은 것으로 일반적인 형태가 있다. **C. 2030년 엔터테인먼트에 대한 10가지 예측(10 Predictions for Entertainment in 2030)** - 알파(Alpa, α') 세대의 대부분의 삶에는 일과 여가라는 두 가지 주요 오락이 있다. 미국의 평균적인 사람은 TV, 스트리밍, 게임, 음악, 소셜 미디어 등 디지털 엔터테인먼트에 매일 4.5시간을 소비한다. - "엔터테인먼트의 미래"가 얼마나 거대한 주제인지를 인식해야 한다. **D. 엔터테인먼트 마케팅의 미래를 준비하는 Meta의 Omar Zayat** - 이 모든 것을 하나로 묶는 역동적인 팬-콘텐츠 관계와 영화 예고편의 재창조는 우리를 흥미진진한 엔터테인먼트 마케팅의 미래로 이끄는 촉매제입니다.

---

154 Muse, Universal Pictures, 2023. 8., https://musebycl.io

07

건물의 미래: 미래의 고층 건물은 복합 용도 건물이 될 것이다

A. 우리는 도시에 산다(We Live In Cities)

도시화는 여기에서 논의된 오래된 추세 중 하나이지만, 유럽과 북미에서 20세기 초에 나타났다. 2030년이면 전 세계 인구의 2/3가 도시에 거주하게 되리
라는 것은 이미 상식이 되었지만, 종종 간과되는 사실이 있다. 훨씬 더 많은 사람이 100만 명 미만의 도시에 살게 될 것이며, 100만에서 500만 명 사이의 도시가 그 뒤를 이을 것이다. 이들 중소도시는 현재 논의를 주도하고 있는 거대 도시의 2배에 달하는 성장 속도를 보인다.

가. 알파(Alpha, α')세대는 중간 규모의 도시에 살 것이다

그러나 2030년까지 거대 도시의 수는 많이 증가하지 않으리라고 예상된다. 그러면 전 세계적으로 1,000만 명 이상의 인구가 거주하는 43개의 도시가 나타날 것이다. 오늘날, 계산 방식에 따라 지구상에는 이미 33~47개의 거대 도시가 있다. 그리고 비록 그것이 2030년의 중요한 특징이고 앞으로도 그렇게 될지라도, 그들은 전 세계 도시 인구의 8%만이 거주할 것이며 나머지는 중간 규모의 도시에 살게 될 것이다. 따라서 미래는 매우 도시적이고 이것이 더 관리하기 쉬운 것처럼 들리지만, 아시아와 아프리카에서 다가오는 성장과 관련된 필요한 자본을 찾는 데 어려움을 겪는 중형 도시들도 있을 것이다.

나. 유럽의 도시화와 지방도시 정부

따라서 **2030년 유럽의 도시화 수준 및 유형은 세계 나머지 지역과 매우 유사하다.** 대부분의 유럽인은 이미 10만에서 100만 사이의 도시에 살고 있으며, 미국에서는 25%, 유럽 인구의 7%만이 500만 이상의 도시에 살고 있다. 이 추세는 2030년에도 같이 유지될 것이다. 도시는 에너지 자원의 60~80%를 소비하고 전 세계 배출량의 70%를 담당하며 세계 국내총생산(GDP)의 70%, GDP 성장의 35%를 차지하게 된다. 도시는 불평등과 사회적 배제(Inequality and Social Exclusion)가 특히 뚜렷하고 시민들이 주로 거버넌스와 상호 작용 하는 곳이기도 하다.

유럽인의 21%만이 국가 중앙정부를 신뢰하고 있다고 답했지만, 45%는 지역 및 지방 도시 정부를 신뢰하고 있다고 밝혔다. 지방 도시 정부는 혁신과 경제 활동의 중심지일 뿐만 아니라 이주 운동의 수용자이자 정치적 불만, 갈등, 테러 및 범죄의 무대가 될 수 있다. 도시 성장이 통제되지 않은 방식으로 발생하면 도시 확장, 낮은 생산성, 인종 분리, 혼잡 및 범죄로 이어질 수 있다. 일부 매력적인 고용을 제공하는 지방 도시 정부는 국가의 다른 지역에서 교육받은 인력을 끌어들이고 특정 국가 내에서 상위 급여 차별에 영향을 줄 수도 있다. **2030년에 중형의 지방 도시가 증가하는 것은 단순히 거주의 표현이 아니라 사회 전체의 삶의 방식이 향상될 것이다.**

B. 모듈러주택과 고층 건물의 미래 생활환경을 상상한다

가. 한국의 주거용 건축

우리나라의 전통적인 한옥은 조선왕조의 신분제도의 영향을 받아

지붕의 형태가 다르게 보이기도 하였는데, 왕족이나 양반 계급의 경우는 장식적이고 호화롭게 보이는 기와지붕을 사용하였고 일반 평민 계급의 경우는 짚으로 이은 초가지붕
을 사용하였던 것이 특징이었다. 좁은 범위의 한옥이 가지는 주거용 건축을 의미하며, 크게 조선시대 서민들의 주택인 민가(民家)와 양반사대부들의 주택인 반가(班家)로 나눌 수 있다. 전 국토의 2/3가 산으로 구성된 지형특성과 뚜렷한 사계절을 갖는 기후, 풍수지리설의 영향 등으로 인해, 한옥은 온돌과 마루시설을 기본으로, 다양한 성격의 실(室)들이 조합되어 있는 특색을 보여준다. 또, 건물과 마당으로 어우러진 배치가 다채롭다.

그러나 **알파세대가 살아가는 2030년에는 다양한 형태의 모듈러 주택(Modular Homes)이 발전하게 된다.** 특별히, 독일에서 자급자족할 수 있는 모듈라 조립식 주택 '쿠도(Coodo)'를 내놓았다. 조립식 주택 하면 떠오른 국내식 컨테이너를 생각한다면 큰 결례다. 현대식 테크놀로지에 디자인과 실리적인 가격, 아웃도어 공간에 패시브하우스의 기준까지 담아낸다. 예를 들면, 모듈라식으로 쉬운 병합과 확장은, 이미 디자인된 애플 제품이 떠오르는 'Coodo' 블록의 병합으로 만들어진다. 실외(아웃도어) 공간을 원한다면 실내 블록에 실외(아웃도어) 블록을 더하면 된다.

나. 미국의 신축 조립식 건물을 선호할 것이다

　건설과 같이 느리게 움직이는 산업에서 2030년은 그리 멀지 않았지만 우리는 몇 가지 중요한 변화를 보게 될 것이다. 예를 들어 건설 현장이 유발되는 교통 방해를 더 이상 받아들이지 않을 것이라는 점이다. 이에 따라서, 우리는 훨씬 더 많은 조립식 건물을 짓고 완전한 모듈을 가져오고 납품, 도구, 재료 등을 번들로 묶어 유통할 것이다. 모듈식 건축이 실제로 활성화된다면 향후 10~20년 동안 극적인 영향을 미칠 수 있다. 10년 후에 우리는 유럽과 미국의 신축 부동산에서만 1,300억 달러의 시장 잠재력을 기대한다.

　또 다른 한 가지는 오염에 대한 제한을 보게 될 것으로 생각한다. 특히 빛 공해, 소음 공해, 먼지 공해에 관해 이야기하고 있다. 사람들은 밤낮으로 주변 건설 현장의 소음에 끊임없이 둘러  싸여 있다는 사실을 받아들이지 않을 것이다. 이를 위해서, 우리는 훨씬 더 환경적인 생산을 해야 할 것이다. 또한 건설할 수 있는 시간이 줄어들기 때문에 더 효율적이어야 한다.

　특별히, 티디하우스(Tiny House)는 일반적으로 500제곱피트 미만의 평면도를 갖고 인체공학(Ergonomics) 및 공간 효율성을 고려하여 설계된 소형 주택 또는 이동식 주택을 의미한다. 이제 미국의 노스웨스턴

대학교의 학생들과 졸업생들은 소형 주택의 개념을 한 단계 더 발전시킨 주택을 짓고 있다. 면적 128제곱피트의 이 주택은 전력 공급을 위한 태양광 패널, 태양광 발전을 사용할 수 없는 시간에 전력을 저장할 수 있는 배터리 뱅크, 그리고 빗물을 수확하는 시스템을 갖추고 있으며, 전력망과 완전히 분리되어 있다.[155]

C. 2030년 초고층의 미래: 사람 중심의 공간 만들기

부동산 산업은 전통적으로 자산을 개발, 운영, 유지 및 판매하는 것이었다. 그리고 고객 중심으로의 건물과 장소에 대해 엄청난 변화를 목격하고 있다고 생각한다. 그래서 지금부터 10년 뒤를 돌아보면 가장 큰 변화는 부동산 회사가 기존 건물 대신 사람들에게 서비스를 제공하는 그것으로 생각한다.

가. 미래에는 접근성을 위해서 고층에서 생활하고 일하기

예전에는 다가구 건물이든 사무실 건물이든 모든 건물은 해당 건물

---

[155] 미국, 노스웨스턴 대학교, https://www.merriam-webster.com

이 속한 자산 등급에 충실했다. 하지만 점점 더 이 공간에서 가장 큰 혁신이 일어날 것이다. 그렇다면 미래의 고층 건물은 아파트는 10층, 사무실은 20층, 호텔 객실은 30층을 차지할 수 있고, 상점, 레스토랑, 체육관, 옥상 라운지가 있을 것이다. 세입자는 탁아 및 노인 돌봄에서 드라이클리닝 및 반려견 산책에 이르기까지 다양한 현장 서비스를 이용할 수 있으며, 이 모든 서비스에 대해 약속을 앱 또는 기타 디지털 플랫폼을 통해 예약할 것이다. **2030년에는 고층 빌딩을 짓고 관리하고 미래를 상상할 수 있다.**[156]

나. 고층 건물(Skyscraper)의 미래에 미치는 영향

맥킨지의 아디트야 상비(Aditya Sanghvi)는 "거의 모든 주요 부동산 회사의 낙관론에도 불구하고 우리는 세상이 예전 방식으로 돌아가는 것이 가능하다고 믿지 않는다."라고 했다. 그리고 그 이유는 전염병이 아니며, 우리가 일하는 방식, 쇼핑하는 방식, 생활하는 방식에 대한 우리의 행동 변화 측면에서 영향을 받았다.

미래의 알파(Alpha, α')세대의 고층 건물은 주민의 수요(Needs)가 부족하면 알려주고 사전에 구해주며, 그들은 건물에서 보육 및 노인 간호를 할 것이다. 또한, 그들은 애완동물 미용 및 산책 서비스를 제공한

---

156 McKinsey&Company, https://www.mckinsey.com

다. 당신이 생각할 수 있는 모든 편의 시설은 그 주거 경험의 자연스러운 부분이 될 것이다. 그리고 이러한 모든 솔루션의 기술에 대한 고층 건물이 이를 수행할 수 있는 초호화 부문뿐만 아니라 실제로 모든 사람을 위한 것임을 의미한다.

D. 친환경 아키텍처를 통한 지속 가능한 접근방식: 산소 에코 타워

가. 가장 기다려 온 미래를 향해

해수면이 상승하고 인구가 급증하는 시대에 지구상 생명체의 미래는 건축에 달려있다. 건축은 확실히 해결하는 방법으로 전술을 사용하여 빈곤(Indigence),  과밀화(Overcrowding), 토지황폐화(Land Degradation)를 해결하는 힘을 가지고 있다. 새로운 건축 기술을 통해 인간은 앞으로 수십 년 동안 지구에서 생존할 수 있다. 미래의 구조물은 혁신적인 재료로 건설될 것인데, 오늘날 건축의 어떤 측면이 미래에 어떤 역할을 하게 되는지 또한 내일의 영향이 될 것이다. 건축에는 불필요한 쓸데없는 일을 없애고 인류에게 마법 같은 행복을 선사하는 마법의 지팡이가 있다.

사용할 수 있는 기술이 빠르게 발전하고 전문 분야로의 통합이 가속화됨에 따라 건축가의 역할은 그 어느 때보다 빠르게 변화하고 있다. 사용자를 이해하는 것부터 신뢰를 구축하는 것까지 건축가는 단계적으로 발전했다. 미래의 건축은 어디에 있을까? 우리가 조만간 화성을 식민지화(火星植民地, Colonization of Mars, Settlement of Mars)하거나 우주 정거장을 건설하지 않을 수도 있다는 사실에도 불구하고 최근 건축 동향은 바로 여기 지구상의 건축 환경의 미래에 대해 흥분하게 만들고 있다.

또한, 뉴욕에 본사를 둔 오세아닉스(Oceanix)의 공동 창립자인 마크 콜린스 첸(Marc Collins Chen)에 따르면, **기후 변화에도 지속 가능한 건축 설계로 한국 부산 항구 도시에서 15에이커 규모의 프로토타입 부유 커뮤니티가 해수면 상승에 대한 방어 수단으로 설계되고 있다고 전한다.**

나. 산소 에코 타워(Oxygen Eco-Tower)

지속 가능성의 개념은 미래 세대가 자신의 필요를 충족할 수 있는 능력을 훼손하지 않으면서 현재의 필요를 충족하는 제품, 상품 및 서비스의 개발을 의미한다. 따라서 환경과 그 자원을 합리적으로 사용하고 지구, 환경, 인류 및 모든 생명체를 위해 보호하는 것이 중요하다. 지속 가능성(Sustainability)은 종종 환경과 연관되어 있지만 경제 발전이나 사회적 책임과 같은 다른 맥락에서도 탐구될 수 있다. 이러한 맥락에는 지구의 수용 능력, 생태계의 지속 가능성, 직업 및 행동 패턴이 포함된다.

미래의 지속 가능한 개발은 생태계를 보호하고 천연자원을 보존할 뿐만 아니라 삶의 질을 향상하게 시킨다. 이는 제조, 물류 및 고객 서비스를 포함하는 조직의 전체적인 접근방식을 설명할 수 있다. **지속할 수 있는 비즈니스 관행은 비즈니스에 좋을 뿐만 아니라 시간이 지남에 따라 환경을 고려함으로써 얻을 수 있는 이점도 극대화된다.** 우리의 건물은 극단적인 자연으로부터 우리를 보호할 뿐만 아니라 우리의 건강과 환경에도 큰 영향을 미친다. 건축물이 환경에 미치는 영향이 증가함에 따라 '그린 빌딩(Green Building)'이라는 새로운 분야가 주목받고 있다. 친환경 또는 지속할 수 있는 건물(Sustainable Architecture)은 건설, 개조, 운영, 유지 관리 및 철거 과정에서 더 건강하고 환경친화적인 프로세스를 의미한다.

친환경 건축의 이점은 환경적, 사회적, 경제적 측면이 있다. 먼저, 환경적 관점에서 볼 때 친환경 건축은 오염을 줄이고 천연자원을 보존하며 환경 파괴를 방지한다. 경제적 이익으로서 건물 운영자가 물과 에너지에 지출해야

산소 에코 타워(Oxygen Eco-Tower)

하는 비용을 줄이고 생산성을 높여준다. 사회적으로 말하면 녹색 건물은 아름다워야 하며 지역 인프라에 가능한 한 적은 부담을 주어야 한다. **생존은 인간의 가장 기본적인 목표이지만 지속 가능성은 미래 세대의 생활 조건을 개선하는 것을 목표로 한다.**[157]

다. 공간을 절약하여 수직적으로 더 큰 규모에 도달한다

인구가 증가함에 따라 공간은 귀중해졌다. 살기 좋은 공간이 줄어들면서 창의적인 건축가들이 수직 도시를 탐구하고 있다. 공간에 더욱 정통한 건축가는 창의성의 본질을 추가하여 이러한 문제를 해결할 수 있다. 상업 및 주거 공간 배분 측면과 아울러 인프라 및 공공 서비스 디자인 측면에서도 볼 수 있다. 건축가와 디자이너는 주택 혁신 관련 활동 이상의 일을 하기 위해 공간을 재설계하는 임무를 점점 더 많이 맡고 있다.

수직 숲 포르타 누오바
(Vertical Forest)

변동성이 크고 역동적인 환경에서 변화하는 요구 사항에 적응하는 것은 모든 유형의 혁신 공간에 있어 기본이다. 미래 건축 산업 비즈니스(Future Building Industry Business)에서는 차세대 디자인을 더 잘 수용하는

---

157 Rethinking The Future, https://www.re-thinkingthefuture.com

방법을 배울 수 있다. **수직 도시와 수직 농업은 우리의 지리적 문제에 대한 해결책을 제시할 수 있다.** 최근 몇 년 동안 수직 농업은 전통적인 농업이 환경에 미치는 부정적인 영향에 대한 해결책으로 과학계에서 인기를 얻었다. 수직 도시의 개념은 고층 도시 생활을 완전히 새로운 차원으로 끌어올린다. 다층 건물은 아파트뿐만 아니라 기업과 전체 커뮤니티에도 이상적이다.

지난 10년 동안 혁신적인 공간이 어떻게 변화했는지 3가지 일반적인 추세를 지적했다. 우선, 기술은 점점 더 널리 보급되어 이전에는 불가능했던 방식으로 사람들을 연결한다. 또한 건축가들은 혁신적인 공간을 더욱더 개방적이고 투명하며 환영받는 공간으로 만들 필요성을 강조하고 있다. 따라서 미래 건물의 수직성(Verticality)은 하늘에 도달하고 공간에 대한 다양한 경험을 창출할 수 있는 잠재력을 가지고 있다. 그러나, 단순한 수직성의 발전은 그 옛날 메소포타미아(Mesopotamian Civilization)문명의 바벨탑과 같은 인가의 욕심과 야망의 대상이 되어서는 아니 될 것이다.[158]

---

158 BluGlacier, 2020, https://www.bluglacier.com

Core Vision

By 건물의 미래 : 미래의 고층 건물은 복합 용도 건물이 될 것입니다.

킹덤 패밀리(Kingdom Family)

A. 우리는 도시에 산다(WE LIVE IN CITIES)
- 알파(Alpa, α') 세대는 중간 규모의 도시에 살 것이다.
- 그러나 2030년까지 거대 도시의 수는 많이 증가하지 않으리라고 예상됩니다.
- 2030년에 중형의 지방 도시가 증가하는 것은 단순히 거주의 표현이 아니라 사회 전체의 삶의 방식이 향상될 것입니다.

B. 모듈라 주택과 고층 건물의 미래 생활환경을 상상한다.
- 현대식 테크놀로지에 디자인과 실리적인 가격, 아웃도어 공간에 패시브하우스의 기준까지 담아낸다. 예를 들면, 모듈라식으로 쉬운 병합과 확장은 이미 디자인된 애플 제품이 떠오르는 Coodo는 블록의 병합으로 만들어진다.

C. 2030년 초고층의 미래: 사람 중심의 공간 만들기
- 미래의 알파(Alpa, α') 세대의 고층 건물은 주민의 수요[Needs]가 부족하면 알려주고 사전에 구해 주며, 그들은 건물에서 보육 및 노인 간호를 할 것입니다.
- 2030년 고층 빌딩을 짓고 관리하고 미래를 상상할 수 있다.

D. 친환경 아키텍처를 통한 지속 가능한 접근 방식 : 산소에코타워
- 해수면이 상승하고 인구가 급증하는 시대에 지구상 생명체의 미래는 건축에 달려 있다. 건축은 확실한 방법으로 전술을 사용하여 빈곤(Indigence), 과밀화(Overcrowding), 토지황폐화(Land Degradation)토지 황폐화를 해결하는 힘을 가지고 있다.

08
옴니채널 쇼핑의 미래:
매장 내 쇼핑 경험은 고도로 개인화된다

A. 2030년의 옴니채널 쇼핑

당신이 옷 가게에 들어가면 디지털 마네킹(Digital Mannequin)은 당신이 입고 있는 옷에 따라 그들이 입고 있는 옷을 바꿀 것이다. 이전에 그곳에서  쇼핑했다면, 당신이 듣는 음악과 당신이 맡는 향기가 당신의 취향에 맞춰질 것이다. 매장의 영업 사원은 모바일 장치를 사용하여 구매 명세와 쇼핑 선호도를 빠르게 조회할 수 있으므로 개인화된 추천을 할 수 있다.

COVID-19 팬데믹은 소매 게임판을 재설정했다. 가장 성공적인 소매업체는 디지털, 옴니채널 및 매장 내 기술 야망에 기대어 새로운 방식으로 소비자와 연결하는 소매업체가 될 것이다. 이번 에디션에서 The Next Normal은 쇼핑객 경험과 소매 기술의 향후 10년을 탐구한다.

B. '피지탈(Phygital)' 쇼핑 경험

피지탈(Phygital)이란 물리적인 것과 디지털의 통합이다(물리적+디지털=Phygital). 그러나 이는 단순히 두 단어의 조합 이상으로, 통합된 사용자 경험을 제공하기 위한 물리적 채널과 디지털 채널, 전략 및 경험의 집합체가 된다. Phygital은 물리적 세계와 디지털 세계를 통합하여 채널이나 접점과 관계없이 일관된 사용자 경험을 제공한다. Phygital의 아이디어는 여러 채널에 걸쳐 통합된 사용자 경험을 제공하는 것으로, 예는 물리적 상점에서의 디지털 지급이다. 사람들은 제품을 구매하기 전에 제품을 직접 경험할 수 있으므로 매장에서 쇼핑한다. 하지만 원활한 결제 프로세스를 원하기 때문에 카드를 스와이프하거나 결제 QR 코드를 스캔하여 결제하는 것을 선호한다.

또 다른 예는 레스토랑에서 디지털 메뉴를 사용하는 것인데, 전염병이 최고조에 달했을 때 사람들은 본질적으로 비접촉 경험을 원했다. 레스토랑은 물리적 메뉴를 다음으로 대체했다. 메뉴 QR 코드, 손님이 코드를 스캔하여 메뉴를 볼 수 있다. 우리는 '피지탈'의 세계, 즉 물리적 세계와 디지털 세계에 동시에 진입하고 있다. 소매업에는 물리적 세계나 디지털 세계가 아니라 완전히 연결된 세계가 있다. 매장의 트래픽은 거의 영구적으로 감소할 것이고, 전자상거래로의 전환을 보면 일부 고객이 매장을 다시 방문하지 않거나 이전과 같은 빈도로 다시 방문하지 않는다. 따라서 각 매장의 가치를 극대화할 수 있는 능력은 매우 중요할 수 있다.

2030년 알파(Alpha, α')세대에 매장에 들어오는 고객의 경우 매장이 정말 통합된 느낌을 받을 것으로 생각한다. 즉, 가까이 있지도 않은 소셜 미디어나 친구와 가족의 확언이 어떻게든 해당 매장에 통합될 것이다. 따라서, 많은 자원 투자(인적 자본 및 자본 지출 등)는 새로운 오프라인 매장을 여는 것에서 벗어나 기술에 투자하는 쪽으로 전환해야 한다.

아시아 화장품의 30~40% 이상이 온라인에서 판매되고 있는데, 이는 앞으로 더욱 확대될 것이다. 따라서 지금부터 10년 후 특정 제품 카테고리의 경우 판매의 주요 부분은 온라인이 될 것이며 오프라인 매장에서는 '쇼루밍(Showrooming)'을 위한 주력 제품만 갖게 될 것이다. 나아가, **모루밍(Morooming)은 모바일(Mobile)과 쇼루밍(Showrooming)이 합쳐진 단어로, 구경은 매장에서 한 후 모바일 기기를 통해 더 저렴하게 구매하는 것으로 전환될 것이다.**

C. 쇼핑의 미래: 어디에나 있는 기술

2030년에는 쇼핑이 믿을 수 없을 정도로 개인화된 것처럼 느껴질 것이다. 그 매장의 영업 사원들이 절친한 친구나 개인 스타일리스트만큼 고객을 잘 아는 것처럼 느껴질 것이다. 고객이 들어가자마자 그들은 내가 언제 마지막으로 거기에 있었는지 정확히 알게 될 것입니다. 하지만 그것이 고객이 가게에 가는 주된 이유는 아니다. 그러나, 사전에 고객의 모바일 장치에서 많은 쇼핑 정보 및 기호 제품(Shopping Information and Symbol Products)들이 그렇게 전달될 수 있다. **향후 쇼핑 비즈니스는 고객의 분석에 투자하지 않고 개인화에 투자하지 않으면 다른 경쟁 비즈니스가 구축한 쇼핑 기술에 무너질 수 있다.**

가. 당신만을 위해 디자인된 매장

매장에서 들리는 소리와 냄새를 개인화하는 회사가 있다. 직원이 귀하에 대해 알고 있는 정보를 개인화하여 올바른 제품을 더 빨리 찾을 수 있도록 도와준다. 당신이 누구인지, 손에 무엇을 들고 있는지에 따라 그들이 입고 있는 것을 빠르게 바꾸는 디지털 마네킹(Digital Mannequin)을 보게 될 것이다. 제품에 참여하고, 만지고 느끼고, 알아가는 데 도움이 되는 더 많은 매장 내 경험을 보게 될 것이다.

또한, 제품을 사러 갈 때 오늘날처럼 그냥 바닥에 떨어진 제품을 집어 들고 문밖으로 나가지 않을 수도 있다. 제품을 배송받기를 원하는 방법은 무엇이며, 소매업체가 실제로 이를 사전에 알고 더욱 신속하게 정확한 배송을 받는 방법은 무엇인가? 미래에는 자체 채널 또는 파트너 채널(Own Channel or Partner Channel)을 통해 문 또는 위치를 확인하는데, 그것은 매장의 뒷방에서 나올 수도 있지만, 당신의 차에서나, 집에서 당신을 만날 수도 있다. 이것을 맞춤형 주문 처리라 하며, 2030년의 개념이라고 생각한다.

나. 지속 가능성, 커뮤니티, 재미

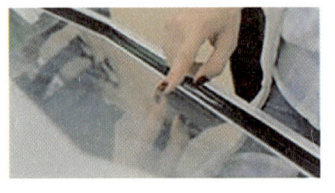

특정 국가(예: 유럽의 일부 국가)에서는 거의 1/4의 소비자가 기본적으로 앞에 있는 제품이 지속 가능하다고 생각하지 않는다면 상점을 바꿀 것이다. 위생, 유기농 제품, 지속 가능성에 대한 집착과 집중이 이전보다 훨씬 더 중요해졌다. 따라서 소매업체는 또 다른 복잡성 계층이다.

상점은 단지 거래에 관한 것인가? 아니면 현지 브랜드와의 만남에 이르기까지 커뮤니티와 경험(Community and Experience)을 제공할 수 있는 곳인가? 이것이 중요해질 것이다. 고객이 온라인 쇼핑에 익숙해지면 무엇 때문에 매장을 방문하게 될까? 브랜드 참여 유도, 제품 지식 유도, 재미있는 경험 만들기, 해당 경험의 모든 마찰 제거에 대해 방문할 것이다.

D. 렌트 자동차의 쇼핑 미래

특정 차 1대를 소유하는 대신 주중에는 소형차, 주말에는 더 큰 차, 여름에는 컨버터블(Convertible), 겨울에는 산으로 여행을 갈 때 SUV를 선택할 수 있는 구독 패키지를 구매할 수 있다. 흥정할 필요가 없다. 각 패키지에는 고정 가격이 있고, 그리고 원하지 않으면 대리점에 갈 필요가 없다. 가상 현실을 통해 거실 소파에 앉아 원하는 만큼 자동차를 보고 기능을 살펴보고 시승까지 할 수 있다.

공유 모빌리티(Shared Mobility)와 자율 주행차가 뜨면 사람들은 여전히 개인용으로 차를 살까? 그리고 자동차 쇼핑은 어떤 모습일까? 2030년의 자동차 구매  자와 자동차 대리점을 상상한다.[159] 향후 10년 동안 자동차 구매 경험이 어떻게 변할지, 그리고 자동차 대리점이 어떻게 발전해야 하는지 설명한다.

---

159 미국, 맥킨지, https://www.mckinsey.com/

가. 옴니채널 경험(Omnichannel Experience)

2030년에 옴니채널 자동차 구매 경험에 대해 생각한다면 웹사이트에서 시작하여 제품을 탐색하지만, 반드시 "브랜드 A를 원합니까? 아니면 브랜드 B를 원합니까?"라고 묻지 않는 것을 의미할 것이다. "내가 원하는 기능 세트는 무엇입니까?"와 같은 질문으로 비슷할 것이다. 따라서 "당신의 성격은 무엇입니까?"로 시작할 수 있다. 그리고 웹사이트는 당신이 전술적으로 하고 싶은 것뿐만 아니라 개인적인 스타일과 자동차 소유로 표현하고 싶은 것에 따라 목적에 맞는 일련의 차량을 추천할 수 있다.

나. 미래의 자동차 전시 및 렌트 대리점

현재 유통 설정에서 큰 비용은 대리점에 보유한 자동차의 수입이다. 미래에는 대리점에 자동차가 거의 없을 것이다. 여전히 몇 대는 보유 및 전시를 할 것으로 생각한다. 하지만 가상 현실(VR: Virtual Reality)을 통해 수정하고 다양한 방식으로 경험할 수 있다. 예를 들어 "빨간색으로 보고 싶어요."라고 말할 수 있다. 가상 현실은 이 자동차를 다른 색상이나 다른 기능으로 변환한다.

미국에서는 여전히 실제 딜러에게서 자동차를 구매해야 한다. 가맹점인 딜러는 여전히 규제 때문에 보호된다. 물리적 대리점에서 디지털 대리점, 가상 체험 전시실로의 전환은 규제가 뒤처지는 경향이 있는 성숙한 시장보다 중국이나 아시아에서 더 빠를 수 있다.

- **알파(Alpha, α')세대의 자동차 구매의 미래:**
  개인화 및 재미

가격에 관해 이야기할 때 전체 차량의 가격이 점점 낮아질 것이다. 하지만 이 차를 한 달 동안 사용하거나 특정 마일리지에 대한 가격이 될 것이다. **따라서 공유 모빌리티(Shared Mobility), 구독 서비스 등으로의 전환에 따라 다양한 패키지가 있을 것이다.** 따라서 가격을 인용하는 방법은 다양하지만 고정 가격이 될 것이다.

특히 2030년경에 우리가 볼 수 있는 것은 여전히 자체 로고와 브랜드가 차량에 부착된 훨씬 적은 수의 고급 브랜드가 될 것이다. 이러한 브랜드는 고객 기반의 특정 부문에 여전히 어필할 것이다. 대리점의 미래는 여전히 보이지  만 그들의 역할은 바뀔 것이다. 그들은 신차와 중고차를 모두 보유하고 있으며 여전히 지역 사회를 잘 알고 있으므로 지역 모빌리티 서비스 제공에서 역할을 수행할 수 있다.[160]

---

160 McKinsey, Paul Gao, Thomas Furcher, Inga Maurer

마지막으로, 2030 알파(Alpha, α')세대의 자동차는 다양한 모빌리티의 전기화 및 온디멘드 서비스(On-demand Service)가 강조된다. 먼저, 멀티모달(Multimodal)에서 집, 사무실, 차량이 통합된 경험의 일부로 원활하게 연결되는 커넥티드 리빙으로 전환될 것이다.

또한, 플랫폼화(Platformization)로, 인공지능 연결을 통해 인간의 지능을 능가해 더 짧은 시간에 더 먼 거리를 이동한다. 나아가, 싱귤래리티(Singularity)에서 새로운 차원의 이동성(표면 아래, 초표면, 성층권: '하늘을 나는 자율주행 자동차: Autonomous Flying Vehicles on the Sky')과 탄소중립의 초월적 이동성으로의 진화와 함께 발전할 것으로 전망된다.[161]

Core Vision

왕국 패밀리(Kingdom Family)	By 옴니채널 쇼핑의 미래 : 매장 내 쇼핑 경험은 고도로 개인화됩니다.
	A. 2030년의 옴니채널 쇼핑. - 매장의 영업 사원은 모바일 장치를 사용하여 구매 명세와 쇼핑 선호도를 빠르게 조회할 수 있으므로 개인화된 추천을 할 수 있다. **B. '피지털(Phygital)' 쇼핑 경험** - 피지털(Phygital)이란 물리적인 것과 디지털의 통합입니다(물리적 + 디지털 = phygital). 그러나 이는 단순히 두 단어의 조합 이상으로, 통합된 사용자 경험을 제공하기 위한 물리적 채널과 디지털 채널, 전략 및 경험의 집합체가 된다. - 모루밍(Morooming)은 모바일(Mobile)과 쇼루밍(Showrooming)이 합쳐진 단어로, 구경은 매장에서 한 후 모바일 기기를 통해 더 저렴하게 구매하는 것으로 전환될 것이다. **C. 쇼핑의 미래: 어디에나 있는 기술** - 2030년에는 쇼핑이 믿을 수 없을 정도로 개인화된 것처럼 느껴질 것입니다. 그 매장의 영업사원들이 절친한 친구나 개인 스타일리스트만큼 고객을 잘 아는 것처럼 느껴질 것입니다. **D. 렌트 자동차의 쇼핑 미래: 공유 모빌리티(Shared Mobility)** - 알파(Alpa, α') 세 대의 자동차 구매의 미래는 옴니채널, 개인화가 됩니다. - 또한, "차량 가격은 얼마이고 내 신용 점수는 얼마입니까?"라고 말할 수 있는 모든 온라인 플랫폼이 고객이 임대 계약에서 총 지급액 또는 월 지급액에 대해 훨씬 더 구체적인 기대하고 대리점에 들어오게 할 것입니다.

---

161 IEEE https://innovationatwork.ieee.org/